中国社会科学院创新工程学术出版资助项目

西欧共产党的变革与挑战

于海青　著

中国社会科学出版社

图书在版编目(CIP)数据

西欧共产党的变革与挑战/于海青著. —北京：中国社会科学出版社，2017.3

ISBN 978 -7 -5203 -0364 -4

Ⅰ.①西… Ⅱ.①于… Ⅲ.①社会主义—政治思想史—西欧—21 世纪 Ⅳ.①D095.6

中国版本图书馆 CIP 数据核字(2017)第 089794 号

出 版 人 赵剑英
选题策划 刘 艳
责任编辑 刘 艳 徐沐熙
责任校对 陈 晨
责任印制 戴 宽

出 版 中国社会科学出版社
社 址 北京鼓楼西大街甲 158 号
邮 编 100720
网 址 http://www.csspw.cn
发 行 部 010 -84083685
门 市 部 010 -84029450
经 销 新华书店及其他书店

印 刷 北京明恒达印务有限公司
装 订 廊坊市广阳区广增装订厂
版 次 2017 年 3 月第 1 版
印 次 2017 年 3 月第 1 次印刷

开 本 710×1000 1/16
印 张 23.25
插 页 2
字 数 349 千字
定 价 108.00 元

目　　录

图　表

导　论

西欧共产党是世界社会主义运动历史和实践中的一支重要力量。自诞生之日起，就因致力于摆脱资本主义剥削和压迫以及实现工人阶级解放的执着信念和理想，而成为欧洲政治舞台上最先进的政治存在。从第二次世界大战中站在反法西斯抵抗运动最前线到战后取得辉煌的议会选举成就，从冷战时期在"白色恐怖"中顽强生存到实现"欧洲共产主义"中兴，西欧共产党在欧洲左翼发展史和世界社会主义运动史上书写了浓墨重彩的篇章。然而，不能回避的事实是，20 世纪 80 年代后，尤其是苏东剧变以来，在国际大环境剧烈变动的背景下，西欧共产党遭遇沉重打击，无论在理论上还是实践上都陷入深重危机。近 20 多年间，西欧到底还存在哪些共产主义力量？它们是何种存在状况？它们为摆脱边缘化困境付出了哪些巨大努力？它们在社会主义理论和实践上进行了哪些新的探索？它们当前面临的主要困难和挑战又有哪些？本书尝试围绕这些议题进行梳理和解答，以期阐明当前西欧共产党的整体境遇及其发展走向和前景等问题。

一　国内外研究现状

本书的研究建立在国内外大量的前期研究成果基础之上，这里首先对相关文献作一简单概括和总结。

从西方政党政治研究的发展进程看，左、右翼政党研究轮替有一个明显的时间节点。20 世纪 80 年代及之前，绝大多数政党研究文献关注的是左翼而非右翼。20 世纪 80 年代后，随着西欧共产党陷入选举停滞（尤其是在 20 世纪 90 年代后面临巨大挫折）和意识形态困境，激进右翼政党愈益成为欧洲政治中具有相关性的选举角色，到整个90年代至世纪之交时，对相关右翼政党的研究远远多于左翼政党。

这一时期系统研究西欧共产党的著作相比此前锐减，但也有一些学者集中探讨和考察了西欧共产党在苏联解体后的组织困境、纲领变革和调整情况。《西欧共产党：衰落还是调适?》是在剧变前夕出版的、尝试对西欧共产党的发展困境进行评估和盘点的第一部著作。[①]《西欧共产党和共产主义的崩溃》，则对剧变发生后西欧共产党的即时变化进行了比较分析。[②] 随后出版的《1989年革命后的西欧共产党》一书，对西欧共产党进行了个案分析和比较性反思。[③]《共产主义危机和政党变革：西欧共产党与后共产主义政党的演进》，通过深入考察具体国家共产党的概况，对21世纪初西欧共产党和后共产主义政党进行评估。[④]《意大利、西班牙和葡萄牙共产党的转型》，侧重于审视共产党在南欧民主政权巩固过程中的作用及其组织和意识形态发展轨迹的异同点。[⑤] 不少相关著作还探讨了中东欧共产党的转型轨迹，比如，《中东欧共产主义继任党》[⑥]《挽回共产主义：中东欧共产主义的重生》，[⑦] 等等。

21世纪头十年，一个明显的发展趋向，是关于欧洲激进左翼政党的研究逐渐多了起来。这些著作聚焦欧洲激进左翼政党的理论

---

① Michael Waller and Meinert Fennema (eds.), *Communist Party in Western Europe: Decline or Adaption?*, Oxford, 1988.

② D. S. Bell, *Western European Communists and the Collapse of Communism*, Oxford: Berg, 1993.

③ M. J. Bull and P. Heywood (eds.), *West European Communist Parties after the Revolutions of* 1989, London: Macmillan Press, 1994.

④ J. Botella and L. Romiro (eds.), *The Crisis of Communism and Party Change: The Evolution of West Eruopean Communist and Post-Communist Parties*, Barcelona: Institut de Ciencies Politiques I Socials, 2003.

⑤ A. Bosco, *Comunisti. Transformazioni di partito in Italia, Spagna e Portogallo*, Bologna, Rome: Il Mulino, 2000.

⑥ A. Bozóki and J. Ishiyama (eds.), *The Communist Successor Parties of Central and Eastern Europe*, New York: ME Sharpe, 2002.

⑦ Anna Grzymala-Busse, *Redeeming the Communist Past: The Regeneration of Communist Parties in East Central Europe*, Cambridge University Press, 2002.

和实践，有的关注这些党在参与政府联盟问题上的内部争论，比如，《1989年以来的欧洲共产主义：通向新欧洲左翼?》；[①] 有的关注其相关欧洲一体化的观点和政策主张，比如，《反抗资本主义：左翼政党与欧洲一体化》[②]《左翼政党与欧洲宪法：从勒肯到里斯本》；[③] 有的关注激进左翼政党的执政经历，比如，《各国政府中的左翼政党》；[④] 以及几本涵盖东西欧激进左翼政党的综合性研究著述，比如，《欧洲激进左翼政党》[⑤]《从革命到联盟：欧洲的激进左翼政党》[⑥]《新欧洲左翼：21世纪的社会主义?》。[⑦]

近几年来，国外学界单纯以共产党为研究对象的著作越来越少，除了一些相关论文外，《欧洲的共产党和后共产主义政党》[⑧] 以及探讨希腊、塞浦路斯和意大利共产党对欧洲一体化回应问题的《欧洲一体化与共产主义困境》，[⑨] 是少见的几部作品。其中后者还主要是围绕欧洲一体化争论的单一性议题研究，所涉及的国家非常有限。目前，国外的西欧共产党研究大都散见于探讨激进左翼政党和政治的著述之中。

从国内学术界看，国外共产党研究是国际共产主义运动和世界社会主义研究的重要组成部分。在我国，经过几十年发展，国外共

---

① Kate Hudson, *European Communism since 1989: Towards a New European Left?*, Basingstoke: Palgrave, 2000.

② R. Dunphy, *Contesting Capitalism: Left Parties and European Integration*, Manchester University Press, 2004.

③ M. Holmes and H. Roder(eds.), *The Left and the European Constitution: From Laeken to Lisbon*, Manchester University Press, 2012.

④ J. Olsen et al. (eds.), *Left Parties in National Governments*, London: Palgrave, 2010.

⑤ Luke March, *Radical Left Parties in Europe*, Routledge, 2011，中文版参见于海青、王静译《欧洲激进左翼政党》，社科文献出版社2014年版。

⑥ Birgit Daiber, Cornelia Hildebrandt and Anna Striethorst (ed.), *From Revolution to Coalition-Radical Left Parties in Europe*, Rosa-Luxemburg Foundation, 2012.

⑦ Kate Hudson, *The New European Left: A Socialism for the Twenty-First Century?*, Palgrave Macmillan, 2012.

⑧ Uwe Bakes and Patrick Moreau, *Communist and Post-Communist Parties in Europe*, Vandenhoeck &Ruprecht, 2008.

⑨ Giorgos Charalambous, *European Integration and the Communist Dilemma. Communist Party Response to Europe in Greece, Cyprus and Italy*, University of Cyprus, 2013.

产党研究已经拥有较为丰富的学术资源，形成了一支相对稳定和成熟的研究队伍。目前，我国的国外共产党研究主要以五个研究基地为依托。

一是中国社会科学院世界社会主义研究中心。该中心整合了近300人的科研团队，对国外共产党的新情况、新问题、新动态、新发展进行跟踪研究。除向中央上报材料和动态信息外，中心每月定期出版内部交流刊物《世界社会主义研究》一期，每年出版“世界社会主义黄皮书”一本。此外，世界社会主义研究中心每年召开一次国际学术研讨会。中心的大量研究成果与国外共产党密切相关。二是以中国社会科学院马克思主义研究院国际共产主义运动研究部的相关研究室，以及国外马克思主义研究部国外共产党理论研究室的科研人员为主形成的研究基地。该单位的研究范围囊括历史与现实，从欧美发达国家、苏东地区转轨国家到南亚地区，乃至非洲、拉丁美洲等发展中国家的主要共产党，都有精通相关语言的科研人员进行研究，尤其在对当今世界各国共产党的跟踪研究方面颇有建树。三是华中师范大学国外马克思主义政党研究中心。这个单位的研究团队对国外共产党的研究比较系统，主要采取一名博士研究生跟踪一个国家共产党的研究模式，对国外主要共产党进行个案研究，近年来出版了“当代资本主义国家共产党的理论与实践研究丛书”，在国内具有较大影响。四是上海社会科学院信息研究所国外社会主义研究中心。该中心主要通过《世界社会主义研究动态》（内刊）向学界发布国外共产党的相关研究成果。五是以中共中央对外联络部从事国外共产党研究的科研人员为主的国外共产党跟踪研究基地。该基地通过《当代世界》杂志每月将“外国政党动态”译介给国内学界，其掌握的信息新鲜、准确。此外，该基地自2010年开始每年举办一届“中欧政党高层论坛”，有不少国外共产党和左翼政党也参与其中，成为我们了解国外共产党理论和实践动向的重要窗口。此外，一些在国内具有较大影响的社科类杂志，每年都会发表数十篇与国外共产党研究相关的成果，为国外共产党研究提供了重要的交流和沟通平台。

就西欧共产党研究而言，迄今已经出版、发表了不少研究成果，比如，对希腊共产党、葡萄牙共产党、法国共产党、英国共产党等历史、理论与实践的研究；还有的著述对重要的理论新动向进行了具体介绍和分析，如对法国共产党的“新共产主义”理论的跟踪研究，对西欧共产党的社会主义观的研究，等等。此外，将西欧共产党作为整体进行综合研究也取得了一些成果，如研究发达资本主义的新变化对西欧社会主义运动的影响、共产党在欧洲左翼中的地位和作用、共产党的交流与合作趋势、世界共产党与工人党代表大会的综述，等等。这些研究成果为我们正确认识和把握西欧共产党的发展状况提供了较为丰富的材料和理论分析。

二 国内外研究比较与借鉴

综观国内外西欧共产党研究，在研究视角、视域、主题、框架构建等方面存在明显差异。

第一，研究视角不同。国内关于西欧共产党的研究，源于历史沿革和学科发展特点，更多的是纳入国际共产主义的研究范畴，大多从国际共产主义运动和世界社会主义发展的角度概括及解读各国共产党的理论与实践。而在国外，学者们更多是把共产党作为现代西方政党体系的组成部分，尝试从西方政党政治发展的宏观视角，用政党政治的话语、理论、体系来解析共产党的理论和实践。换言之，国外学者不仅关注共产党的“左翼性”，而且也关注其“政党性”，强调它们是参与并承受政治竞争压力的“现实的政治行为者”①。

第二，研究视域不同。如上所述，目前国外学界将共产党纳入了更为广阔的激进左翼政党视域中，认为激进左翼政党是一个完整概念的政党家族。尽管许多国外学者对“激进”概念的理解存在分歧，对于何为激进左翼政党，划分标准也有差异，但总的来看，无论坚持何种标准的激进左翼政党研究都是将共产党涵盖在内的。从国内看，长期以来的研究思路一直是将共产党作为一个独立的政党形态来研究。这样“点对点”研究的好处和优势在于能够对各国共

① Giorgos Charalambous, *European Integration and the Communist Dilemma*, University of Cyprus, 2013, p. 2.

产党进行较为全面、深入的探讨和把握，但随之产生的问题是对共产党与其他激进左翼力量的横向比较研究明显不足，也就出现了“点对线”和“点对面”的研究视域不对称问题。为此，国内近些年也开始引入激进左翼概念，但在概念使用上存在混乱，对激进左翼的研究尚处于起步阶段。

第三，研究主题不同。同样源于学科发展特点，国内研究更多地侧重“身份特征”，关注与共产党的“社会主义”理论和实践相联系的内容，比如，西欧共产党的社会主义理论及其反资本主义的斗争实践，等等。而当前西方学界的研究不仅关注西欧共产党“是什么”，更重视其“做什么”，即更强调将其传统身份与当代吁求，尤其是当代资本主义演进中的核心问题结合起来。目前，国外学界重点关注的问题，至少有两个方面国内基本没有涉及。一是共产党与作为欧洲政治关键问题的欧洲一体化的关系，涉及共产党对欧洲一体化的态度演变史，以及共产党在欧洲一体化中的作用等。二是共产党与市民社会的关系，特别是与工会和社会运动的关系研究。

第四，研究框架不同。目前国内研究跟踪和介绍情况较多，深入的理论考察和分析较少。与国内相比，国外相关著述大多不是停留在简单重复各共产党的言论或综合其理论观点，而是展现出了很强的学术性、理论性，并且很多研究都在尝试理论创新和突破，试图用跨学科的研究方法，如数学、统计学等来得出一些规律性的结论。比如，不少研究都在探索构建一些数学模型和参数来分析欧洲各国激进左翼政党在议会选举中的民众支持率等，尝试为相对准确地预测和分析其长期演进趋势提供科学依据。

总的来看，目前国内外研究存在一个共性问题，即个案分析较多，而跨国性比较研究较少。有学者在评价国外研究现状时这样指出，“尽管存在西欧共产党研究的长期传统，但鲜有比较研究。多数研究关注对错综复杂个案的‘深描述’，而很少有人尝试发展概括性理论来对其多样性的发展状况进行比较和解释”①。国内研究

① Daniel Keith, “The Portuguese Communist Party-Lessons in Resisting Change”, SEI Working Paper No 116.

中这种情况同样突出，相关成果大多侧重于围绕某一具体共产党进行个案评析，综合性比较研究非常薄弱。而且多数综合性研究成果只是各个国家共产党情况的罗列，缺乏深度的比较评析。个案研究虽然有助于了解当前某个党的发展动态，但由于缺少宏大的背景把握和整体性比较分析，始终受制于如何认识特殊性与普遍性、微观与宏观之间关系的问题，难以形成不同地区、类型共产党的整体状况、特点、趋势和前景的总体概观。因此，尝试发展概括性理论来对国外共产党多样性的发展状况进行比较和阐释，应该成为推进国外共产党研究的着力点和突破口。

此外，与国外研究相比，国内学界的共产党研究还突出存在两个问题：一是资料收集渠道不畅。目前，国内研究国外共产党鲜少实地调研取证，研究资料主要来源于各共产党网站以及激进左翼网站上刊载的一些信息和文章，因此在客观上存在准确度欠缺的问题，有时甚至会出现受某些国外学者观点和自身研究偏向左右的情况。由于缺乏直接的、客观准确的实证性材料，有的研究成果明显出现主观色彩浓厚、结论分析臆断等问题。比较而言，从事相关研究的国外学者（其中包括不少共产党员学者），由于置身当代西方社会，获取信息的渠道更为便利①，对西方政党政治运作的理解更加深刻。尽管他们这些研究的先天优势我们并不具备，尽管他们采用的一些研究方法有异于我们的认知习惯，有的结论我们也可能觉得会有失偏颇，但其提供的丰富研究资料、提出的一些新观点和新思路却值得我们参考和学习。二是研究视野不够开阔。从学术研究的开放性视角看，国外共产党研究不应局限于细枝末节的情况介绍，更应是着眼于当代资本主义政治经济现实与世界社会主义运动未来发展的深入理论分析和探讨。但从当前研究的总体状况看，跟踪报道占很大比重，理论分析尤其发人深省的理论思考却少之又少。同时，要注意到国外共产党既是一支相对独立的政治力量，也与各国和地区性左翼政治实践密不可分。而国内的西欧共产党研究

① 著者在英国访学时与一些国外学者交流发现，不少学者都是通过与共产党和激进左翼政党、相关组织机构进行面对面地直接沟通、交流等方式获取一手信息和资料。

与该地区左翼政治的研究明显结合不够。西欧共产党既是一支相对独立的政治力量，也是激进左翼政党家族的一员。从拓展研究思路看，国内的研究在坚持传统优势的基础上，应把共产党研究与当代西方资本主义新发展新变化结合起来，尤其可以尝试将国外共产党研究纳入左翼尤其是激进左翼政治发展的宽广空间，跳出既有思维框架，增强研究的问题导向与意识，不断拓展研究的“问题域”，从更为宏观的层面把握其在当代社会发展中面临的问题与挑战。从这一意义上说，借鉴国外有益的研究经验，转换我们的研究思路，有利于不断推进我国国外共产党研究的持续发展。

三 相关概念辨析与西欧共产党界定

在西欧共产党研究中，有些术语经常交错出现。这些术语与“共产党”既有联系，在内涵界定、涵盖范围等方面也存在明显区别，但在目前国内研究中却存在概念混乱和滥用的情况，非常有必要对几组重要概念进行比较和澄清。由于这几种说法大都来自西方学界，在此我们主要通过分析一些西方学者的阐释和界定来说明问题。

首先是“激进左翼政党”。激进左翼政党是21世纪初西方政党政治研究中逐渐流行起来的一个概念。但是，对于什么是激进左翼政党以及哪些政党可以算作激进左翼政党，西方学界并没有一个统一的标准。著者与一些国外学者交流时发现，判定一个政党是否为激进左翼政党，完全建基于这些学者对“激进左翼”的定义。由于不同学者对激进左翼的理解存在差异，所以激进左翼政党的涵盖范围也不尽相同。

一般而言，多数研究者都把社会、政治和经济平等的价值观视为这些政党意识形态的主要特征。卢克·马奇（Luke March）等在2005年的一篇文章中率先对激进左翼政党做出了界定。[①] 在2011年出版的《欧洲激进左翼政党》一书中，马奇进一步从“激进”

---

① Luke March and Cas Mudde, “What's left of the Radical Left? The European Radical Left After 1989: Decline and Mutation”, *Comparative European Politics*, Vol. 3, Issue 1, 2005.

和“左翼”两个层面做出了具体阐释，指出激进左翼政党的首要特征是其“激进性”。首先，因为它们反对当代资本主义的基本社会经济结构及其价值观和实践。它们支持建立一种替代的经济和权力结构，包括对现存政治精英进行重要资源再分配。激进左翼政党同时也是左翼，它们把经济不平等视为现存政治和社会安排的基础，把实现集体的经济和社会权利提上主要议程。其次，它们始终表达的是反资本主义而非反民主情绪，尽管在许多党的再分配目标中，都存在一种彻底推翻自由民主制的倾向。最后，这类左翼政党是国际主义者，它寻求跨国联系与团结，宣称国家和地区性社会政治议题有其产生的全球性结构根源。①

一些西方学者尝试对激进左翼政党进行归类分析。比如，拜克斯和莫罗（Uwe Bakes and Patrick Moreau）将整个后共产主义的欧洲左翼政党划分为四类，除社民党外，还包括忠诚于共产主义并最终消灭资本主义的“传统的”共产党；坚持传统马克思主义的主要理论但抛弃了列宁主义的“改革的”共产党；以及更加强调生态保护和女性主义等“新左翼”议题的“红—绿”政党。尽管他们没有采用激进左翼政党的说法，但后三类政党实际上构建了当代欧洲激进左翼政党的主要框架。② 卢克·马奇更明确地将激进左翼政党划分为四种类型，即共产主义政党、民主社会主义政党、民粹社会主义政党和社会民粹主义政党。③

与“激进左翼政党”大同小异的几个概念包括“反资本主义政党”“转型政党”“新欧洲左翼政党”。

布鲁塞尔自由大学的马蒂奥·维埃拉和阿姆加哈德·阿尼萨（Mathieu Vieira and Anissa Amjahad）对“反资本主义政党”做了较为详尽的解释。④ 他们认为，“反资本主义”政党有一个共同的社

① Luke March, *Radical Left Party in Europe*, Routledge, pp. 8 - 9.

② Uwe Bakes and Patrick Moreau, *Communist and Post-Communist Parties in Europe*, Vandenhoeck &Ruprecht, 2008, pp. 553 - 554.

③ Luke March, *Radical Left Party in Europe*, Routledge, pp. 17 - 20.

④ Mathieu Vieira and Anissa Amjahad, “*The Anti-capitalist left in Western Europe: A comparative Analysis* (1989 - 2009)”, Paper presented at the 3rd ECPR Graduate Conference, Dublin, August 30 - September 1, 2010.

会经济主轴，即反资本主义。反资本主义政党的政治和组织特征主要包括：第一，从政治视角看，这些党不再是反体制政党，它们普遍接受了议会民主制，承认政治自由主义。换言之，“极端”一词不再适用于这些党，因为它们已完全转向代议制民主实践和价值观。这类政党支持福利国家，主张政府干预社会和经济关系。与社会民主党形成对照，拒绝在国家和市场间达成妥协。第二，从组织层面看，反资本主义政党不再是共产党曾经宣称的“群众型政党”或“社会整合型政党”，一般是小党，多数情况下是各国政治生态中处于生态主义政党家族之后的第二或第三左翼力量。他们通过对西欧 15 个国家 2009 年前后下议院选举的研究发现，只有 5 个国家，即德国、丹麦、希腊、荷兰和葡萄牙的反资本主义政党获得了超过 10% 的选票。

反资本主义政党主要包括三种类型：首先是共产党。在他们看来，共产党偏离正统马克思主义的程度最小。从纲领和组织观点看，他们认为西方学者提出的“实用主义现代化”概念恰切地描述了这类党的保守立场。这类党在南欧地区尤其是希腊、葡萄牙和意大利（这在意大利只具有部分意义，在最近几次大选中无论是重建共产党还是共产党人党都未能获得议会席位）拥有牢固基础。而且多数共产党都拒绝与社会民主党建立任何形式的联盟。其次是“红—绿”型政党。这类政党受斯堪的纳维亚模式影响较大，积极采纳环保主义思想，支持一种重构共产主义身份的战略。这类党形成于社会民主主义占统治地位的地区，大多追随新政治和自由意志主义的左翼范式。从最近的选举成绩看，这些党可能成为社会民主党的主要竞争者。最后是民主社会主义政党。主要包括社会民主党的异议者和改革的共产党。这类党反对“社会自由主义”潮流，但并不排斥与社会民主党结盟。它们主要存在于欧洲大陆地区，在德国（左翼党）和法国（左翼阵线）取得了重要突破。

英国邓迪大学的理查德·邓菲（Richard Dunphy）在《反抗资本主义：左翼政党与欧洲一体化》[①] 中提出了“转型政党”的概

① R. Dunphy, *Contesting Capitalism: Left Parties and European Integration*, Manchester University Press, 2004, p. 1.

念。他认为，所谓“转型政党”，是指那些“位于主流社会民主党左侧”的政党，“它们在历史上一直呼吁实现自由资本主义政治和经济模式的转型”。由于该著作主要探讨左翼政党对欧洲一体化模式的替代观点，因此并未对“转型政党”的涵盖范畴进行详细阐释，而主要研究了那些在欧洲议会中拥有议员，以及1999—2004年在各国议会中拥有议席或作为“欧洲联合左翼—北欧绿色左翼”欧洲议会党团成员党的“转型政党”。

英国左翼社会活动家凯特·哈德森（Kate Hudson）的“新欧洲左翼”，特指20世纪90年代初在欧洲出现的、融合了共产党、前共产党和社会民主党左侧的其他政党政治潮流的各类政党。在作者看来，这些政党主要分为两类：一是不承认新的形势发展或坚持捍卫旧传统的政党。这些党多为怀旧的共产党，生活在过去的世界；二是无论是否坚持共产党的名称，都仍然信奉马克思主义政治，倡导反资本主义观的政党。这些党中的多数向女权主义、环境保护和反种族政治敞开大门，展现出进行公开政治讨论和更新的极强能力。一种非同寻常的现象是，这些党经常与各种左翼力量尤其是先前曾经作为敌对政治力量的组织，包括一些在选举上无足轻重但却非常激进的新兴左翼组织（经常是建诸在托派政治倾向上的组织）结盟或合并。具有代表性的包括西班牙联合左翼、意大利重建共产党、德国左翼党和法国共产党。①

在国内外经常被用作“激进左翼”替代概念的是“极左翼”政党。所谓“极左翼”政党，在西方学界的普遍认识中，就是比主流中左翼政党更“左”的政党。② 实际上，近些年国外正规的学术著述倾向于对“激进”和“极端”这两个概念进行细部区分。比如，卢克·马奇就从对自由民主的态度出发对“激进主义”和“极端主义”做出了界定。他认为在自由主义民主制的背景下，极端主义者实质上是反民主主义者，而激进主义者虽然反对自由民主

① Kate Hudson, *The New European Left: A Socialism for the Twenty-First Century?*, Palgrave Macmillan, 2012, pp. 10 - 11.

② http: //en. wikipedia. org/wiki/Far-left_ politics.

制，但本质上却不反对民主。激进左翼政党要求对自由民主体制的构成要素，比如，新自由主义的经济模式以及代议民主进行"根本"的变革，但却不反对民主原则本身，因而自我定位是民主制内的政党。因此，"极端主义"在意识形态和实践上反对民主制，可能包含暴力倾向，体现着一种"反体制"立场，而激进政党则近乎处于"半忠诚"状态，只是反对自由民主制的特定要素。但马奇同时也指出，对激进主义和极端主义进行严格区分在实践上很难操作，因为极端主义政党为了避免被取缔，经常将其政策掩盖在华丽的民主辞藻和宪政实践的外衣之下。而且，这两个概念在实践中相互重叠，因为尽管不是所有的激进主义者都是极端主义者，但极端主义者必然是激进的。他尤其以希腊共产党为例指出，该党在纲领和言论上仍然保持着革命马列主义的一些身份元素，但日常实践却更加谨慎甚至保守，明显笃信渐进主义、议会主义和宪政，这意味着可以将其视为"半忠诚"而非"反体制"的行为者，因而被划归在"激进左翼政党"的范畴之中。[①] 而从探讨欧洲激进左翼政党的多数西方著述看，相对更为激进的欧洲托派、毛派政党，一般是不在激进左翼政党讨论范围内的。

本书以共产党为主要研究对象，将地理位置界定为"西欧"。尽管随着西欧共产党在苏东剧变后的衰落，现在西方多数著述关注的是作为整体的"激进左翼"政党家族，而不再单独考察共产主义政党。但从实践上看，共产党与"激进左翼"中其他政党是存在明显差别的。它们拥有一些共同特点，比如，共产党的名称或标志，类似的起源，承诺实现更高社会（如社会主义或共产主义的意识形态），主张资本主义而非新自由主义是社会固有的顽疾，即使在一定程度上承认自由市场但仍反对资本主义的官僚和精英程序，主张实现共产主义的长期目标，等等。而从国际共运学科发展看，共产党也是一个核心的研究主题。本书的位置区隔设为西欧，不是狭义的地理概念，而是建基于以意识形态划界的传统东西欧政治划分的概念之上，实际涉及地理意义上的北欧、中欧、西欧和南欧等地

---

① Luke March, *Radical Left Party in Europe*, Routledge, 2011.

区。所谓西欧共产党，就是这一范围内共产主义性质的政党。

需要指出的是，本书提出了一个新概念——替代左翼政党或非共产主义激进左翼政党（“Alternative Left Party” or “Non-communist Radical Left Party”）。这是笔者2012年9月至2013年10月在英国访学期间，爱丁堡大学激进左翼政党研究学者卢克·马奇博士建议采用的说法。之所以单独列出这类政党，主要基于比较研究的考虑，这类政党中有不少是从共产党演化而来，但又与共产党有明显区别，21世纪以来在欧洲各国普遍兴起，对共产党作为主要激进左翼的地位冲击很大。近年来，二者在一些国家虽然出现了部分合作倾向，但总体上冲突与对立却远大于融合与沟通。同时，国内对这些党关注较少，因此有必要对其渊源、演进和观点主张及其与共产党的关系进行梳理和分析。

四 本书的研究主题与框架

本书的研究立足于一个现实性很强的迫切问题：在遭遇20世纪末社会主义的挫折后，发达资本主义国家的共产主义运动向何处去？世界社会主义运动向何处去？从这一立足点出发，本书较为全面地梳理了苏东剧变后尤其是21世纪以来西欧共产党的发展演化，深入剖析各党在发展进程中经历的危机和问题，总结其特点与面临的困难和挑战；考察在社会主义运动陷入低潮、面对新自由主义强势进攻的态势下，西欧共产党在理论、政策、主张上不同于以往的显著变化，以及这些变化对共产主义运动实践带来的影响。在西欧共产党理论和实践的演进中，本书尝试探寻西方共产党未来的发展道路和趋势，探寻世界社会主义运动的前景和走向。

全书由九章构成。第一章是对苏东剧变后西欧共产党整体发展状况的概述式讨论和分析。在历史发展纵向上对西欧共产党的演进历程进行全景式扫描之后，重点阐释了在作为西欧共产党衰落起点的20世纪80年代，西欧共产党遭遇的发展困境及其主要原因。提出苏东剧变是当代西欧共产党发展进程的历史节点，考察了苏东剧变对西欧共产党的颠覆式冲击和影响，并对20世纪90年代以来西欧共产党生存与发展的复杂政治社会环境进行了深入剖析。通过考察西欧共产党的党员数、选票率和议席数的变化，梳理和总结了近20多年间西欧共产党的整体概况，以为后面章节的具体理论和实践展开作一总体上的铺垫。

接下来的两章是西欧共产党的典型个案分析。依据理论变革程度，将其划分为两种不同类型。一种类型是理论政策变革幅度大、“去激进化”程度高的共产党，具有代表性的是法国共产党、意大利重建共产党和西班牙共产党；另一类型是与传统理论关联度较大，仍然保持着浓厚共产主义色彩的共产党，如希腊共产党、葡萄牙共产党和塞浦路斯劳动人民进步党。这些共产党呈现出从属于各自类型的鲜明特征，但也因所在国的政治、经济和社会环境差异而在政府参与、政治结盟、与市民社会的关系、对欧盟的态度等方面展现出明显不同的发展路径。本部分各章节对上述各党苏东剧变以来在理论和实践方面的演化特点进行了详细剖析。具有特色之处是，将共产党的探讨纳入各国激进左翼运动的研究视野，并对一些新兴激进左翼政党与共产党进行了比较阐释和解析。

第四章着眼于西欧共产党重要思想理论的总结和概括，包括如何认识和理解马克思主义、社会主义、当代资本主义、民主集中制、阶级和阶级斗争、现实社会主义实践，等等。对这些重要问题的再认识，是苏东剧变后西欧共产党思想理论调整的核心内容，可以反映出其理论主张变化的一些突出特点。

第五章是对西欧共产党与当代资本主义其他激进左翼政党、组织和运动之关系的考察分析。这类政党和运动的兴起，对共产党的生存和发展既有冲击和挑战，其相互联系与合作也为西欧激进左翼政治的发展提供了显著机遇。这里主要探讨了“替代左翼政党”“全球正义运动”与西欧共产党间的竞争与合作关系。

第六章关注的是西欧共产党国际、洲际联合实践的演进和新发展。共产党的国际联合不是一个新话题，但在世界社会主义运动低潮时期却出现了很多新的困难和挑战。在西欧共产党大都承认国际联合必要性的前提下，应该采取何种形式、方式和手段加强各共产党间的交流与合作？本章在对“欧洲共产主义”国际联合观进行历史考察的基础上，通过对近年来西欧共产党在欧洲议会中的合作，及其以新欧洲左翼论坛、欧洲左翼党、共产党和工人党国际会议为载体进行国际联合实践的分析为蓝本，提出了当前西欧共产主义运动面临的紧迫性问题及其应对策略。

第七章考察的是西欧共产党与工人阶级关系的历史流变。从党的性质与社会基础上看，西欧共产党产生和发展的整个进程，与工人阶级都存在着密不可分的联系。本章从回顾百年来西欧共产党在对待工人阶级态度上的演变，以及西欧选举政治中工人阶级对共产党支持率变化两个不同视角，阐释了西欧共产党与工人阶级间关系变化的一般轨迹，并深入探讨了工人阶级的阶级投票下降以及共产党支持率下降的根本原因。

第八章聚焦国际金融经济危机下西欧共产党的观点主张以及抗议斗争。2008 年爆发的国际金融危机以及随后发酵的欧洲主权债务危机，是冷战后 20 多年间西方世界新自由主义发展模式之后果的灾难性呈现。危机的爆发对西欧共产党而言既是机遇又是挑战。在危机中，西欧共产党深刻揭露危机的根源和实质，针对政府的反危机措施积极引导民众开展反抗斗争，扩大了自身的力量和影响。但受到主客观条件的制约，西欧共产党整体上的提升相对有限。

第九章是全书的结束语，落脚于当前西欧共产党面临的发展困境和挑战。本章对散见于全书各部分的观点进行了系统梳理和总结，从边缘性政党的兴起与冲击、社会主义实现方式的选择、理论战略创新的发展路径、党内分裂的危机等具体方面探讨了西欧共产党当前发展中存在的问题，进而对西欧共产主义运动的发展现状和未来前景做出了评价和预测。

第一章　西欧共产主义运动的危机与重建

作为发达资本主义世界曾经最有影响力的地区性左翼政治思潮和运动，自20世纪末以来，西欧共产主义极大地衰落了。表面上看，苏东剧变是导致这种整体性衰落出现的直接原因，但追根溯源，不利于共产主义运动发展前行的内外部因素一直在不断累积，实际上早在20世纪80年代时，西欧各共产党就已经开始遭遇系统性发展危机。苏东剧变是世界社会主义运动的一道分水岭，也是西欧共产党发展进程的分界线。在此之后，西欧共产党从各国具有政治竞争力的政党转向边缘性存在，进入了一个为生存而战、为重新崛起而战的重要时期。在这20多年时间里，在西方政治生态急剧变化的环境中，西欧共产主义运动经历了危机与变革、实践困境与理论抉择、思想革新与组织重构。在这个过程中不乏创新和亮点，但目前看总体上仍然未能走出困局，西欧共产主义运动的重建与复兴依然面临巨大考验。

第一节　西欧共产党的发展困境与生存危机

一　西欧共产主义危机的主要表征

20世纪80年代末90年代初的苏东剧变，是诱发西欧共产主义危机全面爆发的导火线，但却并非西欧共产党衰落的起点。从二战后的整个发展进程看，西欧地区共产党可以说经历了一个波浪式曲折发展的过程。借用法国学者马克·拉扎（Marc Lazar）的话来说，“光明与黑暗轮转交替。在一些时刻，它们（指西欧共产党）位于社会边缘；而在另一时刻，它们却是社会运动的核心”①。在西欧共产主义运动的整个发展时期，危机与困境时隐时现，到20世纪80年代在内外因素的交织促动下集中显现出来。

战后初期称得上是西欧共产党发展壮大的高潮期。由于各共产党在二战中始终站在反法西斯抵抗运动的最前线，积极动员和领导人民同法西斯势力进行坚决斗争，为战争的最终胜利做出了巨大贡献，因此在战争结束之初，许多共产党赢得了极高的社会声望和群众拥护，自身的力量也得到了空前发展。比如，法国共产党在1947年的党员数达到历史最高的90.8万名，为1937年32万名党员的近3倍。意大利共产党在1943年仅有党员1.5万名，到1947年时猛增到200万名。希腊共产党在1944年德国法西斯占领结束时的登记党员数达到了40万名。

在有利形势下，西欧共产党在议会斗争中也取得了较好成绩。法共在战后连续几次议会选举中的得票率稳步增长，在1946年11月的国民议会选举中，一举得到28.2%的选票和183个议席，跃居成为议会第一大党。在1944年9月至1947年5月，法共还先后参加了五届政府，有八位领导人先后分别担任副总理和部长。意大利共产党战后七次参与组阁，并在1946年的选举中得到18.9%的选票和104个议席，位居议会第三位。其他一些小国共产党的议会斗争也取得显著成果，如比利时共产党1946年的得票率为12.7%，拥有23个议席，并在后来长达39年的时间里一直拥有议会席位。在整个国际共产主义运动发展进程中，战后初期是西欧共产党议会斗争的鼎盛时期。

然而，这种高涨的发展局面并没能持续多久。从1947年起，随着美苏两大阵营冷战的开始，各党的处境日益恶化，迅速转向了发展低潮。受西方各国反共势力的挤压，以及同时期苏联共产党错误路线的消极影响，西欧共产党的这种发展低潮一直持续到20世纪60年代末。其主要表现，一是失去执政或参政地位。奥地利、

① Marc Lazar, “Communism in Western Europe in the 1980s”, *Journal of Communist Studies*, Vol. 4, Issue 3, 1988.

法国、意大利、芬兰等参与执政的共产党先后被各国亲美势力排挤出政府。二是遭到各国反动势力的大肆迫害。比如，在独裁统治下的葡萄牙、西班牙和希腊，各国共产党纷纷转入地下活动。三是组织力量迅速下降。各党力量下降程度虽然不同，但总体上的下降趋势十分明显。意共党员数比高峰期下降了约25%，维持在150万名的水平上。法共的党员数是30万名，比高峰期下降了约60%。荷共党员降至1万名，只剩高峰时党员数的1/5。

到20世纪70年代时，由于1968年后席卷西欧发达资本主义国家的激进学生及工人运动，也因为资本主义发生了由石油危机引发的新一轮经济危机，加之“欧洲共产主义”的兴起，西欧社会主义运动出现转机，许多国家共产党迎来了又一个发展高潮。党的组织力量大都有所恢复。到20世纪70年代末，法共党员数由60年代低谷时的30万名猛增至52万名。意大利共产党党员数也从150万名增加到181万名。西班牙、葡萄牙、希腊等几个推翻国内独裁统治、获得合法地位的共产党，也迅速发展壮大。如西共在1975年转为合法前只有1.5万名党员，到1978年已增至17万名。葡共1974年地下时期只有几千名党员，1975年达到10万名。长期处于地下活动的希腊共产党到1982年时也发展到7.3万名党员。这样，在20世纪70年代共产党发展的回升期，西欧地区的共产党党员总数最高达到250多万人，拥有选民两亿多人，选票2000多万张。

进入20世纪80年代，随着国际国内形势的变化以及“欧洲共产主义”影响逐渐衰减，西欧共产党再次面临发展困境，选举、组织、社会动员、理论战略和身份危机全面显现。

从选举上看，无论是在全国还是地方选举层面，几乎所有共产党都开始遭遇明显的支持率下滑。有学者将共产党选举支持率的下滑主要划分为四种情况①：一是在政治体系中一直没有任何影响的共产党，比如，英国、西德、挪威、瑞士、比利时、丹麦、奥地利和荷兰等国共产党，在20世纪80年代之后的全国大选成绩大都在

---

① Marc Lazar, “Communism in Western Europe in the 1980s”, *Journal of Communist Studies*, Vol. 4, Issue 3, 1988.

1%上下浮动。二是瑞典和西班牙共产党，其支持率在5%左右，且社民党在全国、地区或城镇选举中有时也会依靠它们的支持。但自20世纪80年代后这些党的支持率下降明显，如西共从1977年的9.4%和1979年的10.6%，下降到1982年的3.8%。三是法国、芬兰、葡萄牙和希腊共产党，这些党的支持率维持在9%～15%。其中芬兰和法国共产党已经丧失了国内主要政党地位，比如，法共在1978年议会选举第一轮投票中的支持率为20.5%，到1986年时已下降到9.8%。而自20世纪70年代中期始获合法地位的希腊、葡萄牙共产党也面临类似境况。希腊的两个共产党在1974年共获得9.74%的选票，1985年选举希共（国内派）只得到1.8%的选票，基本已经没有影响了。葡萄牙共产党1975年全国议会选举获得了16.6%的选票，1979年将近19%，而1987年则下降到了12%。四是西欧两个最具影响力的共产党——塞浦路斯劳动人民进步党和意大利共产党。劳进党1960年的得票率是43.5%，1985年下降到了27.4%。意共在议会选举中的得票率也一路下滑，1976年为34.4%，1983年为29.9%，1987年为26.6%，1988年为21.9%。

表1.1　**20世纪70年代末至80年代西欧共产党的投票率下降情况**

政党	年份	选票百分比（%）
意大利共产党	1976～1988	34.4～21.9
法国共产党	1978～1986	20.5～9.8
芬兰人民民主联盟*	1979～1983	18.0～13.8
西班牙共产党	1979～1982	10.6～3.8
卢森堡共产党	1974～1984	10.5～5.0
比利时共产党	1978～1985	3.3～1.2
荷兰共产党	1977～1986	1.7～0.6（1972年是4.5）

注释：*芬兰人民民主联盟是围绕芬兰共产党建立的一个选举联盟。

资料来源：主要数据参见Michael Waller,“The Radical Sources of the Crisis in West European Communist Parties”, *Political Studies*, Vol. 37, Issue 1, 1989。

从组织上看，在经过了20世纪60年代后半期至70年代末的持续增长后，各党的党员数明显下滑。1986年，意共宣称党员数为159万名，比20世纪70年代下降了约12%；芬兰共产党党员数从1980年的5.1万名减少至1986年的3.2万名，下降超过32%；法共1984年党员数为38万名，损失约27%。其他一些共产党党员数减少更多，比如，西共到1986年降至6万名，损失幅度高达67.4%；荷兰共产党1980—1986年间减少43.7%；奥地利共产党1979—1983年间减少52%；瑞士共产党1975—1986年间减少66.6%。

从社会动员上看，西欧共产党传统的组织和动员方法不再能够继续有效发挥作用。长期以来，西欧共产党与各国工会组织一直保持着或多或少的密切联系。虽然没有明确规定，但工会与共产党大都分享着相同的意识形态和行动议程，甚至拥有统一的领导层。从历史上看，西欧共产党的发展在很大程度上也正是依赖同工会组织间这种特殊的"传送带"联系。20世纪80年代后，受国内和国际环境等因素影响，加之西欧共产党的衰落和西方工会发展危机，一些主要共产党与工会间的这种传统联系不断减弱，意共、法共、西共与意大利总工会、法国总工会、西班牙工人委员会工会联合会"大都成了各自领域中自治的力量"①。与此同时，作为共产党进行意识形态宣传主要媒介的党报党刊销售量也大幅下降。比如，1973—1982年间，法共《人道报》的销量下降了40%~54%；西班牙《工人世界》的销量从20世纪70年代末最高峰的15万份下降到3万份；意大利共产党《团结报》的出版发行量从第二位下降到了第七位。②

从社会影响上看，西欧共产党自身的社会形象明显恶化，公众认同度急剧下降。民意测验显示，1985年72%的法国人宣称"不

---

① Dominique Andolfatto, "Trade Unions and Communism in Spain, France and Italy", in Uwe Backes and Patrick Moreau, *Communist and Post-Communist Parties in Europe*, Vandenhoeck & Ruprecht, 2008, pp. 483 - 500.

② Marc Lazar, "Communism in Western Europe in the 1980s", *Journal of Communist Studies*, Vol. 4, Issue 3, 1988.

信任”法共，这比1982年的数字提高了8个百分点。而39%的意大利人认为意共是继新法西斯主义政党之后最令人怀疑的意大利政党，其受质疑程度远远高于天民党和社会党。

就整个西欧共产主义运动发展进程看，20世纪80年代西欧共产党的发展危机展现出明显的独特性。危机的影响非常普遍，几乎所有西欧共产党都无一幸免地深陷危机旋涡。同时，危机的剧烈程度也是前所未有的，既对共产党意识形态和发展目标形成冲击，也造成其社会存在和影响急剧下降。而且，这种下降趋势一直延续到苏东剧变的发生，其后在世界社会主义运动遭受严重挫折的情况下，西欧共产党陷入了长时间的发展低潮。

二 西欧共产党衰落的原因

拥有辉煌历史的西欧共产党为什么到20世纪80年代开始遭遇系统性危机？显然，不同共产党出现发展困境的原因是不一样的，由于各国面临的问题不同，各共产党都经历了自身的具体的危机。20世纪八九十年代的诸多研究成果对危机的形成原因进行了分析。综合来看，除了国家间的差异外，各方普遍认同的影响西欧共产党生存与发展的共同因素主要有这样几个方面。

首先，是与后工业社会的到来相关的两个变化。一是社会结构的变化。当代西方科学技术革命的发展引发了经济结构的急剧变化。表现在产业结构上，农业的比重不断缩小，传统制造业不断衰落，服务业得到迅猛发展。经济的第三产业化意味着20世纪资本主义所赖以发展的基石即工业的“进步性溃退”，表明作为西欧共产党核心社会基础的产业工人阶级队伍萎缩和重新分化，同时也意味着有异于传统阶级角色、阶级力量的多元化新中间阶层的崛起。这一新社会阶层在关怀重点、价值取向、政治态度、社会吁求等方面展现出不同于传统阶级利益、阶级诉求的多元发展的新特点。一些共产党尤其是“欧洲共产主义”党虽然注意到了工人阶级的这种碎片化变化，也认识到处理好与后工业社会多数人的关系的重要性，但却没有及时（或迟滞）进行政策调整并制定从新经济部门中吸引选民的战略策略。加之社会民主主义政党在这一时期适应性的政策变化分流了大量共产党选民，以及各国极左翼力量的冲击、宗教和右翼民粹主义势力的挤压，西欧共产党虽然进行了一些巩固和扩大社会基础的努力，但无论是尝试在不断萎缩的产业工人以及移民下层阶级中赢得更多支持，还是吸纳新中间阶层的支持方面都收效甚微。有西方学者认为，“西欧共产党的社会基础已然被解构了”[①]。

其次，是社会文化的变化。生态、女权、和平等非政治性、非阶级性的后物质主义问题，并非一些新出现的问题和现象，但是在20世纪70年代后却作为突出问题和矛盾表现出来。这些议题的广泛兴起，一方面是因为随着社会政治经济的发展，这些问题日益显现出影响社会生活的重要性；另一方面是因为随着战后经济的持续繁荣增长，人们的生活相对富裕安定，人们的价值观逐渐从关心经济保障、工业化和生产方式所有制等传统的社会政治议题，更多地转向关心生活质量、审美价值、自由参与决策，即从关心物质价值转向关心后物质价值。西欧共产党在理论和实践上一直长期强调的是工业增长、就业，生产方式的所有权、经济干预和计划等物质主义目标。而在这种后物质主义的“寂静革命”中，这些关怀主题似乎失去了其本源听众。用英格尔哈特（Ronald Inglehart）的话来说，“20世纪绝大多数时间占主导地位的左翼政策议程已经耗尽了其发展潜力”[②]。而多数西欧共产党并没有认识到这种社会转型的重要性，或者说其纲领政策调整并没有能够反映这种深刻的社会变化，从而导致持后物质主义价值观的选民转向其他政党。弗兰克·威尔逊（Frank Wilson）指出，这种由文化革命引发的支持倾向的变化在青年人中表现得尤其明显。相关数据表明，青年人过去往往会支持激进意识形态的共产党，但到20世纪七八十年代时这种规律逐渐消失了。自20世纪70年代初以来，各共产党开始经历显著的老龄化过程。比如，意大利共产党青年组织的成员数从最高峰的

① Marc Lazar, “Communism in Western Europe in the 1980s”, *Journal of Communist Studies*, Vol. 4, Issue 3, 1988.

② Ronald Inglehart, *Culture Shift in Advanced Industrial Society*, Princeton University Press, 1990, p. 256.

50万人，经过70年代的急剧下降和“欧洲共产主义”时期的短暂复兴之后，到80年代中期时只剩不到5万人。[①]

再次，是资本主义危机以及西欧政治的右倾转向。从西欧共产主义运动的历史看，西欧共产党的发展与欧洲经济形势在绝大多数时间呈现出一种负相关关系。在20世纪30年代及其后十几年间的恶劣经济环境下，西欧共产党的自由、平等吁求成功吸引了大量认为受到经济不稳定和不平等压迫的抗议性选票。即使不一定赞同共产党的全部政治议程，选民们也通过支持共产党来表达其对现存制度的不满。二战后30年间，西欧经济经历了史无前例的发展繁荣。普遍的富庶代替了经济不稳定和危机，工人迅速上涨的工资缩减了贫富差距，社会福利制度的日益完善，大众消费社会的出现很大程度上削弱了人们的不安全感和被剥夺感。对共产党来说，需要承受的直接后果就是人们对于建立替代制度的热情下降了，而作为其社会基础的工人阶级的斗争性和革命精神也急速弱化。进入70年代，西方经济发生滞涨。繁荣让位于缓慢增长，公众对所谓民主制度的信任下降，西欧资本主义在战后第一次出现了普遍性危机。危机带来了从街头抗议风潮到“红色恐怖主义”等激进政治的复兴。对共产党来说，这本是一个有利的机会。实际上，西欧共产党也确实在危机时期通过自身的理论转型（“欧洲共产主义”）实现了部分复兴。但在西欧共产党试图实现更大发展的关键时刻，却遭遇作为对“十年滞涨”政策反拨的西方政治右倾化出现，主宰了20世纪后20年至今西方政坛的新保守主义和新自由主义政治经济政策，对包括共产党在内的西方左派都造成了巨大冲击。在这种右倾化氛围中，西欧共产党的发展进程变得举步维艰。

最后，是共产党内部的政治和组织因素。当代资本主义的发展危机引发的社会政治经济动荡及其对政治行为的影响，虽然使西欧共产党受到沉重打击，但并不能完全解释共产党在这一时期的迅速衰落。换言之，共产主义运动发展中的内部因素对西欧共产党的冲

① Frank Wilson, *The Failure of West European Communism: Implications for the Future*, Paragon House, 1993, p. 53.

击更大。这方面的影响首先可以考虑国际共产主义阵营尤其是苏联的影响。作为世界上第一个社会主义国家的缔造者和国际共产主义运动的领导者，苏联共产党对西欧共产党乃至西欧普通民众的影响从来都是不可比拟的。1953 年斯大林去世，尤其是 1956 年苏共二十大赫鲁晓夫秘密报告发表以后，随着一系列事件的发生，比如，匈牙利事件、中苏论战、1968 年镇压“布拉格之春”、1979 年入侵阿富汗、1981 年波兰危机，苏联大党大国主义行径使其在西方民众中的形象一落千丈。作为西欧共产党反对苏联统一的社会主义模式以及多样性发展理论代表的“欧洲共产主义”，实际上也是对这种发展现实的一种回应。然而，在各种因素的作用下，“欧洲共产主义”在 20 世纪 70 年代末不可避免地衰落了。在实践中，有的党如法共放弃了“欧洲共产主义”路线，重新转向亲苏立场。到 20 世纪 80 年代初时，在与苏联的关系上，西欧共产党整体上处于一种对立和分裂状态。法共、葡共、希共重申强化与苏联关系的有效性，而意共、西共等则在继续疏远苏联的道路上越走越远。1985 年，戈尔巴乔夫担任苏共总书记，推行号称改革社会主义的所谓“新思维”以后，一些共产党重新转向支持苏联的道路上来，甚至因 1981 年波兰危机而与苏联决裂的意共，也重新定位并确立了与莫斯科的特殊关系。布尔（Martin Bull）形象地描述了这种相互关系的演变，“1985 年前，自由化与脱离莫斯科的控制紧密相关；而 1985 年后，自由化使其转而支持莫斯科”①。但在实践中，也正是这种重新强化的关系，使得苏东剧变对西欧共产党的打击更加严重。

而从西欧各共产党内部看，随着党的发展危机的凸显，到 20 世纪 80 年代时党内不同意见的分歧争论也开始越来越多。在不少党内，推崇自由化改革的声音此起彼伏，此前党内围绕战略替代的争论逐渐让位于党的身份特征之争。各共产党内的基本分歧点在于，部分人认为西欧共产党纯粹的“独特性”是党的沉重负担，因

① Martin Bull, *West European Communist Party after the Revolutions of* 1989, Paul Heywood, 1994, p. 209.

而主张通过党的纲领和组织等的改革，来淡化党的意识形态特色；而另一部分人则认为，共产党面临危机的根源恰恰在于去激进化，在于将党的目标还原为监管资本主义的发展，因而强调党的力量的恢复应该有赖于重申党的激进身份并强化党在社会运动中的存在。在争论中，各党领导层发生分化，有的坚持传统观点，反对任何自由化性质的改革；有的持中间立场，试图调停两种不同观点；有的急速右转，公开支持社会民主主义化的改革。激烈的党内矛盾分歧的存在，加之苏联解体的剧烈冲击，导致多数党在 20 世纪 80 年代末 90 年代初都经历了分裂过程。而不同倾向的力量对决及其结果，则直接决定了各党在关键时刻以及 90 年代后迥然相异的发展路径。

第二节　苏东剧变的冲击与国际形势变化

一　苏东剧变对西欧共产党的影响

苏联社会主义国家的建立及其领导的社会主义阵营与以美国为首的资本主义阵营的冲突和对立，塑造了整个 20 世纪的历史。正如历史学家霍布斯鲍姆（Eric Hobsbawm）所言，“除去 1933—1945 年间是一大例外，从俄国十月革命开始，70 多年间，国际政治完全着眼于两股势力之间的长期对抗，也就是旧秩序对社会革命之争。而社会革命的体现，则落实在苏联与国际共产主义身上，彼此兴荣，息息相关”①。作为一个历史节点，苏东剧变不仅标志着一个纪元的终结，对于西欧共产党来说，它也直接激化了长期发展积累的矛盾和问题，导致西欧共产党危机的全面爆发，从而成为西欧共产主义运动发展的重要分水岭。

从实践上看，尽管 20 世纪 80 年代危机使得西欧共产党已然趋向衰落，但不可否认在苏东剧变发生之前它们仍然在国内政治中保持着相对较强的组织实力和社会影响力。比如，意大利共产党在国内有选票 1000 万张，得票率达 26.6%，在议会拥有 177 个议席；法共有 60 万名党员，选票 60 万张，得票率为 11.3%，在国民议会

① ［英］艾瑞克·霍布斯鲍姆：《极端的年代》，江苏人民出版社 1999 年版，第 79 页。

有 27 个议席；西共有 70 多万名党员，选票 180 万张，得票率为 9. 1%，在议会有 18 个议席；葡共有 20 万名党员，选票 70 万张，得票率为 12. 1%，在议会有 31 个议席；希共约有 10 万名党员，在 1989—1990 年举行的三次议会选举中，连续获得 10% 以上的选票和 20 多个议席。20 世纪 80 年代末 90 年代初苏东地区社会主义国家的剧变成为“压倒骆驼的最后一根稻草”，其发生使得本已危机重重的西欧共产主义运动陷入深度混乱之中。

其主要表现，一方面是西欧共产党间的分裂加剧。20 世纪 80 年代共产党间业已存在的认识分歧进一步公开化，以至于有学者认为西欧共产党已经不再构成一个独立的政党家族。[①] 苏东剧变后，西欧地区的共产党呈现迥然不同的发展轨迹。如果以是否坚持共产主义为标准，西欧共产党的发展转型可以分为两种类型：一是仍然忠诚于共产主义身份，保持“共产党”的名称，相信国际主义目标的有效性和共产主义目标的相关性的各党；二是认为苏东地区共产党的失败代表着共产主义本身的失败，因而改变党的名称、标志等，自行解散并转型为非共产主义左翼政党的一些共产党。西方学界对第二种转型进行了细部化区分，将其又具体划分为两种或三种类型。比如，有学者认为这类共产党主要是转变为向新社会议题和政治自由主义开放的“红—绿”类型的生态政党，其主要集中在斯堪的纳维亚地区；以及明显不再反资本主义，转而信奉新自由主义的社会民主党，具有代表性的是意大利共产党。[②] 也有学者认为这类共产党有的向民主左翼政党转变，比如，芬兰左翼联盟；有的转型为成熟的社会民主党，比如，意大利左翼民主党；有的不再独立存在，成为非激进新政党的组成部分，比如，荷兰绿色左派党，等等。[③]

---

① ［英］艾瑞克·霍布斯鲍姆：《极端的年代》，江苏人民出版社 1999 年版，第 210 页。

② Philippe Marbiere, “*The Radical Left in Europe: An Outline*”, Transform!, Journal 13/2013.

③ Luke March and Cas Mudde, “What's Left of the Radical Left? The European Radical Left After 1989: Decline and Mutation”, *Comparative European Politics*, Vol. 3, Issue 1, 2005.

为什么这些共产党在不同国家发生了多样性转向？“政治空间说”从一个侧面解释了这一现象。这种观点认为，这些共产党的重新定位受各国其他左翼政党，尤其是社民党和绿党占据的政治空间影响很大。比如，意大利共产党转型为社会民主主义政党，是因为该国的社民党力量非常弱小；而斯堪的纳维亚地区社民党在左翼空间中的绝对统治地位，限制了共产党转向社会民主主义政党的可能性，因而它们大多转向支持生态立场，与先前各种生态主义政党结成了联盟。①

与政党间分化并行的，是各共产党的内部分裂。在苏东剧变影响下，几乎所有共产党都经历了内部的政治地震，尤其是领导层间的激烈斗争。实践证明，那些较为传统的、坚持组织原则的共产党，能够有效地控制党内纷争，因而较为平稳地渡过了危机；而那些自由化思潮主宰了领导层，内部运作早已变得更加“公开”和“民主”的共产党则陷入了更大的危机之中。比如，在剧变前夕进行改革的意大利共产党，在 1989 年 3 月党的十八大上放弃了作为党的组织原则的民主集中制。因此，当党的领导人奥凯托（Achille Occhetto）公开放弃了马克思主义和共产主义立场，并在颠覆性的危机面前兴高采烈地宣称“现实共产主义已经死亡，已经被埋葬，对此感到非常高兴”，甚而抛出将党改性易帜的建议时，党已经毫无能力控制这种急速的右转，从而使这个拥有 70 年光辉历史且曾经作为欧洲最有影响力的共产党遭遇了灭顶之灾。

总之，苏东剧变对西欧共产主义运动的冲击是前所未有的。在 20 世纪 90 年代初，西欧地区有大量共产党放弃了马克思主义，自行解散或改变名称和性质，而即使是法共、希共、葡共等坚持下来的共产党的力量也大大下降，面临生存危机。到苏东剧变后，西欧地区共产党整体力量损失过半。共产党总数减少到 21 个，党员数减少到不足 100 万名，在本国议会中所占的席位总数由 288 席减少

① Mathieu Vieira, “*The Anti-Capitalist Left in Western Europe*”, Paper presented at the 3rd ECPR Graduate Conference, Dublin, Aug 30 - Sep 1, 2010.

到89席。[1] 但从另一个层面看，西欧共产党也迎来了一个全新的发展时期。由于苏联解体、世界社会主义运动剧烈变动，来自于共产主义阵营的制约或限制西欧共产党理论探索和创新的外部因素消失了，为其依据自己的国情和条件独立自主地探索适合本国实际的活动和斗争方式创造了条件。同时，国际国内政治环境的深度改变，也促使各国共产党从时代和社会现实出发对社会主义理论和实践进行深刻反思，探寻摆脱生存危机以及实现新的发展的方式和路径。从这个意义上说，苏东剧变既是一个时代结束的终点，也是开启一个新的时代的起点。从这一刻开始，身处困境的西欧共产党开始了艰难的重建历程。

二　重建的政治与社会背景

20世纪90年代后，西欧共产党生存与发展的社会环境异常复杂。全球化加速推进，金融垄断资本横行全球，南北差距扩大，社会不平等加剧，西方政治生态进一步右转，整个政治社会环境呈现“资强社弱”“资攻社守”的鲜明特点。

在苏东剧变之初，“历史终结”“资本主义在两个体系的竞争中赢得胜利”等声音在西方世界不绝于耳。这些在20多年后看来更多带有主观臆断色彩的言论，却在当时的西方精英中获得普遍共鸣。尤其是随着苏东社会主义国家蜂拥加入资本主义自由市场体系，以及拉美经济私有化、市场化和国际化改革的全面铺开，由里根和撒切尔引领的货币主义和新自由主义似乎已经成为横扫世界的政策潮流。同时，由资本主义主导的全球化纵向深入推进，越来越多的国家开放门户，随着全球化从贸易领域扩展至国际金融资本流动领域，不仅实现了商品的自由流动，而且金融资本的自由流动也加速发展起来。金融资本的国际化，使得当代资本主义进入了一个新的历史时期——从国家垄断资本主义转向国际金融资本垄断阶段。在国际金融资本垄断时代，金融资本的扩张及其阶级掠夺逻辑，不再是通过赤裸裸地直接榨取剩余价值，而是利用金融在现代经济运行中的特殊地位，通过操纵

① 肖枫：《社会主义向何处去》，当代世界出版社1999年版，第520页。

实体经济企业，占有实体经济资本在生产过程中攫取的剩余价值。同时，以各种手段包括打着金融创新的旗号，推出形形色色的金融衍生品，并通过高杠杆或相互间甚或对广大中小投资者的诈骗，刺激冒险性资本在全球股市、基金债券市场中进入不断举债再举债的恶性循环，完成所谓货币的“自我增值”。在这一过程中，掌握着大量跨国公司和专利的欧美等发达资本主义国家成为主要受惠者。跨国金融资本的输入和操纵，造成了国家职能退化、综合国力衰退，在拉美和东南亚地区引发了多次大规模金融危机，发达资本主义国家与第三世界国家间的不平等加剧，差距进一步拉大。政治经济的双重“胜利”令资本主义忘乎所以，“殖民主义”思潮在 20 世纪 90 年代初死灰复燃。1993 年 1 月《华尔街日报》刊文公然宣称现在是该“重新反思反殖民主义明智性的时候了”。英国历史学家保罗·约翰逊（Paul Johnson）甚至高度赞扬 1992 年美国对索马里的入侵，断言“一些国家并不适合自我管理。文明世界有责任到这些令人绝望的地方进行统治”①。

在发达资本主义国家内部，随着金融资本在当代资本主义阶级剥削中的“贡献”和比重越来越大，金融资本家的权力得到亘古未有的扩张。最明显的特征，就是在当代资本主义阶级结构中形成了一个“掠食者”阶级，其核心就是所谓的“金融精英”。他们通过复杂的金融机制，把一国的资源，甚至是广袤的地球资源，都牢牢掠夺控制在自己手中。其中，被掠食财富的绝大多数又集中在了少数金融寡头手中。据统计，1990 年 10 家最大的美国金融机构占金融业总资产的 10%，到 2008 年，则上升到 60% 以上。同样的现象是，全球最大的 10 家银行在 2009 年占全球银行业资产的 70%，而 2006 年才占 59%。“占领华尔街”运动提出了一个著名的口号——“我们是 99%”。其基本理念且得到各大机构验证的共识在于：99% 的美国人在过去 30 年间根本没有获得实质性的财富增加，而 1% 权贵们的财富增长则异常迅速。2007 年，1% 最高收入者的家

① 转引自 Kate Hudson，*The New European Left：A Socialism for the 21th Century*，Palgrave Macmillan，2012，p. 4。

庭平均税后实际收入约占总收入份额的24%，较之1979年攀升了275%。而在这1%中占据相当大比重的，就是超级金融大亨以及金融等机构的高级管理人、经理和主管。与此同时，资本主义的固有矛盾在更大范围内扩展并日趋激化，劳动与资本的对立更为凸显。在发达资本主义国家内，金融资本的剥削和掠夺导致两极分化进一步加剧。近二三十年来，美国企业高管与普通员工的工资差距，已经从40:1扩大到了357:1。与1%富有者急剧增长的财富相比，普通劳动者几十年来的收入没有出现任何实质性增加。国际金融经济危机发生后，伴随着大规模失业以及实际收入的下滑，劳动者生活受到很大影响，欧美地区位于贫困线以下的人口数量迅速增长，出现了被西方媒体称为"新贫困危机"的现象。在美国，从2008年到2012年，贫困人口从13.2%增加到16%，5000万人受到影响，几乎每6人中就有1人生活在贫困线以下，达到1993年以来的最高点。在欧洲，一些受经济危机影响最严重的国家，比如，西班牙和希腊，贫困风险分别高达22%和21%，约有9%的人口"严重物质匮乏"，根本无法支付租金和账单。

与财富高度集中并行不悖的，是金钱对政府权力运作的影响。几十年来，金融资本家依仗其搜刮的雄厚财力，通过使用政治捐款和游说等手段，把"华尔街"的意识形态转换成支配公共决策者和监管政策的意识形态。在金融寡头的操纵下，任何一个政党上台执政都必然执行有利于金融大亨们的政策。诚如《每月评论》副主编耶茨（Michael D. Yates）所言，正是1%中位于顶层的那些人提供的竞选资金及其在国会和最高法院中占据的重要地位，使得政府坚决地站在了富人一边。即使金融寡头们的肆无忌惮最终引爆国际金融危机，颠覆了整个美国甚至全球的经济体系，也仍然不能动摇"华尔街"与政府间的关系走向。国际货币基金组织2014年报告指出，目前世界上最大的几家银行仍然享受着政府高达5900亿美元的隐性补贴，"大到不能倒"问题在国际金融危机爆发后依然悬而未决。

此外，苏联解体显而易见的影响之一，是造成了进步政策的回退。日本经济学家伊藤诚（Makoto Itoh）非常敏锐地描述了西方福利政策的主要由来，他指出，"全球资本主义自俄国革命后一直处于守势。其疆域在第二次世界大战后实际上大大缩减了……在资本主义国家内部，福利政策、向工会的妥协以及防卫支出的负担等，被视为抵御革命社会主义捍卫自由资本主义经济体系而必须付出的代价”①。1989 年苏东社会主义解体之后，“全球资本主义”重新回归进攻态势。在美国，早在里根政府时期，在新自由主义指导下，就已开始推行减税、削减政府预算、减少政府干预的政策，在大力增加国防开支的同时，降低社会福利开支，削减救济性福利项目。苏东剧变后，其社会福利政策进一步收缩停滞。美国共和党国会领导人纽特·金格里奇（Newt Gingrich）公开宣称，广泛性福利保障和累进税制是冷战的产物。由于苏联解体，共产主义的外部威胁消失，这些因社会主义威胁而采取的内部妥协措施应该废除。在欧洲，1992 年欧共体首脑会议上迅速签署了《欧洲联盟条约》（《马斯特里赫特条约》），建立了货币主义的经济—货币联盟框架，对成员国公共赤字和政府预算赤字进行严格限制，从而造成多数欧盟国家的公共支出大幅缩减。此后 20 多年间，经济全球化加速发展以及“华盛顿共识”主导下新自由主义的大行其道，导致战后欧洲“福利共识”瓦解，社会政策不断右转，福利国家危机丛生，“社会福利国家妥协面临终结”。

发达资本主义国家政治右转的另一表现，是传统左翼社会民主党的意识形态转向。从实践上看，在 20 世纪绝大部分时间里一直与共产主义“爱恨纠缠”的民主社会主义，并没有因共产主义的“失败”而获得任何政治利益。与“社会主义”存在或多或少联系的社会民主党，同样成为新自由主义者和保守主义者的攻击对象。它们宣称苏联解体标志着一切社会主义的彻底失败，民主社会主义的使命已经完成，社会主义已经成为历史，等等。在这种氛围中，西欧社会民主党在 20 世纪 90 年代初处境同样艰难，各国大都出现了党员队伍萎缩、选票下降的局面，并且随着德、英、意、法等主要社民党在大选中的相继败北，社会民主党在西欧几乎全线崩溃。

① 转引自 Kate Hudson, *The New European Left: A Socialism for the 21th Century*, Palgrave Macmillan, 2012, p. 7。

为扭转颓势，西欧社民党开始进行重大的思想理论和组织转型。其主要表现是，在思想上，逐步淡化传统的社会主义主张，全面拥抱新自由主义经济和社会哲学的核心原则；在组织上，从工人阶级政党进一步向“全民党”转型；在社会政策上，借鉴甚至接受了大量历来属于保守党的传统主张。在实践中，以英国工党领袖布莱尔和德国社民党领导人施罗德为代表的西欧社会民主党人打着“新中派”的旗帜，倡导混合经济和社会投资国家，提出了走介于传统自由主义和传统社会民主主义之间的所谓新的“第三条道路”等一整套思想主张。“第三条道路”的明显特点是抛弃了意识形态信条，反对以社会主义作为资本主义的替代，崇尚“没有什么左派、右派区别，只要行得通就是好政策”。这种所谓政治革新一度助推西欧社民党实现了“神奇回归”。20 世纪 90 年代，欧盟 15 个国家中有 13 个是社会民主党执政或参与联合执政，即使在 90 年代末时，也有 11 个国家是社民党当政，这时的欧洲甚至被人们称为“粉红色的欧洲”。但进入 21 世纪后，这种意识形态转向带来了一系列问题。2008 年国际金融危机的爆发使得第三条道路的弊端暴露无遗。危机以来，欧洲主要国家的社民党不断丢掉地盘。2009 年欧洲议会选举更是成为社民党选举失败的分水岭，英、法、德等国的社民党候选人纷纷败选，右翼候选人普遍胜出，“第三条道路”理论面临严峻挑战。2015 年 4 月，其提出者安东尼·吉登斯（Anthony Giddens）宣称，在技术与全球化的压制下，标志着冷战后社民党理论转型的“第三条道路”已经死亡。[①]

在社会民主主义右转的同时，西欧政党政治领域中出现了一个显著现象，即极右翼政党的全面兴起。早在 20 世纪 80 年代，因大规模失业而引发的种族主义和排外主义在欧洲地区一度高涨，促进了对极右翼政治支持率的普遍提高。在整个 90 年代，极右翼政党的影响不断扩大，进一步渗入传统政党的社会基础。自二战法西斯主义战败以来，极右翼第一次在西欧主要国家确立了群众性的政治

---

① 参见安东尼·吉登斯接受意大利《共和报》采访，http://www.thepaper.cn/www/resource/jsp/newsDetail_ forward_ 1319990。

基础，成为西欧政党体制内的重要政治力量。比如，到90年代末时，詹弗兰科·菲尼（Gianfranco Fini）的“后法西斯主义”政党意大利民族联盟在议会中已经稳固地获得约15%的选票。在奥地利，海德尔（Jörg Haider）的自由党通常可以获得超过20%的选票。在法国，国民阵线的党员在1984年时仅有1500名，但到1998年时已猛增至4.2万名，力量的急剧扩张使得其领导人勒庞（Jean-Marine Le Pen）进入了第二轮选举，与希拉克角逐2002年法国总统。21世纪以来，极右翼政治在西欧继续膨胀，一些极右翼政党甚至取得了执政地位。比如，2000年奥地利自由党与保守的人民党联合执政，成为二战后欧洲第一个参与执政的极右翼政党；2001年贝卢斯科尼领导的右翼政党意大利力量党与排外的北方联盟等极右翼政党结盟组阁。2008年国际金融经济危机爆发后，恶劣的经济形势导致移民等问题更加凸显，极右翼政党趁机抢占选民阵地。2014年欧洲议会选举中，法国国民阵线、英国独立党等一批极右翼政党异军突起，在各国的选举中遥遥领先，被法国总理曼努尔·瓦尔斯（Manuel Valls）形容为引发了“一场大地震”，惊呼“法国和欧洲迎来严峻时刻”。总之，极右翼政党的崛起使得后冷战时代欧洲右翼政治的统治地位更加凸显。

这种政治社会环境对于包括共产党在内的西欧激进左翼力量显然在总体上是不利的。在这种氛围中，资本主义和右翼政治占绝对优势，社会主义和左翼政治明显处于劣势。作为“强势话语”和“主流理论”的新自由主义，压制了共产党的政策空间，使得共产党摆脱危机、谋求生存的改革进程步履维艰。但从另一方面来看，由于欧洲政治钟摆右倾，尤其是社民党右转，传统主流左翼政党退出了大量的“左翼阵地”，从而也为其左侧的政党开辟了新的政治空间。从这个层面上讲，共产党等激进左翼政党又面临着前所未有的发展机遇。从苏东剧变后20多年的发展看，在挑战和机遇的双重考验面前，西欧绝大多数共产党承受住了压力，渡过了生存难关，并不同程度地走上了转型或变革的道路。但同时，各国党在理论变革和调整过程中也出现了很多问题，导致西欧共产主义运动在实践中遭遇不少困难和挫折。接下来的部分以及后述章节将对此进行具体分析。

第三节　生存与重建：共产主义危机之后的西欧共产党

苏联解体给欧洲社会带来的巨大变化在学术界和政治家中引发了激烈讨论。对于共产党的未来发展前景，西方学界的主流观点较为悲观。"失败论""困境论""边缘化论"一直在研究中占据主导地位。比如，有学者预测，正统左翼的消失将不会只是一种过渡现象。[①] 一些学者指出，共产党必定要面临党员绝对数和选民数的缩减。[②] 也有学者认为，尽管对外部冲击的反映不同，但所有共产党，即无论是希腊等忠诚的共产主义政党，还是意大利等改革的共产党都将面临类似的命运。[③] 总体上看，对西欧共产党未来前景持乐观态度的声音不多。具有代表性的是英国学者、左翼社会活动家凯特·哈德森的观点，早在21世纪初，她就提出了社会主义"复兴论"[④]。近年来，尤其是国际金融经济危机发生后，关于共产党（或更广泛的激进左翼政党）实现部分复苏的观点逐渐多了起来，哈德森甚至主张已经形成了一股新欧洲左翼发展潮流，并认为共产党将成为新欧洲左翼的领导者。[⑤] 苏东剧变至今已经20多年，西欧共产党的发展状况到底如何？本部分尝试从分析西欧共产党的党员数、选票率和议席数的变化出发，探讨和总结20多年间不同类型西欧共产党的发展轨迹和生存特点，以为接下来个案分析的展开提供总体上的概观。

---

① Herbert Kilschelt, *The Transformation of European Social Democracy*, Cambridge: Cambridge University Press, 1994, p. 41.

② Richard Katz and Peter Mair, "The Membership of Political Parties in European Democracies, 1960 – 1990", *European Journal of Political Research*, Vol. 22, Issue 3, 1992.

③ Luke March and Cas Mudde, "What's Left of the Radical Left? The European Radical Left after 1989: Decline and Mutation", *Comparative European Politics*, Vol. 3, Issue 1, 2005.

④ Kate Hudson, *European Communism since 1989: Towards a New European Left?*, Basingstoke: Palgrave, 2000.

⑤ Kate Hudson, *The New European Left: A Socialism for the Twenty-First Century?*, Palgrave Macmillan, 2012.

一　西欧地区现存共产党概况

苏东剧变至今，西欧地区的共产党一直在不断经历分化与重组，整体组织状况发生了很大变化。就其形成和存在方式看，西欧各国目前主要有以下四类共产党组织。[①]

一是在苏东剧变中坚持下来，一直没有改变名称的共产党。除法国共产党、西班牙共产党、希腊共产党、葡萄牙共产党、塞浦路斯劳动人民进步党这几个传统大党外，还包括：

在德国，苏东剧变前建立的共产党组织中有三个继续存在。一个是德国的共产党（Deutsche Kommunistische Partei，DKP）。其前身是第二次世界大战后期从德国社会党发展而来的德国共产党（Kommunistische Partei Deutschlands，KPD），后来随着东西方冷战的加剧，德国共产党在国内受到敌视和排斥，并最终在1956年被联邦宪法法院取消了合法地位，转入地下斗争。1968年，西德勃兰特政府出于同苏联以及民主德国缓和关系的考虑，提出可以重建一个新的共产党。在这种情况下，德国共产党于1968年更名为现在的德国的共产党。德国的共产党20世纪70年代在地方选举中曾具有一定影响。两德统一后，德共的影响逐渐下降，民社党成立后，许多德共成员脱党加入。2008—2013年间，一名党员曾成为州议会议员。德国的共产党一度曾是欧洲左翼党的观察员党，2016年2月退出。

德国的另两个共产党是1982年建立的德国马列主义党（Marxistisch-Leninistische Partei Deutschlands，MLPD），以及1985年建立的德国的共产党（红色黎明）（Kommunistische Partei Deutschlands-

① 关于当前西欧地区到底存在哪些共产党，国内外没有任何直接可用的资源。西欧地区诸国林立，几乎每个国家都有共产党组织，但除了几个传统大党外，其余众多共产党在各国政治舞台上基本属于“无关紧要的”存在。笔者2012—2013年在英国访学期间曾与卢克·马奇讨论英国存在的共产党组织，他认为，英国的共产党组织几乎没有任何影响，除了各党自己的网站外，根本没有西方学者专门对其进行关注（电子邮件，2012年12月4日）。但鉴于本书是关于西欧共产党的专著，因此澄清该地区现存的共产党组织还是非常必要的。综合西方新近的激进左翼研究文献以及众多的网络资源，在这里进行简单归纳和概括，因为掌握资源有限，并不能排除存在遗漏或不准确的可能性。

Roter Morgen，KPD）。

在西班牙，主要包括从西班牙共产党分裂出来的几个小组织在1984年合并建立的西班牙人民共产党（Partido Comunista de los Pueblos de España，PCPE）；以及1982年建立的加泰罗尼亚共产党（Partit dels i les Comunistes de Catalunya，PCC）。1984年，后者曾经短暂融入前者，成为人民共产党在加泰罗尼亚的分支机构，但很快又脱离出来重建为一个独立政党。

1918年建立的奥地利共产党（Kommunistische Partei Österreichs，KPÖ）。

1923年建立的挪威共产党（Norges Kommunistiske Parti，NKP）。第二次世界大战后挪威共曾获得11个全国议席，现在国内支持者有1000人左右。挪威共产党强调自己是建立在马列主义基础上的工人阶级革命政党。目前挪威共主要参与三个层面的斗争，即经济、政治和意识形态的阶级斗争，认为在国际国内层面开展意识形态斗争，对资本主义政治和经济体系进行批判在今天具有特殊重要意义。①

1921年建立的卢森堡共产党（Kommunistesch Partei Lëtzebuerg，KPL）。

成立于1988年、在20世纪80年代中期芬兰共产主义运动分裂过程中形成的芬兰共产主义工人党（全称为“争取和平与社会主义——共产主义工人党”，Kommunistinen Työväenpuolue - Rauhan ja Sosialismin puolesta，KTP）。

成立于1919年，以马克思主义—列宁主义为理论基础的丹麦的共产党（Danmarks Kommunistiske Parti，DKP）。

1970年建立的葡萄牙工人共产党（Partido Comunista dos Trabalhadores Portugueses/Movimento Reorganizativo do Partido do Proletariado，PCTP/MRPP）。

源于20世纪60年代学生运动、1979年建立的比利时工人党（Parti du Travail de Belgique，PTB）。该党近年来影响力持续提升，

---

① 参见 http：//www.nkp.no/org/kommunismen。

至2014年9月拥有党员约8000名。在同年的全国议会选举中，支持率增加到3.7%，并首次有2人进入联邦议会。

在英国，存在4个一直未曾改变名称的共产党，包括1968年从英国共产党（CPGB）分裂出来的英国共产党（马克思主义—列宁主义）[Communist Party of Britain（Marxist-Leninist），CPB（M－L）]；1977年从英国共产党（CPGB）分裂出来的新英国共产党（New Communist Party of Britain，NCP）；1979年在哈迪亚尔·贝恩斯（Hardial Bains）思想基础上建立起来的英国革命共产党（马克思主义—列宁主义）[The Revolutionary Communist Party of Britain（Marxist－Leninist），RCPB－ML]；1988年从英国共产党（CPGB）分裂出来的英国共产党（Communist Party of Britain，CPB），该党因为掌握《晨星报》，也被称为“晨星报派”。

二是在苏东剧变影响下解散或改旗易帜，后来进行重建而形成的共产党组织。主要包括在剧变后不久，反对意共更名的少数党员组建了“重建共产主义运动”，后定名为意大利重建共产党（Partito della Rifondazione Comunista，PRC）。马列主义意大利共产党（Partito Comunista Italiano Marxista-Leninista，PCIM-L）是1999年12月由“马克思主义文化与倡议中心”建立的，其活动基地在那不勒斯的福里奥。该党主张严格依据马克思恩格斯列宁斯大林的主张阐释党的意识形态。在2013年地区选举中，其领导人多梅尼科·萨维奥（Domenico Savio）于5月参加福里奥市长选举并当选市议员。该党与意大利共产党人党、希腊共产党联系密切，目前约有2000名党员。意大利共产主义者网（La Rete dei Comunisti，RdC）1998年9月成立，是一个网络上的共产主义政治运动组织，目前拥有支持者5万人，该党纲领与共产党人党相近，与意大利工会运动联系密切，拥有自己的地方组织。其主要活动是直接参与基层工会行动，以及与独立左翼相关的地方性活动、国际协调行动等，同时也通过调查、撰著等形式对马克思主义理论和国际议题等进行研究。

在圣马力诺共产党（Partito Comunista Sammarinese，PCS）演变为圣马力诺民主进步党后，一些党员在1992年仿照意大利重建共产党的建党模式建立了圣马力诺重建共产党（Rifondazione Comunista Sammarinese，RCS），该党曾在2008年选举中获胜，通过执政联盟参与执政。

1989年，比利时共产党（Kommunistische Partij van België or Parti Communiste de Belgique，KPB/PCB）依据所使用语言不同，分裂成2个共产党：共产党（弗兰德斯）（Kommunistische Partij in Flanders，KP）和共产党（瓦隆尼亚）（Parti Communiste in Wallonia，PC），其中后者是欧洲左翼党成员。

1992年，原荷兰共产党的一些成员组建了荷兰新共产党（Nieuwe Communistische Partij Nederland，NCPN），提出自己是一个以马列主义，即马克思、恩格斯以及列宁等进一步发展的科学世界观为基础的反资本主义政党。马列主义深入洞察生产关系、经济发展和人类历史。以这些原理为基础，荷兰新共产党遵循荷兰共产主义运动最积极的发展传统，积极捍卫人类利益。[①]

1995年，在苏东剧变中取消了“共产党”称号的瑞典共产党（Sveriges Kommunistiska Parti，SKP）也进行了重建。

成立于1918年的芬兰共产党在苏东剧变过程中曾宣布停止活动，并加入芬兰左翼联盟。1997年芬兰共产党（Suomen Kommunistinen Puolue，SKP）重新登记进行公开活动。

在德国统一工人党更名为民主社会主义党后，一部分反对者建立了一个在意识形态上接近于德国的共产党的新的德国共产党（Kommunistische Partei Deutschlands，KPD）。

三是在共产党内部斗争中分裂出来的共产党组织。比如，1998年科苏塔（Armendo Cossutta）领导一批人从意大利重建共产党中分裂出来组建了意大利共产党人党（Partito dei Comunisti Italiani，PdCI）。

1990年，从丹麦的共产党（Danmarks Kommunistiske Parti，DKP，1920年成立）分裂出来的“共产党在丹麦”（Kommunistisk Parti i Danmark，KPID），它反对丹麦的共产党与其他左翼政党合作建立“红—绿联盟”，党的理论基础是马克思主义—列宁主义。

---

① 参见 http：//www. ncpn. nl/。

2002 年，从芬兰共产主义工人党分裂出来的芬兰共产主义者同盟（Kommunistien Liitto）。它每两个月发行一期报纸，2003 年大选后一直与芬兰共产党等合作参加欧洲议会选举。

2004 年，从法国共产党脱离出来建立的法国共产主义复兴党（Pôle de Renaissance Communiste en France，PRCF），党的理论基础是马克思、恩格斯、列宁的科学社会主义。

四是一些共产党合并而形成的新的共产党组织。比如，前毛派共产党“丹麦共产党/马列”（DKP/ML）与“共产党在丹麦”（KPID）的前部分成员在 2006 年合并组建了“共产党”（Kommunistisk Parti，KP）。该党建立在革命的马克思主义和列宁主义意识形态基础之上，并出版日报，发行量约 1500 份。

经过各种分分合合，目前在西欧各国，共产主义性质的政党大多不止一个。除少数国家外，多数国家都有两个甚至三个以上具有共产主义性质或自称是共产党的组织。这样，单就数目而言，共产党比苏东剧变之初反而有所扩大。到目前为止该地区仍然存在 30 多个共产党组织。

表 1.2　　**西欧国家现存的共产主义政党（截至 2014 年底）**

国家	共产主义政党
丹麦	丹麦的共产党（DKP）、共产党在丹麦（KPID）、共产党（KP）
荷兰	荷兰新共产党（NCPN）
挪威	挪威共产党（NKP）、挪威工人共产党（AKP）a）
芬兰	芬兰共产党（SKP）、争取和平与共产主义—共产主义工人党（KTP）、芬兰共产主义者同盟（KL）
卢森堡	卢森堡共产党（KPL）
瑞典	瑞典共产党（SKP）
法国	法国共产党（PCF）、法国共产主义复兴党（PRCF）
德国	德国的共产党（DKP）、德国马列主义党（MLPD）、德国的共产党（红色黎明）、德国共产党（KPD）
英国	英国共产党（马列主义）[CPB（M－L）]、新英国共产党（NCP）、英国革命共产党（马列主义）（RCPB－ML）、英国共产党（CPB）
葡萄牙	葡萄牙共产党（PCP）、葡萄牙工人共产党（PCTP/MRPP）

续表

国家	共产主义政党
希腊	希腊共产党（KKE）
西班牙	西班牙共产党（PCE）b）西班牙人民共产党（PCPE）、加泰罗尼亚共产党（PCC）
意大利	意大利共产党（PRC）、意大利共产党人党（PDCI）、马列主义意大利共产党（PCIM－L）、意大利共产主义者网（RdC）
奥地利	奥地利共产党（KPÖ）
比利时	共产党（弗兰德斯）（KB）和共产党（瓦隆尼亚）（PC）、比利时工人党（PTB）
圣马力诺	圣马力诺重建共产党（RCS）
塞浦路斯	塞浦路斯劳动人民进步党（AKEL）

注释：a）2007年后不再存在；b）1986年后西班牙共产党主要在“联合左翼”（IU）中活动。

二　西欧共产党的党员分布与构成

在当代西方政党政治中，党员对于政党的重要性已经极大减弱了。在欧洲，对许多政党尤其是大党来说，党员不再具有传统上的重要作用。比如，法国人民运动联盟以及贝卢斯科尼创建的自由人民党，就不再认为自己是以党员为基础的政党。对于这些党而言，持续而广泛的媒体存在，已经取代了通过党员来确立自身社会基础的优先性。但是，对于在西方政党体制中处于边缘地位的各国共产党来说，由于缺乏资金、媒体等的显著支持，通过党员来传播党的思想理念，影响和动员周围选民，一直是其进行政治组织和社会动员的主要方式之一，因此党员的数量仍然是衡量共产党成功与否的关键指标。而从实际情况看，党员人数多，共产党的力量和影响就相对较大，反之亦然。

与党的历史传承存在密切联系，当前西欧共产党中党员数量最多的仍然是具有强大组织基础的几个传统大党，但自苏东剧变以来，这些党均面临不同程度的党员人数下滑。

法国共产党是目前西欧地区拥有党员数量最多的共产党。它在发展最顶峰时曾拥有党员60万名，到苏东剧变之初迅速下降到27万名。而到2009年年底，法共党员数只有20世纪90年代初的一半左右，约13.4万名，其中缴纳党费的党员6.6万名。[①]

作为西欧曾经最大的共产党——意大利共产党的继任党，意大利重建共产党的党员数下降更为显著。1991年原意共分裂时，意大利重建共产党创始人科苏塔曾召集了约15万名支持者，到1997年时重建共仍然拥有13万名党员。但由于重建共在成立后20多年时间里多次发生分裂，致使党的组织力量急剧滑落。到2010年时，重建共仅拥有党员约3.08万名。[②] 而近年来，受经济危机影响，只剩党员1万多名。[③] 意大利现存另一共产党，即共产党人党，是在20世纪末从重建共中分裂出来的共产党。自成立后其发展迅速，到2011年年底从最初的3000人已发展到2万余人。在金融危机后与重建共一样党员人数减少，目前仅拥有党员1万余名。

此外，西班牙共产党1977年拥有党员20万名，1980年下降到13万名，到苏东剧变之初有3.7万名，2008年时仅余2万名党员。[④] 虽然希腊共产党一直没有公布官方统计数据，但有学者依据其资金数据估计，20世纪90年代初希共拥有党员约4万名，目前约有党员3万名。[⑤] 葡萄牙共产党的党员数在苏东剧变后很长时间一直保持在14万名左右，2001年尚有党员13.1万名，2008年十

---

① Stéphane Sahuc, "Left Parties in France", in Birgit Daiber, Cornelia Hildebrandt and Anna Striethorst (ed.), *From Revolution to Coalition-Radical Left Parties in Europe*, Rosa-Luxemburg Foundation, 2012.

② 意大利重建共产党党员数，参见 http://web.rifondazione.it/home/index.php/organizzazione-e-tesseramento/378-dal-rilevamento-di-meta-anno-del-tesseramento-un-primo-risultato-positivo。

③ 参见2015年12月23日意大利共产党人党国际部副主任马林乔（Francesco Maringiò）在中国社会科学院马研院所作演讲。

④ Antonio Elzora, "Kommunismus in Spanien: Wiederaufbau hinter einer Maske", in Patrick Moreau (ed.), *Der Kommunismus in Westeuropa. Niedergang oder Mutation*, *Hans-Seidel-Stiftung*, *Olzog-Verlag*, Landsberg am Lech, 1998, p. 179.

⑤ Myto Tsakatika and Costas Eleftheriou, "The Radical Left's Turn towards Civil Society in Greece: One Strategy, Two Paths", *South European Society and Politcs*, Jan. 30, 2013.

八大公布的统计结果为5.9万名，[①] 2012年葡共党员数约为6.05万名。[②] 2016年二十大公布的最新数字是5.4万名，其中产业工人和服务业从业者占绝大多数（71%），包括39%的蓝领工人和32%的白领工人。[③] 塞浦路斯劳动人民进步党与20世纪90年代初变化不大，目前拥有党员1.5万名。

除上述共产党外，西欧地区其他共产党组织规模非常小：芬兰共产党是斯堪的纳维亚地区最大的共产党，在国内有一定影响，虽然在包括赫尔辛基在内的一些城市拥有地方议员，但在全国选举中从未获得显著支持，该党宣称拥有党员3000名。[④] 芬兰共产主义工人党约有200人，在全国和地方选举中没有任何显著意义，但在一些小城市拥有一定影响，比如，在芬兰北部的凯米市拥有唯一一名地方议员，并且也参加了一些工会和合作社的选举。丹麦三个共产党（丹麦的共产党、共产党在丹麦和“共产党”）加上另外两个托派组织［社会主义工人党（SAP）和国际社会主义者（IS）］，成员总共不超过300人。[⑤] 德国的共产党在2008年拥有党员4200名，不到德国统一前的1/10，而且党员的平均年龄超过60岁。[⑥] 目前英国最大的共产党组织，是英国共产党（“晨星报派”），其近年来的党员数一直是900人左右，2010年党代会后提交的统计数字为

① PCP, “Theses-Draft Political Resolution”, Oct. 13, 2008, http://www.international.pcp.pt/index.php? option = com_ content&task = view&id = 259&Itemid = 44#47.

② Jerónimo de Sousa, “19th PCP Congress opening”, Nov. 30, 2012, http://www.pcp.pt/node/260933.

③ XXTH PCP Congress, “Theses-Draft Political Resolution”, Dec. 2016, http://www.pcp.pt/en/theses-draft-political-resolution-xxth-pcp-congress-excerpts.

④ Anna Kontula and Tomi Kuhanen, “Rebuilding the Left Alliance-Hoping for a new Beginning”, in Birgit Daiber, Cornelia Hildebrandt and Anna Striethorst (ed.), *From Revolution to Coalition-Radical Left Parties in Europe*, Rosa-Luxemburg Foundation, 2012. Also see http://www.skp.fi.

⑤ Inger V. Johansen, “The Left and Radical Left in Denmark”, in Birgit Daiber, Cornelia Hildebrandt and Anna Striethorst (ed.), *From Revolution to Coalition-Radical Left Parties in Europe*, Rosa-Luxemburg Foundation, 2012.

⑥ “Deutsche Kommunistische Partei”, 德国明镜周刊, http://wissen.spiegel.de/wissen/dokument/dokument.html? top = Ref&dokname = BERTEL_ LEX-tid-1723469&titel = Deutsche + Kommunistische + Partei, 2008。

931 人。[1]

从整体上看，西欧共产党组织实力下降明显，与其最辉煌时期已经不能同日而语。除了人们经常援引的世界社会主义运动低潮、新兴左翼政党崛起的冲击、部分党发生分裂、全球化带来工人阶级内部结构变化等原因外，这种情况的出现还受制于一些主观因素的影响。

一方面，与其他西方政党的松散型组织方式相比，西欧共产党的组织模式相对更加严密。比如，坚持列宁主义建党原则的希腊共产党，至今仍然保持着“严格的入党条件”，新党员必须要由两名希腊共正式党员推荐成为预备党员，此后还必须要证明其在“政治领域”取得的成就方能正式入党。这在很大程度上造成了希腊共党员数一直相对较少，仅占其全国人口的 0.3% 左右。[2] 而意大利重建共产党党章也规定，党员每年都需要上交并被颁发新的党员证，从而导致了大量被动的以及部分暂时心怀不满的党员“退党”。[3] 另一方面，近些年不少共产党为了廓清党员的确切数量，对党员数按照新的标准进行了重新统计。比如，2004 年葡共十七大决定对党员数量重新统计，提出“党在各层面的实际规模要依据党员自己以及党组织的主动性来更新相关数据，从而证明其愿意继续作为（葡共）党员”，此后葡共党员数锐减。再比如，作为西班牙共产党主要存在基础的西班牙联合左翼，在 2007 年第八次联盟会议召开前拥有党员 7.8 万名，2012 年由于西共对党员档案进行正规化和集中化整理，重新统计了缴纳党费的党员数量，联合左翼的党员数急剧下降为 3 万名。[4]

同时，尽管面临着组织发展困境，但我们也应看到，西欧共产党在不少国家政治生活中仍然发挥着一定作用，同时也有开展活动和实现力量增长的一些有效渠道。

---

① Communist P arty of Britain, “Statement of Accounts”, 2010, http: //www.communist-party.org.uk/.

② Anna Striethorst, *Members and Electorates of Left Parties in Europe*, Rosa Luxemburg Stiftung, 2010.

③ Ibid..

④ Luis Ramiro and Tània Verge, “Impulse and Decadence of Linkage Processes: Evidence from the Spanish Radical left”, *South European Society and Politics*, Jan. 30, 2013.

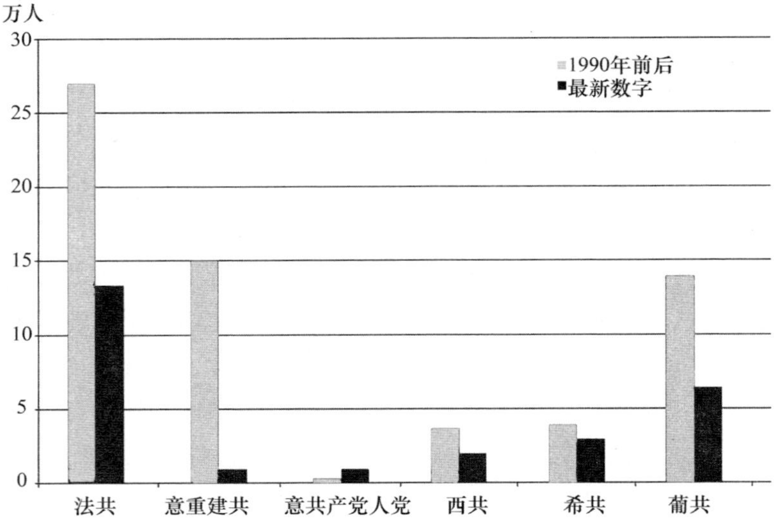

图 1.1　西欧主要共产党苏东剧变前后与最新党员数对比

注：意共产党人党为 1998 年建党时的数字。

第一，在当代西方政治冷漠氛围中，党员数下降是西方政党普遍面临的问题。[①] 西欧共产党在地区性政党比较中仍然拥有一定的组织实力。以法国诸左翼政党为例，在 21 世纪第一个十年末，新反资本主义党只有 5000 多名党员，绿党 8000 名，社会党尽管号称拥有 20 万名党员，但实际缴纳党费的党员只有约 6.4 万名。从组织规模上看，法共的实力不弱于社会党，并强于多数新兴左翼政党。英国学者丹尼斯·贝尔（D. S. Bell）甚至认为，“现在的法共仍然是小池塘中的大鱼”；“如果没有一个严密的组织和网络，法共不可能在 2005 年反对《欧盟宪法条约》和 2012 年梅朗雄参加的总统选举中获得成功”[②]。第二，从党组织的稳定性看，由于严格的入党条件保证了党的“纯洁性”，共产党的党员队伍相对更加稳

① 陈崎：《从党员人数变化看当代西方政党的发展趋势》，《当代世界与社会主义》2007 年第 1 期。

② D. S. Bell, *Left on the Left*, thesis submitted to University of Edinburgh conference, May 17, 2013.

定，也更加忠诚，共产党可以说是西欧诸多政党中党内分裂程度较低、组织动员程度较高的政党。第三，至少从目前看，西欧共产党在各国作为政治反对派的角色不可替代。20世纪90年代以来，西欧共产党大都是各国主要的激进左翼政党，承担着政府反对派的角色，通过议会内外的积极斗争，在捍卫公民权利和社会福利斗争中发挥着重要作用。第四，有些党本身力量有限，但通过各种形式的左翼联合，比如，法共、葡共分别通过"左翼阵线"和"民主团结联盟"缔结选举联盟，西班牙共产党主要通过与其他左翼的联盟组织"联合左翼"开展议会内外活动，不同程度地弥补了自身影响的下降和不足。[①] 第五，在党员数减少的同时，很多党也一直在不断补充新的成员。据法共统计，自2005年以来，新入党的党员数为5000～6000名/年，其中20岁以下的新党员约占半数。[②] 2012—2016年，葡共也有5300名新党员加入，其中69.2%的新党员年龄为50岁以下。[③]

三 选举困境与发展潜力

尽管西欧共产党的组织力量尚存，但不能否认，其在全国议会以及总统选举中面临选举困境（塞浦路斯劳进党除外），这成为过去20年间共产党生存状态的显著特征。这种困境整体上表现为相对于苏东剧变前各党选举支持率的巨大下降，截至2008年国际金融经济危机爆发时，呈现两种截然不同的发展走向：对于一些党来说，在经历了20世纪90年代后支持率阶段性提升之后，出现了得票率持续性下滑；对另外一些党而言，虽然得票率一直相对稳定，但却面临着难以实现根本性选举突破的发展局面。

法国共产党和西班牙共产党是前一种走向的典型代表。从全国

① Anna Striethorst, *Members and Electorates of Left Parties in Europe*, Rosa Luxemburg Stiftung, 2010.

② Stéphane Sahuc, "Left Parties in France", in Birgit Daiber, Cornelia Hildebrandt and Anna Striethorst (ed.), *From Revolution to Coalition-Radical Left Parties in Europe*, Rosa-Luxemburg Foundation, 2012.

③ XXTH PCP Congress, "Theses-Draft Political Resolution", 2016, http://www.pcp.pt/en/theses-draft-political-resolution-xxth-pcp-congress-excerpts.

议会选举看，在20世纪90年代的近十年间，两党大都保持着稳定的支持水平，甚至一度呈现稳中趋好的发展势头（参见表1.3）。但从90年代末开始，尤其在进入21世纪后，两党支持率急速下滑。法共1980—1989年间的平均支持率是12.4%，1990—1999年间是9.6%，而21世纪头十年的平均支持率只有4.6%，其中在2007年的得票率创历史新低（4.3%），不得不与绿党结盟才勉强保住了议会党团的位置。法共支持率下滑也体现在总统选举中。2002年，罗贝尔·于（Robert Hue）只获得了3.4%的选票。而到2007年，作为总统候选人的时任法共全国书记的玛丽－乔治·比费（Marie-George Buffet），在第一轮投票中的得票率只有1.9%，这也成为第二次世界大战后法共11次参加总统选举中的最差战绩。在这十余年间，西班牙联合左翼在全国议会选举中的支持率一路下跌，从2000年的5.4%到2004年的4.9%，直到2008年的3.8%，西共遭遇前所未有的巨大挫败。

表1.3　1980—2016年西欧主要共产党全国议会的选举结果，%

国家/政党	1980—1989年平均得票率	1990—1999年平均得票率	2000—2010年平均得票率	1989—2010年选票增加率	1999—2010年选票增加率	2010年后选举得票率	1989年后最高点	1989年后最低点
塞浦路斯劳动人民进步党	30.1	31.8	32.9	2.8	1.1	32.7（2011年） 25.7（2016年）	34.7（2001年）	25.7（2016年）
法国共产党	12.4	9.6	4.6	-7.8	-5.0	6.9a)（2012年）	9.9（1997年）	4.3（2007年）
希腊共产党	10.4	5.1	6.8	-3.6	1.7	8.5（2012年5月） 4.5（2012年6月） 5.5（2015年1月） 6.5（2015年9月）	8.2（2007年）	4.5（1993年）

续表

国家/政党	1980—1989 年平均得票率	1990—1999 年平均得票率	2000—2010 年平均得票率	1989—2010 年选票增加率	1999—2010 年选票增加率	2010 年后选举得票率	1989 年后最高点	1989 年后最低点
意大利重建共产党/共产党人党	28.2	7.1	6.0	-22.2	-0.9	2.2（2013 年）	8.6（1996 年）	2.2（2013 年）
葡萄牙共产党	15.6	8.8	7.5	-8.1	-1.3	7.9（2011 年）8.3（2015 年）	9.0（1999 年）	7.0（2002 年）
西班牙共产党	5.9	9.2	4.8	-1.1	-4.4	6.9（2011 年）3.7（2015 年）21.2b）（2016 年）	10.5（1996 年）	3.7（2015 年）

注释：a）法共参加的左翼阵线的支持率；b）西共通过联合左翼参加的“我们能联盟”的支持率。

资料来源：主要参考 Luke March，*Radical Left Party in Europe*，Routledge，2011，并根据最新发展情况进行调整。

意大利重建共产党总体发展趋势属于第一种类型。到 20 世纪 90 年代中期时，一直保持着 6% 的相对稳定的支持率，并一度助推“橄榄树联盟”成为意大利历史上第一个中左政府。自 20 世纪末起，重建共的得票率开始起伏不定。最初几年，由于党内在是否支持左翼联盟政府问题上出现分歧，特别是随着部分党员因党内矛盾脱党建立共产党人党，重建共无论在全国议会还是欧洲议会中的得票率都出现了急剧下滑。其后，重建共在 2006 年取得重大胜利，在众、参两院中的得票率分别达到 5.8% 和 7.4%，8 人进入政府。然而，仅过了两年，重建共再次遭遇挫折，得票率骤降至 3.2% 左右。

与上述党的大起大落不同，作为坚持传统理论代表的希腊和葡萄牙共产党，在苏东剧变后一直保持着相对稳定的得票率。葡共得票率一直在 7% ~9%；希共因在 20 世纪 90 年代初发生分裂，得票率下降至 5% 左右，此后呈现上升趋势，甚至一度连续达到 8% 左右，因而成为西方学者眼中一种“非常奇特的现象”。但这类共产党也面临着发展瓶颈，重要特征就是尽管议会外斗争的声势影响很大，但始终不能在议会政治框架内走得更远。

2008 年金融危机及其后爆发的欧洲主权债务危机，虽然并未如预料般成为共产党大发展的契机，但不少共产党的确收获了危机“红利”。葡萄牙共产党在 2009 年 9 月议会选举中得到了 21 世纪以来最高的 7.9% 的选票和 15 个议席。在 2011 年举行的议会选举中，不仅保持了 2009 年的得票率，还增加了一个议席。在 2012 年 5 月举行的法国大选第一轮投票中，法共与左翼党联合候选人梅朗雄（Jean-Luc Mélenchon），得票率一举达到 11%。对于法共的选举进步，英国《金融时报》高度评价为“激进左翼在法国复活”①。

然而，希腊和意大利两国共产党却在资本主义危机中遭遇“滑铁卢”。希腊共产党在 2012 年 6 月全国议会选举中从议会第三大党滑落为第七大党，2015 年大选希共得票率较 2012 年有所回升，但整体上回落至 20 世纪 90 年代水平。意大利重建共产党在 2013 年大选中持续低迷不振，甚至未能达到议会门槛，因而从 2008 年至今未能获得任何议席。

从根本上看，上述西欧共产党的新近发展都不能代表一种既定状态。前者受危机因素影响很大。持反紧缩政策立场的共产党，实际上获得了很多对资本主义现行体制不满的“抗议票”。各党面临的分裂、联盟间的龃龉等，将成为其继续保持上升态势的隐性威胁。后者尤其是希腊共产党支持率的显著下降，与希腊政治发展多元化态势关系密切，尤其是激进左翼联盟的强势崛起对希共形成了很大冲击。但上台不久的激进左翼联盟能否成功执政尚存变数，在国内政治中拥有良好社会基础的希共仍有回升空间。

西班牙共产党在资本主义危机中呈现一波三折的戏剧性变化。在危机之初，凭借激烈的反紧缩立场以及积极的反紧缩斗争，联合左翼在 2011 年全国议会选举中成为最大赢家，得票率几乎增加了 2 倍（从 3.8% 上涨到 6.9%）。但“我们能”党的强势崛起，使得共产党的上升态势被打断，政治影响再次面临“断崖式”下跌，2015 年大选支持率直线降至创历史新低的 3.7%，2016 年与“我

① Hugh Carnegy, “France Faces revival of radical left”, Apr. 15, 2012, http: //www.ft.com.

们能”党组建选举联盟，但联合左翼在联盟中事实上处于从属地位，仅获得该联盟总共 71 个议席中的 4 席。

值得指出的是，在评价共产党的体制内斗争成就时，西欧一些共产党在地方议会中的影响力经常被我们忽略。地方选举对共产党非常重要，因为地方当选议员能够给中央组织带来更多的经济支持，也有利于扩大党的社会影响。不少西欧共产党在地方政治中仍然拥有巩固基础。以法国共产党为例，近年法共拥有大量地方官员和约 500 名左右的市长，其影响力远远超过国内其他激进左翼政党和生态政党。自 1977 年首次在地方议会中取得突破以来，尽管法共在地方政府中的整体形势不断恶化，但一些传统的势力范围仍然得到巩固。在 2008 年时，在超过 3500 名居民的市镇中，法共有 1857 名市议员，而社会党议员数为 10457 名，其他激进左翼政党的总和仅为 118 人。[①] 葡萄牙共产党在地方上的影响也更大，在 2009 年地方选举中，它获得了（301 个中的）28 个城镇议席。

在欧洲议会选举中，西欧共产党的得票率往往高于同一时期的国内选举（主要情况参见第六章相关部分）。从 1979 年以来的八次选举看，无论是以“共产党及其联盟党团”还是“欧洲联合左翼—北欧绿色左翼”形式参选，共产党的支持率虽然有所起伏，但一直保持着相对稳定的水平（参见表 1.4）。

显然，无论从党的组织状况还是在政治体制框架内的选举表现看，西欧共产党仍然面临着巨大的生存与发展问题，困难和挑战依旧严峻。但与此同时，其发展状况也让我们不能简单地得出共产党已经“死亡”的结论。与剧变后东欧地区明显不同的是，西欧一些国家的共产党仍然是不能被忽视的政治存在。作为体制内的反对派，它们拥有一批坚定的支持者和追随者。在具有浓厚左翼政治传统和实践氛围的西欧政治舞台上，共产党在主流政党的政治博弈中仍然占据着特定的“小生境”，其存在具有合理性和必然性。在这方面，卢克·马奇的判断是较为准确和公允的，“虽然充满风险和诸多不确定性，但在

① D. S. Bell, “Left on the Left”, submitted to the University of Edinburgh conference “The radical left and crisis in the EU: from marginality to the mainstream”, May 17, 2013.

可以预见的未来，西欧共产党绝不可能消失”①。

总的来看，作为整体的西欧共产党，近 20 年来的发展呈现突出特点。我们可以简单概括为强弱鲜明、热点突出、分化明显。首先，西欧共产主义力量发展很不平衡，北部（包括英国）弱小南部强大，传统大党仍然占有相对优势，而小党也依旧孱弱。这种现象既与历史传承有关，同时也与各国政党体制等外部环境存在密切联系。其次，所谓地理意义上的欧洲南部地区，比如，法国、希腊、葡萄牙、意大利、西班牙、塞浦路斯等国共产党，是西欧共产主义运动发展的热点和焦点。这一地区的共产主义大党比较集中，议会内外斗争激烈，特色明显，但问题同样也较为凸显。最后，各党的理论主张存在明显分化，意识形态上传统与革新差异较大。有的党理论政策变革幅度大、“去激进化”程度较高，比如，法国共产党、意大利重建共产党和西班牙共产党。另外一些党与传统理论关联度较大，仍然保持着浓厚的传统色彩，比如，希腊共产党、葡萄牙共产党等。通过下面章节的个案分析，我们尝试更为清晰地揭示这些变化和特点。

表 1.4　**西欧共产党欧洲议会党团的选举成绩和议席，1979—2014 年**

党团	1979 年		1984 年		1989 年		1994 年		1999 年		2004 年		2009 年		2014 年	
	得票率	议员数	得票率	议员数	得票率	议员数	得票率	议员数	得票率	议员数	得票率	议员数	得票率	议员数	得票率	议员数
共产党及其联盟党团	11.1%	48	9.1%	47												
欧洲联合左翼/欧洲联合左翼—北欧绿色左翼党团					5.4%	28	5.3%	33	6.7%	42	5.2%	41	4.8%	35	6.9%	52
左翼团结					2.7%	14										
排位		第四		第四		第六/第九		第五		第五		第六		第六		第五
总数		434		518		518		626		626		785		736		751

① Luke March, *Radical Left Party in Europe*, Routledge, 2011, p. 125.

第二章　转型与重构
——激进左翼政治中的西欧共产党（一）

苏东剧变前后，西欧地区的共产主义政党普遍遭遇发展危机，并大都经历了转型过程。因受自身不同的历史传承、国内环境、党内斗争等复杂因素影响，西欧共产党的发展转型展现出不同特点。归纳起来，有些党的转型程度较为显著，意识形态和理论的新发展比较多，变革幅度比较大。另外一些党对传统理论继承得比较多，在新时代条件下思想观点有所推进和创新，但整体上仍然保持着传统共产党的鲜明特点。接下来的两个章节，将以转型程度为尺度，将西欧共产党划分为两种不同类型，分别选取具有代表性的共产党进行个案分析和阐释。需要指出的是，由于苏东剧变导致西欧左翼政治力量分化重组，近 20 多年在西欧各国兴起并发展起来不少激进左翼政党，它们对左翼政治生态的演变产生了很大影响。因此，这两个部分的分析将把共产党置于西欧激进左翼政治演进的大背景下，对一些极大地冲击了共产党政治生存空间的激进左翼政党进行比较和评析。

本章主要关注的是那些转型程度较大的西欧共产党，主要选取了法国共产党、意大利重建共产党和西班牙共产党。这三个党（或其前身，如意大利共产党）曾经是“欧洲共产主义”的代表党，思想观念较为开放。在苏东剧变后的转型过程中，步子迈得比较大，抛弃了不少传统理论，并尝试提出一些与政治环境变化相适应的新理论，比如，法国共产党的“新共产主义”、西班牙共产党的“21 世纪的社会主义”等。与此相应，这种较为激进的转型造成的情况和问题也比较突出。目前，这类党大多面临着理论和实践上的诸多严峻困难。

第一节 法国共产党：抉择于理论与实践的双重困境

法国共产党是最积极尝试理论革新和实践探索的西欧共产党。它在20世纪末提出的“新共产主义”理论，成为当代西方共产党努力进行思想理论创新的代表性理论。在实践中，法共致力于推动建立左翼联盟。从与社会党组建联合政府，到寻求所有进步力量的和解，再到与左翼党合作建立作为选举联盟的“左翼阵线”，法共试图通过左翼联合的力量实现党的复兴。但与此同时，法共在政治舞台上的衰落也是不可争辩的事实。从作为国内政治中举足轻重的大党，到遭遇未能获得任何议席的颠覆性选举失败，法共成为当前遭遇困难和危机最大的西欧共产党之一。

一 法共危机与后冷战时代的变迁

法国共产党在近半个世纪（20世纪30—70年代）的时间里，一直是西欧最强大的共产党。一方面，表现在议会选举方面。早在第二次世界大战前，法国共产党就为人民阵线的选举胜利贡献过15.4%的选票（1936年）。第二次世界大战后，法共迅速成长为一个全国性政党，其选票最高时曾经达到28.6%（1946年），直到20世纪70年代末时还一直保持着20%以上的支持率，在法国各地的“红色地带”中牢固确立了作为群众性政党的支持基础。另一方面，1947年后，法共掌握了“法国总工会”的领导权，在法国工人阶级以及矿山、电力、港口、铁路等公共或国有战略部门拥有广泛影响力。此外，法共还曾两次参与执政（分别是1944—1947年和1981—1984年），政治影响力渗透国家政权。

与多数西欧共产党一样，法共在20世纪80年代开始面临发展危机。通常认为这是由三个原因造成的：一是法共未能充分理解1968年运动所引发的社会变化。因为1968年运动是当代西方更倾向于个人价值的一个标志，在此之后生态、妇女运动等“新社会运动”接管了后工业社会的身份和文化吁求，而工人阶级运动组织退居其次。由于未能认识到这一深刻变化，法共与社会发展脱节且越行越远。二是新技术革命引发的社会结构改变，使得法共建立在“辉煌30年”工业增长基础上的依靠力量发生了显著变化，而法共却仍然继续坚持其意识形态和身份特征，没有进行积极变革和调整。三是作为法共左翼竞争对手的社会党迅速崛起。源于工人国际法国支部的社会党长期居于法共之后，是法国第二大左翼政党。70年代后，由于较好地适应了社会和文化变革，并与法共建立“左翼联盟”而实现崛起。在1978年立法选举中，社会党首次获得超过22%的选票，跃升为法国第一大左翼政党。[①]

1981—1984年法共发展史上的第二次参政未能遏制其下滑的脚步。相反，其纲领主张因为并不能解决由紧缩政策带来的高失业率等现实问题而备受指责。1984年6月，法共在是否继续执行紧缩政策问题上与执政的社会党发生分歧，宣布不再参与执政。此后，法共开始激烈抨击社会党的政策，重新强调反资本主义话语，尝试通过总工会发动社会抗议运动。但这一立场在党内引发了激烈争论。1986年大选失败后（该次大选法共仅获得9.6%的支持率，首次跌破10%），法共党内分歧和斗争进一步加剧。1988年总统大选，战胜党内异议者皮埃尔·余干（Pierre Juquin）当选法共候选人的安德烈·拉约尼（Andre Lajoinie）仅获得5.4%的支持率。1989年6月法国地方选举中，法共更是丢掉了大量传统的城镇根据地，进而面临严峻的资金和人力物力困难。在此之后，法共党内的反对派，如“革新派”“重构派”“重建派”发展起来，尽管在当时并未能破坏法共的组织基础，但却造成了后来党内长期性的矛盾冲突。

苏东剧变对法共形成了巨大冲击。在这一时期，一些相信“法共不再会发生任何变化”的异议者脱党，而因与苏共长期以来的密

---

① Stehane Courtois and Dominique Andolfatto, “France-The Collape of the House of Communism”, in Uwe Backes and Patrick Moreau, *Communist and Post-Communist Parties in Europe*, Vandenhoeck & Ruprecht, 2008, pp. 88 –90.

切联系，也令法共的公众形象急剧恶化。据统计，到1991年下半年时，只有10%的法国民众对法共持正面评价。[①] 但另一方面，相对于意大利共产党等转型较大的共产党来说，以乔治·马歇（Georges Marchais）为核心的法共领导层立场更为坚定，迅速地平息了党内争论和分歧的负面影响，引领法共较为顺利地度过了20世纪80年代末90年代初的生存危机。此后，法共一直在实践斗争中努力寻找摆脱困境和危机的途径。从近20多年的发展看，至少有三个重要事件凸显了法共在这方面的努力。

（一）反对《马斯特里赫特条约》的斗争

《马斯特里赫特条约》（简称《马约》），是1991年欧共体会议上签署的条约。其目的在于为欧洲经济和货币联盟设立一个严厉的货币主义框架，从而对整个公共债务和政府预算的赤字水平进行严格限制。对绝大多数欧盟国家来说，如果《马约》条款得以实现，各国负债率和预算赤字分别不能超过GDP的60%和3%。法共全力投入到反《马约》斗争中，揭露条约的新自由主义性质及其将不可避免带来的经济和社会困难。尽管这场斗争最终以失败告终，《马约》在全民公决中以微弱多数得以通过，但却成为法共寻求重新平衡法国左翼力量战略目标的一个转折点。在1993年全国立法选举中，支持《马约》的社会党得票率从1988年的36%下降至19%，而法共则保持住了9%以上的支持率，从而一定程度上恢复了相对于社会党的竞争力。同时，在其竞选纲领中，法共除仍然强调一些传统吁求，比如，对投机和资本输出加大征税力度以及提高最低工资和35小时/工作周外，还反对改革国际法以及主张扩大移民投票权等。这些选举纲领内容的扩充，其意义正如有学者所言，“对法共的支持不再被视为一种绝对意识形态认同的表达。相反，法共致力于寻求所有进步力量的和解”[②]。

---

① Stehane Courtois and Dominique Andolfatto, “France-The Collape of the House of Communism”, in Uwe Backes and Patrick Moreau, *Communist and Post-Communist Parties in Europe*, Vandenhoeck & Ruprecht, 2008, p. 100.

② S. Hopkins, “The French Communist Party in Legislative Elections”, *Jounal of Communist Studies*, Vol. 9, Issue 3, 1993.

表 2.1 **法国共产党选举结果，1980—2014 年**

全国议会选举	百分比（%）	议席数	欧洲议会选举	百分比（%）	议席数
1981 年	16.2	44	1984 年	11.2	10
1986 年	9.8	35	1989 年	7.7	7
1988 年	11.3	27	1994 年	6.9	7
1993 年	9.3	24	1999 年	6.8	6
1997 年	9.9	35	2004 年	5.9	2
2002 年	4.8	21	2009 年 a)	6.5	5
2007 年	4.3	15	2014 年 a)	6.6	4
2012 年 a)	6.9	10			

注释：a）均为法共参加左翼阵线的选举结果。

（二）倡导构建“多元左翼”政府

罗贝尔·于接替马歇担任党的领导人后，法共在重建左翼、塑造左翼联盟方面发挥了重要作用。1995 年秋，法共发出呼吁，倡议发起一系列左翼论坛，来为 1998 年立法选举构建一个新战略。所有左翼力量都被邀请参与其中。自 1996 年年初第一次论坛召开，在法国各地共举办了 200 多场论坛会议。其间，论坛在组织抗议运动、反对朱佩政府的新自由主义政策过程中发挥了积极作用。1997 年，法国总统希拉克解散议会，并宣布于 5、6 月间提前举行议会选举。在论坛合作的基础上，法共与社会党摒弃在欧盟和《马约》问题上的分歧，迅速达成选举共识。在这次选举中，左翼政党大获全胜，法共的选票也提升至 9.9%，社会党在选举中没有获得绝对多数。而鉴于社会党力量相对于 20 世纪 80 年代初已经大幅下降，加之法共的论坛倡议在左翼选举胜利中发挥了重要作用，法共决定再次与社会党组建联合政府，并获得了交通、旅游、青年和体育三个部长职位。

1997—2002 年，法共史上第三次参政的基本目标，是“推动执政重心向左转”[①]。在参与执政后，法共加大了议会外斗争的力度，寄希望于利用群众运动推动政府兑现竞选承诺，阻止其再次发

① Luke March, “*Contemporary Far Left Parties in Europe: from Marxism to the Mainstream?*”, Friedrich Eburt Stiftung, Nov. 2008.

生右转。从实践看，法共的努力取得了一些成效。比如，1999 年政府引入普遍医疗，2000 年工作时间从 39 小时/工作周降至 35 小时/工作周等，极大改善了民众的生活条件。在这一时期，法国还以法律的形式承认了同性恋婚姻的合法地位，提升了女性在政治中的代表性，承认奴隶制是对人类的犯罪，等等，一定程度上推动了社会进步。但是，一些政府立法和举措并没有朝着法共所期望的方向发展。比如，建立全国 DNA 数据库的立法被指侵犯了个人自由，尤其是法国电信、法航、汤姆森多媒体等的私有化，与法共等左翼政党的预期背道而驰。因此，这种左翼联盟很快开始分崩离析。在 2002 年总统选举中，多元左翼政府中的五个政党都推举出了自己的候选人，这直接导致了左翼政党的选票分散，致使左翼政党没有代表进入第二轮选举。尤其是法共遭遇灾难性选举失败，罗贝尔·于仅获得 3.4% 的支持率。在随后举行的国民议会选举中，法共也仅获得 4.8% 的支持率和 21 个议席。显然，“多元左翼”初衷美好，但结局并不美妙。五年的参政经历令法共丧失了 5.1% 的支持率，法共领导层也因为与社会党的合作而遭遇党内外的激烈批评。

（三）重建左翼联盟——“左翼阵线”

2002 年大选失利后，玛丽－乔治·比费接替罗贝尔·于成为法共新领导人。上任之后，比费改变了罗贝尔·于时期采取的大量举措，法共进入了重建的新阶段。在第三十二次全国代表大会上，比费明确反对在选举上尾随社会党，提出了一个人民团结起来反对右翼的新纲领，寻求法共发挥新的作用、动员民众反对右翼政府的新自由主义改革，重建法共在民众中的影响力。2005 年，作为唯一主张投否决票的左翼政党，法共参加了反欧盟宪法的“说不”运动。2006 年，法共与其他左翼组织一起反对希拉克政府提出的“新就业协议”并获得成功，从而极大改善了党的形象。但这些努力并未立即对其全国选举产生影响。2007 年，法共在总统和议会选举中再次双双惨败。在总统选举中，比费仅得 1.93% 的支持率，成为法共历史上的最差成绩。在立法选举中，法共未能达到议会门槛，而被迫与绿党等组成议会党团。与此相反，法共在地方选举中支持率有所改善，在保持原有支持规模的基础上，赢得了一些新的市镇。

2008年年末至2009年年初，法国兴起了两支新的左翼政治力量。一是新反资本主义党。该党成立于2009年2月，其前身是托派第四国际政党“革命共产主义者同盟”。新反资本主义党很大程度上放弃了对托派的认同，提出了建立21世纪社会主义的目标，强调反对各种形式的压迫、剥削和歧视，主张建设一个平等、团结、和平的欧洲。与多数党不同，新反资本主义党并不反对欧洲统一，但主张建立一个欧洲社会主义国家的自由联合体。在标志性领导人贝赞斯诺（Olivier Besancenot，作为“革命共产主义同盟”领导人，出身邮差的贝赞斯诺在2007年法国总统选举中曾经获得约4%的支持率）的领导下，新反资本主义党吸引了包括环境保护和反全球化人士在内的大量激进左翼力量。二是2008年11月，由前社会党员、参议员梅朗雄等建立的左翼党。在社会党内，梅朗雄等一直是反对新自由主义右转的代表者。2005年，梅朗雄也是社会党内反欧盟宪法的主要领导者之一。在资本主义爆发危机的背景下，梅朗雄更加看到了建立一个“坚守左翼阵营”“不向右翼妥协”、代表“民主与共和价值观”的新党的必要性。他呼吁，“社会主义者、共产主义者、托洛茨基主义者、生态主义者、共和主义者、反世界主义者有责任开启一条新道路”①。在社会党兰斯代表大会上左派动议遭遇失败后，梅朗雄着手建立了左翼党。2009年年初时，左翼党拥有党员7000余人，包括来自社会党、共产党以及民权运动的支持者，成为将不同左翼传统结合在一起的“融合点”，为进一步塑造更大范围的左翼联盟创造了条件。

对于这些新兴左翼力量，法共表现出积极的合作态度。实际上，早在与社会党政府合作过程中，面对不断出现的矛盾和分歧，法共就已经开始思考重新选择和制定联盟政策的问题。在2000年党的三十大上，法共提出了建立一个左翼进步力量联盟的可能性，认为这应是建立在“尊重分歧、观点明确和有透明度”基础上的联

① J. L. Mélenchon, "*Social Democracy is over: We need to build the Left that comes after*", *Transform*!, Issue 3, 2008.

盟，是一个在公民之间以及在公民同左翼政党之间建立的“进步联合公约”，其目的在于联合社会党、绿党、左翼激进党和群众运动发起反对右翼的斗争，以建立一个新的多数派和真正实行改革的政府。从法共三十一大到三十三大，进一步完善了这一从选举同盟转变为进步力量的创新式联盟的左翼联盟概念，强调法共与改造资本主义的力量联合起来、保持“人民运动为中心”的大左翼联合，将推动法共发挥多方面的政治作用。2008 年法共三十四大，比费再次当选党的全国书记。在这次会议闭幕式上，法国国内主要左翼力量，如绿党、“公民与共和运动”“革命共产主义联盟”“工人斗争”的代表，反全球化运动阿塔克以及作为农民领袖、反资本主义斗士的约瑟·博维（Jose Bové）的众多支持者均派代表出席。有评论认为，所有左翼力量“兄弟般地”出席会议，“表明它们之间似乎并不存在根本性的政治分歧”①。比费在会上强调，“在斗争的关键时期（指经济危机），所有左翼力量需要团结起来”，她向与会的全体左翼力量发出呼吁，号召适应斗争形势的需要，建立一个“捍卫自由和民主的进步阵线”②。

2009 年欧洲议会选举成为法国激进左翼力量凝聚到一起的契机。在 2005 年反欧盟宪法条约的实践合作基础上，为了在 2009 年欧洲大选中扩大左翼政党的选举支持，法共、左翼党以及一个在新反资本主义党建立之初就脱离出来的小党——“团结左翼”，共同组建了一个名为“左翼阵线”（Front de Gauche）的选举联盟。在这次选举中，“左翼阵线”共获得了约 6.5% 的支持率。在对待左翼阵线的态度上，新反资本主义党内存在分歧，最终反对参与左翼阵线的派别占了上风。新反资本主义党随后多次拒绝了左翼阵线的邀请，独自参加欧洲议会选举，但仅获得 4.8% 的支持率，没有迈

① Francis Dubois and Pierre Mabut, “French Communist Party congress reveals advanced crisis”, Jan. 10, 2009, http: //www. wsws. org/articles/2009/jan2009/pcf-j10. shtml.

② Marie-George Buffet, “34ème congrès : Discours de clôture de Marie George Buffet”, Dec. 17, 2008, http: //www. pcf. fr/spip. php? article3310.

入欧洲议会门槛。[①] 此后几年间，受制于党的文化和组织结构、宗派主义等因素影响，新反资本主义党的影响力下降很快，2011 年后逐渐沦为政治舞台上无足轻重的边缘团体。[②]

随后的 2010 年地方选举和 2011 年州选举，左翼阵线的支持率呈现明显提高的态势。而这些选举经历进一步鼓舞了左翼阵线实验的继续。2012 年，在《人民共同纲领》基础上，左翼党领导人梅朗雄被推选为左翼阵线的共同候选人参加总统选举。左翼阵线在选举中呼吁进行针对危机和社会经济不平等的进步改革，捍卫福利国家、劳工权和财富再分配，支持重新缔结欧洲条约和生态社会主义经济计划，获得劳动阶层的认同。首轮选举后，梅朗雄的支持率一举达到 11%，创下自 1981 年后法国激进左翼的最好选举战绩。

在实践中，左翼阵线战略在法共党内也遭遇一些反对声浪。比如，有些法共人士认为，左翼阵线与其他左翼运动相互冲突，将会加剧左翼运动的分裂，等等。但从近年的发展看，左翼阵线整体上已成为法共自觉的政治战略选择。在 2010 年第三十五次全国代表大会上，从其高调支持左翼阵线的言论看，法共已经不仅是把左翼阵线简单地视为一种摆脱危机的政策，而是将其作为“反对欧盟和法国政府的新自由主义政治”，进而“建立一个能够赢得政治多数、实现社会转型的广泛的人民阵线”[③]。在此次会议上接替比费担任全国书记的皮埃尔·洛朗（Pierre Laurent），也从这个角度阐释了左翼阵线成立的意义，他指出，“今天，除了我们各党的选举影响之外，人们希望为其诉求找到答案，希望有机会参与政治讨论。我们承担着重要责任……我们正在社会的核心地带发起广泛讨论，以勾勒出必需的转型和适应这一方案的新型社会的主要框架。为了做到这一点，必要条件在于所有渴望变革的进步力量以一种具

① Jason Stanley, “France: The NPA in Crisis”, 2012, http://www.solidarity-us.org/node/3490.

② Fabien Escalona and Mthieu Vieira, “The French Radical and the Crisis”, in Luke March and Daniel Keith, *Europe's Radical Left: From Marginality to the Mainstream?*, Rowman & Littlefield, 2016, p. 117.

③ Kate Hudson, *The New European Left: A Socialism for the Twenty-first Century?*, Palgrave, 2011, p. 131.

体、永恒、系统性的方式联合起来。而这也正是构建左翼阵线的意义所在”[①]。

二 理论政策：从“新共产主义”回归传统

在西欧共产党中，法国共产党是理论政策波动幅度较大的突出代表。在不同发展时期，法共时而“激进”，时而“温和”，我们可以从历史进程中把握其理论政策的发展线索。

在成立后很长一段时间里，与几乎所有西欧共产党一样，法共的理论政策一直与作为社会主义阵营核心的苏联共产党紧密联系在一起。而与其他共产党相比，法共在资金支持、干部配备等方面受苏联的影响更大。[②] 20 世纪五六十年代，一系列国际事件如波匈事件、“布拉格之春”等的发生，促使法共开始对这种党际关系模式进行深入反思。1968 年“五月风暴”发生之后，法共召开中央全会，发表了题为“争取先进民主，争取社会主义法国”的《香比尼宣言》，首次提出了不照搬苏联模式，走独立自主发展道路的主张。此后，法共在理论政策上转向“欧洲共产主义”，并成为其三个主要创始党之一。

从理论主张上看，“欧洲共产主义”时期的法共，与早期的所谓“正统性”已经出现了很大程度的背离。比如，在国家理论上，1976 年法共二十二大正式放弃了无产阶级专政的提法；在革命道路上，更加倾向于用和平民主而非暴力革命的方式取得国家政权，明确提出法国走上经济与政治的决定性变革的道路，并非一定经过夺取冬宫不可；在党的性质问题上，法共认为自己不再仅仅是工人阶级的政党，而是代表工人阶级和所有劳动者的政党，不再是工人阶级的先锋队，而是群众性、现代化的新型政党；在党的指导思想上，1979 年法共二十三大放弃了马克思列宁主义的提法，代之以科学社会主义；在党

---

① Pierre Laurent, “For Alternative Front-The Responsibility of the Left in a Crisis Ridden Europe”, *Transform*!, 2013.

② Stehane Courtois and Dominique Andolfatto, “France-The Collape of the House of Communism”, in Uwe Backes and Patrick Moreau, *Communist and Post-Communist Parties in Europe*, Vandenhoeck & Ruprecht, 2008, p. 87.

际关系上，法共坚决反对大党中心主义和霸权主义，并在20世纪70年代中期提出要“建设法国色彩的社会主义”。

进入20世纪80年代后，法共对待苏联的态度变化很大。戈尔巴乔夫在苏联引入公开性和新思维政策后的一段时期，法共一度曾经采取了一种积极的支持态度。1987年在法共二十六大上，马歇甚至将戈氏改革极度赞誉为“第二次共产主义革命”。但不久后，尤其是1987年末发生了“叶利钦事件”（在庆祝十月革命胜利70周年大会上，叶利钦公开挑起政治争论）后，法共就意识到苏共的改革出现了问题，开始批评改革“新思维”是对列宁主义的背离。因此，当1991年“8·19”事件爆发后，法共第二天发行的《人道报》就明确刊文支持解除了戈尔巴乔夫职务的“叛乱分子”。

苏东剧变后的20多年间，法共的理论政策一直在“激进—温和”间不断转换位置。剧变发生之初，面对国际政治形势的遽变，法共一度坚守传统意识形态，捍卫党的共产主义身份特征，致力于塑造党的激进形象，比如，坚决执行“反社会党路线”，等等。与此同时，面对现实社会主义失败而带来的对苏联模式的一些质疑，法共在进行深入思考后，也逐渐对党的结构和章程进行了某些调整。其中最重要的一个变化，就是在1994年法共二十八大上修改党章时，正式放弃了民主集中制而代之以民主的运转原则。同时，还对党的性质和作用进行了修改：党的性质从工人阶级政党变为全体人民的政党，党的作用从革命党、领导党、先锋队变为对人民有用的人民党。

也正是在这一届代表大会上，罗贝尔·于接替马歇担任党的领袖，进而开启了以“新共产主义”理论为核心的改变党的传统形象的彻底“变革”进程。“新共产主义”理论的提出，始于1995年罗贝尔·于撰著的《共产主义的变革》一书。该书以“对法共的特性进行深刻变革”为目标，全面阐述了“新共产主义”的基本理论主张。1999年，罗贝尔·于又出版了《共产主义新规划》，对“新共产主义”做了进一步的补充和说明。总的来说，“新共产主义”理论的核心，是提出了两个“超越”观，即“超越马克思”和“超越资本主义”，在一些重要问题上与传统社会主义理论具有方向性的重要转变。其中，与“超越马克思”“重新回归马克思”相关的理念，主要包括从“完全肯定”转向“完全否定”苏联模式，主张共产党从工人阶级的代表转向维护整个雇佣阶级的利益，从民主集中制转向党内民主的党建模式，从强调改变所有制关系和掌握国家政权转向推动社会整体性变革。所谓“超越资本主义”，则是主张在现实资本主义政治、经济、文化等一切领域开展对资本主义的“变革”运动。既不放弃向另一个社会过渡的目标，也不主张用暴力方式突然消灭资本主义。其“革命性的变革”观，是通过人民的斗争和投票，和平、渐进地实现一个“更加人道、更加诚信、更加公正、更加自由”的社会。[①]

尽管“新共产主义”在一些学者看起来不过只是“一种表面功夫”[②]，但在罗贝尔·于的“变革”之初，的确似乎成功地延缓了法共衰落的步伐，甚至在一些传统的边缘性地带强化了党的存在（这主要表现在20世纪90年代末的一系列地方和全国选举中）。但在进入21世纪之后，尤其是随着法共与社会党执政联盟的失败，法共党内一些固有的矛盾和问题逐渐暴露出来。正如有的法共人士指出的：

> 人们寄希望通过“变革”带来巨大变化，改变一切，引领我们迈入21世纪。但多年之后，人们开始感到“变革”的破坏性实际上大于其“建设性”。许多人开始相信我们只是在空谈法国共产主义的未来，许多法共积极分子感到党已经失去了发展目标，感到他们已经被遗弃了。一些人只是提出了更新党的新思想，但这些想法并没有得到实现。并没有一种能够推动我们前进的连贯一致的动力。法共仍然面临很多问题，它没有一个明确的发展方向。[③]

---

① 参见李周《法国共产党“新共产主义”理论评析》，《理论月刊》2006年第3期。

② Luke March, *Radical Left Parties in Europe*, Routledge, 2011.

③ Kate Hudson, *The New European Left: A Socialism for the Twenty-first Century?*, Palgrave, 2011, p. 125.

2001 年法共三十一大比费当选党的全国书记之后，随即开始改变罗贝尔·于的一些“变革”举措，法共进入了一个重建的新阶段。比费时期的法共展现出同此前截然不同的“激进化”特点。尤其是 2003 年三十二大比费全面主持党的工作后，[①] 法共的“左转”倾向更加明显。其突出表现：一是开始疏远同社会党的关系，不再在选举中追随社会党，而是强调要与其他左翼力量建立选举联盟和进行政治合作；二是强调以“人民运动为中心”，将工作重心从谋求入阁转移到工厂、工会斗争，投入到反削减福利、反欧盟宪法条约的斗争中，致力于通过“在民众中开展广泛工作，动员人民反对右翼政府新自由主义改革的斗争，重建法共的社会影响”[②]。2008 年年底召开的法共三十四大延续了此前几年的重建方向，虽然仍继续强调党需要变化，要建立一个更广泛的、振兴的法共，要“恢复法共在各层面的活力”，但已经不再提法共的“变革”，不再呼吁进行组织的“蜕变”。与此同时，比费大力倡扬法共的左翼色彩，强调实现共产主义仍然是党的根本斗争目标，尤其指出党在经济危机形势下的战斗性和斗争精神，呼吁进行社会变革，实现左翼团结和联盟，并把展开反对资本主义和现政府政策的斗争提至党在当前阶段的首要任务。[③] 2010 年 6 月召开的法共第三十五次代表大会，继续高举左翼阵线旗帜，充分肯定了比费担任全国书记以来对党的重新定位。在这次会议上，《人道报》主编皮埃尔·洛朗接替比费出任法共最高领导人。

近几年来，在洛朗领导下，法共继续高举左翼联盟旗帜，主张“克服”野蛮竞争的资本主义，呼吁建立平等、人道和民主的替代制度，强调人类解放以及实现每个人自由发展和幸福的平等权，总

---

① 罗贝尔·于辞职后一直还担任党主席职务，2003 年辞去该职，并在 2008 年脱党，另行组建了一个遵循“新共产主义”方向的小党。

② Kate Hudson, *The New European Left: A Socialism for the Twenty-first Century?*, Palgrave, 2011, p. 126.

③ Marie-George Buffet, “Vovloir Unmonde Nouveau Le Construire Au QuotidIen”, Dec. 17, 2008, http: //www. pcf. fr/IMG/pdf/TEXTE _ ADOPTE _ 34EME _ CONGRES _ DEF. pdf.

体上仍然保持着比费时期的“激进”特色。近年引发广泛争议的，是在2013年第三十六次代表大会后法共宣布新的党员证将取消传统的镰刀斧头而代之以欧洲左翼党的五角星标志。洛朗提出的理由是，这个标志“无法表现当下的现实，已与新一代共产主义者没有太大关联”。然而，这一做法在党内外引发了传统派强烈的反对声浪。比如，法共巴黎地区书记伊曼纽尔（Emmanuel Dang Tran）认为，斧头和镰刀是“代表法国工人阶级反抗资本主义政策的历史元素”，取消这一标志表明“法共本身及其价值观正在被另一组织所吞噬”①。

三　左翼阵线何去何从?

经过比费和洛朗时期十余年的发展，法共显然已经确立了一种通过建立和发展左翼联盟来重塑党的社会凝聚力和影响力的新战略。尽管目前党内派别对立和矛盾仍然十分严峻，但整体上看，“法共急剧衰落的倾向已经基本被遏制，并且逐渐开始扭转不利局面”②。当前法共面临的一个重要挑战，是如何维持和推动左翼联盟的发展。作为当下法共最主要的左翼联盟形式，左翼阵线的发展将走向何方？的确，如上所述，左翼阵线建立后，一度助推法国激进左翼实现了苏东剧变后最大的选举进步。但近年来，阵线内部矛盾冲突激烈，理论和实践问题频现，目前作为联合行动的统一力量已出现裂痕。

从实践看，近几年间，受发展战略、内部分歧等因素影响，左翼阵线迅速陷入发展低迷期。首先是在2012年立法选举中，左翼阵线参加了几乎所有选区的候选人竞选，但仅获得577议席中的10个席位，梅朗雄本人也在加来海峡省的选举中惨败。2014年的市政选举令左翼联盟再次受到沉重打击，其利用梅朗雄的声望和形象以赢得社会支持的策略遭遇失败，左翼阵线支持的候选人未能在任

---

① “French Communist party says adieu to the hammer and sickle”，http://www.theguardian.com/world/2013/feb/10/french-communist-party-hammer-and-sickle.

② Dominique Crozat, “France: The Left Front – The Challenge of a True Popular Dynamism”, *Transform!*, 2011.

何大中城市获得政府职位。两个月后的欧洲议会选举，左翼阵线仅获得 4 个议席。2015 年 12 月法国举行地区选举，左翼阵线仅在一个地区获得了 10% 以上的支持率，并因未能达成与社会党和绿党的联盟而没有进入第二轮选举。这次选举是 2017 年全国大选前的最后一次重要选举。有舆论认为，这次选举的失败将是左翼阵线、生态和公民力量等法国左翼政治发展进程的一个转折点，它标志着其所提出的反紧缩以及实现人类团结和共享进步的另一种发展方案，并未能代表一种真正的替代，也未能填补社会党留下的左翼真空。①

同时，左翼阵线在组织和战略等方面的一系列问题不容忽视。

首先，从组织上看，左翼阵线自成立后规模不断扩大，仅在 2009—2012 年间，就有 7 个团体相继加入其中。2013 年 11 月，"融合与替代""反资本主义左翼"和"社会与生态替代联盟"等 3 个小团体，发起成立了一个名为"左翼替代、生态与团结"（Ensemble!）的政治运动，集结了包括新反资本主义党成员、法共革新派、反种族主义者、女权主义者、生态社会主义者在内的众多异质性群体，现在已经成为左翼阵线内第三大组成力量。与德国左翼党和希腊激进左翼联盟明显不同的是，左翼阵线的主要组成部分并没有放弃自身的独特性而结成统一整体，而是一直作为一个选举联盟存在。它没有组织章程和明确的组织规定，只是确立了一些灵活性的结构以确保加入左翼阵线的各党派团体能够保持联系，以及协调其动议和选举运动。比如，在全国层面，建立了类似于立法机构的全国委员会，以及类似于执行和决策机构的全国协调委员会。在地方层面，建立了公民会议等地方机构。2011 年后，左翼阵线的各组成部分一直通过位于格洛诺布尔的夏季大学进行会晤。这种松散的结构，造成整个联盟缺乏凝聚力、向心力，也使得阵线内部围绕一些重要问题，比如，对个人是否可以不必通过其组成党派而直接加入阵线一直争论不休。

① Elisabeth Gauthier, "French Reginal Elections: First Observations", http://www.transform-network.net/blog/blog-2015/news/detail/Blog/-bf0c764922.html.

同时，阵线内各政党和组织的历史、政治文化（其中涵盖了从社会民主主义到最激进左派的各种派别）及其在一些重要问题上的立场倾向、植根于社会的方式等，也都具有明显差异，从而不可避免地存在发生冲突以及分裂的潜在可能性。比如，阵线创始党之一的"团结左翼"，就在 2014 年市政选举后退出左翼阵线的全国机构，并因其提出的候选人在欧洲选举中的排位问题而将其撤回。实际上，左翼阵线的这种矛盾性特征与生俱来，却又对阵线的发展意义重大。正如有学者所言，"一旦各党能够摒弃差异，其多样性将成为阵线真正获得人民支持的源泉"[①]。一些党派尝试通过组织融合的方式来弥合这种差异，比如，2015 年 9 月"团结左翼"融入具有相似意识形态的法国共产党。但从实际成效看，这并未能解决左翼阵线在组织上面临的根本性问题。

其次，左翼阵线内部尤其是法共与左翼党的分歧开始逐渐显露出来。其中一个重要问题，就是如何对待右倾化的法国社会党。引发争论的诱因，是左翼阵线自 2012 年 5、6 月以来未能在总统和国民议会的递补选举中取得重要进展。尤其是巴黎地区的共产党人，没有选择左翼阵线的战略路线，而是与社会党在 2014 年 3 月的巴黎地区议会选举中建立联盟。尽管这一得到皮埃尔·洛朗支持的决定并非一种普遍现象，因为在超过 10 万人的市镇中，将近 3/4 的法共地方组织选择支持左翼阵线，但却充分暴露了法共内部的一些地方领导人与普通党员在对待与社会党关系上的分歧，同时也在左翼阵线内部引发了不满情绪。加之极右翼政党国民阵线近几年的强势发展，在选举中采取何种战略对于左翼阵线的发展前景变得愈益重要。梅朗雄在法共的巴黎地方组织做出与社会党联合的决定后指出，巴黎的形势较为简单，对左翼阵线的实际影响并不大，"但在全国层面，形势更为复杂，造成的损失更为巨大，这种做法将使极右翼成为现存体系唯一的替代力量"；"不能不择手段达到目的，这是一场政治和意识形态征服战"。而法共领导人洛朗则更强调广

① Jason Stanley, "France: The NPA in Crisis", 2012, http://www.solidarity-us.org/node/3490.

泛左翼联合的必要性，认为“这不是与那些执行政府政策的人的联合，而是与包括社会党在内的、那些不认同紧缩政策的左派建立左翼联盟的问题。现在不是自我隔绝而是应该扩大左翼联合的时候”，并呼吁两党停止在这个问题上的争论、夸大其词和相互讽刺。

实质上，因法共在巴黎地区与社会党的合作而爆发的激烈冲突之下，掩盖着左翼阵线内部的一个关键性战略问题，即如何扩大左翼阵线在支持基础上的重要差异。到底是争取失望的社会党员和选民，对现实政治幻灭的国民阵线支持者，还是失业的青年人呢？在这个问题上，法共主流派尝试的主要方法，是构建一个尽可能广泛的反紧缩和反右翼政治的多数派。在可能情况下，需要把部分社会党人尤其是社会党内的左派力量包括进来。这一方法的支持者因而强调当选地方议员的重要性，主张左翼阵线在地方议会中的缺位不利于争取当地民众的福祉；反对将社会党所有党员“妖魔化”，认为部分社会党人是真正的左派，同样对现政府的反社会政策持反对立场，批评梅朗雄对社会党的评价过于尖刻，等等。这些根本性认识分歧的集中爆发，被认为触发了左翼阵线成立以来最严峻的危机。[①]

再次，在地区性以及国际性问题上，左翼阵线内部的分歧也非常突出。欧盟以及欧元作为单一货币的合法性问题，一直是法国激进左翼争论的焦点问题，激进的脱欧论与温和的“替代欧洲”论长期针锋相对。[②] 左翼阵线内部围绕这一问题的争论同样激烈。法共自 20 世纪 90 年代开启党的重建进程之后，主导倾向已经从欧洲拒绝论转向模糊性地承诺“另一个欧洲”，承认欧盟在实现必要目标以及挑战美国霸权方面的政治行动潜力，主张在欧盟内部作斗争，使其做出根本性的改变。[③] 左翼党则反对欧盟现存条约，提出将人

---

① Dick Nichols, “As National Front support grows, strategy struggle erupts in Left Front”, Nov. 11, 2013, http://www.internationalviewpoint.org/spip.php?article3177.

② Jean-Numa Ducange, “The Radical Left in France”, in Babak Amini, *The Radical Left in Europe in the Age of Austerity*, Routledge, 2016, pp. 68 –69.

③ Giorgos Charalambous, “All the shades of red, examining the radical left's Euroscepticism”, *Contemporary Politics*, Vol. 17, Issue 3, 2011.

民主权与国际主义协调起来，支持在脱欧与欧盟内自上而下的重新定位之间采取一种折中办法。在单一货币问题上，左翼党持批判态度，主张改变货币政策的可行性。而法共则坚持一种更为谨慎的立场，其党内经济学家经常表现出明显的支持欧元倾向。比如，法共经济委员博卡拉（Frederic Boccara）提出，唯一可行的方案是使欧洲央行成为“最终贷款者”，从而能够制订一些规则确保为社会和环境计划提供资金支持。近年来，二者在是否与欧盟决裂问题上的争论愈加激烈。尤其在英国脱欧公投之后，阵线内两条路线的分歧更加泾渭分明。左翼党主张，如果未来建立的激进左翼政府不能在内部改造欧元区，就应该选择拒绝或退出策略。而法共提出了一个折中方案，呼吁召开政治家、工会、非政府组织以及其他政治力量的“永久性居民会议”，起草一个新协约以提交全民公决。法共强调，欧洲问题是扎在阵线内部的一根肉刺。阵线内各组织只有在一些基本问题，比如，反对资本主义逻辑的经济自由主义、保护人民权利上达成一致，才有可能解决这一问题。[①] 此外，在其他国际性议题上，阵线内部也存在分歧。比如，乌克兰危机爆发后，在对俄罗斯的态度上出现了两种主张的公开对立。而在对待拉美左翼政府的观点上，左翼党无条件的支持立场也与阵线其他组成部分的批评性倾向相冲突。

最后，左翼阵线面临的最严峻挑战，是缺乏能够将人民真正动员起来、实现社会政治转型的行动战略。经济危机以来的法国，并不缺少对社会巨大不公正的憎恶情绪，民众针对新自由主义政策及其增长模式的反对声浪一直持续高涨。与这种社会情绪相适应，左翼阵线无论是对新自由主义和危机的批判，还是所提出的替代纲领，都彰显了左翼的激进色彩。比如，它们关于危机的发生表明新自由主义已经丧失合法性，危机的根源不是公共支出过多而是“体制”存在问题，解决危机要对资本主义经济进行根本性变革等主

① Julia Hamlaoui, “Front de gauche Avec la présidentielle, la tension monte d'un cran”, Juillet 11, 2016, http://www.humanite.fr/front-de-gauche-avec-la-presidentielle-la-tension-monte-dun-cran-611664.

张，明显不同于社会党的认识和解决方法。在替代发展模式方面，其建立在2012年竞选纲领“人类优先!”基础上的原则性主张，[①]如共享财富、消除社会不安全感、重新控制银行和金融市场、实现经济的生态转型、建立独立于金钱权力的真正民主国家、建设“另一个欧洲”、实现人的解放等，也在很大程度上表达了民众的诉求和期望。

然而，组织上的分散性导致了战略行动的碎片化，左翼阵线内各党派大都捍卫自己的战略主张，而这些不同的战略导向并不能完全相容。同时，有些党派为扩大影响力而进行的诸多意识形态和战略创新，比如，左翼党偏向于自发主义与制度主义相结合，即一方面支持与当前制度的革命断裂，但另一方面又试图通过“投票箱”革命的“第六共和国”运动，本身就相互矛盾，其不再尝试以理论和纲领说服人的“立场战”，而是致力于调动党员积极性的“运动战”，以实现民众自下而上、水平参与的“公民革命”行动战略，在很大程度上也是华而不实，既未摆脱传统模式，也未能发挥群众动员的作用。[②] 显然，由于完善行动战略缺失而带来的未来发展前景不明朗，使得反新自由主义（比如，反对养老金改革）的社会激进情绪与左翼阵线的选举成就间存在巨大落差，造成左翼阵线一直不能在政权角逐中取得突破性进展。相反，在各层级选举中，陷入大量工人阶级弃权以及极右翼国民阵线高歌猛进的尴尬处境。对于左翼阵线来说，这尤其提出了如何弥合“社会”与“政治”间差距的问题。面对这种状况，有学者认为，左翼阵线必须构建一个行之有效的战略。其关键在于对社会吁求做出明确回应，与各种社会运动进行平等对话，重新强化与工人阶级的联系，提出与自由主义逻辑完全不同的替代建议，并在此基础上构建一个具体的纲领规划，从而在民众中重建推动社会转型的信心。否则的话，反对社会不公正的斗争将被垄断了“社会问题”的国民阵线所占据，而左翼

---

① http：//www. pcf. fr/18541.

② Clément Petitjean，“What Happened to the French Left?”，Nov. 6，2015，https：//www. jacobinmag. com/2015/11/front-de-gauche-melenchon-besancenot-pcf-ps-france-socialist-europe-eu-mitterand/.

阵线也将失去进一步前进的空间。[1]

2016年以来，左翼阵线陷入更大的发展困境。面对在新一届总统选举中左翼面临的艰难形势，经济学家皮凯蒂（Thomas Piketty）等在2016年年初发起倡议，呼吁左派进行初选，推举共同候选人参加即将到来的总统选举。法共、“左翼替代、生态与团结”等积极回应，梅朗雄却断然拒绝了这一倡议。2月初，他决定不作为左翼党的候选人，而作为一个超越政党政治、名为“不屈的法兰西”（La France insoumise）的新政治运动的代表参加总统选举。这一举措也令形成左翼统一候选人的设想化为泡影。2016年11月5日，法共举行全国会议，讨论党的选举策略。洛朗呼吁法共代表在“不屈的法兰西”框架之外支持梅朗雄。该提议经过激烈争论后得以通过。无论能否作为一支团结的力量继续存在下去，一个明显的事实是，左翼阵线相较其成立之初已经变得更加松散，愈益呈现分裂走势。其是否会进行必要的重构或采取哪种联盟形式目前尚难以预测，但2017年总统选举尤其是“不屈的法兰西”在多大程度上能够获得成功，显然对左翼阵线的发展具有关键意义。

第二节　意大利重建共产党：失败的重建?

意大利重建共产党是西欧主要共产党中唯一通过“重组”而建立的共产党。自成立至今，重建共一直饱受党的分裂的困扰。缺乏具有连贯性的指导思想和发展目标，导致重建共的政治实践忽左忽右，难以确立始终如一的政治形象。而两个势均力敌的共产主义性质政党（重建共与从重建共分裂出来的共产党人党）共存而形成的“内耗效应”，也极大削弱着共产党的总体实力。尽管重建共和共产党人党一直在议会内外寻找重整旗鼓的路径，但目前意大利共产主义运动仍然极其被动，政治影响严重萎缩，甚至面临着从意大利和欧洲政治舞台上消失的危险。

---

① Dominique Crozat, “France: The Left Front - The Challenge of a True Popular Dynanism”, *Transform*!, 2011.

一　重建共建立与左翼联盟实验的破裂

作为重建共前身的意大利共产党，曾经是西欧最有影响力和号召力的共产党，在意大利政坛长期占据第二大党的重要地位。但在实践中，拥有重要政治影响的意共却未能在通向执政的道路上走得更远，在长达40多年的时间里，一直都只是作为国家政权中的主要反对派而存在。用佩里·安德森（Perry Anderson）的话来说就是，"1948年解放的战利品一分为二。权力归属天民党，文化归属共产党。天民党操控着国家，而共产党吸引着市民社会中的有识之士"①。20世纪70年代中后期，因受"欧洲共产主义"实践以及意大利政治氛围左转的影响，意共在国内选举中一度赢得战后最辉煌战绩，在1976年达到34.4%的支持率顶峰。

但进入20世纪80年代后，意共如同绝大多数西欧共产党一样开始经历缓慢而持续性的危机。意共的发展危机源于政治社会环境以及党自身组织、联盟策略、意识形态困境等诸多原因，其后果是促使意共逐渐开始推行一些大幅度的变革和调整。这些调整在80年代末奥凯托接任党的总书记后，出现了发展方向上的巨变。其所提出的名为"新道路"的改革路线，从根本上改变了意共传统的纲领和政策，使得意共在意识形态上脱离了共产主义而迅速转向社会民主主义。在1991年2月意共二十大上，这一转向最终因党内多数成员的支持而得以实现，意共更名为"左翼民主党"，随后加入了社会党国际。

与此同时，以正统派领导人科苏塔为首的少数反对意共社民党化的代表，则召集了包括意共党内亲苏派和青年积极分子在内约15万人，建立了一个新的组织——"重建共产主义运动"。1991年5月，"重建共产主义运动"召开会议，推选出加拉维尼（Sergio Garavini）为全国书记和科苏塔为主席的领导层，并将"运动"组建成一个新的政党——"重建共产党"。重建共的成立章程将党的性质定义为"所有受社会主义价值观和马克思主义思想激励的工人

① Perry Anderson, "An Invertebrate Left", *London Review of Books*, March 12, 2009.

阶级自由的政治组织”，这种意识形态的广泛性吸引了意大利不少左翼政党和组织加入其中。同年6月，植根于20世纪60年代末的激进主义、受毛主义和托洛茨基主义影响颇深的最大的极左翼组织“无产阶级民主党”（该党拥有9000名党员，在1987年议会选举中曾获得1.7%的支持率）加入重建共。“无产阶级民主党”的加入将来自各种不同的左翼传统，比如，自由主义、生态主义、女权主义的激进分子带入重建共。因此，重建共虽然是由正统的共产主义者建立的，但党本身更大程度上是左翼融合的产物，带有明显的异质性特征。其后果正如有学者指出的，“实际上，共产主义的失败……引发了左翼的和解”①。

各种政治力量汇聚于重建共，无疑为构建新的反资本主义左翼迈出了积极的一步。从实践上看，早期重建共的政治定位非常明确，即作为一个反对资本主义、支持共产主义和阶级斗争的政党。因此，在重建共存在的最初几年时间里，展现出强烈的激进主义特点。它致力于捍卫意大利社会最弱势群体的利益和要求，强调在各个政治层面确立其组织存在。然而在重建共内部，自成立伊始，党的最高领导层就围绕重建的性质和方式问题一直存在巨大分歧。科苏塔派传统色彩浓厚，支持苏联模式和传统组织形式，加拉维尼派则认为重建共应该成为能够发挥作用的“领域”，而非仅仅作为一个组织化的政党，由于其观点未能在领导层中获得多数支持，加拉维尼在1993年6月辞去了全国书记职位。在1994年1月重建共二大上，贝尔蒂诺蒂（Fausto Bertinotti）接替该职，继续尝试将党塑造为一支充满活力的强大政治力量，并提出了提升重建共在意大利和欧洲政治中形象和地位的口号。

同一时期，整个意大利政治的体系性变化也深刻影响着重建共的战略选择。1992年，名为“净手运动”的一系列反腐调查席卷意大利，诸多大公司通过给政党提供政治献金来换取公共建设工程契约的丑闻被暴露出来。这场反腐运动对意大利政治产生了巨大影

① J. L. Newell and M. Bull, “Party Organization and Alliances in Italy in the 1990s: A Revolution of Sorts”, *West European Politics*, Vol. 20, Issue 1, 1997.

响，尤其是削弱或击垮了那些在资金上依赖于这些政治交易的政党。比如，到1993年年末时，天民党和社会党等前执政党就因此事件而分崩离析。反腐运动的另一重要影响，是推动了选举法改革，从而导致形成了一种新的选举体制。根据这一法令，75%的两会议员可以在单一议员选区根据票数最多者当选制度入选，而另外的25%议员则需要通过比例代表制在多议员选区继续选举，同时还设置了4%的议会门槛。这种新的选举体制要求各政党必须进行合作或建立选举联盟，才能获得足够的选票赢得议席。在这一氛围中，参与选举联盟成为重建共不可避免的选择。

重建共的选举联盟实验始于1993年12月的地方选举。在这次选举中，重建共加入了左民党领导的“进步联盟”，取得重大胜利，因而决定继续作为“进步联盟”的组成部分参加1994年3月的全国大选。但由于贝卢斯科尼的右翼新党“力量党”的兴起，左翼的胜利并未能持续，重建共仅获得6%的选票。在这次大选后，由于左民党日益偏向中间立场，而贝尔蒂诺蒂领导下的重建共更加激进化，坚持体制内的反对党定位，因而两党的分歧和差距越来越大。这种不同的政治定位随后在对待贝卢斯科尼和迪尼政府问题上表现得更加明显。同时，由于对是否支持迪尼政府分歧巨大，重建共党内激进派与温和派间发生了分裂，约1/3的重建共领导层，即57名议员中的16名以及5名欧洲议会议员中的2名脱党，组建了一个新党——联合共产党人党。重建共的这次分裂很大程度上只是发生在领导层，只有约400名党员脱党。联合共产党人党随后加入了1996年大选中左民党领导的橄榄树联盟。

表2.2 **意大利重建共产党与共产党人党选举结果，1992—2013年**

全国议会选举	重建共	共产党人党	欧洲议会选举	重建共	共产党人党
	百分比/议席数	百分比/议席数		百分比/议席数	百分比/议席数
1992年	5.6/35		1994年	6.1/5	
1994年	6.0/39		1999年	4.3/4	2.0/2
1996年	8.5/35		2004年	6.0/5	2.4/2

续表

全国议会选举	重建共	共产党人党	欧洲议会选举	重建共	共产党人党
	百分比/议席数	百分比/议席数		百分比/议席数	百分比/议席数
2001 年	5.0/11	1.7/0	2009 年 a)	3.4/0	3.4/0
2006 年	5.8/41	2.3/16	2014 年	4.0/1	未参加
2008 年 a)	3.1/0	3.1/0			
2013 年 a)	2.2/0	2.2/0			

注释：a）两党结成选举联盟参加选举。

分裂后的重建共继续以意大利唯一一个致力于捍卫工人阶级生活条件的左翼政党的身份，构建其影响力和动员能力。它与左民党的橄榄树联盟分道扬镳，在“希望重生”的口号下，提出了一个以阶级斗争为主要内容的竞选纲领，在经济政策、体制改革、对外政策和教育等方面提出了一系列激进举措，比如，薪资与生活消费指数挂钩、累进税改革、终结私有化和承诺公有制、捍卫养老金和医疗服务以及公立教育，等等。其战略目标是推动温和左翼政府进一步实现左转。从实践看，尽管重建共拒绝参与橄榄树联盟，但却与联盟签署了一个互利的放弃议席协议，从而保证了中左翼最终赢得了这次大选胜利，组建了普罗迪政府。重建共也获得了 35 个议席和 8.6% 的迄今最高得票率。这些议席意味着执政党必须要依赖重建共的支持才能稳定执政，重建共在政治上的决定性作用凸显出来。这一阶段也成为重建共历史上最具影响力的时期。

伴随着政治影响力的提升，重建共领导层的政治定位也发生了显著变化。1996 年 6 月，重建共放弃了更偏向于反对派的立场，宣称重建共现在已经成为议会多数的组成部分，声称对政府采取一种“批判性支持”政策，在支持其执政的同时，推动减少私有化、捍卫养老金政策，等等。这一立场在重建共党内引发激烈批评，尤其是围绕在托派维奥·梅坦（Livio Maitan）周围的少数领导人，认为重建共对普罗迪政府妥协太多。因此，在同年 12 月召开的重建共三大上，该问题引发了激烈争论。贝尔蒂诺蒂捍卫反对迪尼政府以及批判性支持普罗迪政府的立场，指出重建共能够对政府预算施加影响，这虽然并不足够，但却是摆脱新自由主义发展道路的实际步骤。反对派则认为普罗迪政府的所作所为是在完成将意大利纳入《马斯特里赫特条约》框架的过程，主张重建共应回到反对派立场，代表工人、青年、老人以及下层人民的利益。虽然贝尔蒂诺蒂获得了85%的绝大多数支持率，但随着争论的持续，最后被迫在1998年秋转变立场，撤销了对普罗迪政府旨在削减政府开支和福利支出的1999年预算建议的支持。此举迫使普罗迪辞去总理职位，后来在重建共改变态度，以及接受引入35小时/工作周和调整削减养老金后才得以复职。

这一事件表明重建共党内矛盾日益加剧，而其中最关键的冲突发生在科苏塔和贝尔蒂诺蒂之间。1998年夏，贝尔蒂诺蒂坚持认为重建共应该要求政府在社会经济议题上转变立场。否则的话，就应该与政府决裂。科苏塔虽然原则上承认这一观点，但更强调要避免贝卢斯科尼政权重返政治舞台，因此，在1998年10月反对投票否定政府预算，认为贝尔蒂诺蒂的做法是“不负责任和冒险主义”。这最终导致重建共再次发生分裂。科苏塔召集约3000名党员脱党组建了一个新党——共产党人党，宣称新党的意识形态和政治基础继承了陶里亚蒂和意大利共产党的思想，批评贝尔蒂诺蒂背离了传统方法。正是由于获得了科苏塔等的支持，橄榄树联盟才得以继续执政。

党的这次分裂，使得重建共与左民党彻底决裂开来，并开始转向一种新的发展战略，即增强与草根及社会运动联系的发展方向。贝尔蒂诺蒂早在1996年就曾宣称，“党向社会运动开放，向意大利生存现实开放，并非一种策略性狡计，而是我们未来规划的关键组成部分”①。此后，重建共也一直致力于在意大利总工会中扩大自己的影响，并同左民党为争夺左翼主导权而进行竞争。但这在实践中并没有扭转重建共的选举颓势，2001年大选，重建共的支持率下降到5%。尽管如此，重建共的运动主义发展战略在此后几年仍

① F. Bertinotti, “Report to the 1996 Congress of Rifndazione Comunista”, *Labour Focus on Eastern Europe*, No. 2, 1997, p. 107.

然不断强化。在反全球化运动，比如，在热那亚的反对八国集团大规模抗议，以及意大利和欧洲层面的社会论坛运动中，重建共愈益成为主要参与者。

二　重建共的政策选择困境与生存危机

2015 年以后，重建共日益陷入政策选择困境和党的生存危机之中。2006 年大选，普罗迪领导的中左翼联盟以微弱优势赢得胜利，获得 5.84% 支持率的重建共加入了普罗迪内阁。重建共党员保罗·费雷罗（Paolo Ferrero）成为社会协作部部长，贝尔蒂诺蒂当选众议院主席，而弗兰科·乔达诺（Franco Giordano）接替贝尔蒂诺蒂成为新任党的总书记。对于加入普罗迪内阁，重建共党内存在巨大分歧。其中党内的“批判左翼派”认为，重建共面临的持续性重要挑战，是“在不以任何方式帮助贝卢斯科尼重返权力舞台的条件下，如何避免党滑向社会自由主义”。“批判左翼派”不主张入阁，但同意给予普罗迪政府合理支持，认为只有这样才能阻止贝卢斯科尼的回归，并构建一个强大的反资本主义左翼。而也只有这种来自外部的支持，才能推动普罗迪政府与此前政府的新自由主义和好战政策彻底决裂。①

在实践中，加入普罗迪政府的重建共在这一时期的确遭遇诸多政策选择问题。其中最突出的，就是投票支持继续派遣军队驻扎阿富汗以及出兵黎巴嫩。“批判左翼”成员在 2006 年 7 月向重建共领导层提交了一份反战决议，但遭到驳斥，绝大多数领导人都站在支持普罗迪的一方。重建共的这一做法背离了左翼的基本立场，遭到来自世界各地左翼力量和人士的批评。比如，英国著名左翼学者塔瑞克·阿里（Tariq Ali）就认为，“重建共的赞成票对欧洲左翼来说是一场悲剧，其后果对阿富汗是灾难性的，并将在意大利创造一个新的替代者”②。对重建共而言，这一决定也在党内引发了新的

---

① Flavia d' Angeli, "A Dangerous Situation for Rifondazione", *International Viewpoint*, IV378 - May 2006.

② Kate Hudson, *The New European Left: A Socialism for the 21st Century?*, Algrave macmillan, 2012, p. 82.

分裂，许多左派人士脱党，一些源自于托派倾向的党内派别比如批判左翼也分裂出去。

除了对外政策外，重建共在其他领域也面临着不少问题。比如，作为参政党，重建共坚持应立即进行经济再分配，以改善民众生活水平。但政府中的多数派则主张首先恢复全国经济秩序再考虑采取再分配的步骤。实际上，在2007年夏，普罗迪政府转而对养老金体系进行改革。其改革虽然在一定程度上扭转了此前中右翼政府大幅削减养老金份额的举措，但养老金保障总额却有所减少。为此，重建共试图动员工会一起反对政府多数派，但工会最终还是对政府提出的妥协建议采取了支持立场。由于不能对政府政策进行有效制约，从而使得人们对重建共参与政府的价值和必要性产生了质疑。

在重建共面临发展困境的同时，意大利的中左翼力量也在进行着重新分化与组合。左翼民主党1991年的名称是PDS（Partito Democratico della Sinistra），1998年改称为DS（Democraticidi Sinistra）。2007年，左民党与一个包括前天民党在内的中间政党——“民主即自由”以及其他小组织合并，更名为民主党。在2007年4月左民党最后一次代表大会上，约75%的成员支持党的合并。同年5月，那些不愿参加民主党的成员建立了民主左翼党，并尝试与包括重建共在内的其他意大利左翼联合起来参加2008年意大利选举。与民主党的中左翼联盟相对，它们建立了一个名为“彩虹左翼”的左翼联盟，涵盖民主左翼党、重建共、共产党人党和绿党等众多左翼力量。

在2008年大选中意大利激进左翼遭遇前所未有的惨败。在这次选举中，贝卢斯科尼和中右翼联盟获得46.8%的支持率，民主党领导的中左翼联盟获得37.5%的支持率，而“彩虹左翼”的支持率不到3.1%，甚至未能跨过4%的议会门槛。因而，在意大利共和国历史上，宣称代表社会主义或共产主义的政党第一次在议会中没有获得任何议席。在不少学者看来，重建共这一时期失败的最重要原因，就是其参与了普罗迪的中左翼政府。

在遭遇选举失败的同时，重建共党内危机也爆发出来。2008年4月，由费雷罗领导并得到重建共内其他左派团体支持的派别，迫使乔达诺辞去了全国书记职位。在同年7月的全国代表大会上，费雷罗的支持者击败贝尔蒂诺蒂的支持者，推举费雷罗担任党的全国书记。然而，费雷罗也只获得了53%的支持率，从而面临着领导一个极端分裂的重建共的局面。2009年1月，贝尔蒂诺蒂和乔达诺的支持者脱党，建立了一个新党——“左翼运动”，其目标是致力于同绿党联盟、民主左翼党等左翼组织组建一个新党。2010年，命名该党为左翼生态自由党。在这次分裂之后，重建共与共产党人党、社会主义2000等组建了一个名为“反资本主义名单”的选举联盟，参加2009年的欧洲议会选举。联盟获得了3.4%的选票，但未能收获任何议席。同年12月，“反资本主义名单”改称为“左翼联盟”。

在2013年全国大选中，重建共参加了“公民革命联盟”，获得了2.2%的选票，但是仍然没有得到任何议席。面对选举惨败，重建共中央委员会随后召开了一次特别会议，对党的纲领、目标和方法进行了根本性反思。[①] 2014年，重建共作为“欧洲其他选举名单”的一部分参加了欧洲议会选举，获得了1个议席。

三 意大利重建共产党的问题与前景

当前的意大利重建共产党仍然面临着巨大挑战，既受到外部因素的冲击，也面临着内部发展的考验。

从外部看，作为典型的多党制国家，意大利政党林立。近年来，各种激进政党接二连三地兴起，极大地压缩了重建共的生存空间。

首先是意大利共产党人党。这个在20世纪末从重建共中分裂出来的党，自成立后发展迅速，从最初的3000人到2011年年底已发展到2万余人（经济危机后回落到1万余人）。从人员组成上看，该党更具有活力，约40%的党员都是35岁以下的年轻人。该党与重建共一样存在着严峻的党内分裂问题，近两年实力有所回落。在实现两个共产党整合方面，共产党人党表现出更加积极的态度。自2014年后，共产党人党一直在推动重建意大利共产党计划，试图将本国包括重建

① http://www2.rifondazione.it/primapagina/? p=2686.

共在内的所有致力于实现社会主义的组织团结起来。2016 年 6 月，以共产党人党为主体的新意大利共产党正式成立。尽管其实际成效与重建统一共产党的目标仍然存在很大差距，但毕竟在克服意大利共产主义运动碎片化的道路上迈出了重要一步。[①]

其次是左翼生态自由党。左翼生态自由党是一个典型的新兴激进左翼政党，2010 年 10 月正式召开党代会。其核心主张是推动实现“和平、非暴力、就业、社会公正以及经济与社会的知识和生态转变”。它尝试在意大利左翼空间中占据一席之地，致力于构建一个现代资本主义的政治替代和新世纪的政治左翼。左翼生态自由党建立后在政治上发展迅速。在 2011—2012 年的地方选举中，该党对包括重建共在内的意大利左翼政党形成了很大冲击，在米兰、那不勒斯等重要城市，该党都获得了 5% 以上的支持率。在 2013 年全国选举中，左翼生态自由党加入中左翼联盟参选，获得 3. 2% 的支持率，以及 37 个众议院议席和 7 个参议院议席。

再次是靠博客走红，由喜剧演员毕普·格里罗（Beppe Grillo）领导的意大利五星运动党。这个 2009 年才正式成立的激进政党，依靠其民粹主义、反建制、反腐败，呼吁政治回归公民，任何人都不能在全国和地方议会中任职超过两次，以及捍卫所谓“零成本政治”，主张政治不能成为赚钱的方式和一种职业，在遭遇特殊情况，比如，预算缩减、福利补贴增加时，全体党员主动降薪，并明确拒绝竞选捐献等吁求和做法，在 2013 年全国议会选举中获得 25. 6% 的选票，成为众议院最大的单一性政党。在 2014 年欧洲议会选举中，得票率高居第二位。2016 年 12 月意大利修宪公投失败，五星运动党成为最大受益者，以及政权最有力的竞争者。

从重建共自身看，一直以来遭受的最大困扰，是其严重的内部分裂。从重建共成立迄今，已经发生了多次分裂。不仅造成了党员流失和组织削弱，更重要的是难以在党员中形成连贯一致的“政党忠诚”，从而直接影响了党的复兴进程。同时，党的内部争论也造

① 参见李凯旋《论意大利共产主义政党的碎片化困境与发展前景》，《马克思主义研究》2016 年第 9 期。

成了党的战略决策的不稳定性和短期性。从重建共不长的发展史看，对形势的错误判断，甚至是一些政治失误，比如，2006 年在战争问题上的立场和做法，给党的发展带来了极其不利的后果。此外，由于意大利选举体制的限制，重建共也未能充分地利用近年来左民党中间转向遗留下来的政治空间。总体上说，重建共的选举成绩受政治环境的影响很大。由于与选民间缺乏一种稳固的联系，即使与其他左翼建立了联盟，提出替代纲领，也并不足以推动起具有广泛性的社会主义人民运动。因此，有学者认为，意大利共产主义政党继续生存下去，甚或未来成为独立、重要政治力量的关键，是从政治供给面转向表达政治需求面，即从捍卫下层民众的社会保障等诉求向社会公正、经济和环境的民主控制等转型。① 换言之，这种观点认为重建共需要转变理念，实现社会基础的重塑，向现代激进政党转型。但在政治空间已经异常拥挤的意大利政坛，仅凭身份特征转变就能帮助重建共改变目前的边缘化状况吗？对此笔者不能苟同。对重建共而言，更重要的实际上恰恰是要更好地保持自身的意识形态标识，这是共产党之所以不同于其他政党的最显著标志。重建共当前面临的主要问题，是需要探索一条能够把传统与革新有机结合起来的发展道路，使意大利共产党延续的正能量进一步推动后继党发展前进，克服党内分裂的巨大威胁，并确立具有连续性的战略策略。从这个层面来说，重建共对意大利共产主义运动的重建尚有很长的一段路要走。

第三节　西班牙共产党：从危机到重生？

在为应对危机挑战而进行的组织、意识形态和战略变革过程中，西班牙共产党的转型选择展现出显著特点。与其他西欧共产党大都围绕自身的变革调整不同，西班牙共产党着手创建了一个新的

① Mimmo Porcaro, "The Italian Communist Refoundation Party: Apparent Continuity and Actual Break", in Birgit Daiber, Cornelia Hildebrandt and Anna Striethorst (ed.), *From Revolution to Coalition-Radical Left Parties in Europe*, Rosa-Luxemburg Foundation, 2012, p. 225.

组织——联合左翼（United Left）。经过20多年的发展，联合左翼成为西班牙重要的激进左翼力量。本节旨在考察西班牙共产党自苏东剧变以来的发展演变，鉴于西共与联合左翼在近几十年间已经结成一个不可分割的整体，因此不可避免地要涉及联合左翼建立的前史及其当代发展，并将尤其关注作为联合左翼最主要的组成部分和支持力量的西班牙共产党在其整个发展进程中的作用。此外，还将探讨西共与联合左翼趋向一致的理论政策，以及西共在最近时期面临的挑战和发展前景等问题。

一 西班牙共产党的危机与“联合左翼”的兴起

在西欧地区，西班牙共产党是在独裁统治下长期坚持地下斗争的三个主要共产党之一（从1939年佛朗哥独裁统治开始至1977年结束，长达38年之久。另外两个党分别是葡萄牙共产党和希腊共产党）。但与一直坚守传统社会主义理论和模式的后述两党不同，西共自20世纪60年代后的理论政策逐渐展现出温和化倾向，“欧洲共产主义”就是其发展转向的直接理论成果。这种发展战略在独裁统治终结后的过渡时期取得过一定成效，尤其在西共的议会选举成绩上有突出表现，比如，在1977年首次议会选举中，拥有20万名党员的西共获得9.4%的选票和20个议席；在1979年选举中，西共的选票上升为10.8%，议席也增加到24个。

但这一战略也在西共党内引发激烈争论：支持苏共政治主张的一派坚决反对时任总书记卡里略（Sartiago Carrillo）的温和路线，要求党在政治方向上泾渭分明；而倡导意识形态和政治变革的“革新派”则对党内民主化程度不满（比如，当时的西共虽然否定列宁主义，但却并不反对民主集中制），并开始明确地批评和攻击卡里略。这样，西共在参加1982年选举时基本处于一种分裂状态，其最终选举结果也确实证明是一场灾难性的失败：西共只获得了3.9%的选票和总共350个议席中的4席。在内外双重压力下，卡里略被迫辞去总书记职位，并召集部分支持其观点的党员组建了一个新政党——西班牙劳动者党，而党内倾向于支持苏联的部分党员则脱党建立了西班牙人民共产党。因此，到20世纪80年代中期时，西班牙国内共有三个共产主义性质的政党，西共的选举和组织实力遭到极大削弱。

面对政治边缘化的危险，西共开始寻求发展出路。经过党内多次讨论，1983 年西共十一大提出了建立一种“融合式政治”的发展路线。这一新政治路线的核心内容，是强调“西共不能自视为转型过程的唯一行为者”。西共作为社会运动的核心角色概念，被解释为西共在引领走向未来社会主义道路、完成国家权力替代和转型过程中，必须考虑政治经济形势和社会民主化的迫切任务。[①] 持续发展地反对加入北约的抗议运动，成为西共将这种政治定位付诸实践的基点。在当时西班牙国内，是否加入北约是一个非常敏感的问题，而社会民主主义的工人社会党也正是凭借把这一问题作为其核心议题而最终赢得了 1982 年的大选。但在执政后，工社党出尔反尔地支持西班牙成为北约成员，引发民众及其支持者不满。在对工社党的普遍失望情绪中，西共与一些同持反对加入北约立场的激进小党，比如，西班牙人民共产党、进步联盟、社会主义行动党、共和左翼建立了一个政治联盟，在 1986 年加入北约的全民公决中开展共同的抗议行动。尽管最终未能阻止西班牙加入北约，但这种联盟的组织形式却保持下来，并在 1986 年 4 月建立了以西共为主体、包括上述激进左翼组织参加的一个正式的选举联盟——“联合左翼”。1988 年西共十二大决定超越选举联盟，将联合左翼建设成为“一个由各种集体或个人以及各种起源的共产党、社会党和左翼人士组成、承认共同纲领和集体领导”，“拥有充分自治权的社会和政治运动”[②]。1992 年，“联合左翼”公开登记为一个政党，并在此后 20 多年间逐渐发展成为西班牙重要的激进左翼政治力量。

二 纵横交错的历史：西共与“联合左翼”的当代演进

联合左翼是西班牙乃至西欧政党体系中一个非常独特的存在。它从结构松散的选举联盟发展而来，在转型成为独立的政党之后，虽然

---

① Javier Navascués, “The Development and Challenges of the Spanish United Left (IU)”, Transform!, Issue 2, 2008.

② Ibid. .

拥有名义上的最高机构——联盟会议（即党的全国代表大会），[①] 但原来联盟中的各个组织和政党却仍然保持着形式、法律、组织和政治上的自治。同时，联合左翼本身也向下分解成17个地区组织，在地方上执行自己的政策，与各区域内联合左翼成员党的地区组织平行存在。正是因为这种毫无现代政党组织特点的组织方式，一些西方学者并不认同联合左翼的政党身份，认为其实质上只是西班牙社会众多左翼、共产主义和生态主义政党的一个保护伞组织。[②]

在20多年的发展进程中，联合左翼的成员不断发生变化，唯一具有相关性、拥有全国性基础的只有西班牙共产党。作为联合左翼的创始党和最大的成员党，西共自始至终占据着绝对主导地位。而从西共自身看，虽然一直在反对各种取消党的斗争中坚守着党的独立性，作为一个独立的政党也依然继续存在，但其绝大部分精力都投入到联合左翼的建设与发展中，党的实际政治活动已经极大减少。[③] 无论是在理论战略、政策主张方面，还是选举动员、群众斗争领域，西共与联合左翼早已结成一个密不可分的统一整体。但也正是因为西共的主导地位及其与联合左翼的这种紧密关系，导致西共党内以及联合左翼各成员党间围绕是否取消党、选举提名、资金分配、联盟纲领导向等问题发生分歧、冲突不断。这种紧张关系充斥着西共和联合左翼的整个发展进程，构成其当代演进的主线。依据这一主要线索，我们将西共和联合左翼的发展划分为以下三个阶段。

第一阶段从联合左翼建立到1996年前后。在这十年间，联合左翼的总体实力迅速提升。20世纪80年代末，执政的工社党大力推行的新自由主义经济政策愈益引发民众不满，主张替代政策的左

---

① 联盟会议选举由100名成员组成的联盟政治委员会，在党代表大会期间负责党组织运转，而联盟政治委员会反过来又选举产生执行局，由总协调员领导，总协调员同时也是联合左翼的发言人。

② Dominic Heilig, "The Spanish United Left", in Birgit Daiber, Cornelia Hildebrandt and Anna Striethorst (ed.), *From Revolution to Coalition-Radical Left Parties in Europe*, Rosa-Luxemburg Foundation, 2012, p. 255.

③ Luis Ramiro-Fernández Lecturer, "Electoral competition, organizational constraints and party change: the Communist Party of Spain (PCE) and United Left (IU), 1986 - 2000", *Journal of Communist Studies and Transition Politics*, Vol. 20, Issue 2, 2004.

翼力量获得了巨大发展空间。以西共为主体的联合左翼趁势组织了推动政府实现“政策转变”的大规模罢工运动和抗议斗争，极大增强了联盟的影响力。在1989年议会选举中，联合左翼赢得9.1%的选票，一举跃升为西政坛第三大政治力量。进入20世纪90年代后，联合左翼的选举优势继续保持并有所扩大，全国议会和欧洲议会的最好选举成绩均出现在这一时期。

但与此同时，西共内部潜藏的矛盾冲突也随着社会主义阵营的解体再次浮现出来。苏东剧变发生后，西共党内围绕党的角色和定位、党中央与地区党组织的关系、西共的组织结构和发展方向、西共与联合左翼的关系以及西共与执政的工社党的关系等问题发生了激烈争论。在1991年西共十三大上，以党的总书记安吉塔（Julio Anguita）为首、坚持西共的独立性以及保持联合左翼“政治和社会运动”性质的“主流派”，与主张彻底埋葬老西共并将联合左翼建设成为一个“新左翼”政党的“取消派”展开了针锋相对的斗争。尽管“主流派”最终否决了“取消派”的建议，但后一思想的众多捍卫者仍然留在联合左翼内，并建立了一个新党——新左翼民主党，继续与西共主流派对抗。

在20世纪90年代的大部分时间里，二者尤其在两个国内重要议题上出现严重分歧：一是在西班牙加入欧洲经济货币联盟和批准《马斯特里赫特条约》问题上，新左翼民主党坚持一种批判性的支持态度，而西共和联合左翼主流则持坚决反对立场；二是在对待工社党冈萨雷斯政府（1982—1996年）问题上，新左翼民主党明确的支持立场与安吉塔等主流派的替代性政策尝试相对立。除此之外，联合左翼内部围绕民主、西共与其他政党的作用等组织问题也一直争论不休。这些冲突和对立，造成西共和联合左翼士气低落，并直接导致数百名独立人士退出联盟。①

第二阶段从20世纪90年代末到2008年。从议会政治实践看，这是西共和联合左翼从致力于实现选举超越到为生存而战的时期。

① Javier Navascués, “The Development and Challenges of the Spanish United Left (IU)”, *Transform*!, Issue 2, 2008.

在这十余年间，联合左翼在全国议会选举中的支持率一路下滑，从2000年的5.4%下降到2004年的4.9%，直到2008年的3.8%，西共与联合左翼遭遇前所未有的巨大挫败。

从组织上看，西共和联合左翼内部围绕政治、战略与纲领的争论和分歧日益加剧，联合左翼面临分崩离析的危险。[①] 新左翼民主党于1997年脱离联合左翼，并在2000年加入了工人社会党，而西共和联合左翼也在20世纪90年代末实现了领导层的替代：1999年弗鲁托斯（Paco Frutos）接替安吉塔担任西共总书记，2000年西共党员利亚马萨雷斯（Gaspar Llamazares）以微弱优势当选联合左翼总协调员。利亚马萨雷斯上任后，致力于联合左翼的“重建”，其主要观点是主张将联合左翼建设成为一个红—绿政党，坚持认为“后共产主义”的政治力量能够与绿党以及各种“左翼”民族主义政党结成联盟，并在政治实践中倾向于工人社会党政府。这些主张尤其是在2004—2008年支持工社党萨帕特罗政府的做法，在党内引发巨大分歧。“批评派”认为，与工社党建立密切联系，将导致联合左翼失去那些具有“左倾观点”的工人的支持。[②] 2008年3月大选后，面对史无前例的低选票以及持续不休的党内争论，利亚马萨雷斯宣布退出党的领导层。

第三阶段从2008年年末至今。这是西共和联合左翼进行艰难重建的时期。2008年12月，西共党员卡约·拉腊（Cayo Lara）在联盟政治委员会中获得55%的支持率，当选联合左翼总协调员。拉腊就任后立即宣布要“纯净党的策略”，避免走入“误区”，并在随后解除了与工社党的战略联盟，开始再次强调联合左翼的自治。在实践中，拉腊主要从三个方面推进联合左翼的重建进程：一是重新建构党的组织，仿照西班牙最大工会——工会联合会（该工会与西共联系密切）的模式，建立具有持续性的党员入党和备案制度，其目标是扩大党内的参与民主，改善诸多不支付党费的状况；

① Vicky Short, “Spain: United Left splits as it lurches further right”, Mar. 6, 2008, http://www.wsws.org/articles/2008/mar2008/span-m06.shtml.

② Alejandro López and Paul Mitchell, “Spanish Communist Party seeks to re-found United Left”, Feb. 8. 2010, http://www.wsws.org/en/articles/2010/02/pce-f08.html.

二是着手进行地区党组织改革，2009 年 10 月后组织召开多次地区党组织的改革论坛，议题涉及党在生态、女权、世界发展、捍卫社会国家等领域的联盟定位，以及减少失业、解决移民和保护公民自由等迫切问题上的纲领革新，并在 2010 年 5 月举办全国论坛对地区党组织协商结果进行讨论，旨在从组织上解决联合左翼未来发展的政治和战略问题；三是扩大党的联盟范围，呼吁党向社会运动、非政府组织以及除工会联合会之外的工会组织，比如，西班牙总工会、联合总工会和工人工会开放。①

2008 年后，西班牙遭遇国际金融危机冲击，经济水平急剧下滑。2009 年主权债务危机爆发后，受紧缩政策影响出现的失业率激增、实际收入和社会福利水平下降等，更是造成普通民众生活水准一落千丈。在这一背景下，如同多数欧洲国家一样，在西班牙执政的工社党面临合法性危机。在 2011 年全国议会选举中，无法提出任何实质性危机解决方案的工社党得到自 20 世纪 70 年代末西班牙民主化以来最差选举成绩（28% 的支持率和 110 个议席），2004 年后的连续执政地位再次终结；同持紧缩立场、在战略和纲领上与工社党几乎难辨差异的中右翼人民党，尽管最终成为议会绝对多数党（44% 的得票率和 186 个议席），但实际得票数比 2008 年获胜的工人社会党少了约 60 万张。联合左翼主导的联盟成为此次选举中的大赢家，得票率几乎增加了 2 倍（从 3.77% 增加到 6.92%），获得了来自失望的工社党选民和抗议运动的大量选票。有西方学者因而认为，卡约·拉腊的“重建和民主化”纲领取得了巨大成功，推动联合左翼从一个处于分裂边缘的政党，在党内改革基础上正在发展成为一个高度自信的现代进步政党。②

三　理论战略的融合：“21 世纪的社会主义”与“七大革命”

西班牙共产党是“欧洲共产主义”三大创始党之一（另外两

① Dominic Heilig, “The Spanish United Left”, in Birgit Daiber, Cornelia Hildebrandt and Anna Striethorst (ed.), *From Revolution to Coalition-Radical Left Parties in Europe*, Rosa-Luxemburg Foundation, 2012, pp. 265 - 266.

② Ibid..

个是法国和意大利共产党），自 20 世纪 50 年代后一直致力于探寻一条不同于俄国革命的、“在和平与民主自由中走向社会主义”的道路。作为马克思主义和社会主义的理论和意识形态重构的结果，到 70 年代末以合法身份登上政治舞台时，西共已经与传统上带有明显激进特征的共产主义政党呈现出显著差异，比如，它不再提无产阶级专政、不再强调暴力革命的必要性、反对列宁主义组织原则（1991 年正式取消民主集中制）、用马克思主义取代马克思主义—列宁主义作为党的指导思想，等等。在此后 30 多年间，西共基本沿袭了“欧洲共产主义”的发展思路，意识形态和理论政策的温和化倾向愈益明显，改革、民主、平等、联盟等中性词汇成为党的理论主张的核心，比如，强调不能把马克思主义当作僵硬的教条和刻板的理论，根据时代的发展对马克思主义、对党自身进行更新；主张民主在实现社会主义和共产主义目标以及现实资本主义改造中的作用；倡导推进男女平等，使女性能参与社会各个领域的政治、经济、社会和文化生活；以及在实际斗争中加强左翼力量团结，建立左翼联盟甚至欧洲联盟的重要性等。

2009 年 11 月召开的西共第十八次全国代表大会，在以往理论发展的基础上，提出了一个新的概念——“21 世纪的社会主义”。作为“欧洲共产主义”理论在新时代条件下的延伸，“21 世纪的社会主义”成为当前西共一面新的理论旗帜。①

总的来说，“21 世纪的社会主义”是西共围绕如何从现实资本主义过渡到共产主义社会构建的一种发展模式。西共之所以提出建设“21 世纪的社会主义”问题，主要基于以下几个方面的考虑：② 首先是变革资本主义的需要。资本主义不仅是这次危机的始作俑者，同时也是食物、能源、水资源、医疗教育等现实问题的主要责任者。西共认为需要关注现实斗争，提出应对资本主义危机的短期而具体的替代方案，但同时也不能放弃变革资本主义体制的斗争，

① Raúl Martínez Turrero, “From ‘Eurocommunism’ to Present Opportunism”, *International Communist Review*, Issue 2, 2010 - 2011.

② PCE, Documento Político XVIII Congreso PCE, 06 - 08/11/09.

因为“充分的民主发展与资本主义不能兼容”。其次是推动工人运动发展的需要。当前阶段资本主义统治机制正在不断完善，工人须从主观和客观上推进资本主义体制的改进，但同时必须明确，关于阶级斗争已经消失的说法是错误的。现在面临的主要问题，是工人阶级缺乏一种集体意识，难以使斗争达到更高水平，因此有必要明确设计一个资本主义的替代方案，以组织和协调反新自由主义政策和整个资本主义体制的斗争。再次是确立明确斗争方案的需要。反资本主义斗争应该有具体的政治、社会和文化方案，而不是抽象地反对权力和保守主义。如果民众不能获得任何具体建议，单纯地发出反权力吁求毫无意义。只有提出一个多数民众能够参与其中的政治解放计划，才能实现必要的变革。最后，在资本主义危机的关键时刻缺乏有效的替代模式。欧洲左翼力量在对资本主义的全面批判中，未能提出一种以社会主义为目标的替代社会模式，这极大地制约了欧洲反帝、反资本主义斗争和抗议的发展，因而需要对欧洲工人在政治、意识形态和组织等方面战略方向的缺失进行反思。

“21 世纪的社会主义”的提出，也建立在西共对当代资本主义革命方式转变的认识基础之上。在十八大上取代弗鲁托斯当选西共总书记的森特利亚（José Luis Centtla）指出，在当代资本主义条件下，通过职业革命家夺取政权已经不再可能，通过游击队发动革命进而建立革命的人民军队来夺取政权也不存在成功的可能性。真正的革命过程，是在广泛的社会基础上最大可能地动员民众参与人民政权的建构，参加社会运动并成为革命的主角。这一过程的起点是参与资本主义体系强制推行的一些规则，即使是“虚伪的”选举体制，西共也可以首先设法通过选举进入政府。但是，进入政府是一回事，而掌握政权又是另一回事。因此，寻求最广泛的参与以及渗入国家机构（包括军队），应该成为转型战略的重要组成部分。①

那么，什么是“21 世纪的社会主义”？在西共看来，“21 世纪的社会主义”就是过渡到共产主义的一种民主过程，“是民主的连贯发

① José Luis Centella, “Building socialism in the XXI century”, July 2009, http://www.pce.es/agora_pl.php?id=3292.

展和充分实现过程”。在这一过程中，必须承认和保障个人自由的价值，坚持世俗国家原则和多元政党的民主衔接、工会自治、宗教和个人信仰自由，以及保证质询、艺术和文化活动的充分自由。

民主是“21 世纪的社会主义”方案的核心内容。西共认为，断言社会主义作为一种发达的民主形式，是源于民主思想传统和民主实践的产物。民主是任何一种社会主义定义的必要组成部分，无论是从人民权力还是绝大多数人的意义上理解都是如此。“21 世纪的社会主义”不是将人类还原或标准化为原子化的消费者，而是视之为人的各方面能力以及独特性发展的必要条件。“21 世纪的社会主义”计划实现需要依赖各个层面的参与和民主决定，任何政治和社会运动提出的各种措施需要在各个运动层面达成一致，并通过运用国家的民主机制清除阻碍其实现的障碍。而马克思主义理论的深化（包括在理论方面的发展、发展社会主义的经验以及推进当前的社会主义革命进程），以及关于经济和公民充分参与构建无剥削社会的具体建议，是构建社会主义社会的基本要素。

此外，建立“21 世纪的社会主义”也需要加强国际团结。西共强调，拉美和亚洲的政治和经济解放进程，是一个积极因素，是人民反帝斗争历史上的重要时刻，同时也极大地促进了人类的全球解放。因此，欧洲为建立社会主义的斗争必须比以往更加具有国际视野，在平等和互利基础上与其他各洲的社会主义运动建立一种新型合作关系。

由于西共是联合左翼中占主导地位的政党，联合左翼的政治主张在很大程度上是西共温和化立场的翻版。作为一个新左翼政党，自建立伊始，联合左翼就在尝试强化其多元主义形象，向全球化批判者和新社会运动敞开大门，是西班牙在地区、全国、欧洲乃至全球层面的各种社会论坛上积极的反全球化参与者。在 2003 年 12 月第七次联盟会议上，联合左翼明确宣称支持社会主义，呼吁建立一个“参与性、批判性、替代现存统治模式”的社会。在 2011 年 11 月的全国议会选举中，联合左翼提出了“反对危机，为建立社会替代和真正民主动员起来”的选举纲领。该纲领在反新自由主义霸权的共识基础之上，提出了“七大革命”的基本主张。这“七大革命”不仅是联合左翼的反危机替代纲领，同时也可看作西共“21

世纪的社会主义”理论的短期目标，其内容主要包括：[①]

——经济革命。这被视为全球资本主义替代的基础，核心观点是认为目前正在发生的危机是资本主义体系的全球危机，其全球特征表现为经济、金融体系、环境、原材料、食物、能源以至政治、文化和意识形态等多层面危机。各种抗议斗争的客观目标，是解决当前占统治地位的新自由主义社会、政治和文化模式，为最终消灭资本主义创造条件。

——民主革命。即替代左翼力量必须在联邦、共和制和以团结一致为基础的国家中推动实现发达民主，从而扩大自由和参与，保证公民获得经济、社会和文化福利。联合左翼认为，社会及其决策结构的民主化正是西班牙实现社会生态和可持续发展的出发点。

——生态革命。即建立一个能够推动人类发展，以及能够保证生态系统完整性的人类与自然关系的社会，因而必须改变自然资源的过度耗费以及日益增加的气体排放情况，等等。

——公共服务革命。强调左翼面临的任务是捍卫社会福利体系和建立一种发达的社会国家模式，教育、医疗、公共交通、运动和文化等不是商品，而是依赖于国家责任的公共服务。诸如此类的服务必须导向公众需要，而非经济利益，因此必须反对这些领域的私有化。

——平等革命。女性主义是联合左翼的语言、行动和政治实践的哲学依据，也是其转型社会政策的支柱，因此它支持同性恋和异性恋的平等关系，反对一切歧视或建立在性别偏好基础上的统治。

——文化革命。呼吁建立一种新的政治文化，支持文化工作以及不同收入者都能接触文化。强调如同教育一样，文化工作不应再受市场机制的影响。

——和平革命。认为人类的危机是资本主义和帝国主义体系发展的结果，采用暴力手段、违背国际法、国际军事贸易的增长等，

---

① “Convocatoria Social para 7 Revoluciones” (Social Compact for Seven Revolutions), http://www.convocatoriasocial.org/sites/default/files/documentos/7_revoluciones_0.pdf, Dominic Heilig, “The Spanish United Left”, in Birgit Daiber, Cornelia Hildebrandt and Anna Striethorst (ed.), *From Revolution to Coalition-Radical Left Parties in Europe*, Rosa-Luxemburg Foundation, 2012, pp. 265 – 266.

都是争夺资源的工具。这种争夺阻碍了许多国家的发展，令无数人遭遇死亡、饥饿和贫困威胁。因此，联合左翼呼吁全面改革联合国，批评欧盟的民主赤字。

四　西班牙共产党近况与面临的问题

从近年的实践看，西共和联合左翼完成领导层替代（尤其是拉腊当选联合左翼总协调员）之后，内部分裂状况已经发生了很大改观。有学者这样评价2012年12月召开的第十次联盟会议，“会议是在一种振奋、祥和的氛围中举行的……如果说第九次会议展现的是黯淡、痛苦和分裂，那么第十次会议则处处洋溢着团结和愉悦”[①]。与曾经提交了五份联盟政治委员会竞选名单的第九次会议不同，在这次主题为“变革：动员形成组织、反抗建立替代、替代掌握政权”的会议上，没有发生严重的派别斗争和私人冲突，拉腊获得85%的高支持率，在联合左翼发展史上第一次几乎毫无异议地再次当选总协调员。同时，党的政治和经济文件、关于重构联合左翼和修订党章的建议等，也全部获得了90%以上的支持率。[②]

2012年9月，“欧洲共产主义”的主要倡导者、西共前总书记卡里略去世，世界的目光再次关注这个一直在尝试走独立自主发展道路的共产党。在20世纪八九十年代西欧共产党普遍面临发展困境和危机的关键时期，正是这个党率先迈出了改革步伐，其一手创立的“联合左翼”也成为欧洲现存最悠久的左翼联合的组织形式。迄今20多年过去了，西共的变革存在哪些问题？从目前发展看，西共当时面临的核心问题一直没有得到根本解决，依然是今天需要面对的主要挑战。

首先，联合左翼作为一种社会运动的发展目标仍然没有实现。西共最初建立联合左翼的目的是通过左翼联盟的形式拯救濒临危机的共产党并扩大影响，其后它虽然正式登记成为一个政党，但在组织、结构等方面却缺乏传统意义的政党特征。西共就对联合左翼这

① Ramón Cotarelo，“La Declaración de Madrid，de IU”，17 de diciembre de 2012，http：//cotarelo. blogspot. co. uk/2012/12/la-declaracion-de-madrid-de-iu. html.

② Dick Nichols，“United Left national convention：This is the Spanish SYRIZA”，Jan. 4，2013，http：//links. org. au/node/3173.

种“党中有党”的结构形式提出质疑，认为其未来发展方向必然是“能够对资本主义提供真正替代的、致力于实现21世纪社会主义的政党、运动和个人的政治和社会运动的保护伞”①。而联合左翼本身的组织章程也明确规定，联合左翼是“一个满足于拥有合法和独立自主政策的组织的社会运动”。

但从实际看，联合左翼作为“社会运动”的身份并未得到普遍承认，与广泛社会运动的联系也没有充分发展起来。在经济危机下西班牙风起云涌的社会反抗风潮中，联合左翼面临认同困境。比如，始于2011年5月的西班牙占领运动——“愤怒者运动”，虽然与其拥有共同的反危机的政策立场，但却把联合左翼排斥在外，并不认为联合左翼是它们的“政治声音”。因此，在联合左翼第十次联盟会议提出的四大挑战，即扩大宣传联盟的新自由主义经济替代方案、将民众的民主反抗运动组织起来、通过把联合左翼及其联盟建设成为两党制政权的真正替代力量以及进行深入的内部变革中，最后一大挑战是西共面临的所有挑战的核心，因为如果不实现“内部革命”，联合左翼将会继续被视为许多现实斗争的异化者甚至“政治阶级”的组成部分。②

其次，联合左翼分散的组织形式无法确立统一行动的理论战略。西共将联合左翼视为其实现社会主义目标的“战略工具”，虽然强调在联合左翼中的主导地位，但一直反对联合左翼成为一个统一政党，反对西共和各成员党融于联盟之中，主张各党保持自治，尤其强调西共自身的独立性以及强化西共自身结构和社会动员的重要性。因此，联合左翼虽然拥有形式上的中央领导机构，但却无法对联盟各党以及地区和地方组织形成有效的约束力。从实践上看，这种多元、分散的组织模式导致的必然后果是：虽然制定了统一的行动路线，但却不能转换为统一行动。这在对待工社党的问题上表现得尤为明显。

在西共和联合左翼发展史上，如何处理与工社党的关系，一直

---

① PCE，Documento Político XVIII Congreso PCE，06 - 08/11/09.

② Dick Nichols，“United Left national convention：This is the Spanish SYRIZA”，Jan. 4，2013，http：//links. org. au/node/3173.

是其面临的核心问题。2008 年后西共“重建”联合左翼的一个关键步骤，就是解除了与工社党的合作关系，推动联合左翼重新导向自治发展的轨道。但这一战略在实践中却因地方组织的独立性而难以形成集中统一的行动。目前，在联合左翼的地方组织中，至少存在三种对待工社党的不同倾向，比如，在安达卢西亚，联合左翼作为少数派参与了工社党领导的地方政府；在埃斯特雷马杜拉，联合左翼虽然反对工社党，但却是通过部分地支持右翼人民党的少数派政府来实现的；在阿斯图里亚斯，联合左翼没有参加工社党政府，但却通过反对人民党的批评动议而对工社党形成了部分支持。尽管对这些与联盟决议不一致的做法，联盟内部存在诸多批评声音，指责“这种实用主义只能导致政治犬儒主义”①，但鉴于地区组织相对于中央的自治性，实际上并不能制约或者改变其决定。

此外，采取何种战略策略，是西欧所有公开放弃了激进式社会主义革命道路的共产党（主要是法共、意大利重建共、西共）共同面临的问题。虽然不如法共党内围绕“新共产主义”理论的分歧那么巨大，但是西共和联合左翼内部在具体战略策略问题上目前仍然存在争论。比如，“革命派”主张强化西共理论战略的革命性，反对在资本主义和社会主义间走第三条道路，呼吁打破资本主义的逻辑，用“争取劳工、社会和民主权利的持续斗争”替代西共作为危机解决方案的“生产替代新模式”，强调“21 世纪的社会主义”只能通过阶级斗争才能实现；“温和派”则认为西共在现实资本主义中进行的反抗斗争，比如，捍卫公共卫生和教育改革，本身就具有革命性，而且历史上没有在野党建成社会主义的先例，因此西共当前的主要目标仍然是通过议会斗争赢得政权，等等。②

尽管党内存在争论，但从历史和现实发展趋向看，拥有“欧洲共产主义”渊源的当代西班牙共产党，不太可能重新转向希腊、葡萄牙共产党等带有激进色彩的社会主义革命战略。而问题在于，虽

① Dick Nichols, “United Left national convention: This is the Spanish SYRIZA”, Jan. 4, 2013, http://links.org.au/node/3173.

② Ibid.

然能够因反紧缩战略而在2011年吸引大量对工社党采取紧缩政策感到失望的选民，但随着在野工社党重新导向“反紧缩”立场,[①]西共和联合左翼与工社党缺乏明显区别的这些理论主张，到底能在多大程度上转化为其支持优势呢？2014年后，随着新兴激进左翼政党“我们能”党的强势崛起，联合左翼的上升态势很快受到压制，经过2015年、2016年连续两次选举，联合左翼受到严重影响，在激进左翼政治光谱中的主导地位已经遭到彻底颠覆（参见表2.3）。当前，联合左翼的发展受到来自外部因素的巨大冲击，能否重塑政治影响力、在激进左翼光谱中争得生存空间面临挑战。

表2.3　**西班牙共产党与联合左翼的选举结果，1977—2016年**

全国议会选举	百分比（%）	议席数	欧洲议会选举	百分比（%）	议席数
1977年	9.3	19	1987年	5.3	3
1979年	10.8	23	1989年	6.1	4
1982年	4.0	4	1994年	13.4	9
1986年	4.6	7	1999年	5.8	4
1989年	9.1	17	2004年	4.2	2
1993年	9.5	18	2009年	3.7	2
1996年	10.5	21	2014年	10.0	6
2000年	5.4	8			
2004年	4.9	5			
2008年	3.8	2			
2011年		8（11）a)			
2015年		1（2）b)			
2016年		4（71）c)			

注释：a）与其他小党组成由联合左翼领导的“多元左翼”联盟参选，共获得6.9%支持率，取得11个议席中的8席；b）与其他小党组成“人民团结”联盟参选，共获得6.9%支持率，取得2个议席中的1席；c）与“我们能”党组成“我们能联盟”参选，共获得21.2%的支持率，取得71个席位中的4席。

① EL PAÍS, “Socialist leader augurs broad anti-auterity pact with government”, May 30, 2013, http://elpais.com/elpais/2013/05/30/inenglish/1369927597_616819.html.

附录 西班牙“我们能”党的兴起与发展前景

2013年年底本节初稿撰写完成之后，西班牙左翼政治发生了巨大变化。由于带有极强民粹主义色彩的激进左翼政党——“我们能”党（PODEMOS）的崛起，西班牙激进左翼政治生态出现重组与分化。目前，经过连续两次全国大选之后，“我们能”党已经取代共产党成为西班牙最大的激进左翼政治力量。“我们能”党是如何发展起来的？其兴起有哪些主要特点？当前，西班牙两支主要激进左翼力量的联合与合作趋势加强，它们在已经“碎片化”的西班牙政坛能否争取到更大的发展空间？这里以附录形式简单评析“我们能”党的发展演进，以便于我们理解西班牙激进左翼政治变化的新动态。

“我们能”党的起源与发展

如果以发展速度来衡量，当前欧洲几乎没有任何一个政党可以与“我们能”党的飞速崛起相比肩。这个名不见经传的小党，在成立短短时间内就创造了欧洲政党发展史上的多个神话：2014年3月方始建立，在不到一天时间里，就获得了5万名线上支持者。成立后的头20天，有10万人加入其中。在2个月后首次参加欧洲议会选举，就获得了120万张选票和近8%的全国支持率，赢得5个议席。此后，“我们能”党的国内支持率直线式上升。民意测验显示，6月，“我们能”党的支持率超越工社党。到2014年11月时，甚至领先执政的人民党，获得最高的全国支持率。在2015年地方选举中，“我们能”党与绿党等共同推举的候选人，在马德里、巴塞罗那等重要城市赢得市长的选举胜利。尽管全国大选前最后几个月，“我们能”党的支持率一度下滑，但在12月20日议会选举中，“我们能”党支持率回升至20%，一举夺得69个议席，成为西班牙政坛第三大政党，并直接导致了西班牙自后佛朗哥时代以来近40年间由右翼人民党与中左翼工人社会党轮流执政的历史走向终结。

“我们能”党缘何而来？目前关于“我们能”党的源起有三种主要观点。①

第一种观点将其起源延伸至国际金融危机爆发的2008年，也正是在这一年，脱离西班牙共产党的左翼联合组织“联合左翼”建立的后托派力量——“反资本主义左翼”（IA），为参加2009年6月欧洲议会选举而转型为一个正式的政党。该党在2015年1月19日完全融入“我们能”党。

第二种观点认为，“我们能”党的兴起是西班牙共产党与“粉红色”拉美政府，尤其是委内瑞拉的查韦斯、玻利维亚的莫拉莱斯和厄瓜多尔的科雷亚政府发展道路的折中，是西班牙左翼政党对危机后“南欧拉美化”以及更广泛的全球化历史时代最为成功的回应。

第三种观点，也是最普遍的看法，认为“我们能”党是西班牙愤怒者运动组织化发展的结果。所谓愤怒者运动，是欧债危机下因失业率激增等社会问题而在西班牙发生的一系列抗议示威的总称。自2010年9月开始，由于当时执政的工社党政府为应对危机而尝试采取彻底改革劳工市场、延长退休年龄等措施，西班牙社会矛盾激增，反紧缩罢工抗议频繁发生。2011年1月，一些社会论坛和网络的使用者发起建立了数字化平台“马上要真民主”，通过推特和脸书等社交网络呼吁青年人、失业者在5月15日上街游行。是日，西班牙58个城市爆发大规模游行示威。随后几个月，抗议风潮遍及西班牙各地。愤怒者高举反对失业、削减福利和政治腐败的旗帜，呼吁保障家庭、工作、教育、医疗等基本权利，要求进行根本性政治变革。

愤怒者运动吸引了650万～800万西班牙人参与其中，拉开了席卷全球的占领运动的序幕。从形式上看，如同20世纪中叶以来西方多数群众性社会运动一样，愤怒者运动带有非正式性、自发性、松散性的显著特点。抗议者以个人身份参与运动，通过网络进行联系和开展联合行动，没有固定的组织机构，缺乏有效的领导和协调。从实践上看，愤怒者运动在凝聚民众的集体共识比如反腐

① Bécquer Seguín, “Podemos and its critics”, *Radical Philosophy*, No. 193, Sept/Oct, 2015.

败、反对后 1978 年的西班牙民主建制方面效果显著，但当代西方群众性反建制斗争的局限性也在这场运动中充分显示出来：数以万计的愤怒者被动员起来走上街头抗议精英政治，引发了巨大的社会和媒体轰动效应，但却不能扭转政府政策走向，甚至未能对政策制定产生任何实质性影响。

愤怒者运动的发展困境，使得政治替代的必要性凸显出来，一些激进的愤怒者因而开始反思被列为运动禁忌的政党政治和政治营销策略的必要性。2014 年 1 月中旬，100 多位左派知识分子和激进人士签署了一份题为“行动起来：将愤怒转化为政治变革”的宣言，提出了从左派立场反对欧盟政策，必须正式建立一个政党名单以参加即将举行的欧洲议会选举。随后，马德里康普斯顿大学政治学教授伊格莱西亚斯（Pablo Iglesias）被宣布成为该运动的领导者。3 月 11 日，“我们能”党正式登记成立。依据这一演进线索，“我们能”党显然是愤怒者运动的继承和发展，它高举反紧缩大旗，秉承了运动的主要理念。但从另一角度看，其成立本身也是对自发性愤怒者运动的重塑。它放弃了运动所崇尚的反政治和反政党参与观，重新回归代议机制进行价值表达和利益博弈。

“我们能”党兴起的主要特点

与在危机中兴起的其他欧洲激进左翼政党一样，“我们能”党的快速发展明显得益于经济危机以及主流两党的紧缩措施在社会层面带来的破坏性影响。在西班牙，近年来失业和贫困急剧增加。即使在经济状况好转、增长率达到 3% 的 2015 年，失业率仍然维持在 21% 的高位。同时，两极分化持续扩大，西班牙的财富分配不平等状况在欧盟中高居第二位。而普遍存在的政治腐败现象更加剧了社会矛盾和冲突。自 2011 年 11 月大选以来，西班牙约有 1900 位政治家和企业家因税务欺诈以及贿赂和政治协议受到指控，其中 170 人因而获罪。[①] 这种社会环境为高举反紧缩和反腐败大旗的“我们

① Manel Barriere, Andy Durgan and Sam Robson, “The challenge of Podemos”, Jan. 5, 2015, http: //isj. org. uk/the-challenge-of-podemos/.

能”党的兴起提供了土壤。

作为当前欧洲激进左翼崛起的代表性政党，“我们能”党经常被拿来与已上台执政的希腊激进左翼联盟相提并论。这两支政治力量的确具有一些相似的特征，比如，它们都反紧缩、反对执政当局，尝试在经济危机下构建一种能够进行社会动员的政治表达。但两者间的差异也是显而易见的：由希腊共产党分裂而来的激进左翼联盟拥有长期的发展历史，是工人运动、全球正义运动联合各种批判左翼政治力量和思潮进行组织重构的结果。而源于愤怒者运动的“我们能”党则处于传统左翼之外，虽然对社会主义、共产主义、工联主义等激进政治潮流具有影响力，但却并非工人运动重组的产物。因此，尽管同为新兴激进左翼政党，“我们能”党的“新”左翼特征较之希腊激进左翼联盟更加突出，与传统左翼政治的区别也更加显著。

第一，建立在霸权和民粹主义基础上的话语体系与理论战略。[①]“我们能”党的领导层具有一个突出特点，即绝大多数领导人均为学者出身。同时，最重要的领导人比如伊格莱西亚斯、伊尼戈·埃里昂（Inigo Errejon）等，都对当代拉美政治进行过深入的学术研究，他们强调其政治理论与该地区的一些思想家，尤其是拉克劳联系密切。伊格莱西亚斯发表文章曾这样明确指出，“我们能”党的政治理论“假设”之一，就是“拉克劳和墨菲的新葛兰西式霸权概念以及前者的民粹主义理论”。他们结合“我们能”党的实际需要对这些概念进行了理论重构。比如，埃里昂将“霸权”解释为“一个组织能够提出体现普遍利益之特殊议程的能力”，而“漂浮的能指”则被指涉为“勾勒该组织体现普遍利益的一些基础性术语”。由于工社党越来越向右转，传统的左翼、右翼区分已经丧失意义，加之西班牙农村以及工人阶级中的多数人并不认同左翼，因此需要从社会不满的核心议题出发来重新界定身份、术语和战场本身。为此，他们提出了“民主”与“寡头统治”“公民”与“官僚

---

① Pablo Iglesias, “Understanding Podemos”, *New Left Review*, May-June 2015; Bécquer Seguín, “Podemos and its critics”, *Radical Philosophy*, No. 193, Sept/Oct, 2015.

等级制度”等跨越政治边界的新的二分话语。从这些话语出发，“我们能”党提出了一系列带有民粹主义色彩的战略策略，比如，“去私有化”、加强公共控制和社会责任、挽救西班牙民主政体、削减贫困、促进自由和平等以及重新界定国家主权、解决环境问题，等等。伊格莱西亚斯这样总结由“我们能”党所开辟的欧洲现实政治变革和社会权利恢复道路：“在现阶段，它旨在实现一种主权过程，限制金融权力、促进生产转型、确保实现更大化的财富再分配以及推动实现欧洲制度的民主重构。”

第二，采取与新社会运动相类似的组织形式。作为从愤怒者运动中成长和发展起来的政党，“我们能”党在党的运作和治理上明显复制当代西方社会运动的一些组织特征。比如，与传统政党的科层制结构以及自上而下的运行模式不同，“我们能”党采取了一种平行组织的民主形式。其最基本的基层组织被称为“圈子”。这是一个与愤怒者运动的“社区会议”相类似的组织单位。“参与”是其运作的核心话语。它奉行自下而上的民主参与，其中的每个人都可以参与讨论和修订“我们能”党的方案，并在网络上对相关议题进行投票，包括党内选举也是通过“圈子”进行的。“我们能”党的“圈子”范围广泛，在西班牙全境有1000多个，甚至在欧洲其他国家的西班牙移民社区中也有其组织存在。

第三，拥有年轻化、激进化的社会支持群体。研究发现，“我们能”党的支持者主要是政治倾向介于中左翼工社党和联合左翼（共产党）之间的选民。从构成群体看，其支持者绝大多数文化程度较高，年龄介于25～50岁。而青年支持者尤其是那些“毫无未来希望的大学毕业生”构成其社会基础的多数。[①] 在西班牙，青年人受经济危机的冲击尤为严重。近年来，青年失业率一直维持在50%以上。在一些地区，比如，加的斯，2015年仍高达69%。这些在后冷战氛围中生长起来的、缺乏传统左翼文化共识但在危机中

① Owen Jones，“Viva Podemos：the left shows it can adapt and thrive in a crisis”，Nov. 11，2014，http：//www. theguardian. com/commentisfree/2014/nov/16/podemos-left-crisis-ukip-anti-immigrant.

被激进化的年轻一代，成为“我们能”党的生力军。

第四，受益于现代网络数字技术的发展与创新。与传统政党不同，“我们能”党利用在线工具软件进行政治动员。它通过脸书、推特以及流行的社交网络和新闻网站 Reddit 上建立的名为“Plaza Podemos”的空间，与民众进行对话；运用 Loomio 作为决策平台，进行党的在线讨论和交流，目前全球超过一半的 Loomio 用户实际上都是“我们能”党的活动圈和党的地方组织。此外，它还利用其他开放源码数字工具，比如，即时民测 APP、公民倡议平台发起在线众筹运动，以为党的活动提供资金支持。[①] 通过有效的数字战略，“我们能”党目前已在线发展了 37 万名党员。

第五，利用电视作为党的宣传载体和工具。争取“传统媒体（电视）的领导权”，是“我们能”党最重要的政治战略之一。在其看来，电视是当今社会核心的意识形态机器，较之家庭、学校、宗教等传统意识形态塑造点，能够更集中地调节甚至塑造人们的思考框架。因此，“我们能”党的主要发展战略，就是利用民众的不满情绪，通过电视节目塑造了一个超脱传统左右翼范畴的新的政治“意符”——伊格莱西亚斯。通过担任西班牙著名脱口秀节目“拉图尔卡”（La Tuerka）的主持人，伊格莱西亚斯“梳着马尾、留着短须的大学教授”形象在西国内产生了广泛知名度。其后，利用伊格莱西亚斯的社会影响力，“我们能”党快速扩大了在全国范围内的政治参与度。同时，通过频繁在电视上宣传党的观点主张，“我们能”党的主要概念和思想也被广泛接纳和承认。正是因为电视在党的发展中作用如此突出，“我们能”党甚至将“拉图尔卡”及其第二个电视节目平台“阿帕契要塞”（Fort Apache）视为“党本身”。[②]

西班牙激进左翼还能走多远？

2015 年 12 月大选后，西班牙政治形势错综复杂。由于进入议会

① Marel Sangsari, “Digital innovation propels political success story in Spain”, Mar. 19, 2015, http://www.theglobeandmail.com/news/world/digital-innovation-propels-political-success-story-in-spain/article23542220/.

② Pablo Iglesias, “Understanding Podemos”, *New Left Review*, May-June 2015.

的四个主要政党——人民党、工社党、“我们能”党和公民党均未能获得绝对多数选票，因而产生了一个“悬置议会”。各主要政党围绕建立联合政府或少数党政府进行了长达两个半月的艰难谈判。但随着工社党在2016年3月3日和5日议会信任投票中连续两次失利，各党组阁的努力均以失败而告终。为参加6月26日举行的再次全国选举，“我们能”党选择与联合左翼组建了名为“我们能联盟”的选举联盟。联盟围绕削减财政赤字、向难民开放边境、向垄断行业征收重税、促进公民参与等提出了选举纲领。选举前的多项民测显示，“我们能联盟”将获得23%左右的选票，从而取代社会党成为第二大党，但最终选举仍然复制了2015年12月的选举结果。在2016年6月26日选举中，保守党人民党继续保持领先，并进一步扩大了优势，获得33%的选票和137个议席。社会党虽然从先前的90个议席减少为85个，但仍然保持住了第二大党的位置。“我们能联盟”获得71个议席，而公民党赢得32个议席。尽管人民党获得了最多选票，但仍没有达到组建政府的议席数，因此西班牙再次进入了各党派努力组阁的胶着时期。为什么“我们能”党未能实现政治地位的进一步提升？

从选民基础看，“我们能”党在现有政党竞争框架内很难占据优势。经过12月大选，虽然人民党和工社党轮流坐庄的政党体制已被打破，两党整体实力下滑，但仍然拥有广泛影响力，尤其在社会中间阶层中的优势地位难以撼动。同时，新兴中间派“公民党”也拥有相对稳定的支持者。“我们能”党面临着“新”“老”政治力量的夹击。

从“我们能”党自身看，组织模式和战略策略成为其进一步发展的掣肘。在组织上，虚拟网络等非传统组织工具至少在当前并不足以替代传统的政党功能。党的日常决策和运转、选举引导和动员等，都需要现实而有效的运作体制来完成。因此有观点认为，作为新兴政党，“我们能”党的主要挑战是继续在草根运动与功能性政党之间寻找一个平衡点。① 在战略策略上，反紧缩的激进主义是

① “Podemos hopes to cement rise of citizen politics in spain after election success”, May 27, 2014, http://www.theguardian.com/politics/2014/may/27/podemos-citizen-politics-spain-elections-indignados-movement.

“我们能”党等南欧激进左翼政党危机以来兴起的主要动因。但从希腊激进左翼联盟的执政实践看，在现阶段欧洲推动反新自由主义进程举步维艰。激进左派能够凭借民粹主义的口号动员起民众的愤怒情绪，但却提不出有效的替代模式来应对欧盟的施压和国家的经济困难。因此，尽管有学者为“我们能”党指出了进行一场“立场战”，围绕新的政治变革运动力量重构战略策略的发展方向，[①] 但无论是这些建议者还是激进左翼政党本身，都没有确切的方案和步骤来化解当前面临的困境。“我们能”党以至更广泛的激进左翼政治在欧洲到底是昙花一现还是能够保持更长久的生命力，从目前看仍然还是个未知数。

① Antoni Domenech, Gustavo Buster & Daniel Raventós, “‘Old’ and ‘New’ Left in the Kingdom of Spain, 2008 - 2015”, *Socialism and Democracy*, Vol. 29, No. 3, 2015.

第三章　徘徊在边缘与突破之间

——激进左翼政治中的西欧共产党（二）

在西欧共产党中，除了变革幅度较大的共产党外，还有一种典型的发展类型，即所谓对“传统共产主义”保持着坚定支持和忠诚态度的那些共产党。这类党总体上偏向于坚持传统原则，但在具体程度上又存在一定差异。有的党比如希腊共产党“固守”传统的成分较大，其做法和主张甚至在当前世界社会主义运动内部也存在巨大争议。而有的党实质上是在坚持传统与不断寻求改革创新中保持着一种适度的平衡，比如（一定意义上的）葡萄牙共产党以及塞浦路斯劳动人民进步党。总的来看，这类党（塞劳进党除外）在苏东剧变后影响力急剧下降，但一直保持着相对稳定的支持率。尽管是各国政治中的“小生境”政党，但却具有不同程度的影响力。近年来，这些党受到各国新兴激进左翼政党的极大冲击。对这类党来说，如何在保持稳健发展的基础上实现自我突破，是其面临的主要挑战。

第一节　希腊共产党：保守还是革命？

希腊共产党是西欧地区坚持传统理论最突出的代表。20 世纪 90 年代以来，希共在国内舞台上是一支边缘化但却相对稳定的政治力量，在国际共运层面因为积极推动共产主义和社会主义运动的有效联合（比如，世界共产党和工人党代表大会）而拥有重要地位。本节从历史与现实相结合的角度，对希共 20 世纪 90 年代以来的理论战略和发展模式进行梳理总结，并尝试从希腊激进左翼政治发展的更为宏观的视角，探讨希共与国内其他左翼力量尤其是左翼联盟/激进左翼联盟的联系与区别，以及二者在激进左翼政治中主从地位的演变，提出了正确认识希共的战略模式以及希腊激进左翼政治未来发展前景等问题。

一　从分裂到整合：希腊共产党的发展轨迹

探讨近 20 年来希腊共产党的发展，不能不提及 1968 年希共的分裂。作为希腊共产党历史的一个主要标志，这一分裂影响甚至塑造了此后几十年间希腊共产党的整个意识形态与发展路径。[①]

1968 年分裂的缘起可以追溯到二战后希腊共产党反抗国内资产阶级政府镇压斗争的失败。其直接后果是造成希共被宣布为非法，大批党员和领导人流亡苏联或东欧国家，中央机构也被迫迁往国外。在国内的希共成员于 1951 年公开组建了一个新党——“联合民主左翼”，并在这一合法政治形式下继续进行反抗斗争。希共的国内与国外成员在党的政治发展方向和组织战略等问题上存在严重分歧：前者主张在广泛政治联合基础上建立一个公开的群众性政党组织，以扩大共产党的力量；而后者则与苏联建立了紧密联系，倡导坚持党的马列主义特征。这种所谓“欧洲共产主义者”与“斯大林主义者”间的分歧[②]，因为“联合民主左翼”在选举中的不俗表现和苏联领导层的影响，而在很长时间内受到压制。直到 1964 年赫鲁晓夫下台以及 1967 年军事政变的发生，其激烈的矛盾冲突才被推上前台，并在党的第十二次中央委员会全体会议上升级为党的分裂危机，这直接导致了 1968 年 2 月希腊共产党（国内派）的建立。

1968 年分裂尤其对希共后来的两个关键发展时期产生了重要影响。首先是 1974 年后希腊进入后军事独裁时期的十几年间。随着民主化进程的开启与共产党的合法化，共产党人在 1936 年后首次获得了登上选举舞台的机会。而由于两个共产党同时存在，1977 年后的希腊选举（1974 年选举时两党曾短暂地结成选举联盟）出现了两党相互争夺选民的景观。在这一过程中，希腊共产党取得绝

---

① Stathus N. Kalyvas and Niko Marantzidis, “Greek Communism, 1968 - 2001”, *East European Politics and Societies*, Vol. 16, No. 3, 2002.

② R. Clogg, *Parties and Elections in Greece*, London: Hurst, 1987.

对优势，在1977—1985年稳定地获得了9%～11%的选票。而希共（国内派）的得票率一直不到3%，加之新兴左翼政党“泛希腊社会主义运动”的挤压，被边缘化的希共（国内派）最终在1986年放弃了“共产党”的名称，改称“希腊左翼”。

另一个关键时期是苏东剧变前后。1989年1月，希共与“希腊左翼”以及其他左翼政党建立了一个广泛的左翼联盟组织——“左翼与进步力量联盟”。两个因素促成了联盟的组建：一是20世纪80年代戈尔巴乔夫的“改革与新思维”对当时希共强硬的路线政策形成了一定冲击，希共一些年轻干部在其影响下开始寻求包括党内民主化、纲领更新在内的新的发展方向。二是泛希腊社会主义运动在执政8年后陷入腐败丑闻，从而让两党看到了“进行合作打倒强大的共同敌人”，以夺回左翼话语、社会基础和政治领地的机会。[①] 而也正是这后一目标，很大程度上导致其最终做出了与中右翼“新民主”党组建联合政府的决定。在左—右翼分野鲜明的希腊政治文化中，这一战略决策让希共付出了惨痛代价。在1989年11月的议会选举中，希共的选票比四个月前（1989年6月选举）下降了2个多的百分点（从13.1%到11%）。

与此同时，如同其他西欧共产党一样，苏联的解体也在希共党内引发巨大危机。主张去斯大林化以及修正党的无产阶级国际主义、无产阶级专政和民主集中制原则的“改革派”，与坚持马列主义意识形态的“强硬派”间的对立，在这期间进一步激化。1991年十三大成为希共历史上的一个重要时刻。正是在这次大会上，“强硬派”取得了决定性胜利，在新选举的总共111名中央委员会成员中有60名属于强硬派。中央委员会也选举同样坚持强硬路线的帕帕莉卡（Aleka Papariga）取代“改革派”的法拉科斯（Grigoris Farakos）当选党的总书记。同时，希共的党内危机也蔓延至“左翼与进步力量联盟”，导致其在1991年6月宣布解散。经过这次分裂，希共失去了将近一半的中央委员和40%的党员，其中主要是一

---

① Stathus N. Kalyvas and Niko Marantzidis, “Greek Communism, 1968 – 2001”, *East European Politics and Societies*, Vol. 16, No. 3, 2002.

些青年党员和最积极的活动分子，甚至包括“一些本来有希望接替保守派的最突出且充满活力的干部”，党员人数也锐减至 3 万人，且保持至今。[①] 而“左翼与进步力量联盟”（这个名称一直延续到 2003 年，此后改称“左翼运动与生态力量联盟”，以下简称“左翼联盟”）也重新组建为一个统一的政党，其主要成员包括前希共（国内派）成员，以及脱离希共的一些党员干部。在此后 20 年间，希共与“左翼联盟”间的竞争，主导着希腊整个激进左翼生态的平衡。

1990 年年初希共的分裂，很大程度上是 1968 年分裂的翻版："强硬派"成员主要来自希共领导层，而"改革派"主要由前"希腊左翼"成员和数量可观的希共青年干部组成；"强硬派"主要是一些年长者，尤其具有代表性的是那些曾经在前东欧和苏联流亡的希共成员，而"改革派"大多是在希腊独裁政权覆亡后入党的新党员；"强硬派"主要来自于工会，而"改革派"则主要是知识分子。经过这两次分裂，希共无论党员数还是整体实力都遭到极大削弱。但从另一方面看，党内各种异见却也通过这两次分裂被排除出党，从而造就了一个意识形态高度统一、组织纪律极其严密、政治行动快速高效的希腊共产党。在之后的发展历程中，除了 2000 年，希腊议会副议长米索·科斯特波洛（Mitso Kostopoulos）和欧洲议会议员雅尼·特奥纳斯（Yannis Theonas）被开除党外，希共再也没有发生重要的意识形态分歧和分裂。[②] 希共也因而能够一以贯之地塑造并执行一套迥异于其他共产党的理论和战略，成为整个西欧共产主义运动乃至激进左翼政治光谱中最独特的存在。

二　“特立独行”的发展模式：理论与战略特点

在西欧，希腊共产党被冠以“正统的共产党”“老旧的斯大林主义政党”“忠诚于莫斯科”的政党等称谓。在西欧共产党普遍的

① Stathus N. Kalyvas and Niko Marantzidis, "Greek Communism, 1968 - 2001", *East European Politics and Societies*, Vol. 16, No. 3, 2002.

② Julian Marioulas, "The Greek Left", in Birgit Daiber, Cornelia Hildebrandt and Anna Striethorst (ed.), *From Revolution to Coalition-Radical Left Parties in Europe*, Rosa-Luxemburg Foundation, 2012.

变革和“重建”浪潮中，希共也被一些学者视为逆潮流而行的最保守、僵化的共产党代表。① 这种种看法，主要源于希共所倡导和坚守的一系列“特立独行”的理论观点和战略策略。

自1991年实现党的整合后，希共通过动员其理论传统中核心的政治和意识形态资源，逐渐完成了组织和纲领的所谓重新“布尔什维克化”过程。② 这主要表现在以下几个方面。

第一，确立作为基本纲领主要特点的“反帝民主斗争阵线”战略。这是希共党纲③的核心内容，也是自20世纪90年代中期以来希共一直寻求实现的目标。希共的“民主斗争阵线”，实质上就是建立一个工人阶级和小资产阶级的社会联盟，其中包括“社会地位、政治观点不尽相同的各种社会力量和政治力量，代表着深受多国资本和国家加入帝国主义阵营之苦的绝大多数人民，代表着工人阶级、劳动人民、城市中间阶层和各种社会运动的利益”④。希共把这个社会联盟视为构建一个“政治阵线”，进而实现向社会主义过渡的先决条件和基石，并认为阵线的斗争表现为两种形式：在革命条件具备时，推翻垄断资本主义统治，建立起新的人民制度，组成由工人阶级及其联盟控制的革命政府；而在激进的社会变革尚未形成时，则在议会基础上组建一个拥有反帝反垄断力量的政府。2013年4月通过的新党纲，明确把阵线的建设分为两个阶段：在非革命条件下，建立以劳工阵线为主要形式的斗争阵线以及以反垄断和反资本主义为目标的人民联盟，希共在其中发挥先锋队作用；在革命条件下，建立革命的工人和人民阵线，并使之成为人民反抗资本主义权力斗争的核心。⑤

① Luke March, *Radical Left Parties in Europe*, Routledge, 2011.

② Myrto Tsakatika & Marco Lisi, "'Zipping' up My Boots, Goin' Back to My Roots': Radical Left Parties in Southern Europe", *South European Society and Politics*, Vol. 18, Issue 1, 2013.

③ KKE, Program, http://inter.kke.gr/Documents/docprogr/docprog7/.

④ KKE, "Resolution of the 16th Congress of the CPG: the Anti-imperialist, Anti-monopoly Democratic Front", Dec. 2000, http://solidnet.org/old/cgi-bin/agent5c17.html? parties/0350 = greece, _ communist_ party_ of_ greece/resolution2.doc.

⑤ KKE, "Draft Programme of the KKE", April 11 – 14, 2013, http://inter.kke.gr/News/news2013/2013-03-05-thesis#secondpart.

第二，通过极其严密的党章界定党的性质和内部功能。希共2013年召开的十九大通过了新党章，[①] 延续了1996年党的十五次代表大会通过的党章精神，规定希共仍然是工人阶级的政党和先锋队（导语）；党的基本组织原则是以党内民主和集中领导为基础的“民主集中制”（第1条），集中被严格定义为在单一中心，即中央委员会领导下进行活动，下级组织和党员无条件执行上级组织决定，少数服从多数；党员入党必须经由2名希共正式党员推荐，成为预备党员后还要经过严格考察才能成为正式党员（第6条）；党的代表大会是党的最高领导机构，中央委员会和政治局发挥主要领导作用（第11～30条）；重视发展具有阶级导向的群众运动，其中首先就是劳工运动（第38条）；党在立法机构和其他“公共部门”的当选代表，必须执行党的政策和决定（第40条），等等。

第三，构建社会基础的“小生境”战略。希共是典型的小生境而非兼容型政党，是政策取向而非职位/选票取向政党，一个重要特征就是其明确的社会基础定位。在西方各类型政党甚至多数共产党都在淡化意识形态色彩，向中间靠拢，以争取最大多数中间阶层选民的大环境下，希共仍然把包括工人阶级在内的下层阶级视为自己主要的社会基础，以鲜明的意识形态和激进的政策主张吸引其关注和支持。比如，2012年议会选举中，希共就承诺执政后将引入“激进措施保护失业者利益”以及在社会服务、公共工作、医疗和教育部门实现“大规模雇佣”，等等。[②] 在希共的公开言论中，很少论及新左翼政党普遍强调的环境保护、女权等“新政治议题”，没有任何“成熟的环保政策”，而只是笼统地提出“所有森林国家控制、建立环境监测机构以及废除欧盟的排放交易计划”，等等。[③]

---

① KKE, “Draft Programme of the KKE”, April 11 - 14, 2013, http://inter. kke. gr/News/news2013/2013-03-05-thesis#secondpart.

② “Greek Communists Promise radical action on unemployment as they present lists for May 6 elections”, April 20, 2012, http://revolting-europe. com/2012/04/20/greek-communists-promise-radical-action-on-unemployment-as-they-present-lists-for-may-6-elections/.

③ Julian Marioulas, “The Greek Left”, in Birgit Daiber, Cornelia Hildebrandt and Anna Striethorst (ed.), *From Revolution to Coalition-Radical Left Parties in Europe*, Rosa-Luxemburg Foundation, 2012.

但也正是因此，希共的支持者较为固定（多为失业者、工人和私营经济部门雇员[①]），相对于其他政党的选民变化程度更小，比如，2007年支持希共的选民中，到2009年议会选举时仍有80%支持希共，而“左翼联盟”的重新支持率只有55%。[②]

第四，扎根于工会的社会动员战略。希共对西方多数社会运动，包括20世纪90年代末以来迅速发展的全球正义运动持批判立场，质疑这些运动背离了阶级斗争的主要目标。比如，对于2011希腊的“占领运动”——“愤怒者运动”，希共就认为其不可能将人类从各种新旧问题中解放出来，因为“运动不是起源和扎根于工厂和产业中的反资本家阶级运动，它没有持续发展的牢固基础”[③]。希共更加重视工会领导的抗议和罢工，尝试利用党的附属组织来引领社会动员。希共是目前与自己的工会组织保持着最稳固和持续性联系的西欧共产党之一（另外一个是葡萄牙共产党）。其工会组织“全国工人斗争阵线”（PAME），成立于20世纪90年代末西欧普遍的去工会化浪潮之中，被希共视为联系工人和其他“结盟社会阶层的基本组织”[④]。希共领导的社会抗议斗争，尤其是2008年金融经济危机以来诸多的罢工游行，主要都是通过“全国工人斗争阵线”组织的。有西方学者认为，“‘全国工人斗争阵线’在市民社会中的成功存在以及希共在低收入社会阶层中影响的扩大”，是其近年来选票增加的主要原因。[⑤]

第五，坚定的反美主义和反欧盟战略。希共相对于其他共产党而言，能够较为充分地利用普遍的民族主义情绪，这主要表现为不妥协的反美主义（或者说是反西方主义）和反欧盟立场。近十几年

① Anna Striethorst, *Members and Electorates of Left Parties in Europe*, Rosa-Luxemburg Stiftung, Buro Brussel, 2010.

② Julian Marioulas, “The Greek Left”, in Birgit Daiber, Cornelia Hildebrandt and Anna Striethorst (ed.), *From Revolution to Coalition-Radical Left Parties in Europe*, Rosa-Luxemburg Foundation, 2012.

③ KKE, “Parties and trade unions out or with the KKE and the class oriented movement?”, June 7, 2011, http://inter. kke. gr/News/news2011/2011-06-07-arthro-syntaksis.

④ KKE, “17th Congress political resolution”, Http://inter. kke. gr/Documents/17cong/polit-resolut-17thcong/.

⑤ Myto Tsakatika and Costas Eleftheriou, “The Radical Left's Turn towards Civil Society in Greece: One Strategy, Two Paths”, *South European Society and Politcs*, Vol. 18, Issue 1, 2013.

来，希共先后在反对北约轰炸南联盟、反阿富汗和伊拉克战争、捍卫巴勒斯坦人民权利的斗争中彰显了自己的立场。同时，与2000年后西欧共产党大都转向选择性支持欧盟一体化（表现为反对欧盟的新自由主义议程，但接受能够使欧盟民主化或渐进的一体化，比如，法国共产党和塞浦路斯劳动人民进步党）或温和的疑欧主义者（表现为更加乐观、积极地看待欧盟未来的发展前景，比如，意大利重建共产党和西班牙共产党）不同，[①] 希共是彻底的欧洲拒绝论者，自20世纪90年代后一直坚持主张欧盟和欧洲一体化的帝国主义、非民主和反革命性。与这种立场相一致，希共对欧盟层面的各种政党组织和超国家主义行动持怀疑态度，因此没有参加欧洲左翼党、欧洲反资本主义左翼等洲际组织。而之所以参加欧洲议会，在希共看来主要出于三个理由：一是促进其政策纲领、共产主义理想和群众性反帝斗争的发展；二是揭露欧盟的帝国主义和剥削特征；三是促进有利于欧盟解体的协调行动和斗争。[②] 与在欧洲范围的消极被动不同，希共在国际层面一直致力于发展苏联曾经实践过的一年一度的“世界共产党和工人党国际会议”，并通过创建“团结网”（www. solid-net. org），推动构建世界共产党团结斗争的“新国际主义”。

三　希腊激进左翼政治中的共产党与“左翼联盟”

希腊是西欧地区激进左翼政治最发达的国家之一。在当前希腊的政治光谱中，位于社会民主主义政党“泛希腊社会主义运动”左侧的，除了希共和“左翼联盟”外，还包括在意识形态上表现为从温和社会主义者到马克思主义者在内的众多小党。其中影响最大的，是2010年“左翼联盟”中支持财政紧缩计划的部分人分裂出来建立的“民主左派”党。在2012年5月希腊议会选举中，民主左派赢得6.1%的支持率和19个议席。6月选举中，民主左派获得17席，超越希共成为议会第六大党。此外，还有3个共产主义政

① Giorgos Charalambous, “All the shades of red: examining the radical left's Euroscepticism”, *Contemporary Politics*, Vol. 17, Issue 3, 2011.

② “KKE, Electoral manifesto of the Central Committee of the KKE for the elections for the European Parliament”, 2004, http://www. inter. kke. gr/News.

党：毛主义的希腊共产党（马列主义）、希腊马列主义共产党和重建希腊共产党；托派的革命工人党以及由各种意识形态构建的左翼激进力量联盟——“反资本主义左翼阵线”。

长期以来，在上述激进左翼政党中，“左翼联盟”是唯一能够对希共在希腊激进左翼政党家族中的主导地位构成威胁和挑战的。作为根源于希腊共产党（国内派）的政党，“左翼联盟”在诸多方面与希共迥然相异。

从意识形态看，“左翼联盟”的自我定位，是既非共产党也非社会民主党的民主社会主义多元左翼政党。它支持混合经济，尤其强调女权主义、民主权利和环境保护等“新政治议题”[①]。其主要成员包括那些致力于克服资本主义弊病的具有激进民主主义和生态导向的力量，以及一些要求发展民主和强调民族自决权的进步人士。因此，“左翼联盟”虽然起源于工人运动，但并非一个工人阶级政党。党内围绕卢森堡、葛兰西、普兰查斯甚至奈格里和哈特的政治理论以及各种形式的“马克思主义”存在争论，但没有任何一种意识形态占据主导地位。

从党的组织看，“左翼联盟”是一个去集中化的分散型政党。党的组织结构主要包括三个层次：中央政治委员会、地区和基层党组织。其党章明确鼓励党员和地方组织直接参与党的政策制定、决策和相关候选人的选择；党的中央政治委员会及其部门会议向党员开放，邀请感兴趣的党员参加党的政策制定；党员有权拥有自己的倾向，以促进意见表达自由、党内多元主义和争论；重要议题进行党内公决；地区组织对参与各选区选举的候选人名单有决定权；除了大城市和地区外，地方组织对参与地方选举的候选人有完全决定权；党主席由全国代表大会选举产生。[②]

从党员和选民基础看，虽然党创立时的相关文件呼吁“有工作

---

① S. Kalyvas and N. Marantzidis，“Greek communism，1968 - 2001”，*East European Politics and Societies*，Vol. 16，No. 3，2002.

② Myto Tsakatika and Costas Eleftheriou，“The Radical Left's Turn towards Civil Society in Greece：One Strategy，Two Paths”，*South European Society and Politcs*，Vol. 18，Issue 1，2013.

和文化的男女性、青年人和被排除者”加入其中，但却绝非阶级性吁求。从“左翼联盟”的整个发展进程看，它是一个典型的“兼容型”政党，致力存在于“希腊社会的每一角落和缝隙间”。同时，它也对受性别不平等和环境恶化影响的各社会群体明确发出了跨阶级呼吁。[①] 但尽管如此，“左翼联盟”的党员和选民仍然比较集中于特定阶层。就党员构成而言，在“左翼联盟”过去10年间稳定存在的约1.6万名党员中，所占份额最大的是教师等公共部门从业者；其次是雇主和自雇者；再次是私营部门员工。从选民构成看，“左翼联盟”的支持者主要来自于青年学生、私营和公共服务从业者以及自雇者。显然，“左翼联盟”对于左翼传统的工人阶级选民缺乏吸引力，工人支持率甚至低于各党平均水平。[②]

从政策主张看，“左翼联盟”有作为左翼政党激进的一面。其党纲认为，当前世界形势是新自由主义的资本主义全球化为主导，美国占据绝对统治地位。其发展后果必然是民主和社会收益被剥夺、国际法和联合国遭到忽视、资本主义体系现存矛盾日益加剧并扩大至日常生活各领域，各种新形式的抗议和抵抗运动因而迅速发展起来，新的全球化的、多层面的左翼正在崛起。在国内政治中，它支持政教分离、同性婚姻、移民地位、软性毒品合法化，反对在公共领域使用摄像头，等等。在欧洲政治层面，“左翼联盟”一度积极支持《马斯特里赫特条约》、欧洲单一货币政策和欧洲共同防卫政策，主张推动欧洲一体化的经济进程而非政治进程。但自20世纪90年代末以来，对美国在欧盟一体化中的作用、欧洲货币联盟在各成员国的实现方式以及欧盟经济和就业政策的社会层面内容，“左翼联盟”更多地转向提出批判性言论，对欧盟的发展前景转向怀疑论和悲观主义，支持“欧盟经济和政治结构的全面重建”。

从与市民社会的关系看，“左翼联盟”虽然也致力于发展与工

① Myto Tsakatika and Costas Eleftheriou, “The Radical Left's Turn towards Civil Society in Greece: One Strategy, Two Paths”, *South European Society and Politcs*, Vol. 18, Issue 1, 2013.

② Anna Striethorst, *Members and Electorates of Left Parties in Europe*, Rosa Luxemburg Stiftung, Buro Brussel, 2010.

会组织的联系，比如，在2002年和2007年分别建立了名为“自治干预”和“激进左翼联盟工会成员网”等组织，旨在扩大党在希腊两大主要工会“全国劳工总会”和“全国公职协会”中的影响，以及加强对出版、电信、计算机等新行业工会的水平协调，但从实践看，其影响非常有限，无法与希共的“全国工人斗争阵线”比拟。相反，在社会运动领域，“左翼联盟”遵循着与希共完全不同的策略，它积极参加并尝试影响各种新社会运动，尤其致力于加强与青年一代运动参与者的联系，发挥自己的青年组织“左翼联盟青年”在党与全球正义运动间的纽带作用，并直接推动了“希腊社会论坛”的形成。[①] 在经济危机期间，“左翼联盟”不仅积极支持“不付款”运动（反对高速公路付费）和“愤怒者运动”，其部分党员干部甚至直接在运动中扮演了主要角色。

在两大主要激进左翼政党的选举政治博弈中，除1996年的全国议会和欧洲议会选举的得票率领先相对较小外，希共长期占据绝对优势（参见表3.1）。2000年议会选举后，鉴于希腊各左派政党的得票率均不同程度地有所下降，一些左翼政治力量提出了“重建左翼”的倡议，开始着手建立一个新的左翼联合组织——“左翼对话与共同行动空间”，并很快吸纳了左翼联盟、民主统一左派运动、捍卫社会和政治权利网、绿色政治（生态派）等各色左翼组织参与其中。2004年议会选举前，“空间”内的多数党派和力量决定组建一个选举联盟参加大选，这直接导致了以“左翼联盟”为核心力量的“激进左翼联盟”（SYRIZA）的建立。“激进左翼联盟”成立的最初几年，经历了从危机到重建的发展历程。2007年，“激进左翼联盟”获得了14个议席，在希腊政坛开始崭露头角。此后，在极富个人魅力的年轻领导人齐普拉斯（Alexis Tsipras）领导下，“激进左翼联盟”的影响力急剧飙升。2009年债务危机爆发后，希腊陷

① Myto Tsakatika and Costas Eleftheriou，“The Radical Left's Turn towards Civil Society in Greece：One Strategy，Two Paths”，*South European Society and Politcs*，Vol. 18，Issue 1，2013.

表 3.1　**希腊共产党与左翼联盟/激进左翼联盟选举结果，1989—2015 年**

全国议会选举	1989 年	1989 年	1990 年	1993 年	1996 年	2000 年	2004 年	2007 年	2009 年	2012 年（5 月）	2012 年（6 月）	2015 年（1 月）	2015 年（9 月）
希腊共产党				4.5(9) 议会第 4 大党	5.6(11) 议会第 3 大党	5.5(11) 议会第 3 大党	5.9(12) 议会第 3 大党	8.1(22) 议会第 3 大党	7.5(21) 议会第 3 大党	8.5(26) 议会第 5 大党	4.5(12) 议会第 7 大党	5.5(15) 议会第 5 大党	5.6(15) 议会第 5 大党
	13.1(28) 议会第 3 大党	11(21) 议会第 3 大党	10.3(19) 议会第 3 大党	2.9(0) 议会第 5 大党	5.1(10) 议会第 4 大党	3.2(6) 议会第 4 大党							
左翼联盟 激进左翼联盟							3.3(6) 议会第 4 大党	5(14) 议会第 4 大党	4.6(13) 议会第 5 大党	16.8(52) 议会第 2 大党	26.9(71) 议会第 2 大党	36.3 (149) 议会第 1 大党	35.5 (145) 议会第 1 大党
欧洲议会选举	1989 年				1994 年	1999 年	2004 年		2009 年		2014 年		
希腊共产党	14.3(4)				6.3(2)	8.7(3)	9.5(3)		8.4(2)		6.1(2)		
左翼联盟 激进左翼联盟					6.3(2)	5.2(2)							
							4.1(1)		4.7(1)		26.6(6)		

注释：括号内为议席数。

入二战以来最严重的经济衰退，失业率屡攀历史高位，执政的中左翼、中右翼政党纷纷面临合法性危机。积极致力于反紧缩政策、组织罢工和社会动员的两个激进左翼政党，在希腊政党体制中逐渐处于有利位置。在2012年经济危机后的首次全国议会选举中，各激进左翼政党史无前例地赢得了40%选票。“激进左翼联盟”更是成为名副其实的“黑马”，选票增加了将近6倍，一举跃升为议会第二大党，不仅将自1977年议会选举以来长期稳居头两把交椅的“泛希腊社会主义运动”排除在两强之外，而且还把希共远远甩在身后。在5月的第一轮选举后，“激进左翼联盟”甚至一度获得入主政府的机会，而由于希共坚决拒绝与之组建联合政府，在转型为统一的政党之后的几年间只能作为主要反对党存在。但至少从选举层面看，希腊激进左翼的传统政治版图在此次选举后被颠覆，希共与左翼联盟/激进左翼联盟的主从地位被重新改写。

四 难以复制的希共战略模式

作为西欧共产党中最激进类型的代表，希共的理论和发展模式经常遭遇质疑或反思。戴维·贝尔（David S Bell）早在20世纪90年代初就这样说过，“持强硬路线的政党能够比现代化政党表现得要好，是非常奇特的一件事情”①。但从实践上看，至少在2012年大选（或者说经济危机发生）前，希共的战略模式从相对意义上来说，被矛盾地证明是成功的。因为它不仅使得希共在苏东剧变的冲击以及希腊有利于传统两大政党（泛希腊社会主义运动和新民主党）的“比例代表制”中存在下来，而且为自己构建了一个独特而持续的生存与发展空间。这种战略模式对希腊共产党自身发展具有双重作用：一方面，它限制了希共理论政策的包容性，尽管在特殊条件下（比如，经济危机）能够迅速动员起社会不满情绪，却难以长期地获得更多支持者；另一方面，它也有利于党自身的团结和统一，以及拥有一个特殊而固定的支持群体，从而成为希腊政党政

① David S. Bell (ed.), *Western European Communism and the Collapse of Communism*, Oxford, 1993, p. 7.

治舞台上边缘化但却一直稳定存在的力量。正如有学者指出的，希共“僵化的政策排除了选举联盟或出现显著选票扩大的可能性，但这也保证了党成为一个巩固、团结的组织，以及随着泛希腊社会主义运动在社会经济政策上的右转，从而在政党体系中占据一个独特的小生境……尽管其‘极端主义’立场限制了利用选民对泛希腊社会主义运动不满情绪的能力，但却也降低了后者压缩共产党选民的风险”①。

希共的战略模式难以复制。其形成是党内长期斗争的产物，而且在每次党内斗争中传统派都赢得了最后胜利，从而能够建立起立场一致、长期稳定的领导层。自 1974 年进入后独裁统治时期以来，希共实质上只有两位最高领导人（“改革派”的法拉科斯在 1989—1991 年曾短暂担任党的总书记，但弗洛拉基斯在此期间担任党主席，掌握主要权力），弗洛拉基斯（Harilaos Florakis）和帕帕莉卡执掌党的领导层分别长达 18 年和 22 年，这对希共连贯地推进其发展战略意义匪浅。② 同时，这种战略的形成也与希腊特殊的社会环境存在密切联系。希腊是西欧地区经济相对落后的国家，工业主义在 20 世纪 70 年代末以来仍有很大的发展空间，消除了传统产业阶级社会意义的“后物质主义”社会结构没有根本建立起来，仍然存在着一支数量可观的工人阶级队伍。③ 希共偏向“物质主义”的相关政策主张，以及“全国工人斗争阵线”扎根于基层工厂的工作路线，为其在传统产业劳动者中聚集了一大批忠实的支持者。这种发展战略在已经“后工业化”的西北欧地区很难获得高支持率。

目前，尽管帕帕莉卡已经去职，希共仍在沿着既定的战略路线向前推进。2013 年 4 月党的十九大报告，继续强调希共作为工人阶级先锋队以及能够适应各种恶劣环境的“全天候”政党的作用，提出未来 5 年的主要任务是宣传党的纲领、支持工人阶级斗争组

---

① Luke March, *Radical Left Parties in Europe*, Routledge, 2011, p. 54.

② 2013 年 4 月，在希共第十九次代表大会期间，迪米特里·科特松巴斯（Dimitris Koutsoumbas）接替帕帕莉卡担任党的总书记。

③ Colin Crouch, “Change in Europe Societies since the 1970s”, *West European Politics*, Vol. 31, Issue 1 – 2, 2008.

织、重组劳工和工人运动、形成人民的联盟和加强党的自身建设。对于激进左翼联盟，希共认为其正在发展成为一个社会民主主义性质的政党，甚至比初期的泛希腊社会主义运动还要保守。而随着激进左翼联盟作为一个社会民主主义政府党的地位逐渐稳固，各种以过渡目标和过渡性管理政府为发展方向的议会外左翼或共产主义复兴组织甚至激进左翼联盟中的反对力量，将会加速形成阻碍其发展的新进程。①

2015 年，激进左翼联盟上台执政，开创了欧洲激进左翼的历史，也彻底打破了希腊激进左翼的政治平衡。在激进左翼联盟执政之后，希共继续公开反对联合政府的国内外政策。可以预见，理论政策演进的惯性使然，希共的路线政策在中短期内不会发生决定性改变。但在激进左翼联盟全面超越希共已成为不争事实的前提下，与激进左翼联盟的对立和决裂是否能够帮助希共重夺自己的选民阵地，扩大自己的社会基础，将在很大程度上取决于激进左翼联盟解决希腊经济危机的实际能力及其实践成效。正如有学者评价的那样，“如果激进左翼联盟的反紧缩政策取得成功并重新实现经济增长、复兴福利国家，那么将会鼓舞整个欧洲激进左翼的士气……而如果失败的话，也将会对其提出的这种新自由主义替代方案的可信度造成巨大破坏性后果”②，从而给持批评立场的希共带来新的发展机会。

第二节　葡萄牙共产党：直面新左翼政党的冲击

葡萄牙共产党成立于 1921 年，是葡萄牙唯一在独裁统治终结前建立的政党。悠久的历史和严密的组织形态，塑造了葡共当前的理论战略框架，使其成为苏东剧变后仍然坚守传统共产主义战略连续性的典型西欧共产党之一。1999 年，葡萄牙出现了一支新的左

① KKE, “Political Resolution of the 19th Congress of the KKE”, April 11 - 13, 2013, http://inter.kke.gr/News/news2013/19congressvpolitiki-apofasi/.

② Paolo Chiocchetti, “Crucial electoral year for European radical Left”, Jan. 20, 2015, http://www.transform-network.net/blog/blog-2015/news/detail/Blog/-1452cd675d.html.

翼政治力量左翼集团（Left Bloc），因其致力于超越传统左翼政党的显而易见的不同理论特点，很快占据了葡共因坚持传统战略而遗留的左翼真空地带，目前与葡共在葡政坛势均力敌，呈现鼎足之势，对葡共的存在和发展形成了巨大挑战。[①] 本节旨在通过对葡共与左翼集团的理论和实践进行比较分析，探讨葡共传统理论存续的根源，左翼集团在葡共战略罅隙间的迅速崛起及其起落沉浮的原因，两党主要理论战略的区别及优势和局限，以及葡萄牙共产党与左翼集团的发展前景等问题。

一　葡共传统战略的延续及其影响

美国学者安娜·格瑞兹马拉－布希（Anna Grzymala-Busse）曾构设了一个中东欧前共产党研究的理论框架，强调党的历史对于政党转型能力的影响。[②] 就葡萄牙共产党而言，这些“可用的历史”对其在苏东剧变后继续坚持传统理论战略同样具有重要意义。

渊源于工会和工人运动的葡萄牙共产党，是西欧地区坚持地下斗争时间最长的共产党，从 1926 年被取缔到 1974 年“康乃馨革命”推翻萨拉查独裁统治，在近 50 年时间里长期遭受残酷压迫，且一直处于秘密状态。这一特殊的历史经历对葡共的理论走向和组织发展产生了三个直接影响：一是葡共没有机会召开党代会或展开党内讨论，在冷战期间共产主义阵营中一些造成其他西欧共产党发生冲突和分歧的重要问题，比如，围绕“布拉格之春”的争论等，对葡共基本没有形成影响，从而极大减少了葡共转向欧洲共产主义的可能性；二是培育了一大批立场坚定的共产主义者。独裁统治下葡共的生存状态极端恶劣，其 36 名中央委员被监禁时间总和长达 300 年以上。在这种严酷环境中，只有那些真正坚持共产主义信念

① Dominic Heiling, “The Portuguese Left: the Story of a Separation”, in Birgit Daiber, Cornelia Hildebrandt and Anna Striethorst (ed.), *From Revolution to Coalition-Radical Left Parties in Europe*, Rosa-Luxemburg Foundation, 2012, p. 233.

② A. Grzymala-Busse, *Redeeming the Communist Past: The Regeneration of Communist Parties in East Central Europe*, Cambridge University Press, 2002.

的人士才会入党，因此20世纪40年代后葡共绝大多数领导人[①]，甚至多数党员都是坚定的马克思列宁主义者[②]，这成为党的意识形态连贯性和一致性的组织保障；三是造就了严格的组织纪律。葡共自诞生后一直坚持民主集中制，在长期的地下斗争中，这一组织原则进一步强化，且集中的内容逐渐得到突出体现。在60年代葡共党内一度曾经出现无政府工团主义、毛主义、托洛茨基主义等极左翼派别，但在库尼亚尔结束流放回国，民主集中原则被重申之后，这些多元主义和异质性很快被遏制。

从现实政治实践看，这种独特的历史遗产对葡共传统理论战略的延续，尤其是20世纪80年代末90年代初及其后在与党内各种改革改向思潮的激烈斗争中发挥了决定性作用。

20世纪末叶，葡共党内接连发生了四次不同程度地旨在发动党的意识形态改向或变革的片段。[③] 首先对葡共传统理论发起挑战的，是怀特尔·莫瑞瓦（Vital Moreira）等部分葡共议员组成的"六人帮"。他们激烈批评党的意识形态，支持欧洲共产主义，承诺议会民主，要求与葡萄牙中左翼社会党合作，并主张通过迅速的民主化改革实现党的意识形态更新。1988年，"六人帮"的主张和活动被葡共谴责为反革命，其部分成员随后脱党。几乎在此同时（1987—1988年），葡共传统派高层领导干部中出现了一个异议者——济塔·西亚布拉（Zita Seabra）。不同于80年代末共产主义危机中一般寻求另一左翼身份或现实意识形态更新的传统派政治精英，西亚布拉从一个极端急剧转向另一极端，公开撰文主张改变葡共名称、抛弃马列主义和民主集中制、放弃与国际共产主义运动的联系等。1988年西亚布拉被开除出政治委员会和中央委员会，1990年被直接开

---

① 其中最具代表性的是1961—1992年担任葡共总书记的库尼亚尔（Alvaro Cunhal），直到2005年去世前，一直对葡共具有重要影响。

② Carlos Cunhal, "Few but Pure and Good Members are Preferred to a Mass Party – The Portuguese Communist Party's Continued Orthodoxy", in Uwe Backes and Patrick Moreau (ed.), *Communist and Post-communist Parties in Europe*, Vandenhoeck & Ruprecht, 2008, p. 194.

③ Daniel Keith, "The Portuguese Communist Party – Lessons in Resisting Change", SEI Working Paper No 116, 2010.

除出党。在“六人帮”和西亚布拉的影响下，葡共部分改革派聚集了约3000名积极分子，在党内兴起了一股“第三条道路”潮流。“第三条道路”组织松散，没有明确的领导者，成员多为康乃馨革命期间入党的青年一代，代表人物是巴罗斯·莫拉（Barros Moura）和路易斯·朱达斯（Luis Judas）等。与前述两股急进地改变党的发展方向的倾向不同，“第三条道路”尝试走一条渐进的改革道路，它不支持抛弃共产主义，但主张打破与斯大林主义的联系，参照其他西欧共产党的发展以及葡萄牙社会变化更新马克思列宁主义。“第三条道路”产生了一定影响，比如，促使1988年葡共党纲做出部分调整，承认不存在普遍性的社会主义模式等，但并未对传统派领导层形成实质性挑战，到苏东剧变前已经丧失号召力，部分成员被开除出党。葡共党内第四股改革潮流是包括一些高层政治委员会成员在内，甚至得到继库尼亚尔后担任总书记的卡瓦略斯（Carlos Carvalhas）部分支持的“重建派”。1992—2000年，他们尝试在党内渐进地引入民主化和意识形态温和化，但同样以失败告终。

20世纪末葡共党内的这些改革派，具有与葡共传统派相异的一些共同特点：比如，大都没有从事过秘密斗争，为1974年后入党的新党员，大多为知识分子，并且基本都有与政府合作以及在工会、青年、妇女等党外组织任职经历。在两股力量的斗争中，葡共的历史传承尤其是最高领导人的权威及其组织形式显然具有相对优势，成为其保持纲领和理论战略连续性的最重要的砝码。进入21世纪后，尽管党内改革派一直在试图推动葡共的组织和意识形态变化，但由于缺乏统一的立场以及有效的党内支持，传统派的权威没有受到丝毫撼动。尤其是2004年德索萨（Jerónimo de Sousa）担任党的总书记后，葡共的传统意识形态和战略路线得到更为坚决的执行，更加突出地强调党的工人阶级社会基础，提出要继续为改善工人阶级的生活条件和民主权利而斗争，继续展开反对国际、地区和国家资本主义政策的斗争，继续推进反帝反垄断斗争等。①

① PCP, “Eighteenth-Congress Theses”, http://www.international.pcp.pt/index.php?option=com_content&task=category&seconid=6&id=23&Itemid=44.

在社会构成多元、“前资本主义原则与生产领域中极大发展的后福特主义部门以及消费社会思考方式”① 共存的当代葡萄牙社会，葡共这种一以贯之的理论战略尽管有利于党的发展的连续性，有利于特定社会基础的巩固，但确实也使党的组织和社会动员受到一定限制，将党的发展局限在了激进左翼空间的一隅，在葡萄牙的左翼政治光谱中，中左翼社会党左侧形成了一个巨大的真空地带，那些不赞成葡萄牙共产党的传统战略以及“布莱尔化”社会党的激进人士亟须自己的政治代表者。正是在这种背景下，另一主要激进左翼政党——“左翼集团”乘势而起，迅速发展成为当代葡萄牙政治中一支重要的左翼力量。

二　左翼集团的兴起与问题

在独裁统治终结后的葡萄牙社会，存在着众多左翼激进小团体和政党，多年来它们在政治体系和社会中一直处于边缘化或孤立状态。1999 年，其中 3 个小党（第四国际葡萄牙分部的“革命社会党”、支持毛主义和阿尔巴尼亚模式的“民主人民联盟”以及 20 世纪 80 年代末 90 年代初脱党的葡共党员建立的“政治 21”运动）集中力量组建了一个新的政党，即“左翼集团”。

“左翼集团”的自我定位不是简单的政治联盟，而是完全不同于既存葡萄牙社会党和共产党的独立政党，是一支全新的反资本主义力量。因此在其创立后，致力于积极塑造自己的反建制形象，尝试打破传统政治模式。为了获得最大多数的社会支持，它抛弃了各党原先理论中的革命性内容，不再突出强调社会主义的制度目标，而是着力构建反现实资本主义的具体的政策主张，倡导社会公平正义、反对不平等、扩大公民权利等。

这种非传统的形象设计对“左翼集团”的迅速崛起发挥了作用，其建立后很快在葡政党政治光谱中社会党与共产党的中间位置

① José Soeiro, “The ‘Bloco de Esquerda’ and the founding of a new Left in Portugal”, in Cornelia Hildebrandt and Birgit Daiber (ed.), *The Left in Europe*, Rosa Luxemburg Foundation Brussels Office 2009, p. 176.

站稳了脚跟。[①] 从国民议会选举看，左翼集团的支持率呈现快速增长趋势。在1999年首次参加的全国议会选举中获得2.4%的选票，2002年增长到2.7%。2005年左翼集团的得票率达到6.4%，并在欧洲议会选举中产生了第一位欧洲议员，在议会政治中的地位得到进一步巩固。2009年，在经济危机的有利条件下，左翼集团更是一举获得9.8%的选票和16个议席（议席数是前次选举的2倍），超过葡共成为议会第四大党。在2011年6月议会选举中，左翼集团首次遭遇严重挫败，只获得5.2%的选票。有西方学者认为，这一选举结果或许是左翼集团实力的真实体现。[②] 但到2015年，左翼集团却实现“神奇”转折，在议会选举中刷新最高得票率，以10.2%的支持率反超共产党，成为议会第三大党。

与葡共自20世纪90年代后一直相对稳定的7%～9%的议会选举结果相比（1987年后葡共通过与绿党、民主干预等左翼小党组建的选举联盟“团结民主中心”参加议会选举），左翼集团在短短几年间出现从大起到急速大落的主要原因在于：

首先，作为一个新兴政党，左翼联盟的社会基础并不稳固。尤其是与拥有巩固的草根结构、有效的动员基础以及能够将党员整合纳入党组织的葡共比较，左翼集团的社会基础相对薄弱。在过去10多年间，尽管左翼集团的社会支持率具有实质性发展，但党员数一直处于较低水平上。据统计，左翼集团只拥有约4000名党员，是目前葡萄牙议会中党员数最少的政党。与之相比，葡共近年的党员数量虽然显著下降，但绝对数字远远高于左翼集团。有学者对葡萄牙各政党的党员和选民比率进行比较发现，左翼集团尽管选民基础更富弹性也更加广泛，但葡共却拥有最高的党员密度。[③] 从这个角度看，左翼联盟缺乏显著优势。

---

① Dominic Heiling, “The Portuguese Left: the Story of a Separation”, in Birgit Daiber, Cornelia Hildebrandt and Anna Striethorst (ed.), *From Revolution to Coalition-Radical Left Parties in Europe*, Rosa-Luxemburg Foundation, 2012, p. 247.

② Ibid.

③ Marco Lisi, “Rediscovering Civil Society? Renewal and Continuity in the Portuguese Radical Left”, *South European Society and Politics*, Vol. 18, Issue 1, 2013.

其次，宗派主义成为左翼集团保持选举优势的掣肘。左翼集团成立之初，为了促进各种不认同共产党和社会党的左翼力量融入党的组织，各创始党间达成协议，新党中超过一半的领导成员不由先前这些党的党员担任，从而在很大程度上避免了后来一些同样合并形成的政党，比如，德国左翼党在领导层构成问题上面临的持续冲突。但从长期组织运作看，宗派主义倾向并未因此消失，反而逐渐演变成为左翼联盟存在的主要组织特征。各创始党一直试图保持其对内部权力分配的控制，从而令许多独立左翼人士在党内的影响边缘化。这尤其表现在，来自革命社会党的洛桑（Francisco Louca）长期担任党的总书记，议会党团领导层的职位则通常由另外两党成员担任，而党的主要组织机构的成员也通常来自于这些创始党。[①] 这种状况影响了党员的有效动员，限制了领导层和党的理论纲领更新。2011 年大选失败后，左翼集团内部围绕党的领导层和战略策略问题的争论愈益激烈。[②] 面对这种状况，左翼集团尝试进行组织重构，改变党的领导层结构。2012 年，洛桑不再担任党的领导职务，组建了以卡塔琳娜·马丁斯（Catarina Martins）为首的 6 人领导委员会。2014 年，左翼集团发生分裂，许多重要成员脱党，党的欧洲议会议员瑞·塔瓦雷斯（Rui Tavares）建立了一个新党——“自由党”（Livre Party）。在 2014 年第九次全国代表大会上，左翼集团爆发内部斗争，提交大会的两个主要纲领围绕党的领导层、对社会党的策略、债务重构斗争相对于捍卫 1975 年葡萄牙宪法的重要性等问题展开激烈辩论，最终由于在领导层问题上达成妥协才避免了党再次分裂的灾难。内部共识初步达成后，左翼集团重新回归快速发展的正轨。2014 年以来，左翼集团党的网站日访问量增加了 16% ~25%，社会媒体覆盖率提高到 78%，这对左翼集团在

① Marco Lisi，“Rediscovering Civil Society? Renewal and Continuity in the Portuguese Radical Left”，*South European Society and Politics*，Vol. 18，Issue 1，2013.

② Jorge Miguel Fernandes，“The 2011 Portuguese Election：Looking for a Way Out”，*West European Politics*，Vol. 34，Issue 6，2011.

2015年实现选举大逆转的“历史性”突破产生了重要影响。[①]

再次，缺乏与社会党清晰的政策区分和关系界定。经济危机以来，与具有明确意识形态和鲜明政策主张的葡共相比，除了在紧缩问题上存在差异外，左翼集团与中左翼社会党在其他层面明显区分不足。一方面，那些促进左翼集团在选举中迅速崛起的因素，比如，堕胎、同性婚姻以及某些毒品合法化等，同样也出现在社会党的议事日程中；另一方面，左翼集团在与社会党的关系问题上也缺乏明确定位。比如，在2011年1月举行的总统选举中，左翼集团选择支持的是最后落选的社会党候选人阿莱格雷（Manuel Alegre）。正如有学者指出的那样，“与一直坚持提出自己候选人的葡共相比，左翼集团未能推出自己的总统候选人，以重新恢复其相对不稳定的选民基础，加之与社会党适得其反的关系，是导致其支持率下降的主要原因”[②]。从实践上看，也正是从这次总统选举开始，左翼集团的民测结果开始明显下降。近年来，左翼集团在强化自身理论政策特点以及明确与社会党关系定位问题上变化明显，逐渐彰显自身左翼特色。除继续坚持反紧缩和重新缔结债务条约外，更加突出强调葡萄牙社会当前急需解决的贫困和失业问题，聚焦养老金和工资措施，反对缩减社会保障。同时，尽管在2015年选举后支持社会党执掌政府，但明确界定党的政策立场和态度，指出存在着左翼集团纲领与社会党的中间主义承诺发生冲突的可能性，因此左翼集团已与社会党达成了相当具体的协议条款。并表示如果社会党在执政期间执行替代政策，左翼集团不会随波逐流，将坚持自己的政策主张，对工人增税以及减少养老金和工资是其所不能接受的政策底线等。[③]

---

① Dick Nichols, “We are competing for left hegemony”, July 30, 2016, https://www.greenleft.org.au/content/portugals-left-bloc-we-are-competing-left-hegemony.

② Pedro C. Magalhães, “After the Bailout: Responsibility, Policy, and Valence in the Portuguese Legislative Election of June 2011”, *South European Society and Politics*, Vol. 17, Issue 2, 2012.

③ Tor Kreverse and Francisco Louca, “Bloco's Anti-austerity gamble”, Dec. 2, 2015, https://www.jacobinmag.com/2015/12/portugal-left-bloc-catarina-martins-francisco-louca/.

表 3.2 **葡萄牙共产党与左翼集团选举结果，1975—2015 年**

全国议会选举	葡萄牙共产党	左翼集团	欧洲议会选举	葡萄牙共产党	左翼集团
	百分比/议席数	百分比/议席数		百分比/议席数	百分比/议席数
1975 年	12.5/30				
1976 年	14.5/40				
1979 年	18.9/47				
1980 年	16.8/41				
1983 年	18.2/44				
1985 年	15.5/38				
1987 年	12.1/31				
1991 年	8.8/17		1994 年	11.2/3	
1995 年	8.6/15				
1999 年	9.0/17	2.4/2	1999 年	10.3/2	1.8/0
2002 年	7.0/12	2.7/2			
2005 年	7.6/14	6.5/8	2004 年	9.1/2	4.9/1
2009 年	7.8/15	9.8/16	2009 年	10.6/2	10.7/3
2011 年	7.9/16	5.2/8			
2015 年	8.3/17	10.2/19	2014 年	12.7/3	4.56/1

注释：1979—1985 年，葡共与葡萄牙民主运动组成统一人民联盟（APU）参加议会选举；1987 年至今葡共与其他左翼小团体组成团结民主联盟（CDU）参加议会选举。

三 传统与现代激进左翼政党的典型：主要理论战略比较

葡共与左翼集团的发展轨迹迥然相异，而从两党的理论主张看，同样存在显著区别。作为西欧传统和现代激进左翼政党的典型代表，其理论战略也体现了相关类型政党的一般特点。

关于意识形态。葡共具有长期稳定的指导思想，自始至终坚持其理论基础——马克思列宁主义。2012 年年底葡共十九大通过的新党章继续坚定地认为马列主义“是辩证唯物主义的世界观，是分析现实的科学工具，是行动的指南”。但同时，葡共也认为马列主义应该是不断丰富和更新的，从而能够给发展中出现的新现象、过程和倾向提供答案。[①] 左翼集团在意识形态上将反资本主义与新政治议题结合起来，强调自己是一个兼具反资本主义、生态和女权主义身份特征，能够将劳工运动与反权力滥用斗争结合起来的新型左翼政党。它将致力于反种族主义、反同性恋歧视，并将社会主义阐释为反对各种形式的压迫。左翼集团认为，其意识形态身份产生于"当前的纲领而非过去的争论或试图实现意识形态纯粹化"，而这也意味着它不必因为纠结于过去或未来一种可能的新开始概念，而阻碍现存各种力量加入其中。[②]

关于社会主义。葡共为其未来设定的目标，是建设一个社会主义和共产主义新社会。在这种新社会制度下，人们将摆脱剥削、压迫、不平等、非正义和社会苦难，而生产力的发展、科学技术的进步将保证工人和人民的自由、平等、较高生活水平、生态环境平衡以及对人类的尊重等。葡共还为其社会主义制度目标构设了一个"先进民主"的纲领框架，即政治上建立自由的、人民自己决定其未来的政权，以及一个以人民参与为基础的民主和代议制国家；摆脱垄断统治，以混合、现代和动态经济为基础，服务于人民和国家的经济发展；为工人和人民提供更好生活条件的社会政策；保证所有人都能享受文化成果的文化政策。[③] 左翼集团的发展目标是成为既在整体上不丧失左翼的历史记忆，又要学会在对资本主义全球化、葡萄牙社会发展现状的共同诊断基础之上能够加强内部团结的一支左翼力量，因此它对社会主义的界定不再指向其制度特征，而是更多地强调社会主义是一种反对剥削和压迫、实现社会关系民主化以及捍卫公共利益的一种具体的斗争政策。

关于组织方式。葡共在组织上一以贯之地坚持共产党的根本组织原则——民主集中制。在近年的党章修订中，虽然更加强调根据形势

---

① PCP, Constitution, https://docs.google.com/file/d/1MNl8rOpK0OiD6LWiv_6aFYfEqWENeIRl2NROCXctPYhmjoly22UbE3RF-L1E/edit? usp = sharing&pli = 1, May 20, 2013.

② José Soeiro, "The 'Bloco de Esquerda' and the founding of a new Left in Portugal", in Cornelia Hildebrandt and Birgit Daiber (ed.), *The Left in Europe*, Rosa Luxemburg Foundation Brussels Office 2009, p. 179.

③ PCP, Constitution, https://docs.google.com/file/d/1MNl8rOpK0OiD6LWiv_6aFYfEqWENeIRl2NROCXctPYhmjoly22UbE3RF-L1E/edit? usp = sharing&pli = 1, May 20, 2013.

发展以及实践的丰富，坚持创造性地发展民主集中制，更加重视民主层面的内容设计，但集中原则在党的领导机构选举、限制党内派别形成方面一直具有重要作用。如同其他新左翼政党一样，左翼集团自成立起，就尝试构建一种普通党员和中高领导层间的水平关系，以及以参与和去集中化的决策机制为核心的党内民主框架。与葡共相比，左翼集团采取的是一种松散的、以网络组织为基础的党员组织模式，而且也缺乏一个具有明确组织权威的领导层，其目的是为了使各创始党保持实质性自治，同时也展现其作为新政治力量的多元主义倾向。

关于选民和党员基础。葡共一直强调自己是一个工人阶级的政党，是代表全体劳动者利益的政党。其支持基础与自我认同存在较高关联度，主要集中在两个地域：一是南部阿连特茹（Alentejo）地区的农民；二是环里斯本工业地带的产业工人。[①] 据葡共十八大统计，其党员主要来自于工人和雇员，约占党员总数的72%（工人占42%）。葡共党员的老龄化问题较为突出，葡共二十大提供的数字显示，64岁以上党员占党员总数的44%，且呈不断增长态势。[②] 左翼集团自我界定为一个代表绝大多数人口以及为代表其利益而进行不妥协斗争的反资本主义联盟。同时，它也主张不忽视少数人，比如，移民、同性恋、双性恋或换性者的权利等。这种包容性的战略方法尤其是对于新政治议题的关注，使得其党员基础较为广泛，且多集中于40~50岁，党员的受教育水平普遍也较高，大多来自于教师、律师、记者、艺术家和大学教师等阶层。这种支持构成令左翼集团在公众中享有知识分子政党的声誉。

关于与工会和社会运动的关系。传统上，葡共与该国最大的工会组织“工人联合会”（CGTP）存在密切联系，“工人联合会”被视为共产党的“传送带”，其路线政策受葡共影响很大。执掌工人联合会长达12年的席瓦尔（Manuel Carvalho da Silva），以及2012

---

① José Soeiro, “The ‘Bloco de Esquerda’ and the founding of a new Left in Portugal”, in Cornelia Hildebrandt and Birgit Daiber (ed.), *The Left in Europe*, Rosa Luxemburg Foundation Brussels Office 2009, p. 179.

② XX PCP Congress, “Theses-Draft Political Resolution”, Dec. 2016, http://www.pcp.pt/en/theses-draft-political-resolution-xxth-pcp-congress-excerpts.

年1月替任的卡洛斯（Armenie Carlos）都是葡共党员，其中卡洛斯还是葡共中央委员会成员。相对于共产党，左翼集团在劳工运动中是相对边缘化的存在。尽管党内一些成员一直在捍卫参与劳工运动的重要性，以及与工人和就业相关的更为传统的议题，但左翼集团在葡萄牙主要工会中几乎不具有任何相关性。在社会运动方面，葡共与左翼集团都是世界社会论坛和欧洲社会论坛的参加者，也是葡萄牙社会论坛的主要创建者。作为左翼集团主要意识形态的一些后物质主义议题和价值观，比如，公民权、生态保护、性别平等，与“新”社会运动展现出更大的关联度。从成立伊始，左翼集团就表现出强烈的参与姿态，并与各种社会运动建立起相对广泛的非正式联系。而葡共对捍卫工人权利、医疗和教育等传统议题则表现出更积极的诉求，新政治议题在葡共纲领文件中的重要性远不及左翼集团。在实践中，葡共与全球正义运动等社会运动的关系也相对疏离。①

关于对内对外政策。两党在国内问题上持有一些共同立场，比如，反对新自由主义，反对经济危机的一揽子方案，要求创造就业机会，中止紧缩政策、私有化以及增加国家投资，反对与欧盟等“三驾马车”签署协议，反对葡萄牙政治中的裙带关系和腐败等。在具体政策上，葡共将中止私有化与关键产业部门如能源、通信和公共部门的重新国有化联系在一起，主张一种更加激进的体制转型。尤其在对待经济危机期间出现的青年抗议运动问题上，葡共虽然承认抗议行动的巨大潜力，但也批评其缺乏政治或阶级导向和明确目标，呼吁青年人接受更大程度民主化等政治吁求。同时，强烈反对与社会民主主义的社会党结盟或支持其少数派政府，主张葡萄牙退出欧盟。与之相比，左翼集团反对呼吁更大规模国有化的各种主张，对与就业、社会保障相关的青年抗议运动表现出更加积极的态度，并运用其社会关系网动员、组织相关抗议行动。在与社会党的关系问题上，左翼集团展现出更加倾向合作的姿态。它提出了一个“负责任的左翼”概念，尝试与葡共、社会党进行议会合作的可

① Marco Lisi, “Rediscovering Civil Society? Renewal and Continuity in the Portuguese Radical Left”, *South European Society and Politics*, Vol. 18, Issue 1, 2013.

能性。此外，左翼集团也不主张退出欧盟，而是呼吁对欧盟和欧洲经济体进行重建。

四 葡共与葡萄牙激进政治的发展前景

在西欧地区，葡萄牙是一个拥有强大左翼传统的国家，这从主要中右翼政党自命名为“社会民主党”可见一斑。近几十年来，尽管左右翼间的两极分化以及选民对政党的忠诚度极大减弱，但葡左翼的整体力量依然强大，包括社会党在内的各类左翼力量在全国议会选举中一直能够稳定地获得50%以上的选票。

就激进左翼政党而言，葡共目前发展相对稳定，且在其阶级工会“工人联合会”中能够保持重要影响，但从中长期趋势看，葡共面临很多发展困难。其中最关键的，是如何把意识形态的坚定性与战略策略的灵活性结合起来。在当代西欧各类型政党甚至多数共产党也出现淡化意识形态偏向的背景下，葡共展现出继承传统社会主义理论较多的鲜明特点。这种理论发展的连续性在很大程度上保证了党的意识形态的统一，避免了诸多西欧共产党因理论变化较大造成的党内不适应甚至分裂状况。但是，葡共在理论创新上的问题也非常突出，尤其主要表现为不能结合葡萄牙变化的社会结构提出统和各劳动阶层的主张政策，这直接造成了社会动员明显不足，党的发展局限于特定的小生境，不能有效吸纳更多支持力量，党的潜力不能得到充分发挥。葡共当前面临的诸多现实困境，比如，与“工会联合会”发展战略的矛盾冲突、党员老化等，都是这一根本问题衍生的具体后果。尤其在当前经济危机的有利条件下，葡共在议会内外斗争中并未能够实现实质性突破，也成为其需要进行理论反思的证明。目前，多数西方共产党研究者认为，如果葡共不根据社会发展做出某些理论战略调整，将难以避免长期衰落的命运。①

作为新兴政党，左翼集团展现出强劲发展势头。尤其与葡共相

① Carlos Cunhal, “Few but Pure and Good Members are Preferred to a Mass Party – The Portuguese Communist Party's Continued Orthodoxy”, in Uwe Backes and Patrick Moreau (ed.), *Communist and Post-Communist Parties in Europe*, Vandenhoeck & Ruprecht, 2008, p. 209.

比，富有弹性的理论与战略策略，能够使其赢得更广泛的社会认同，在应对一些突发状况比如经济危机时也更加显得游刃有余。这也是其能够在短短十几年间就成为葡萄牙社会的一个“长期性特征”和“主要参考点”的原因所在。[①] 然而，也恰恰是这种过于泛化的包容性，使得左翼集团缺乏自身的鲜明特点，在当代西方普遍向中间靠拢的政党政治中，难以形成具有特色的政治定位以及稳固的支持群体。加之新左翼政党与生俱来的分散性、多元化，造成党的内部冲突分歧不断。这些特点表明，尽管不排除在特定条件下出现支持率显著增加的可能性，但至少在可以预见的未来很难形成稳定的发展局面，起伏不定或大起大落或将成为左翼集团的主要发展轨迹。

从两个激进左翼政党的关系看，十几年来，对立与相互敌视是其关系走向的基本特点。从左翼集团建立伊始，葡共就对其抱有一种质疑和否定态度，这不是源于两党存在选举竞争（左翼集团的支持群体主要来自于新左翼或左翼自由主义的城市选民，与共产党的社会基础并无交集。葡共一直相对稳定的选举支持率就是最好证明），也并非完全由于左翼集团的部分创建者是葡共前成员，其更主要的原因在于两党的意识形态分歧和差异。葡共认为左翼集团采取的是民主社会主义方法，其理论主张是对共产主义和康乃馨革命理想的背离。此外，在对待社会党的问题上，尽管左翼集团一直拒绝与之结盟，但党内支持接受社会党少数派政府的声音不绝于耳，特别是其对社会党左派的支持态度，令共产党感到非常不满。而左翼集团也对葡共的正统派领导层持质疑立场。这种相互关系决定了两个激进左翼政党的合作斗争一直未能实现。经济危机以来，在反右翼社民党共同目标的推动下，两党关系出现了某些松动迹象。2011 年 6 月大选前，两党甚至开始讨论建立选举联盟或进行选举合作的可能性。同时，两党在社会领域的联合斗争也有所加强，如

① José Soeiro, “The ‘Bloco de Esquerda’ and the founding of a new Left in Portugal”, in Cornelia Hildebrandt and Birgit Daiber (ed.), *The Left in Europe*, Rosa Luxemburg Foundation Brussels Office 2009, pp. 179 – 180.

2010 年秋季共同开展反北约里斯本峰会的斗争等。2015 年大选后，为阻止右翼政党上台执政，左翼集团和共产党采取了共同的政策立场，在议会中选择采取支持社会党组建政府。但至少在目前，两党关系发展态势尚未发生根本性变化。从政治实践看，这种激进左翼政治的冲突和分裂，不仅弱化了左翼力量联合开展反对新自由主义以及不公正的经济和社会政策的斗争，在长期趋势上也将导致葡萄牙工人阶级、青年的抗议和罢工斗争面临去稳定化的风险。[①] 显然，尽管两个激进左翼政党本身都具有一定实力和社会影响力，但若不能超越意识形态对立形成有效合力，将很难推动激进左翼政治取得实质性进展，同时也对葡萄牙左翼运动的现实发展具有不利影响。

第三节　塞浦路斯劳动人民进步党：捍卫理论与组织的连续性

苏东剧变后，在西欧共产党普遍的生存危机中，塞浦路斯劳动人民进步党以持续而突出的选举表现成为西欧共产主义政治光谱中的异数。塞劳进党选举成就的取得，源于党内党外诸多层面因素的影响。但在根本上看，从本国本民族本党实际出发，将理论的坚定性与战略策略的灵活性行之有效地结合起来，是其能够长期保持选举优势的关键所在。2013 年大选后，多方面因素造成劳进党丧失执政地位，但至少从中期发展看，劳进党其作为国内政治舞台上主要政治力量的影响力不会发生决定性改变。本节在探讨劳进党的历史演进尤其是在苏东剧变前后成功处理党内危机并实现选举超越的基础上，以党的理论战略和组织模式为切入点，考察其能够成为西欧共产主义危机之例外的深层原因，并对其中短期发展前景进行考察和分析。

---

① Dominic Heiling, “The Portuguese Left: the Story of a Separation”, in Birgit Daiber, Cornelia Hildebrandt and Anna Striethorst (ed.), *From Revolution to Coalition-Radical Left Parties in Europe*, Rosa-Luxemburg Foundation, 2012, p. 254.

一　作为西欧共产主义危机例外的塞劳进党

理解劳进党在塞浦路斯社会结构中的特殊地位和影响，需要简单回顾一下这个偏安欧洲一隅的小岛以及劳进党的发展历史。

塞浦路斯是一个位于地中海的小国，主要人口包括希腊族人（约占 85%）和土耳其族人（约占 12%）。由于地处亚非欧交界位置，具有极其重要的战略地位，因此历史上战乱纷争不断，曾经先后被埃及、波斯、罗马、拜占庭、奥斯曼帝国占领。19 世纪中后期，英国获得该岛租让权，并在第一次世界大战后正式将塞浦路斯纳入其海外殖民地，此后几十年间（直到 1960 年实现独立）塞浦路斯一直被英国控制。

劳进党的前身塞浦路斯共产党，是在该国正式沦为英国殖民地后不久组建的（1924 年）。因此，塞共的一个核心斗争目标就是反抗殖民主义、争取民族独立，并在组织反英罢工和抗议行动中发挥了主要领导作用。1931 年，塞共因支持反殖民起义而遭到取缔，许多领导人流亡。第二次世界大战爆发后，随着英苏结盟地位的确立，英殖民当局对塞左翼力量的压制有所缓和，劳进党乘势于 1941 年宣布成立，并在 1944 年实现与共产党的合并。劳进党成立后，积极致力于群众性政党建设，扎根于工厂，不断扩大工会成员，并相继建立了农民联合会和青年进步组织（后改称统一民主青年组织）等群众性组织，很快成为塞国内有影响的左翼政治力量。与此同时，劳进党还与国内其他进步力量组建了民族解放阵线，共同进行反殖民统治斗争。1955 年，在一次反英武装斗争失败后，劳进党再次被宣布为非法。直到 1959 年，关于塞浦路斯独立的《苏黎世—伦敦》协议达成后，劳进党才重新获得合法权利。1960 年后，劳进党的工作重点从反殖民统治转向反对国内希、土两族的极端民族主义斗争。尤其在 1974 年因民族冲突而诱发塞浦路斯政变和土耳其入侵的关键时期，以及其后塞岛南北分裂的历史条件下，劳进党为推动希土两族对话和谈判，重新实现国家统一做出了重要努力。

劳进党的不懈斗争为其积累了崇高声望，为其获得长期稳定和较高的民众支持奠定了基础。20 世纪 70 年代后，劳进党在全国议会选举中获得的议席数稳步攀升，到1981年时已获得全部35个议席中的12席（参见表3.3）。自20世纪80年代[①]（除1985年外）以来，劳进党全国议会选举支持率一直保持在30%以上。尤其在80年代末之后，在西欧共产党大都出现选举成绩急速下滑，面临从欧洲选举地图上消失的威胁时，劳进党的选举表现与之形成鲜明对照，甚至呈现逐渐上升的发展趋势：1996年劳进党获得33%的支持率，成为议会第二大党；2001年议会选举中，劳进党凭借35%的支持率一举成为议会第一大党；在此后几年间，劳进党不仅持续保持了第一大党的优势，而且2008年第一次单独参加总统选举，党的总书记赫里斯托菲亚斯（Demetris Christofias）就成功当选，使塞浦路斯成为欧盟第一个共产党作为主要执政党的国家。劳进党的表现，打破了苏东剧变后"正统左翼的消失将不会只是一种过渡现象"的预言，完全超脱于共产党党员绝对数和选民比例萎缩的一般发展轨迹之外，成为西方学者眼中"不寻常和有趣的现象"以及值得做出解释的例外。

表3.3　**塞浦路斯劳动人民进步党选举结果，1981—2016年**

全国议会选举	百分比（%）	议席数	欧洲议会选举	百分比（%）	议席数
1981年	32.8	12			
1985年	27.4	15			
1991年	30.6	18			
1996年	33.0	19			
2001年	34.7	20			
2006年	31.1	18	2004年	27.9	2
2011年	32.7	19	2009年	34.9	2
2016年	25.7	16	2014年	27.0	2

① 塞浦路斯1981年前的选举采用的是多数决定制的选举体制，因此促使塞众多政党通过组建联盟参加选举，这与此后比例代表制下的选举结果难以形成有效比较。参见 Antonis A. llinas and Yiannos Katsourides, "Organisational Continuity and Electoral Endurance: The Communist Party of Cyprus", *West European Politics*, Vol. 36, No. 4, 2013。

如同多数西方共产党一样，劳进党在20世纪80年代中后期也曾发生激烈的党内斗争。斗争的导火索是1985年的议会选举。这次选举是劳进党历史上“最糟糕”的一次选举：与其传统对手右翼民主大会党结成联盟反对时任总统基普里亚努（Andros Kyprianou）的塞浦路斯政策的劳进党，选票较之前下降了5个百分点。在这次选举后，党内改革派围绕选举失败大做文章，批评劳进党像一个秘密宗派，攻击党的领袖权力过于集中，试图以戈尔巴乔夫的“新思维”为模板在党内进行大规模改革。到1990年年初时，包括5名议员在内的改革派或者自动脱党或者被驱逐出领导层。他们建立了一个新党“民主社会主义复兴运动”，声称完全支持戈尔巴乔夫改革，认为自己代表着塞浦路斯现代化左翼的未来，实际上这个党没有取得任何实践成就。1991年立法选举中只获得2.4%支持率，一直未能进入议会，1996年与一些自由派共同组建了“联合民主党”，迄今在其国内政治中无足轻重。

有学者分析指出，劳进党的整个演进历史至少形成了四个层面的显著特征：第一，激进的产业斗争造就了一种强烈支持工人利益和斗争精神的亚文化。同时，劳进党与贫困的农民阶层和工会也保持着密切联系。坚持作为植根于农村和社区的群众性政党，拥有强大的工会运动以及独立的经济支持方式，成为劳进党的持续性优势；第二，劳进党是人民在殖民统治下一次又一次建立起来的，长期处于秘密或半秘密状态。严格的民主集中制对其早年的生存与力量恢复具有重要作用；第三，受英美政策压制以及苏联政治倾向的影响，劳进党习惯于与主流政党建立联盟，甚至不惜作为从属性角色。阶级斗争的党因而学会了如何成为一个阶级合作的党；第四，由于其绝大多数党员和支持者来自于希腊族人，因此劳进党不可能采取异化于希腊族人的政策。虽然它反对民族主义，但不可能冒着被视为不爱国的风险，不可能过分背离塞浦路斯社会绝大多数人的意见。[①] 而从后来的实践看，正是这

① Richard Dunphy and Tim Bale, “Red Flag Still Flying?: Explaining AKEL Cyprus’s Communist Anomaly”, *Party Politics*, Vol. 13, No. 3, 2007.

些源于历史的特征，塑造了劳进党理论战略和组织模式的显著特色，使其成为西欧共产党中既能保持自身的共产主义标识，又能在制度框架内发挥重要作用的政治存在。

二　塞劳进党的理论战略和组织特色

围绕劳进党缘何取得成功，国内外已有大量研究成果。一些成果从客观方面探讨了劳进党能够长期保持选举优势的原因。比如，塞浦路斯拥有独特的地域政治，其国土面积狭小，只有 9000 多平方公里，人口只有 36 万人，因此共产党可以“面对面地”开展宣传、鼓动等工作。也有观点认为，1974 年土耳其入侵后，塞浦路斯一直处于分治状态。在塞浦路斯问题上，社会党和绿党持更为强硬立场，反对向北部土族做过多让步，从而导致其很难取得进一步选举突破，等等。[①] 多数研究成果倾向于以分析主客观的综合性因素来探究其成功之道。比如，英国学者吉·哈拉兰博斯（Giorgos Charalambous）在《欧洲最强大的共产党：解释塞劳进党的选举成功》一文中，从内外部等各个角度对劳进党的成功做出了详尽阐释。[②] 而从最根本的主观层面看，具有鲜明特色的理论战略和组织建设模式，对于劳进党的成功更为重要。本部分主要从这两个方面做些考察和梳理。

（一）坚持意识形态连续性与战略策略灵活性的统一

在当代西方共产党中，劳进党是能够将既有意识形态与理论战略现代化结合起来的最突出代表。这一方面表现在它长期坚持科学社会主义的一些基本认识，捍卫党的历史和阶级属性，倡扬自己的共产主义身份，高举社会主义旗帜，展现出鲜明的政治特色。比如，它坚持认为党的意识形态指导是马克思主义—列宁主义，主张当代社会是一个阶级社会，阶级斗争是社会进步的动力；宣称捍卫工人阶级的阶级、社会和政治利益；相信资本主义不是人类社会发

① Richard Dunphy and Tim Bale, “Red Flag Still Flying?: Explaining AKEL Cyprus's Communist Anomaly”, *Party Politics*, Vol. 13, No. 3, 2007.

② Giorgos Charalambous, “The Strongest Communists in Europe: Accounting for AKEL's Electoral Success”, *Journal of Communist Studies and Transition Politics*, Vol. 23, Issue 3, 2007.

展的最高阶段，资本主义的革命性早已耗尽，其剥削性决定其不可能保证可持续发展，资本主义体系是一个不断产生危机和灾难的体系；建立另一个完全不同的社会主义世界是可能的，这个社会的基础是基本生产方式的社会所有制，采取工人自我管理模式，从而为消除剥削、不平等、贫困、异化和歧视，以及实现民主、自由、公平正义等普遍价值奠定坚实基础，等等。[①]

另一方面，在保持意识形态和言论连续性的基础上，劳进党又能够根据时代和实际情况的变化不断进行党的理论政策调整，展现出一种与时俱进的态度和很强的适应性与灵活性。比如，它在坚持"以马列主义世界观为指导"的同时，也从当代资本主义发展的客观实际出发，没有过多地去谈论"革命"或"革命步骤"问题，而是更加强调未来社会主义社会的建立是塞浦路斯人民自由和民主表达的结果；尽管其最终目标是实现社会主义—共产主义，建立生产方式的"社会所有制"，但也清醒地认识到向社会主义过渡的条件目前还不成熟，承认当前塞浦路斯经济的资本主义性质及其必须与全球经济接轨的现实。早在20世纪90年代，劳进党就设计了一种把计划与自由市场结合起来的创新社会主义的经济制度，并提出了不少纠正"脱缰资本主义"负面影响的建议。近年来，劳进党一直坚持私有、国有与合作社经济共存的混合经济政策，甚至还从实际出发提出了支持和鼓励少数国有企业私有化的一些政策。

劳进党这种坚定性和策略性的有机结合，非常鲜明地表现在对欧盟的态度变化上。一直以来，劳进党坚决反对欧盟，对其资本主义、反苏联以及作为北约势力扩展的性质进行严厉批判。1987年，塞浦路斯签署加入欧盟协议时，劳进党议员持坚决反对态度，认为加入欧盟与塞浦路斯的不结盟定位相矛盾，将破坏塞浦路斯的工农业，导致更高的失业率，同时与劳进党长期以来的意识形态导向也是不一致的。后来随着欧盟的影响不断扩大，加之苏联解体以及不结盟运动的衰落，劳进党对欧盟的作用进行重新评估，并在1995

① AKEL, "The Ideology and political identity of AKEL", http://www.akel.org.cy/en/?p=1489#.

年十八大时接受了加入欧盟的必要性，指出作为一个接受马克思主义辩证法指导的党，必须依据新的国际和经济形势重新调整政策。劳进党因而支持加入欧盟，同时也致力于从内部反对欧盟的新自由主义政策，与其他左翼力量一道努力改变欧盟的性质。

（二）捍卫党的组织模式和结构

坚持共产党独特的组织模式，捍卫群众性政党的组织有效性，被劳进党视为标明其身份的三个主要特征之一（其他两个分别是以人为中心的世界观及其提出的纲领）①。正如劳进党党代会文件指出的，“党的组织条件成为其政治和选举成功的牢固基础”。从实践上看，劳进党对这种组织模式和结构的坚持和完善主要表现在以下几个方面②。

第一，坚持党的组织优势，用有效的组织机制进行党员和群众动员。劳进党全国代表大会每5年召开一次，地区性代表大会每4年召开一次，并在中央建立了一套复杂的正式组织机构，在地方和地区层面也建立了相应的组织部门。劳进党非常重视党的组织能力建设，为了不断提高党的组织能力，劳进党定期召开组织会议强调组织问题。针对部分组织涣散状况，还设立了一些控制机制以实现党的目标。比如，劳进党每年都会为新党员、出版物发行、资金募集以及召开意识形态讲座和会议的数量等设定一些目标，年末时会对这些目标的实现情况进行检查。此外，每次大选之后，劳进党会依据选举结果对党的组织能力进行评估。

在劳进党中，党的正式机构相对于其他组成部分拥有绝对权威。与国家在党的资源配置上具有越来越大重要性的西方政党发展趋向相反，劳进党的议会外机构远比其议会党团的权力大得多。劳进党议会党团毫无例外地需要遵守党代会决定。党的议会外机构的

---

① AKEL, “The Ideology and political identity of AKEL”, http://www.akel.org.cy/en/?p=1489#.

② 相关情况主要参考 Antonis A. Ellinas & Yiannos Katsourides, “Organisational Continuity and Electoral Endurance: The Communist Part of Cyprus”, *West European Politics*, Vol. 36, No. 4, 2013; Giorgos Charalambous and Christophoros Chritophorou, “A Society within Society: Linkage in the Case of the Cypriot Communist Party”, *South European Society and Politics*, Vol. 18, No. 1, 2013; Richard Dunphy and Tim Bale, “Red Flag Still Flying? Explaining AKEL-Cyprus's Communist Anomaly”, *Party Politics*, Vol. 13, No. 3, 2007。

重要性，还体现在其政治局构成上，其成员都无任何公职也不担任议员，从而保证了党的决策能够真实反映党的意志。

与西欧一些共产党组织结构的明显衰退不同，劳进党多年来致力于维护并保持着高密度的基层党组织，并不断调整以加强其自身的组织能力。至2007年时，劳进党的基层组织达到535个，也就是说每1500个塞浦路斯居民中就有一个基层党组织。通过这种高密度的地方组织网络，党与群众之间形成了一种积极的双向关系。一方面，党的信息能够在很短时间内有效地传达到地方；另一方面，民众心声也能够被及时反馈到党的领导层，从而做出相应决策。

第二，确立严格的党员入党和教育制度。在党员入党方面，劳进党是最为严格的西方共产党之一。它规定，在六个月的预备期内，预备党员必须经过多次严格测试，才能成为正式党员。这一严格的选拔过程，虽然是1931—1941年劳进党处于非法状态时的被迫之举，但却为当下保障党的性质不发生突变竖起了一道保护性屏障。正是经过这种严格的选拔过程，在多数西方政党都遭遇党员数和党员积极性下降困扰的时候，劳进党的党员基础极其稳定，基层组织非常具有活力。自20世纪80年代以来，劳进党党员数一直稳定地保持在1.4万名左右，近年还略微有所增加。即使在80年代末共产主义面临发展危机的时候，劳进党仍有735名新党员入党，只有200名党员退党。其绝大多数党员（约89%）积极缴纳党费，93%的基层组织每年都会召开党员大会。

为提高党的凝聚力和深化对党的路线的认识，劳进党还通过开展内部讲座、研讨会以及开设相关课程，对新党员进行教育。其党校课程涉及坚持组织原则的重要性、党的基层单位运作以及有效参与基层党员大会的准备提示等。通过这些举措，劳进党将集体主义深深植根于每一名党员思想之中，在党员中形成了一股深切质疑将个人置于党之上的政党文化氛围。

第三，设立提拔任用规定，保持党的领导机构的稳定性和连续性。劳进党对进入党的机构的党员要求很高。中央委员会和中央控制委员会成员，要求必须至少连续7年积极参与党的生活。有资格参加全国党代会和地区性会议的党员，至少要有 3 年积极参与党的生活的经历。党的基层干部也必须连续两年积极参与党的生活。这样一些要求和限制，避免了发生突变进而威胁党的凝聚力的可能性。

同时，这些规定也保证了党的最高权力和领导机构能够保持相对稳定性。从实践上看，劳进党在 20 世纪 90 年代初经历了规模较大的最高权力机构更新换代过程。1990 年，有 500 名党员第一次参加全国代表大会，占总人数（1401 人）的 39%。1995 年党代会，尽管代表总数减少了近 200 人，但又有 400 名新成员加入其中。经过这两次调整，党代表的教育程度大幅提高。接受过大学教育的代表达到 35.7%，而接受过基本教育程度者从 40.8% 下降到 16.5%。此后，虽然党代会代表数量有所增加，但更新率一直保持在较为稳定的水平。2000 年为 16.8%，2005 年为 12.1%，2010 年为 12.7%。同样，劳进党中央委员会在 2005 年和 2010 年，分别只更新了 12 名和不到 30 名新成员，显示了最高领导机构明显的连续性。

第四，坚持作为共产党组织“基因”的民主集中制。自建党以来，劳进党就坚持将民主集中制作为加强党的凝聚力和纪律性的组织机制。20 世纪 80 年代末，在多数西方共产党尝试改变其组织模式，转向内部运转的民主化，用“民主”替代“民主集中”时，劳进党坚持民主集中制不动摇。其党章自 60 年代至今一直鲜明地指出，“劳进党以民主集中原则为基础，即建立在党内民主、领导层集中和自觉纪律基础之上”。

在实践中，面对日益增长的党内民主需求，劳进党注重不断推进和完善党内民主建设。早在 20 世纪 80 年代末将“改革派”开除出党后，劳进党就对自己长期以来的民主集中制实践进行了深刻反思，在 1990 年党的第十七次代表大会前夕，组织全党围绕组织改革问题进行深入讨论，并在十七大上做出了扩大党内民主的决定，在强调坚持民主集中制的同时，提出了“要继续发展党内民主”。为此，劳进党加强了党员权利方面的规定，增加了党员有权通过党的刊物表达其意见，以及如果获得基层党组织 1/3 党员同意，可以将相关问题提上议事日程进行讨论等内容，并为此设立了大量的顾问办公室，以帮助领导层根据相关意见和社会政治形势的变化提出应对之策。同时，劳进党还赋予了党员参与一些重要政策的决策过程的权利。比如，1995年在反对塞浦路斯加入欧盟以及2007年提名总统候选人问题上，劳进党在全党范围内围绕中央委员会提出的建议进行广泛讨论，并在基层党组织会议上进行反复推敲。此外，为防止“近亲繁殖”和党内宗派的形成，劳进党还确立了党内选举无记名投票，以及由地区大会推荐和提名公职候选人等制度。规定基层党组织选举党代会代表以及提名中央委员会和中央控制委员会候选人都由投票产生，党代会代表和中央委员会委员候选人由党的基层组织选举，公职候选人由党员和非党员为此组成的一个基层组织推荐，然后由区选民大会推选，并尤其规定友好的“党外人士”有权推荐参加地方权力机构或代表机构的候选人。

在充分发扬党内民主的基础上，劳进党继续坚持相对“集中化”的组织结构，以树立和维护中央权威，保证党的领导效能的实现。党的总书记马科斯·基普里亚努（Márkos Kyprianoú）明确指出，“党保留并完善了列宁主义的组织特征。我们的目标不是放弃这一组织模式，而是使之进一步完善。虽然组织原则的‘民主’方面不断改善，但‘集中’的内容保持不变”①。这在实践中主要表现在以下方面。

第一，扩大党员民主参与权与集中决策，以及地方组织权力与中央集中领导充分结合。尽管强调赋予普通党员对党内事务的参与权，地方组织对基层事务具有决定权，但劳进党中央牢牢把握着最高领导权以及重要决策的最终决定权。比如，党代会和中央委员会候选人名单由基层上报后，必须经由来自政治局或中央委员会（3人）以及大区委员会（15人）组成的18人提名委员会依据对党的忠诚度、入党时间和经历等对候选人进行排名，并由中央委员会和中央控制委员会选出党的执行机构，其他相关机构选出党的官员。

第二，建立健全集体领导的组织机制。为反对宗派主义，劳进党设立了中央监察委员会，负责向中央委员会报告对党的决定的不

---

① Cited in Antonis A. Ellinas & Yiannos Katsourides, “Organizational Continuity and Electoral Endurance: The Communist Party of Cyrus”, *West European Politics*, Vol. 36, No. 4, 2013.

同意见、宗派倾向或反党行为。同时，为坚持集体领导、防止形成个人专制，劳进党遵循不突出个人的对外宣传导向，所有竞选活动都由党集中控制，个人候选人绝不会出现在党的竞选海报上，并且竞选经费全部由党来负担和调控，等等。

第三，通过严格党规党纪约束党员行为。其党章中有专门条款规定党员必须遵守党的纪律，要求党员和基层组织有义务捍卫党的团结，并对危害党的团结、违反党章和党规的行为规定了惩罚措施，比如，警告、暂停职务、撤职和开除出党等。针对有些党员违反党纪尤其是不遵从党的决定，甚至在互联网上传播谣言、非议和讨论党的事务的行为，劳进党明确规定公开讨论只能在党的刊物上进行，只能由中央委员会或政治局提出倡议；强调党不是无组织无纪律的“俱乐部”，一旦党做出决定，必须无条件执行，否则将会受到严厉惩处。近年来，包括四名前议员在内的一些颇有声望的党员因违反党的组织纪律而被开除出党。

第四，加强党在附属组织中的存在与领导。劳进党的组织机制获得了许多附属组织的支持。其中主要有四个组织与劳进党的联系最多，包括 1941 年以来一直与劳进党有政治联系的最大工会——塞浦路斯劳动者联合会、党的青年组织“青年联合民主组织”、塞浦路斯妇女组织联合会以及塞浦路斯农民联合会。此外，劳进党还在社区和农村帮助建立了大量文化、体育、职业联合会和俱乐部。被劳进党称为“人民运动”的这些附属组织，在党与人民之间构建了一种情感纽带，为进行信息交流、动员支持者和扩大党的社会影响提供了重要支持。

这些附属组织的活动是自治的，但接受党的意识形态和政治指导。党与人民运动的领导层相互重叠。比如，劳动者联合会历任主席都是劳进党政治局成员，4 个主要组织的主要领导人也都是劳进党中央委员会成员。1990 年以来，约 1/4 中央委员会成员来自于人民运动。2010 年代表大会，105 名中央委员中有 29 人是上述附属组织的付薪雇员。这种组织上的重叠，使得劳进党能够更有效地将政治决策传达至人民运动。

值得指出的是，20 世纪 80 年代中期，在面临议会选举支持率下滑以及受戈尔巴乔夫改革的影响时，工会等组织内部曾出现过要求脱离党的领导、要求独立自治等异议声音。经过激烈的斗争，这种组织模式才坚持了下来。正如有学者指出的，劳进党与人民运动保持紧密联系具有显著优势。（1）通过构筑阶级意识，人民运动有利于巩固党的政治权威；（2）人民运动拥有显著组织资源，有利于党在附属组织党员中传达信息；（3）人民运动的组织网络设立了一种为党记录选民偏好的有效机制；（4）人民运动也可以成为党员更新的蓄水池。

第五，坚持基本组织模式前提下对组织战略进行调整。劳进党的组织具有稳定性和连续性，但并不意味着保守和僵化。面对社会政治条件的变化，劳进党也在不断进行组织战略调整和变革，展现了显著的灵活性和适应能力。比如，1990 年后，劳进党依据社会形势的变化将党的基层组织延伸至居民社区和工厂；尝试向一些新的支持者敞开大门，接纳了一些非党的议会候选人。尽管为了保持党的自治和凝聚力，这些人并未加入劳进党，但其行动与党代会和中央委员会的决定保持一致。此外，劳进党也积极应对 20 世纪 90 年代以来因由传媒业解放带来的传媒环境新变化，调整其传统的竞选方法，用职业性的竞选技术补充直接游说和户外集会。比如，鉴于组织大规模群众集会越来越困难以及选民的日益碎片化，劳进党转向直接面向小规模的具体听众进行宣传动员。同时，聘用传媒专家为党进行具体研究工作和民意调查。劳进党还在电视节目和非党报上做广告，增加曝光率。寻求控制媒体，将党的干部和友好人士安置于一些关键岗位，

需要看到，劳进党的这些“变”是与“不变”有机结合起来的。在适应环境变化做出相应调整的同时，劳进党也能够坚决捍卫其基本的组织模式和结构，保持党的自治和力量。比如，尽管它逐渐开始运用一些传统媒体和新媒体进行竞选，但与西方政党显著不同的是，其广告宣传更多聚焦于党本身及其纲领而非候选人；虽然它向竞选专家咨询建议，但这些专家的职业观点必须经过党的严格审查，从而限制了他们对党的战略的影响力，等等。

三　坚持传统的作用与塞劳进党发展近况

劳进党独具特色的理论发展模式，尤其是在组织建设上的连续性，对其选举成功具有显著意义。在多数西欧共产党选择放弃传统的组织结构和对党员的依赖时，劳进党坚持其组织模式不动摇，一直坚定地捍卫着一种建立在高密度地方基层组织、具有凝聚力和稳定的党员以及选择性的党员更新机制上的组织结构。同时，劳进党一直保持着与其附属组织的密切联系。尤其与一些西欧共产党形成鲜明对照的是，劳进党并没有切断与工会的联系，也没有重新界定与组织化劳工的关系。在面对危机时，劳进党坚持逐渐地改革其组织模式，而非急进地转型为非共产主义左翼组织。而且这些调整也没有改变党的组织特征或削弱党的组织机制。正是因为坚持其组织基础中的关键要素，劳进党能够有效应对 20 世纪 80 年代后半期的外部挑战。同时，党的组织密度帮助其成功地吸纳了党内的变革吁求，而党相对集中化的组织机制也帮助其有效地避免了这些新变化可能引发的党内分裂危险。

当然，这种理论和组织模式的特殊性并不足以保证劳进党实现长期执政。2010 年欧洲债务危机爆发后，塞浦路斯受到波及，面临严峻的经济问题，甚而出现 40 年间的首次经济衰退。为应对危机，劳进党政府不得不采取了大量紧缩政策，从而造成了执政党与传统选民间关系紧张。2010 年 2 月和 2011 年 8 月，劳进党的两个主要合作伙伴社会民主运动和民主党退出了执政联盟。此后，在 2011 年 5 月的议会选举中，主要反对党民主大会党以 34% 的支持率超过劳进党成为议会第一大党。虽然由于塞浦路斯是总统制国家，这次选举结果没有直接导致政府更迭，而只是使议席的分配发生相应变化，但反对党力量急剧上升，给劳进党政府的政策实施增加了难度，从而给后来劳进党的总统选举败选埋下了隐患。

2012 年 6 月，受希腊债务大幅减记的影响，持有大量希腊债券的塞浦路斯银行业丧失了基本的流动性支付能力。在“三驾马车”的压力下，劳进党政府被迫开启了征收“存款税”的先例，引发了国内民众的恐慌和愤怒，一度将劳进党政府推向了经济崩溃的边缘。受此影响，2013 年 2 月在总统大选的第二轮投票中，反对党民主大会党主席阿纳斯塔夏季斯（Nicos Anastasiades）击败了劳进党候选人，当选新一任塞浦路斯总统。劳进党失去了执政地位，成为在野党。

在大选失败后发表的声明中，劳进党表达了不畏失败、继续斗争的信心和决心，指出选举结果证明劳进党本身仍然是强大的，劳进党具有独一无二的精神特质和可信度，实践将证明民主大会党的竞选承诺只是一些空洞的口号，劳进党将围绕现政府的反人民的政策开展新的斗争。① 2015 年 6 月召开了劳进党第二十二次全国代表大会。在题为《力量源自斗争，左翼带来希望》的主题报告中，劳进党重申党的马列主义身份特征，反对资本主义是人类社会最后一个发展阶段，主张建立一个以生产方式社会所有制为基础的社会主义社会。在资本主义条件下，劳进党将致力于捍卫工人阶级和普通劳动者的阶级、社会和政治利益，站在争取塞浦路斯民主和自由的最前线，为减缓阻碍建立一个更好未来的社会矛盾而开展艰巨的斗争②。2016 年 5 月，塞浦路斯举行新一届全国议会选举。在这次选举中，民众的政治冷漠情绪蔓延，成为塞浦路斯共和国历史上参选率最低的一次选举。尽管仍然位列第二大党，但劳进党的支持率和议席数均有所下降。有分析认为，劳进党选举的失败源于该党未能占据主动优势。③ 但无论如何，劳进党上一选举周期的复兴努力遭遇挫败，即使党本身也并不满意这一选举结果，并尝试选择新的发展战略以重新恢复党的力量和社会影响力。④ 未来几年是劳进党发展的重要阶段，而能否在继续发挥党的传统优势基础上解决好党本身以及国家和社会发展的突出问题，重新获得民众的信赖和支持，将成为其实现发展转折的关键。

---

① AKEL on the Day After The Presidential Elections, "AKEL Stead Fast and Powerful for Cyprus", Feb. 27, 2013, http://www.akel.org.cy/en/? p=2091.

② Theses of Central Committee of AKEL, "Strength Comes From Struggle, Hope Comes From the Left", 22nd Congress of AKEL, June 4-7th, 2015.

③ "Cyprus parliamentary vote puts far-right in parliament", Reuters, May 23, 2016.

④ AKEL C. C. Press Office, "AKEL C. C. Plenary Statement", May 30, 2016, http://www.akel.org.cy/en/2016/05/30/akel-c-c-plenary-statement/.

第四章　西欧共产党思想理论的新发展

在西欧社会主义思想和运动的发展史上，对社会主义基本理论和发展道路进行思索和探讨，一直是共产党面临的重大课题。早在20世纪20—30年代，西欧一些共产党就已经开始从发达资本主义的社会现实出发，探寻适合发达国家环境和条件以及各国实际情况的斗争方式和发展道路。比如，意大利共产党早期领导人安东尼奥·葛兰西根据西方国家特点，提出了“阵地战”、实现工人阶级领导权和建立新的“历史性集团”等思想，为西欧共产党确立了独立自主探索西方革命道路的一系列战略和策略。二战后，西欧共产党陆续提出了采用不同于俄国革命方式解决资本主义国家革命问题的诸多设想并进行了一些试验。到60年代至70年代中期，伴随科技和生产力的发展，以及资本主义经济结构、阶级结构的深刻变化，西欧一些共产党提出了在西方社会主义思想史上具有里程碑意义的“欧洲共产主义”理论。苏东剧变后，根据国际国内形势的发展变化，西欧共产党进入了对社会主义理论和实践的深刻反思，以及理论上的系统概括和政治战略上的重大调整时期，提出了“新共产主义”“21世纪的社会主义”“先进民主的社会主义”以及建立“反帝民主斗争阵线”等重要思想理论。这些理论的提出，建立在各国党对马克思主义、社会主义、当代资本主义、民主、阶级和阶级斗争以及现实社会主义实践模式等基本问题的认识、评价和重新诠释基础之上。本章主要关注苏东剧变后尤其是21世纪以来西欧地区共产党对上述问题的探索及其认识的调整和变化。

第一节　如何理解马克思主义?

在20世纪末国际共产主义运动遭受挫折陷入低潮的历史时期，对马克思主义的认识，即是坚持信仰马克思主义、继续坚持马克思主义基本理论，还是对马克思主义产生怀疑、进而否定拒绝马克思主义，成为西欧左翼力量重新分化组合的重要标尺。就共产党而言，对马克思主义的态度则体现为是否仍然坚持将马克思主义作为党的指导思想。对这个问题的回答，西欧共产党大体可以归为两种倾向：一是仍然坚持以马克思列宁主义为指导思想，但同时也强调从本国实际出发对马克思列宁主义重新认识和发展；二是一般只提马克思主义或马克思的理论，而不认同列宁主义。虽然主张回归或超越马克思主义，但却存在把马克思主义归结为抽象人道主义的倾向。

一　坚持马克思列宁主义仍然在场

在西欧地区，一些共产党在苏东剧变后继续高举马克思列宁主义的理论旗帜，坚持以马克思列宁主义为理论基础，认为马列主义在当代对于党的革命战略的选择仍然具有重要指导意义。与此同时，这些党也主张吸取苏东剧变的教训，反对教条地看待马克思主义，强调将马克思主义与本国实际结合起来，在实践中不断丰富和发展马克思主义。

希腊共产党强调必须以马克思列宁主义的世界观为指导。它认为，马克思列宁主义作为科学理论被证明是超越时空的，作为分析、认识和革命性地变革社会的工具起着不可替代的作用。马克思列宁主义关于社会主义和共产主义社会必将胜利的论断，关于社会主义革命的理论，不但没有过时，而且随着时间的推移，将被证明是继续有效和更加富有生命力的。党要在总结工人运动和人民运动经验的基础上努力掌握并创造性地发展这一理论。在希共十七大的政治决议[①]以及纪念“十月革命胜利 90 周年”[②] 和“《共产党宣言》发表 160 周年”[③] 等一系列讲话中，希共多次强调，虽然当代社会条件发生了变化，但马克思列宁主义关于资本主义的分析仍然有效。当代资本主义面临的深刻危机，劳资矛盾的激化，帝国主义的压迫，科学技术的飞速发展，生产力的巨大进步，将不能容忍资本主义剥削关系的存在。资本活动的国际化，从民族的、国家垄断的调节向多国调节的发展，也充分体现了资本主义的生产力和生产关系之间的矛盾。马克思列宁主义“为工人阶级的斗争开启了一个新的时代”；“它们在当代仍然富有生命力”。20 世纪社会主义的历史教训表明，党必须坚定不移地秉持“马克思列宁主义意识形态”，并“根据现代形势发展的需要，推动意识形态的理论发展”。

葡萄牙共产党仍然坚持自己的理论基础是马克思列宁主义，认为马克思列宁主义是辩证唯物主义的世界观，是科学分析现实的工具，是行动的指南，是批判地改造社会的意识形态。葡共指出，马克思列宁主义既不是与其他政党相区分的标签，不是空虚的口号，也不是为生活发展所废弃的过时的理论、概念和思想。但葡共也强调，在具体实践马克思列宁主义的过程中，不能犯教条主义的错误，“那些把理论原则当作永恒真理的人，并不是好的马克思列宁主义捍卫者”[④]。2008 年年底召开的葡共十八大一以贯之地强调指出，应该把马克思列宁主义看作一个开放的体系，其理论和概念应该在实践中、在与其他理论的批判性对话中发展。因此，与教条化和机会主义地修正基本原则和概念的做法不同，葡共要求把马克思列宁主义与生活实践紧密联系起来，提出马克思列宁主义要在斗争

① “Political Resolution”, Feb. 2005, http://inter.kke.gr/Documents/17cong/polit-resolut-17thcong/.

② “On the 90th anniversary of the Great October Socialist Revolution in Russia (1917)”, Jul. 30, 2007, http://inter.kke.gr/TheSocial/.

③ “160 Years of the Communist Manifesto: Its Importance for the contemporary revolutionary strategy”, Apr. 6, 2008, http://inter.kke.gr/TheSocial/.

④ “16th Congress of the PCP, Speech by Carlos Carvalhas”, Dec. 8, 2000, http://www.pcp.pt/english.

实践中不断丰富、更新和发展。[①]

塞浦路斯劳动人民进步党强调自己是一个马克思列宁主义政党。在建党 80 周年纲领中，劳进党指出自己建立之初的意识形态基础就是马克思列宁主义，劳进党不是将其作为一种教条，而是行动的指南。劳进党以一种强化党与人民联系的方式，创造性地将这一思想用于塞浦路斯现实，在塞浦路斯人民争取自由、进步过程中发挥指导作用，从而使劳进党成为塞浦路斯政治和社会的关键性力量。劳进党坚信，尽管国际劳工运动和共产主义运动遭受沉重打击，但马克思列宁主义理论仍然是为建立一个更美好、和平、民主、社会公正之世界以及社会主义的坚实的意识形态基础，但同时，马克思列宁主义也应该随着知识的持续进步以及经济、社会和政治的发展而发展和更新。[②]

2016 年 6 月成立的新意大利共产党（原共产党人党）在党章中称，党以马克思列宁主义以及葛兰西和陶里亚蒂丰富的思想为指导，是以科学社会主义、国际共产主义运动、意大利共产主义运动以及工人运动历史中最宝贵的经验为借鉴，秉承抵抗运动和反法西斯运动，以和平主义、反帝国主义、环保主义、反种族主义等为价值理念而构建的意大利所有为社会主义和共产主义而奋斗的人们的先锋队。新意共与以往共产党人党的明显区别，是在马列主义基础上加上了科学社会主义的提法。[③]

英国、德国、芬兰、挪威、瑞典、丹麦等国共产党，也继续坚持党的意识形态特征，强调坚持马克思主义理论为指导，并主张把马克思主义与本国斗争实际结合起来。比如，英国共产党认为自己是建立在马克思列宁主义基础上的政党，强调党正是为了从事社会主义革命而组建的。2008 年英共五十大，再次强调英共是英国"工会、和平和进步运动中唯一一个运用马克思列宁主义来理解垄

① "Theses-Draft Political Resolution", Oct. 13, 2008, http://www.pcp.pt/english.

② http://mltoday.com/thesis-of-the-central-committee-of-akel-on-the-80th-anniversary-of-cpc-akel.

③ 参见李凯旋《论意大利共产主义政党的碎片化困境与发展前景》，《马克思主义研究》2016 年第 9 期。

断资本主义社会各方面的政党"[①]。德国的共产党2006年通过的党纲指出，党的政策基础和政治指南是由马克思、恩格斯和列宁建立并由其他马克思主义者继续发展的关于科学社会主义、唯物辩证法、历史唯物主义和政治经济学的知识。[②] 1992年成立的荷兰新共产党提出自己是一个以马列主义，即马克思、恩格斯以及列宁等进一步发展的科学世界观为基础的反资本主义政党。马列主义深入洞察生产关系、经济发展和人类历史。荷兰新共产党以这些原理为基础，遵循荷兰共产主义运动最积极的发展传统，积极捍卫人类利益。[③]

二　发展或重新解读马克思主义

西欧地区还有一些共产党，虽然信仰马克思主义，但认为列宁主义的某些观点已不适用于当代及其国情，因此不再提列宁主义，而只提马克思主义或科学社会主义。比如，西班牙共产党在1978年第九次全国代表大会上，就以多数票通过了取消"列宁主义"的提法；法共也认为列宁主义是"斯大林僵化理论的产物"，并在1979年二十三大上把"马克思列宁主义"的提法改为"科学社会主义"。

这些共产党强调，既不能固守马克思主义的传统理论，又要坚持马克思研究分析问题的方法。坚持马克思主义并不等于马克思的一切论点在今天都有效，必须根据新情况加以革新和发展，必须重视从本国的一切进步思想和革命传统出发，深化和发展马克思主义。西班牙共产党十六大通过的文件着重指出了马克思主义的发展与更新问题，强调当今世界已经发生了巨大变化，文明技术基础、资源环境、社会文化生活以及国际政治经济秩序都已改变，因此必须对《共产党宣言》中的原则进行更新，使其符合现实状况。共产党人正如宣言中所说的那样，不是什么特殊的人。西班牙共产党人

① "We are for Communism & Unity-Our Flag Stays Red", May 24, 2008, http://www.Communist-party.org.uk/index.php? file = newsTemplate&story = 308.

② http://www.dkp-online.de/programm/.

③ http://www.ncpn.nl/.

如果认为自己是实干家，就应是传统的忠实继承者和革命的实践家，应把理论与实践结合起来，不应仅仅局限于一成不变的立场。“共产主义拥有自己的历史财富和多元文化传统，党应该随着形势的发展不断补充新的内容，共产主义纲领应当落实到具体的阶级斗争之中”①。

法国共产党的“新共产主义”理论提出了“超越马克思”和“回到马克思”的双重命题。法共的“超越马克思”同广义的科学社会主义思路一致，认为取代资本主义应当正确评价资本主义自我更新、自我调整和自我发展的能力，要通过合乎时代潮流和法国国情的政策去调整它，用新的社会制度去超越它，同时也应克服马克思的局限性，要在方法论上“回到马克思”，用马克思的辩证方法和阶层分析学说研究法国问题，避免在阶级结构、阶级力量的对比和阶级对抗的形式已经发生变化后，仍然认为无产阶级要用暴力革命夺取政权并建立无产阶级专政的僵化思路，要继续坚持法国色彩的社会主义从现实出发的正确方向。“回到”不是重复社会主义的某个模式，而是坚持通过对马克思的某些具体观念提出异议，用马克思的批判方法实现“超越马克思”②。

意大利重建共产党也主张重新回到马克思，认为从反资本主义的选择出发，重建共必须要追随马克思主义思想，重新回到马克思主义可资利用的财富。这不仅是因为马克思对资本主义及其生产模式的批判性分析方法，而且是因为马克思关于革命的范畴，即向一个不同的社会秩序的历史性过渡这一思想，达到了其思想总结的最高点，因而只有利用它，才能达到政治的最高点。③ 2013 年重建共九大通过的新党章，继续强调党是以社会主义的基本原理和卡尔·马克思的思想为指导的工人阶级的自由组织，是通过把资本主义社会改造成共产主义社会而解放人类的所有劳动者、青年和知识分子

---

① 王白堂：《从西共十六大看左翼联合的未来》，《当代世界》2002 年第 6 期。

② 参见李周《法国共产党的“新共产主义”理论与实践》，中国社会科学出版社 2006 年版。

③ 参见肖枫主编《社会主义向何处去》，当代世界出版社 1999 年版，第 585—586 页。

的自由组织。

值得指出的是，在倡导回到马克思的同时，上述一些党也对马克思主义进行了重新解读，但总体上存在把马克思主义归结为抽象人道主义的倾向，用抽象的自由、民主、博爱、人道等概念取代马克思主义的革命性内容，认为马克思的早期学说，特别是人文主义思想才是马克思主义的思想精华。比如，法国共产党认为自己倡导的“新共产主义”的实质就是人道主义，法共的政策就是以人为中心的人道主义政策。它强调共产主义与人道主义是一致的，共产主义不是拉平的“集体主义”，不是简单的“平均主义”，而是政治上民主的社会，是一个“男女自由、联合与平等”，“没有失业、没有压迫、没有就业不稳定、没有不公正、没有暴力和没有武器”的社会和世界。正是以这种认识为基点，法共在谈论资本主义时虽然也讲资本和劳动的对抗，但更多的是从伦理根源和价值层面揭示资本主义的不合理性，如认为资本主义使社会大多数人深受异化之苦，它的机制违背了社会，引起了痛苦和倒退，造成了“野蛮和粗暴”，扩大了贫富悬殊等；在分析“新共产主义”对资本主义的“超越”时，更多的是侧重于人的自由、民主、公正等价值的诉求和实现，而且不是通过颁布法令或把现存社会打个落花流水的方式突然消灭资本主义，而是在“现有社会结构内部”进行逐渐“超越”。

苏东剧变后，西方国家“去马克思主义”“去社会主义化”思潮泛滥，甚至包括一些左翼人士也对“马克思主义”的有效性提出了质疑。比如，有的左翼学者对马克思主义的当代意义产生疑虑，认为马克思主义的主要范畴，不仅不足以解决人类解放的问题，而且也不足以完全解释当代社会的复杂性。著名马克思主义研究者麦克莱伦（David Mclellan）这样指出，“在关于实现未来社会的道路和方法上，特别是在当代世界现实的社会环境和条件下如何达到这样的社会，马克思主义是不正确的，没有实际价值”①。也有一些左翼学者在风云变幻的国际局势面前迷失了方向，对马克思主义的

① 何秉孟、姜辉：《阶级结构与第三条道路——与英国学者对话实录》，社会科学文献出版社2005年版，第7页。

一些重要和基本观点产生动摇。比如，佩里·安德森（Perry Anderson）在为《新左派评论》2000 年第 1 期撰写的编者文章《更新》中宣称，“当前唯一可以打破资本主义均衡状态的革命力量来自科学技术，即生产力的进步。在这个基因工程迅速发展的时代，马克思主义所确信的生产关系的重要性就不那么时兴了，人类社会进行变革的动力将来自资本主义制度本身的新陈代谢，我们不能转过头去不看这些事实，一种新秩序只能从旧秩序的不断进化中产生出来”①。与这些怀疑声音形成鲜明对照的是，西欧地区的共产党仍然是马克思主义的坚决捍卫者。当然，即使在那些支持马克思主义的共产党中，也存在着这样或那样的问题，比如，有的对马克思主义的理解比较片面，存在用“马克思的思想”替代“马克思主义”的倾向；有的理解过于简单化，将丰富的马克思主义体系归结为某一具体理论或思想；有的对马克思主义的理解出现偏差，用一些附属概念替换了马克思主义的思想精髓。对于这些不同倾向，我们应该做出实事求是的评价。但可以肯定的是，在当前国际共产主义运动依然低迷的情况下，西欧共产党对马克思主义的坚持和发展是有助于马克思主义传播、有助于世界社会主义理论丰富与创新的，对世界社会主义运动走向新的振兴具有积极影响。

第二节　什么是社会主义?

苏东剧变后，西欧各国共产党继续坚持社会主义和共产主义奋斗目标，并从新的时代条件出发，对社会主义进行新的思考和阐释。总体上看，它们在对社会主义的认识上存在两种基本倾向：一是仍然把社会主义视为一种替代资本主义的社会制度，并根据当代社会发展的新形势对社会主义的特征和原则等做出新的解说；二是更多地把社会主义解释为民主、自由、公正和人道主义等价值要素，强调并致力于建构一种区别于传统的社会主义或共产主义理论框架。

① Perry Anderson, “Renewals”, *New Left Review*, Jan. – Feb., 2000.

一　作为替代资本主义的未来社会制度

在西欧，多数共产党仍然把社会主义和共产主义作为人类社会发展的制度目标，作为取代资本主义制度的现实社会形态。

希腊共产党主张继续坚持为社会主义和共产主义而奋斗的目标。在第十八次代表大会决议中，希共完整阐释了党的社会主义观。希共认为，社会主义是共产主义社会经济结构的最初阶段，它不是一个独立的社会经济形态，而是不成熟、不发达的共产主义。在社会主义阶段，共产主义生产和分配关系尚未完全占支配地位，但共产主义生产关系的基本规律，即“生产是为了满足日益扩大的社会需要”仍然有效。作为共产主义最低阶段的社会主义的特征是：基本生产资料社会化，但仍存在个人和集体所有制形式；主要个人消费产品的分配以劳动而不是需要为基础；在社会主义条件下，仍然继续存在社会不平等、社会分化、显著差异甚至城乡之间、知识工人和体力劳动者之间、专业工人和非专业工人之间的矛盾；为了共产主义生产方式的扩张和发展，工人阶级必须继续进行阶级斗争；实行社会主义计划经济，计划不应理解为一种技术的经济工具，而是一种共产主义的生产和分配关系，它为社会主义建设的基本法则服务；个人与合作生产的产品通过商品—货币的方式交换。①

葡萄牙共产党一直强调其未来目标，是建设一个社会主义和共产主义的新社会。这个新社会将摆脱剥削、压迫、歧视、不平等，摆脱资本主义的社会苦难，将是建立在政治、经济、社会和文化民主、建立在人民群众的广泛积极参与的基础之上的，能够保证葡萄牙主权完整以及葡萄牙人民的物质和精神生活增长的新社会。2000年召开的葡共十六大总结了苏东剧变10年后资本主义的发展变化，指出十年来世界并没有变得更加安全、民主、公正和富有人性。资本主义不仅未能解决工人群众面临的问题，反而使社会文明颓废，使人类正在陷入更大的危险之中。事实证明，基于生产力的巨大进步，生产社会化同资本主义私有制之间的资本主义固有矛盾，不可

① “Theses of the CC on Socialism”, Feb. 18－22, 2009, http://inter.kke.gr.

能得到根本解决。因此，就人类目前可能做出的选择而言，通过社会革命，建立一个具有民主特征的社会主义新社会，将是克服资本主义基本矛盾的唯一解决方案。[①] 2008 年召开的葡共十八大进一步指出，社会主义表达了自由和社会正义价值的优越性，它驱策着全世界共产党人开展反对资本的斗争。在当前，随着资本主义的发展变化，通往社会主义的道路无疑也变得更为复杂，面临更多阻碍，比人们的预期变得更为缓慢，但并没有否认这样一个事实：我们仍然处在一个从资本主义向社会主义过渡的时代。资本主义非但没有解决，反而加剧了我们时代面临的重要问题。只有社会主义才能回应工人和全体人民内心的愿望，只有社会主义才能从资本的贪婪造成的灾难中挽救人类，“社会主义愈益成为一种必要而可能的选择”[②]。

塞浦路斯劳动人民进步党在追溯社会主义思想的演进史以及现代世界社会矛盾发展的基础上，提出了自己对社会主义的理解。总的来说，劳进党的长远目标仍然是建立一个社会主义社会，同时也仍然坚持关于社会主义基本特征即社会所有制、民主计划等论断，但它同时也指出，通向社会主义社会以及构建社会主义的道路将主要是在进步社会主义力量的自觉干预下社会本身发展的结果。它从塞浦路斯社会发展的独特性出发，总结了社会主义的九个基本特征，即通过保护或扩大工人的权益来进一步改善人们的生活水平；充分利用在社会演进中继承的积极因素；考虑并尊重工薪阶层、自雇者、中下阶层和农民的利益；绝对尊重并利用塞浦路斯历史传统和文明发展成果；保障希腊族和土耳其族塞浦路斯人以及所有塞浦路斯人的平等权；保证多元政党体制和社会舆论多元性；承认反对派权利，尊重不同意见；在竞争的框架下保证社会主义以及所有政治和社会因素活动的合法性；向社会主义的过渡在获得多数人支持

① “16th Congress of the PCP, Speech by Carlos Carvalhas”, Dec. 8, 2000, http: //www. pcp. pt/english.

② “Theses-Draft Political Resolution”, Oct. 13, 2008, http: //www. pcp. pt/english .

基础上通过民主、和平的方式实现。[①]

二　偏向于运动过程或价值理念的塑造

西欧共产党大都主张抛弃苏联那样僵化的制度和模式，认为这种模式破坏了社会主义的形象，扼杀了民主和自由，因而一些共产党在重新界定社会主义时，强调把民主、自由、人权当作社会主义最基本的特征。有的共产党强调把社会主义归结为一种社会运动过程，而有的共产党则把社会主义本身视为对自由、平等、民主等价值理念的诉求。

比如，法共就用“新共产主义”取代了“社会主义”一词，认为在资本主义和共产主义之间不存在一个社会主义的过渡阶段。而法共的“新共产主义”也不同于马克思的共产主义，它主要表现为对资本主义的超越过程。尽管法共没有放弃“新共产主义”仍然是“另一种社会组织”的执守，但主要强调实现“新共产主义”的过程是“在现有的资本主义社会的框架内实行深刻的社会变革，依靠发展现有社会的‘成果、需求和潜力’，来否定乃至取消资本主义的‘剥削、异化和统治’”。“新共产主义”就是一种“超越”，是一种“社会变革进程的观念”。“法共不赞成那种为了‘建设’一个在理论上事先设计好的新社会而‘消灭’现有社会秩序的做法。法共主张的超越资本主义是一个‘过程’”[②]。2006 年法共三十三大进一步阐述了共产主义社会的新特点，即共产主义是深层次高水平发展的社会阶段，它反对现时的政治格局和政治强权，要求变革现行的监督组织和机构；共产主义是替代资本主义金融市场控制的逻辑，走向强大和高效的社会；共产主义是女权主义的，即保护妇女的人身自由、就业、财产、避孕等权益，反对男性中心控制权；共产主义是一种生态经济，环境保护是其组成部分；共产主义将使人类得到永久的和平，是在社会学意义上对人性的尊重；

① AKEL, “Our concept for socialism”, http://www.akel.org.cy/en/?p=1495#.VL6DySz9OUs.

② ［法］罗贝尔·于：《共产主义的变革》，载肖枫主编《社会主义向何处去》（下卷），当代世界出版社 1999 年版，第 558 页。

共产主义是填平了经济鸿沟的中产阶层的文明，是人类共同富裕的状态；共产主义是和平主义的，和平文化促进了新的世界自由和公正，也宣告了另一种社会模式的可能性。①

意重建共也强调要把社会主义看作一个现实的斗争过程。它指出，20 世纪成功与失败的经验，愈加证明“两阶段”论——即社会主义作为第一阶段主要是对基本生产力实行国有化或公有化，而共产主义作为第二阶段则留给遥远的未来——是毫无根据的。但这并不意味着革命和共产主义的前景指日可待或者不经过必要的渐进过程就可实现。而是意味着，从政治和战略的角度看，这一前景不能与当前的具体斗争相脱离：也就是说，要以与当前斗争相联系的内在方式而不是以超然的、遥不可及的方式提出革命和共产主义的前景。“西雅图人民”所提出的口号并非偶然：要求建立另一种世界的呼声实际上源自于反对新自由主义全球化的运动所具有的激进性。这一运动源于主观要求和反对跨国公司和大企业超权力的斗争，在超越其自身认识程度外，它必然会深入到现实中来。②

西班牙共产党曾经提出其未来目标是“建设一个消灭剥削的社会主义社会，建设一个没有阶级、没有国家的共产主义社会”。它认为，只有这样的社会才能解决当代世界存在的各种不公正现象，结束各种形式的压迫和剥削，从而实现公正、自由和互助的人类大同。③ 西共十八大报告进一步提出了构建“21 世纪的社会主义”的目标。在西共的概念里，更加强调民主的重要性，提出捍卫社会主义就是要连贯一致地发展和充分实现民主。社会主义作为一种发达的民主形式，源于民主思想传统和民主实践，是任何一种社会主义定义的必要组成部分。而其实现需要依赖于各个层面的参与和民主决定，任何政治和社会运动提出的各种措施需要在各个运动层面达

---

① 参见李周《发展中的法共“新共产主义”理论与实践》，《国外社会科学前沿》2006 年，第 98 页。

② 《意大利重建共产党党纲》，载刘洪才主编《当代世界共产党党纲党章选编》，当代世界出版社 2009 年版。

③ 王白堂：《从西共十六大看左翼联合的未来》，《当代世界》2002 年第 6 期。

成一致，并通过运用国家的民主机制清除阻碍其实现的障碍。①

科学社会主义理论认为，社会主义既是指导工人阶级及全人类争取解放斗争的理论，也是变革和替代资本主义社会的运动和实践。而作为一种理论和实践的社会主义，最终必然要表现为一种社会制度，即现实的社会存在。西欧共产党对社会主义及其特征的不同角度的诠释和界定，对社会主义理论、运动、价值和制度的几方面都有程度不同的思考，反映了各国共产党对社会主义认识的深化。但不可否认，其中有些观点过于强调社会主义某个侧面，淡化各部分之间有机统一的关系，有可能使社会主义或流于抽象的价值说教，或弱化其变革和推动社会前进的效力，或模糊社会主义与资本主义的本质区别，从而使斗争和运动失去目标。结合时代和各国国情对社会主义及其特征的重新认识，应把社会主义看作是理论、运动、价值和制度的有机统一体，这样才能广泛而深刻地理解作为有机整体的社会主义。

第三节　当代资本主义的新发展与新特征

伴随全球化的迅速拓展，当代资本主义的发展特征呈现出诸多新变化。西欧共产党从多个层面揭示了当代资本主义的这些发展变化。

在对当代资本主义的认识上，法共突出强调金融资产阶级的统治，认为西方最近20年的新自由主义就是金融资产阶级利益在政治思潮上的一种反映。金融资产阶级是个寄生的阶级，其寄生性在于通过金融投机来获取利益。因此，在当代资本主义社会，阶级矛盾突出地体现在金融资产阶级的统治所导致的矛盾上。矛盾的一方是金融垄断资产阶级，另一方是广大的劳动者。在资本主义经济中，决定企业命运的不是企业主，所谓的“经理革命”已经被金融寡头的操纵和控制所淹没，经理尽管工资很高，但已经不能决定企

① PCE, “Documento Politico XVIII Congreso PCE”, 2009, http://www.pce.es/xviii-icongreso/.

业的命运，他们从事的只是雇佣劳动。法共尤其指出，继国家垄断资本主义之后，资本主义进入了一个新的阶段，即金融垄断资本主义阶段。在这个阶段，经典意义上的资本主义生产方式及其基本矛盾仍然存在，但资本的增值形式却发生了变化。在工业资本主义时期，货币资本是资本价值的主要形式，在金融垄断资本主义条件下，资本的价值形式演变成货币资本和金融资本的二元结构。金融资本这种最抽象的商品和“虚拟性”资本，对资本使用价值的生产实行全面控制，从而实现资本利润的最大化。金融垄断资本是资本对人类社会生产的最高统治，但另一方面也使资本主义固有的基本矛盾更加尖锐。①

意大利重建共产党主要强调当前资本主义发展的新自由主义特征，提出新自由主义发展模式正在面临全面危机，这一危机尤其表现在金融领域。危机既暴露了国际货币基金组织奉行的新自由主义实质，同时也是“后共产主义”社会过分使用自由主义方法而导致的经济和社会灾难。重建共强调，这种金融危机实际上反映了消费不足与生产能力过剩的真正的资本主义经济危机。新自由主义政策的另一结果是自由市场和自由企业的全球扩张，这极大加剧了社会不公，造成了“从属”世界失业与贫困的激增。目前，随着全球化危机的蔓延，极大动摇了人们对自由主义学说的信念。但在21世纪，自由主义的发展仍然以不同的形式和面貌出现于世界各地，国际金融资本主义的技术官僚们仍然继续推行完全遵循美国模式的发展道路。②

葡萄牙共产党、希腊共产党侧重强调国际化是当代资本主义的新特征。葡萄牙共产党认为，随着新自由主义的发展以及资本、商品、服务的自由流动，当代资本主义展现出两个重要发展特点：一方面，跨国公司超越国家之上，正在削减、吸纳更多的国家行为以及更多的传统和现代部门。世界各国愈益成为相互依赖的经济体，成为外国资本和更发达国家的“附属国”；另一方面，跨国资本的

① 参见林德山《在探索中前进》，《国外理论动态》2001年第12期。

② “An Alternative of Society”, http：//www. rifondazione. it.

全球扩张，使世界各国处于一种相互“竞争”状态。为了争夺外国资本的支持，各国在缩小国家干预、“限制”工资以及减少社会权利等方面展开了激烈“竞争”。这种“竞争”助长了外国资本“讹诈”行为的增加，葡共称为“在竞争名义下的意识形态进攻和人民权利的削弱”①。葡共十七大和十八大继续坚持十六大关于资本主义基本特征的论断，进一步指出资本和财富的集中化与中心化在以史无前例的速度推进，资本的金融化也在继续发展。同时，伴随资本的自由流动和信贷的去地方化，资本主义的非理性和无政府状态加剧，从而成为造成货币体系不稳定、投机泡沫和股票市场崩溃的主要因素。② 希共分析了近年来国际资本主义经济发展的两种倾向，即世界市场中各种力量相互关系的变化继续深化以及全球资本主义发展的减速，这种减速最初表现为金融资本流通的危机。这是一种资本过分积累的危机，且在不断演进之中，并最终致使资本主义陷入深刻危机之中。③

塞浦路斯劳动人民进步党认为，当前的资本主义是社会发展进程中的一个特殊发展阶段，展现为超速发展的国家垄断资本主义。现代资本主义在不断与新形势的发展相调试。资本主义的这种自我调试过程是其社会经济发展史上的新现象。从历史上看，这种自我调适曾是十月社会主义革命和大萧条后现代资本主义的发展特征。资本主义发展的新特点就是能够扬弃其旧有形式，同时又能保持资本主义本身的生产关系不变。这一现象出现的原因主要是资本主义自身的弱点以及新社会制度即社会主义的建立，使资本主义形成巨大压力，推动了工人斗争的发展。资本主义的这种自我调适能力现在面临发展僵局，面临许多无法解决的新旧矛盾。资本主义尤其不能克服其不断爆发的危机，不能为我们时代面临的发展困境找到一

① “16th Congress of the PCP, Speech by Carlos Carvalhas”, Dec. 8, 2000, http://www.pcp.pt/english.

② “THESES (Draft Political resolution)”, Nov. 26, 2004 and “Theses-Draft Political Resolution”, Oct. 13, 2008, http://www.pcp.pt/english.

③ “Theses of the CC for the 18th Congress”, Feb. 18 - 22, 2009, http://inter.kke.gr/.

个可行的发展路径。[①]

芬兰、挪威、瑞典、英国、丹麦等国的共产党也对当代资本主义提出了一些新认识。它们普遍认为，当代资本主义的经济发展，导致了资本、生产的高度集中以及垄断的出现，联系紧密的大财团和银行日益成为市场的主宰。科学技术的进步、国际联系的加强、持续发展的需求，以及生产社会性的进一步增强，导致与片面追逐利润的私有制之间的矛盾不断增大。资本主义试图通过更多、更快、更廉价的生产来增加利润，其后果必然是资本对生产的投入大于对劳动力的需求，因而不可避免地出现严重的失业现象。生产创造的利润的绝大部分被大资本侵占，资本的集中和多数人购买力下降将导致资本过剩的危机，而非正常流通的货币膨胀和虚构的资本市场将造成国民经济危机。由资本主义市场经济的负面效应带来的失业、贫困、地区发展失衡和犯罪率上升等，必将使曾经缩小的社会差别重新扩大，从而为民族主义和种族主义的滋生提供新的土壤。芬兰共产党以其国内资本主义的发展为例指出，虽然当代芬兰较之从前拥有更多的社会财富，但失业仍在继续、贫穷仍在增加。以股份为中心的经济已经取代了原先的福利国家。在这种经济中，最重要的事情不是生产，也不是人民的需求，而是股票价格的变化及其预期价值。大投资者的兴趣只是尽可能快地获得更大利润，而这最终以强化对工人的剥削、解雇工人、短期合同的普遍化、削减社会保障以及公共服务的恶化为代价。芬共认为，所有这一切构成了新自由主义政策的本质及其最终结果。[②]

西欧共产党在对当代资本主义的新发展和新特点进行分析后，虽然大都不再提“资本主义迅速崩溃”“社会主义快速胜利”等观点，但普遍认为当代资本主义没有改变其剥削本质，绝不可能根本解决其面临的基本矛盾，反而会使这些矛盾越来越深。它们坚信资本主义的本质没有变，社会主义代替资本主义的总趋势没有变。比

---

① “Our concept for socialism”, http://www.akel.org.cy/en/? p = 1495#. VM Jw-gyyU7go.

② “The broadest privatization programme in Finland’s history stirs up opposition”, Aug., 2001, http://www.skp.fi.

如，法共认为，资本主义全球霸权的分化、政治的混乱、制度的退化孕育了新的思想文化的发展，从普遍层面上看，人们对资本主义已经产生了陌生感，而共产主义的希望越来越具有现实性。要用劳动是否异化、人性是否得以实现、人是否全面发展作为标准来衡量当代资本主义社会。法共的任务就是要用马克思主义关于人的全面发展理论，来逐步改变资本主义的统治。① 葡萄牙共产党指出，虽然资本主义有时展现出某种出人意料的适应和恢复能力，但其历史局限性也是显而易见的，它仍面临着不可解决的矛盾。在苏东社会主义失败后，资本主义“终结历史”的神话并没有持续多久。新自由主义的处方以及诸多证明资本主义全球化的命题很快名声扫地。资本主义本身非但不能满足劳动人民的利益，反而成为人类生存的一大威胁。社会主义的需要和可能性植根于当代资本主义的体系性矛盾之中。② 德国的共产党也指出，资本主义不能为日益深化的社会矛盾提供一个解决方案。绝大多数人的利益今后仍将面临极大挑战。不仅经济、社会和其他差距仍然巨大，而且我们的生活基础也受到威胁。未来的替代只能是社会主义。③

第四节　民主集中制仍然适用吗?

民主集中制，是无产阶级政党的根本组织原则。西欧共产党对民主集中制的认识，体现了其对于党的组织原则的基本态度。在这一问题上，西欧共产党同样表现出两种截然不同的取向。

一方面是以希腊和葡萄牙共产党为代表的仍然坚持民主集中制原则并不断为这一原则增添新的时代内容的共产党。比如，希腊共产党主张必须坚决贯彻民主集中制原则。它从苏联东欧共产党垮台中得出的一个主要教训，就是认为党的组织原则和行动准则的失灵

① 参见李周《法共“新共产主义”理论：解释观念的方法是实践》，《社会科学报》2007 年 1 月 25 日。

② “Theses-Draft Political Resolution”, Oct. 13, 2008, http: //www. pcp. pt/english.

③ Heinz Stehr, “DKP in Bewegung, DKP – Partei des Sozialismus”, Feb. 23 – 24, 2008, http: //www. dkp-online. de/Parteitage/18pt1/referate/hstehr. pdf.

直接导致共产党组织涣散无力，进而导致党丧失了领导作用。因此，希共强调，“民主集中制是社会主义国家赖以建立和运转的基本原则，是发展社会主义民主的基本原则，是每一生产单位和社会服务单位管理的基本原则”①。

葡萄牙共产党同样坚持民主集中制原则，并强调这是以深入的党内民主、统一的总指导方针和统一的中央领导为特点的。在党的各级领导机构中，实行集体工作（集体领导）制度，不允许主要领导人个人说了算。鉴于党内外反对派对党的组织原则的攻击，葡共特别指出，葡共党内并不存在永恒不变的运行规则；葡共过去和现在一直谴责并反对在传统的民主集中制保护伞下进行独裁、官僚主义的集中；真正的党内集中，不是通过党的等级结构的纯粹集中化运作，而是通过有意识的思想交锋和经常性的民主参与来实现；深化党内民主，在日常工作中是指加强党员权利、强调和推广集体领导与集体行动以及责任的分散化。② 为实现这些方针路线，葡共还去掉了原来党章中写入的“少数服从多数，下级服从上级”的内容，将党员“无条件服从”党的决议改为“自觉服从”，以增强党内民主和自由，尊重和保护党员的个人权利不受侵犯。

此外，西欧其他一些共产主义小党也仍然主张以民主集中制作为党的最高组织原则，但多数党同时也强调要重视党内民主的建设。比如，英国共产党就提出，作为一个民主政党，英共不仅要注重每个党员积极性、创造性的发挥，而且要注重发展其各部分之间的密切关系。

另一方面，是以法共、意大利重建共和西共为代表的公开放弃民主集中制，并代之以民主原则的共产党。在法国共产党内，从1990年二十七大起就有人提出了取消民主集中制的主张，但党内对此意见分歧一直很大。直到1994年法共二十八大召开的时候，党内多数人基本达成一致，在通过的新党章中正式放弃了民主集中

① “Theses of the CC on Socialism”, Feb. 18 – 22, 2009, http://inter. kke. gr.

② PCP, “Portuguese Communist Party-Constitution”, Jun. 25, 2008, http://www. international. pcp. pt.

制原则。此后法共提出的新共产主义理论的重要内容之一，就是强调民主和多样性，认为党需要按照民主方式来运转，党内生活必须尊重多样性。法共特别强调党的基层组织和党员个人的作用，要求每个参加代表大会的人都要发表意见，并在此基础上形成纲领。允许保留少数人，甚至是集体的意见的权利，不能认为个人和少数人保留自己的意见就是无效的。为体现集体领导的原则，法共在组织机构上做了调整，把原来的中央委员会、政治局、中央书记处和总书记职位改为全国委员会、全国局、全国书记处和全国书记。比费上台后，鉴于党内严重的组织混乱状况，废除了1997年确立的主席—全国书记二元领导结构，重新建立了全国书记的单一领导地位，推动法共的中央领导权力从分散回到相对集中的轨道上来。这种强化个人地位的做法引起了党内各派的严重不满。尤其是随着法共在几次大选中接连受挫，各派斗争日趋激烈。为缓和党内矛盾，比费逐渐采取了一些加强集体领导、推进党内民主的措施。2007年1月，提出组建“五人核心领导小组”的倡议，并在年底组织召开非常代表大会，围绕党面临的新的政治形势、党的理论和组织创新问题在党内展开不设禁区的讨论。同时，在党内民主建设中尤其突出党员的重要作用，提出了“党员第一”的口号，强调党的组织不再以组织机构为基础，而是建立在党员的期望、动机和行动自由之上。在2008年三十四大上，法共进一步明确提出要建设一个“民主的法共”，强调党员是“党的最高主宰”，呼吁尊重争论的多样性和意见表达自由，并要求在如下方面切实推进党内民主，包括赋予每一党员对争论的实际控制权，以促进思想流动、透明参与和经验交换；保证在必要时通过协商等方式解决争端；在两次代表大会期间举行一次或多次全国代表会议，把代表会议变成讨论当前经历的论坛，以及探讨党在未来一年发展动向的机会。①

意大利重建共在革新和开放中，一直就强调要增强党的政治争

① Marie-George Buffet, “VOULOIR UN MONDE NOUVEAU, LE CONSTRUIRE AU QUOTIDIEN”, http://www.pcf.fr/IMG/pdf/TEXTE_ADOPTE_34EME_CONGRES_DEF.pdf, Dec. 17, 2008.

论和立场观点的透明性，要展开真正自由的讨论。① 2008 年召开的重建共七大，在通过的文件中继续强调要推动和鼓励多元的政治和理论讨论，指出要围绕非暴力、当代资本主义发展形态和新的阶级构成等议题展开深入分析和讨论，承诺新的领导层要大力推进党的改革，尤其要改变党的单一性别和政治分裂的特征。在党内民主建设问题上，提出鉴于党的各级领导层可能出现的内部争论，党的统一领导必须被理解为一种决策的参与过程而非多数党员对所做决策的批评权。民主不仅是一种形式，它要求其成员真正参与党的生活，参与政治规划和决定的形成，而不能化约为内部计数的官僚工具。民主需要自由、非形式化地参与重要政治议程和抉择的决策过程。各层级的领导集体不是遵循精英逻辑，而是建立在责任原则基础之上。今后一段时间新领导集体发展的主要目标是：责任的翻转，以避免党与制度性政府角色的责任重叠；经常性地更新党自身，以改变其单一的性别特征；引入与特权行为相关的道德准则。②

西班牙共产党早在 1991 年的十三大上就已经取消了民主集中制原则，强调党内实行民主原则。后来通过的党章明确指出，西班牙共产党内部的运行以完全实行民主自由为基础。2009 年西共十八大通过的新党章在论述党的组织原则时，强调党的运行遵循民主原则。这一民主原则包括四个组成部分，即党内民主、集体领导、联合行动和党内团结。其中决策的制定和实施，应该是各方面意见整合的结果，是党的积极分子自由参与自下而上和自上而下讨论的结果。批评和自我批评虽然会导致必要的政治争论，但最终结果并非仅仅是多数意见的强制推行，而是能够实现对立统一。西共主张所有党员一律平等，尤其是在事关党的战略发展方向等重大议题

① “Opening and Innovation: Changing Ourselves to Transform Society, 5th PRC Congress Preparatory Paper”, Apr. 7, 2002, http: //www. rifondazione. it.

② “Let's start again: A Shift to the Left”, Jul. 27, 2008, http: //home. rifondazione. it/xisttest/content/view/3431/310/.

上，要举行全党公决。[①]

党内民主是无产阶级政党的基本建党原则。早在160多年前，恩格斯在论述共产主义同盟的组织原则时就指出，“组织本身是完全民主的，它的各委员会由选举产生并随时可以罢免”[②]。没有党内民主，共产党就没有凝聚力和战斗力，就没有创新的活力和发展的动力。对于西欧共产党大力发展党内民主的做法，我们应该承认和肯定其积极意义。但在积极推进党内民主建设的同时，也要注意树立和维护党的权威。一个过分泛化党内民主和党内公开的政党，不可能促进党内和谐，更不可能实现长盛不衰。历史与实践反复证明，民主与集中、自治与权威，不是彼此对立、相互排斥的，它们是辩证统一的关系。没有民主就没有正确的集中和统一；但没有集中和统一，民主就会沦为无意义的争辩、无谓的空谈和各行其是，造成党的涣散无力，甚至分裂。对于共产党来说，民主和集中同等重要。民主集中制是马克思列宁主义的建党原则，在国际共产主义运动史上对推动各国共产党的成长和发展发挥了巨大作用，现在仍不失为工人阶级政党的正确组织原则。一些西欧共产党取消“民主集中制”而代之以民主原则，是出于在发达资本主义国家社会主义运动处于低潮时期扩大党员数量和群众基础的需要，但从实践上看，有些党比如，法共、意大利重建共和西班牙共产党在发展党内民主的同时并不能通过有效的集中手段来实现党的意志，而过分泛化的公开和民主，也引发了党内争论不休、分歧丛生、派别林立、内讧不断，从而影响了党的团结和统一，甚至造成党的分裂的后果。显然，党内民主的发展并不一定带来积极的结果。在发展党内民主过程中，捍卫党的权威和集中同样具有重要意义。党内民主的任何发展都不应削弱或损害党的权威。只有正确处理好党内民主与党内集中、党内斗争与党内团结的关系，才能成为一个真正有战斗力的政党。从这个意义上说，西欧一些共产党需对党的建设实践进行深入反思。

---

① “Estatutos del Partido Comunista de España”, 6, 7 y 8 noviembre 2009, http://www.pce.es/xviiicongreso/pl.php? id=3444.

② 《马克思恩格斯选集》第4卷，人民出版社1995年版，第200页。

第五节　阶级和阶级斗争还存在吗?

阶级和阶级斗争问题，是马克思主义理论的核心问题。坚持阶级分析和阶级斗争理论，也是以马克思主义为思想指导的无产阶级政党与其他类型政党相区别的一个重要标志。20世纪七八十年代，一些倡导“欧洲共产主义”的共产党，虽然从西方社会复杂的斗争环境考虑，用“工人阶级领导权”等提法替代了“无产阶级专政”，但从未放弃阶级和阶级斗争观，一直捍卫马克思主义阶级和阶级斗争学说的正确性。苏东剧变20多年来，一些西欧共产党思想理论变革幅度比较大，但无论是以“马克思列宁主义”还是以“马克思主义”为意识形态指导的共产党，都反对阶级斗争“消失论”“过时论”，坚持用阶级观点和方法解析当代社会重大理论和现实问题，在关于阶级、阶级斗争和阶级意识等问题上提出了一些既坚持基本原理，又与时代发展和各国实际相结合的新认识和新思考。

法国共产党对阶级和阶级斗争问题的认识，经历了一个变化和调整的过程。法共在近20多年的理论变革进程中一直没有否定阶级斗争的提法。但在20世纪90年代法共“新共产主义”改革的初期，曾提出阶级斗争是渐进的、缓慢的、形式多样的，而暴力革命已经过时。2003年，在玛丽－乔治·比费全面主持党的工作以后，虽仍然继续坚持“新共产主义”的改革方向，但其思想理论很大程度上重新走向“激进化”。同年举行的法共三十二大，重新阐释了“新共产主义”理论的阶级斗争观，纠正了暴力革命不适应新时期共产主义运动的观念，明确提出阶级斗争并不过时。法共在分析法国的阶级阶层现状时指出，法国工薪者总数在增长，产业工人并未消失，而技术人员、干部和教师等占就业人口的多数。法共认为，法国阶级阶层的新特点表现为人们工作的区域性流动越来越频繁，职业定位不再是单一的，行业之间、劳动组织之间以及职业技术等级之间存在着越来越多的相互渗透。这些情况从表面上看造成了阶级意识的涣散，但事实上，一些现实的差距和歧视，如体力劳动和脑力劳动的差距、工资与劳动的差距、失业与社会保障的差距、移民与种族歧视等，正在越来越多地唤醒人们的阶级阶层和阶级斗争意识。阶级斗争没有被超越，它正在走向更加广泛和持久的方向，法共必须坚决成为法国社会中被剥削被压迫阶级和阶层的最大支持者，必须用这些理论反抗资本主义。

法共尤其强调，在资本主义全球化条件下，资产阶级联合成为强大的社会力量，阶级斗争是共产党人和争取解放的人们必须运用的方式。正是因为以前对阶级斗争的认识存在偏差，导致在法共历史上的一些关键时期，过于相信与社会党的联合，过于看重渐进式改革路线，未能果断地进行阶级斗争，使党的主动性和积极性受到抑制，从而一次次地失去了宝贵的发展机遇。法共强调过去曾经有过的那种敢于斗争的精神应当被重新激活，对过去不能正视的问题应当敢于面对。[①]

另一变革幅度较大的西班牙共产党，也旗帜鲜明地宣称阶级斗争消失的观点是错误的。在西共看来，在当前阶段，资本主义仍然在寻求完善其统治机制，试图摧毁被统治阶级的各种形式的组织力量。作为其对立面的工人阶级必须从主观和客观上推进资本主义体制的改进。从这个角度来说，阶级斗争不会也绝不可能消失。

西共用阶级分析方法考察了当代工人阶级的新变化，指出尽管内部结构发生了很大变化，但以出卖劳动力为生的工人阶级队伍是在不断扩大的，仍然是发达国家社会群体的主要组成部分。当代工人阶级的存在方式愈益多样化。福特式大规模工作模式，即生产线工人尽管存在，但服务部门的工人已成为大多数。此外，西班牙还分布着大量小产业部门，尤其是在建筑行业，大企业向小产业部门的业务外包现象非常普遍。这种企业运作模式，使工人受到转包商和大企业的双重压榨。同时，一种建立在人力资本基础上的新的剥削形式已经确立起来：工人需要通过出卖早年在资本主义教育体制中学到的知识来获得赖以生存的薪水。因此，工人阶级从事体力生产的旧观念已经过时了，资本主义创造出了一个广泛的工人阶级，

---

① 参见李周《探索中的法国共产党理论与实践》，中国社会科学出版社 2010 年版，第 181—183 页。

它们在体力和脑力上都受到剥削。

西共认为，当前阶级斗争面临的主要问题是阶级意识问题。阶级意识不是一种抽象的理论，而主要是由生产和服务过程中形成的产业行动与集体的社会和政策一致性决定的。阶级意识不仅作为捍卫工人吁求和权利的工具，而且作为社会政治干预经济和社会现实的手段推动了阶级斗争，是革命以及摆脱人剥削人状况的先决条件。在苏联解体后，随着新自由主义经济和价值观成为政治主导，西共的阶级意识或批判意识极大程度地消退，导致破坏并否定集体意识的自利的个人主义盛行。共产党的这种变性和肢解，将使党的意识形态成为各种左翼思想的“大杂烩”，实质上是一种自我毁灭过程，在实践中造成了西共党员数的显著减少，及其在劳工运动中社会影响力的下降。因此，进行阶级意识宣传以复兴阶级意识，是有效开展阶级斗争的必要条件。①

坚持传统理论代表的希腊共产党，是马克思阶级和阶级斗争理论的坚定捍卫者。在《共产党宣言》发表160周年的一篇纪念文章中，希共高度赞扬马克思恩格斯列宁在阶级、阶级斗争理论上的历史贡献，批驳当代阶级界定标准庸俗化的各种“冒牌理论”，指出“工人阶级终结”“科技发展消除资本主义私人占有制”“后工业和非物质社会”等理论，实质上试图以“正在兴起的大众和青年”取代“工人阶级”作为“革命主体”，进而反对阶级运动和阶级斗争。在希共看来，这种认识与将资本主义的问题视为新自由主义管理的后果，并将新自由主义而非资本主义制度视为斗争目标；与将所谓调控全球市场作为解决资本主义危机的替代政策；与以全球化为借口逃避进行国内斗争等行为是一致的。在激进运动和被压迫人民的反抗日益发展的当代希腊社会，这种倾向非常危险，将导致进步力量妥协。② 希共强调自己90多年的发展史就是阶级斗争的历

① PCE, “Documento Político XVIII Congreso PCE”, 2009, http://www.pce.es/xviiicongreso/.

② D. K outsoumpas, “160 years of the Communist Manifesto: Its importance for the contemporary revolutionary strategy”, http://interold.kke.gr/TheSocial/News/2008news/2008-06-arthro-koutsoumpas/index.html.

史，希共在经济危机下组织的几十次总罢工，都是通过阶级工会“全国工人斗争阵线”将阶级导向的社会力量组织起来进行的。希共致力于成为一个“全天候政党”，其前提就是坚持自己的阶级基础，要与工人和人民建立起密切联系。①

塞浦路斯劳动人民进步党指出，资产阶级经济学家和理论家宣称资本主义是唯一能够提供高标准生活和自由的制度。但他们忘记了资本主义不仅存在于发达国家，也存在于发展中国家。他们忘记了在资本主义社会不仅有富人和商人，还有失业者、无家可归者，等等。现代资本主义社会的产物之一，是社会1/3的人口构成了社会最贫困的部分。而这一现象主要出现在发达资本主义国家。因此，发达资本主义国家的阶级矛盾和阶级斗争绝不会消失。②

葡萄牙共产党从分析当代世界形势出发阐释了阶级斗争的必要性。葡共认为，从历史进程看，我们正处于由十月革命开辟的从资本主义向社会主义过渡的时代。但从中短期看，我们也处于反革命和社会回归的时代。这种国际环境具有两个基本特征：一方面是社会主义在20世纪末的挫败和革命力量的削弱，由于作为资本主义制衡力量的强大社会主义体系消失，整个世界受到剥削性、压迫性和进攻性资本主义及其不可调和的矛盾、受到资本过度生产和资本过度积累危机的危险冲击；另一方面，随着愈益金融化、投机性、寄生性大资本的多层面的暴力进攻，当前资本主义正面临世界范围的经济危机。尽管我们仍然处于革命退潮和力量积累的时代，但这一世界形势表明，作为“创造性历史雕塑家”的阶级斗争在任何地方都不可能停止。阶级斗争呈现一些新的形式，且在近些年表现得越来越尖锐和激烈。在世界各地，由于对劳工更大程度地剥削，由于对工人和人民通过斗争获得的权利的报复性破坏，各种抗议运动蓬勃发展。在发达国家和资本主义体系的外围国家，大规模的斗争、罢工和群众游行不断发生。而在资本主义不平衡发展规律框架

---

① “95 years of KKE's class struggle”, http://inter.kke.gr/en/articles/95-years-of-the-KKEs-class-struggle/.

② AKEL, “Our concept for socialism”, http://www.akel.org.cy/en/?p=1495#.VMJwgyyU7go.

下，随着美国的相对衰落以及其他大国和重要地区力量的兴起，我们正在经历一个各方力量重新结盟的过程，这将重构世界经济和政治版图，产生新的问题、矛盾和机会，从而对革命力量的坚定性和创造性构成挑战，对共产党的政治和意识形态构成严峻挑战。在这种复杂、动荡的全球形势下，葡共强调从本国具体实际出发探索革命和斗争道路的重要性，主张摆脱与现实不相协调的陈词滥调和预先构想的解决方案，积极回应日益紧迫的阶级斗争问题。[①]

总之，西欧共产党的普遍看法，是认为马克思主义关于阶级和阶级斗争的理论并没有随着时代的变迁而丧失其生命力和说服力，强调在当代世界依然需要遵循阶级和阶级分析方法来认识、解决问题。同时，它们对阶级和阶级斗争等问题的认识也没有固守教条、僵化不变，而是将其运用到本国本党的具体斗争实践中，从实际情况出发来考察、分析当代资本主义的阶级结构和阶级斗争，从而很大程度上丰富和发展了马克思主义的阶级和阶级斗争学说。

第六节　如何看待现实社会主义?

对于当代世界社会主义实践的两个主要代表——苏联社会主义和中国特色社会主义，西欧共产党提出了自己的认识和思考。

一　对苏联社会主义的认识和评价

西欧各共产党大都认为，苏联东欧剧变不是社会主义本身的失败，社会主义和共产主义作为替代资本主义的思想和制度，仍然具有强大的生命力和广阔的发展前景。然而，在对苏东剧变原因的分析以及对苏联模式的评价上，它们的观点又不尽相同。

法共对苏联社会主义实践的认识经历了从完全肯定到完全否定再到辩证看待的转变。长期以来，法共与苏联共产党交往密切，曾

① "The world communist and revolutionary movement. Issues of relevance in the ideological struggle", Mar. 1, 2014, http: //www. pcp. pt/en/world-communist-and-revolutionary-movement-issues-relevance-ideological-struggle.

经无条件地追随苏联的政策。即使是在探索独立自主发展道路的“欧洲共产主义”时期，也基本上肯定苏联共产党和苏联社会主义建设的经验。在苏联解体后的一段时间内，法共的态度依然没有发生改变。直到1994年二十八大罗贝尔·于担任党的总书记后，法共的立场才出现发生重大变化。二十八大的《宣言》指出，苏联东欧社会是建立在一党制、完全的统制经济和国家强制作用的基础上，共产党成为了与公民民主国家干预相对立的一种执政和管理工具。1995年罗贝尔·于在参加总统竞选活动时发表的讲话中说苏联模式是“共产主义的蜕变”，其经验总结“从总体上说不是积极的”。1995年11月，他在《共产主义的变革》一书中，批判斯大林主义，指出它是“共产主义的悲剧”，它体现的是一种集权主义、官僚主义和平均主义的社会组织形式，一种中央高度集权、军队与警察机构拥有无限权力并实行专制与恐怖统治的国家政权。苏联解体证明，苏联缺乏民主和公民干预，结果不仅不能超越资本主义，而且导致了资本主义的复辟。此后，法共又多次对苏联模式的社会主义进行了严厉批评，指出20世纪失败的并非共产主义，而是苏联模式的共产主义。这种社会主义模式存在极大缺陷，不能回答和解决当今世界提出的许多问题。它认为，正是这一模式导致了法共理论与实践的盲目性，阻碍了党的发展。因此，法共要生存和发展，必须摆脱这一模式的束缚和影响。然而近年来，随着现实斗争的深入，法共对完全否定苏联模式的主张有所调整，开始倾向于辩证地认识斯大林主义和现实社会主义问题。比如，法共三十三大这样指出，“我们对斯大林的批评主要在于他的强权政治否定了人权和公民干预，这样会加深经济和政治矛盾，加大资本主义的攻击性，而我们并不批评斯大林的本质，因为1917年的俄国革命实际上是世界大战的产物，它也是人民的希望”①。这一定程度上反映了法共对相关问题的认识有所深化。

意大利重建共对苏东剧变的分析较为全面，指出苏东垮台的原

① 李周：《发展中的法共“新共产主义”理论与实践》，《国外社会科学前沿》2006年，第98页。

因多种多样，既有来自于资本主义方面的，也有来自苏东国家本身的错误。重建共尤其强调其重要错误在于对权力概念的理解。这种权力尽管表面上披着社会主义的外衣，但归根到底，是专制的产物。它不仅涉及政治民主，而且还涉及社会组织形式等问题，比如，工人自主组织工会的权利、罢工自由的权利、工会与企业领导关系以及自由和平等等问题。重建共认为，苏东政权的垮台不仅对制度垮台的国家本身造成了深刻影响，而且不同形式、不同程度地对全世界工人运动都产生了重要影响。在经历了这次垮台之后，任何人都不能再以原来的方式思考问题了。而我们能够从苏联经历中得出的教训是，对斯大林主义的批判不仅是对他个人崇拜或错误的否定，而且也是对一种权力体制的批判，苏联那种中央集权和垂直的组织形式阻碍了人民的参与，是错误的权力理念。①

西班牙共产党则主张苏联东欧模式不是社会主义的，认为苏联东欧模式最好应被称为“国家所有制模式”。这种政权在经济上表现为一种国家占据绝对主导作用的生产资料国有制，这是一种既非资本主义的、也非社会主义或共产主义的特殊生产方式，实际上是脱胎于前资本主义的社会形态。从历史角度看，这种生产方式有一定的进步作用，它通过非资本主义道路实现了高速工业化，给人民带来的痛苦要比资本主义原始积累时带来的痛苦程度小。但是把这种制度称为“社会主义制度”则是错误的，这会扭曲社会主义制度的本义，从而损害社会主义和共产主义的声誉。在政治上，苏东社会主义的弊端则表现为中央集权化的政治模式，这种模式的实质是由官僚主义国家机构垄断、包揽一切的“国家主义”，它完全窒息了集体和个人的积极性、能动性。社会主义不应该是集权化发展的结果，而应该是“民主化彻底发展的结果”，“民主是直接的生产力，在社会主义建设进程中尤其如此”。社会主义是民主的社会，社会主义的民主不仅应该扩展到生产决策和分配方式之中，而且应该保障建立参与和监督权力的机制，尤其在决策上要确保真正的民

---

① 参见艾锁林《意大利重建共产党总书记贝尔蒂诺蒂访谈录》，2007 年 9 月，http：//www. douban. com/people/1836510/。

主化，从而避免内部专断和计划失误，推动社会财富持续不断地得以创造。①

希共认为，社会主义制度的剧变是一场反革命，它不仅造成苏联和其他欧洲社会主义国家极大的社会倒退，而且使资本主义国家劳动人民获得的权益也产生极大的社会倒退。希共反对社会主义制度"垮台"的论断，认为它把反革命过程看作是一种必然，掩盖了社会冲突以及社会冲突演变为一种公开的阶级斗争所需的前提条件。② 在它看来，苏东社会主义国家最终失败的因素主要包括：忽略了社会主义社会生产力和生产关系之间的辩证关系；社会主义经济机制的僵化、所有制和分配制度等社会主义因素的弱化；"党—苏维埃—人民"三者之间的辩证统一关系的内在优势未能发挥出来，特别是执政的共产党逐渐丧失先锋领导作用；党的政治工作和创造性的社会主义意识形态工作被削弱并出现了偏差；忽视了社会主义社会由于城乡差别、劳动分工、历史传统、地方特点等因素引起的阶级斗争问题；科技革命成果在各个领域的全面应用被耽搁了；苏东社会主义国家在战略目标和具体策略的制定上忽视了帝国主义的侵略性本质，也忽略了社会党支持资本主义制度和反社会主义的一面，同时无产阶级国际主义原则被严重削弱了。③

葡共也指出，俄国十月革命具有划时代的历史意义，它为人类历史上崭新社会制度的建立开辟了道路。苏维埃国家、苏维埃政权和单一政党体制的建立，并非理论概念而是俄国革命过程的具体条件的产物。它与人类社会的发展需求相适应，实现了从资本主义向马克思和恩格斯创立以及列宁在帝国主义条件下发展起来的科学社会主义的过渡。但问题是在特定历史环境下的错误和偏离建立起了一种"模式"，它束缚和背离了社会和人类力量，否定了马列主义

① 参见王白堂《从西共十六大看左翼联合的未来》，《当代世界》2002 年第 6 期。

② "On the 90th anniversary of the Great October Socialist Revolution in Russia", May, 25, 2007, http: //inter. kke. gr/.

③ 参见王喜满《苏东剧变后希腊共产党对社会主义发展道路的探索》，《当代世界与社会主义》2010 年第 1 期。

革命理论的原则和发展，颠覆了社会主义的合法性，摒弃和淡化工人的参与和干预，背叛了共产主义理想的基本原则。这些概念和实践，加之外部压力，导致了苏东社会主义的失败。[①]

在对待社会主义历史和苏东剧变的态度上，北欧地区和英国的共产党组织大都充分肯定苏东社会主义的历史功绩，但同时也对苏联社会主义模式的弊端进行了总结和批判。如芬兰共产党认为，20世纪民主、平等与人权的发展与共产党人，与革命运动的斗争和影响有着密不可分的联系。苏联在把人类从法西斯主义的魔掌中挽救出来、在推动资本主义国家工人运动的发展和社会改革过程中，发挥了积极作用。苏联解体是综合因素作用的结果，其根本错误在于以命令主义取代了政治行动和民主。尤其是在斯大林统治和面对帝国主义外来侵略的压力下，形成一种承继了沙皇独裁专制传统、与社会主义理想完全相悖的国家官僚政治。这种政治不能回答社会、国际发展的需要和矛盾，不能适应科技革命的挑战。[②] 英国共产党则把苏联社会主义的失败归结为三方面的原因：一是苏联国内逐步形成的高度集中的政权体制，未能充分利用战后科技革命成果以更有效地发展社会生产力；二是苏联同美国进行的军备竞赛，不仅消耗了大量资源，加重了国民经济负担，而且衍生出一个官僚利益阶层，极大影响了人民对社会主义的信心；三是20世纪80年代后戈尔巴乔夫进行的以“公开性、多元化、人道主义”为中心内容的政治经济体制改革的巨大失误。[③] 挪威共产党强调民主集中制的缺失是苏东剧变的一个重要原因，正是因为低估了民主集中制的重要性，导致苏共不能自我纠错。挪威共也指出，如同十月革命和社会主义的发展是工人阶级发展进程中最重要的历史事件一样，苏联和社会主义世界体系的衰落也是我们最大的挫败。然而，这只是一个暂时的失败，资本主义的矛盾没有消失，社会发展的规律也不会发

---

① “90 years of the October Revolution”, Dec. 5, 2007, http: //international. pcp. pt.

② “The Theses of the 2001 Congress of the communist party of Finland”, http: //www. skp. fi.

③ 参见商文斌《冷战后的英国共产党》,《国外理论动态》2003年第2期。

生改变。[①] 瑞典共产党则从苏联社会主义建立及其解体的历程中得出了一个重要教训，即认为坚强有力的马克思列宁主义政党，是社会主义发展前景的绝对必要条件。[②]

总体上看，面对20世纪末社会主义阵营的解体，西欧共产党一方面对苏东挫折的教训进行了反思，一方面并没有放弃社会主义的价值理想和追求。它们对“现实社会主义”的批判，展现出对社会主义理论和实践危机的认识深度，一定程度上揭示了苏东社会主义制度在民主和市场问题上的失误和弊端，对于我们深入探讨、总结社会主义制度建设的经验教训具有一定启发意义。但是必须看到，有的共产党对苏联社会主义的评价是存在问题的，它们因为社会主义制度实践中出现的一些问题，如过于集中的政治权力和民主发展的不充分、过于集中的计划体制和市场的欠发展等不足之处，就全盘否定了苏联社会主义理论和实践的历史价值，这是一种非历史主义的态度，不仅不利于实践中共产党和左翼力量自身的发展壮大，也不利于反资本主义制度和批判资本主义意识形态的现实斗争。

二　对“中国道路”的认同与质疑

改革开放以来，中国特色社会主义取得了举世瞩目的成就，综合国力不断增强，国际影响也日益扩大。同时，苏联东欧剧变后世界社会主义运动长期陷于低潮，人们对中国特色社会主义的未来寄予极大希望。

对中国特色社会主义的发展，西欧共产党非常关注，多数党的认识也是客观的。它们对于中国的经济增长、政治稳定以及中国共产党长期执政的经验持肯定态度，承认中国是当代现存社会主义的

① “Contribution by the CP of Norway”, Nov. 30, 2007, Int. Meeting 2007, Minsk, Contribution of CP of Norway, http: //www. solidnet. org/cgi-bin/agent? parties/0570 = norway, _ communist_ party_ of_ norway/ 975norway-icm30nov07. doc.

② “The USSR and the class struggle in Sweden”, Nov. 30, 2007, Int. Meeting 2007, Minsk, Contribution of CP of Sweden, http: //www. solidnet. org/cgi-bin/agent? parties/0750 = sweden, _ communist_ party_ of_ sweden /992sweden-icm30nov07. doc.

典范，认为其发展与苏联解体形成了鲜明且令人鼓舞的对照，在两制共存与对抗中具有意识形态上的重要性。

比利时工人党在2003年出版的《中国特色社会主义》一书引言中指出该书的目的就是要向读者说明，中国仍然在坚持社会主义道路，阐述有关中国特色社会主义的关键问题：中国私有部门的发展和公有制，社会主义市场经济，中国共产党领导的优势地位，中国特有的多党制体系和民主制度，反对资产阶级意识形态的斗争，中国特色社会主义面临的苏联解体、美国实行敌对和遏制政策的复杂和险恶的国际环境，等等。中国特色社会主义是艰巨而大胆的试验，是不平坦的道路，它不是直线发展的，必须从政策的总体和长远的战略方向看待它，不应该每当出现一个问题的时候就惊呼：中国背离了社会主义。中国特色社会主义具有普遍意义，它为发展中国家指出了一条解决自己问题的道路。中国是保卫世界和平的巩固的前哨阵地和第三世界人民的可靠的盟友。中国特色社会主义的成功证明了社会主义的生命力和活力。①

葡萄牙共产党在二十大报告中高度评价中国在当今世界政治舞台上的作用，指出中国的经济影响及其对国际劳动分工的参与，是国际社会发展的主要因素。中国在国际关系，比如，金砖国家以及其他论坛中的积极作用，对源于美国等帝国主义国家操纵的布雷顿森林体系的相关政策形成了一股抗衡力量。②

意大利共产党人党认为，对于中国现状和发展的任何讨论，都不能忽视中国对社会主义的根本贡献。其中央委员马林乔在一篇文章中对中国特色社会主义实践进行考察分析，他以苏联建国后头15年经历的三种不同的社会主义"形态"，即战时共产主义、新经济政策、农业集体化和经济集中化为例，指出上述任何阶段都不是毫无痛苦的，任何一个过程也不都是照搬马克思主义经典的。同理，中国领导层今天在一个技术相对落后、占世界1/4人口的国家

① 转引自李其庆《加强同西方左翼学者的沟通创造良好的国际舆论环境》，《马克思主义研究》2013年第2期。

② XX PCP Congress, "Theses-Draft Political Resolution", Dec., 2016, http://www.pcp.pt/en/theses-draft-political-resolution-xxth-pcp-congress-excerpts.

尝试构建东方社会主义的新经验，也是完全合情合法的。他对新中国成立以来的实践进行梳理，强调新中国成立之初中国曾是世界上最贫穷的国家之一，当时中国共产党的主要任务是缩减国内的不平等，而邓小平的改革开放新政策则主要是为了减小中国与发达资本主义国家间的外部差距。为了实现这一目标，中国利用市场作为经济发展的动力，允许私有经济的发展。为了平衡这种发展，政权牢牢掌握在共产党手中。邓小平经常强调社会主义不意味着“贫困的社会化”，市场不是资本主义的特权。这一方法与列宁的新经济政策相类似。在这种新的发展阶段，社会主义国家有责任控制关键的经济要素，同时承认市场具有积极作用也是不可或缺的。决定资本主义社会性质的，并非市场存在与否，而是国家权力与资本的关系。如果国家不屈服于资本家阶级的利益，那么市场经济就不是资本主义的。中国现在的问题，是在私人利益和国家利益间存在重叠。①

除这些正面的肯定态度外，不可否认，西方共产党中质疑“中国道路”的声音也不少，其中既有激进、全面否定“中国道路”的论调，也不乏中肯的异议和批评观点。而最激烈的批评和质疑声音，来自一些意识形态相对保守的共产党，比如，希腊共产党以及其他共产党的部分人士，它们的主要观点包括以下内容。

第一，对中国社会主义性质的质疑。有的党提出，自改革开放以来，在作为执政党的共产党的政治领导下，中国发展的是一种资本主义生产关系，“中国道路”走的是一条资本主义道路，其后果是中国以最快的资本主义发展速度以及最多的亿万富翁数，迅速跻身当今世界顶尖国家行列。也有共产党人士认为，中国目前是一个“二分”社会，即非资本主义但尚不是社会主义。只有现存社会主义和资本主义因素间的矛盾推动前者战胜后者，社会主义才能成功，而这必将是一个长期的历史过程。

第二，对中国政治制度的质疑。有共产党人士提出中国不是一

① 此处以及下文中的各方观点源自意大利重建共产党国际部副主任马林乔提供的相关材料。

个人权和法治国家，个人和集体的基本自由未能得到保证，政治制度是非民主和权威主义的，因此中国面临的不仅是要解决尊重个人和集体权利，而且要解决整个体制的问题。

第三，对中国市场经济的质疑。有共产党指出，邓小平的改革是加速自由化的改革，实行的是经济私有化、市场化和自由化，对外国资本和跨国公司的直接投资敞开大门，通过加入世贸组织，实现了同资本主义全球化的一体化。中国实行的是资本主义的增长方式，对工人、农民，特别是农民工实行过度的剥削。

第四，对中国国际战略的质疑。有的党提出，中国已成为资本主义地缘政治和全球化资本主义的组成部分，并在其中发挥着直接和积极作用。比如，希腊共产党认为，特别是从20世纪80年代后，中国已经把自己的经济与国际资本主义市场联系起来。作为巨大的廉价劳动力工厂，向有能力来此投资的资本家提供高利润率，中国积极参与了全球资本主义角色的分配。作为这一方向转变的结果，中国被其他帝国主义强权接纳，成为国际帝国主义体系不可或缺的组成部分。这种依赖及相互依赖的关系尤其通过中国持有美国债券表现出来。它甚至质疑中国对亚非拉发展中国家的援助，认为中国的目的在于帮助在这些国家的中国投资，帮助控制这些国家的中国资本进行资本积累，在于保障中国资本有更好的条件渗入这些国家，等等。

一些西欧共产党之所以对中国抱有这样或那样的片面认识，原因是多方面的。其中既有主观认识上的局限性，也有客观条件方面的限制。比如，受西方媒体大量歪曲和片面宣传的影响和误导；由于长期生活在西方的政治生态中，习惯于从西方政党制度、话语体系和选举制度的角度来思考中国问题，因而得出的结论比较偏激；对中国社会主义初级阶段国情的复杂性缺乏必要了解，固守马克思主义经典作家的个别结论，否定中国特色社会主义理论对马克思主义的发展和创新；我们的工作中也确实存在着一些困难、问题、不足和失误，等等。从这个角度来看，在中国特色社会主义不断发展深化的同时，在党际国际交流和交往中，如何扩大宣传中国特色社会主义，用习近平总书记的话来说，就是“讲好中国故事”是非常必要的。而其前提就是搞清楚这些党到底在哪些问题上存在认识误区，对中国特色社会主义产生误读的原因是什么？特点和性质是什么？并在此基础上搭建多种形式、富有成效的交流平台，加强理论讨论和交流，针对相关质疑和批评做出符合实际、具有说服力的回答。

第五章　西欧共产党的竞争与合作者

从当代西欧激进政治的演进看，西欧共产党的发展至少受到两个来自体制内和体制外竞争与合作者的影响。首先是与共产党同属激进左翼光谱的替代左翼政党或非共产主义激进左翼政党。替代左翼政党是当前西欧政治舞台上一支重要的左翼政治力量。其意识形态界于共产党和社民党之间，明确反对资本主义，代表中下层社会阶级利益，在价值倾向和立场上具有鲜明的激进左翼色彩。替代左翼政党在理论和实践上与共产党既有共性也存在差异。尤其是国际金融经济危机以来，这类在危机前长期处于政治边缘化（甚或根本就不存在）的政党，影响力急剧飙升，一些党进入各国或欧洲议会，有的成为主流政党甚而上台执政，对共产党的存在和发展形成了很大冲击。

其次是20世纪90年代末以来以“全球正义运动”为代表的所谓“亚文化”运动。其组织形式松散，且大多充斥着一种反政党、反政治和无政府主义情绪。其中许多运动甚至不认为自己是左翼，并且回避与政党本身的合作。总体而言，“全球正义运动”缺乏凝聚力、政治影响分散，但“在精神层面显然起到了复兴激进运动的作用”①。西欧共产党与全球正义运动既有联系与合作，也有批评与质疑。

第一节　替代左翼政党与西欧共产党

在西欧各国，中左翼社会民主主义政党左侧存在为数不少的激

---

① Luke March, *Radical Left Party in Europe*, Routledge 2011, p. 224.

进左翼政党。除共产党外，形形色色的非共产主义类型政党占据了激进左翼光谱的大半壁江山。它们的意识形态明显偏向左翼激进主义，反对现存资本主义的社会经济结构及其价值观和实践，支持建立替代的经济和权力框架，但在理论的纯粹性以及阶级意识上远不及传统左翼共产党，因此在各国政党体系坐标中一般处于共产党和社民党之间的位置，可被称为替代左翼政党或非共产主义激进左翼政党。历史地看，这一类型政党在北欧地区拥有相对优势。苏东剧变后尤其近十几年来，这类政党已经逐渐发展成为泛西欧地区政党政治舞台上一支重要的存在力量，其崛起极大改变了欧洲左翼的政治构成，对西欧共产党的发展形成了极大挑战。

一 呈现地域发展特点的西欧替代左翼政党

西欧替代左翼政党的发展带有明显的地域性，当前呈现三种显著发展趋向。

在拥有强大左翼政治传统的南部地区，替代左翼政党展现出强劲发展势头。欧洲南部是当代欧洲激进左翼运动的中心，希腊、西班牙、葡萄牙、法国、意大利均存在具有代表性的替代左翼政党。这些国家的替代左翼政党大都存在时间不长，但在议会政治中却成长很快。其中最具影响力的，是 2004 年方始组建、以“左翼与进步力量联盟”［1989 年成立，主要成员是希腊共产党（国内派）和脱党希共成员］为核心力量的希腊激进左翼联盟。该党借助于经济危机后有利的政治形势，在 2012 年议会选举中一举超越众多传统左翼政党，跃升为希腊议会第二大党以及最大的在野党。在 2015 年 1 月议会选举中，一直在民意测验中领跑的激进左翼联盟不出所料地胜出，成为欧洲第一个上台执政的替代左翼政党。在西班牙，2014 年 1 月成立的“我们能”党迄今存在不过一年时间，但在 2014 年 5 月第一次参加欧洲议会选举，就获得了 8.2% 的选票，此后国内支持率不断上涨。经过 2015 年 12 月和 2016 年 6 月两次全国大选后，稳坐第三大党宝座。1999 年由托派、毛派以及部分葡共成员脱党组建的葡萄牙左翼集团，也是冉冉上升的政治新星。短短十几年间，左翼集团的议会支持率和议席数一路上扬，在 2009

年议会选举中超越拥有90余年历史的葡萄牙共产党。2015年，以10.2%的支持率再创历史新高。在法国，2008年年底，让-吕克·梅朗雄等社会党议员和党内异议分子脱党建立了法国左翼党。2012年法国总统选举中，作为左翼党和共产党联合组建的左翼阵线推举的候选人，梅朗雄在第一轮选举中获得了11.1%的历史性支持率，成为自1981年以来法国激进左翼政党取得的最好选举成绩。此外，源于2009年大选的左翼选举联盟、2010年正式组建的"左翼生态自由党"，在意大利政坛也逐渐发展成为最强大的激进左翼力量。2013年大选参加中左翼联盟，获得3.2%的选票，在众议院、参议院中分别获得37个和7个议席，劳拉·宝尔德里尼（Laura Boldrini）当选众议长。

在北部地区，替代左翼政党继续保持传统优势地位。这一地区的替代左翼政党主要包括芬兰左翼联盟、挪威社会主义左翼党、丹麦社会主义人民党和红绿联盟、瑞典左翼党、冰岛左翼—绿色运动等。它们较早地接受了环保、和平与女权等"新政治"议题，因此也被称为"北欧绿色左翼"政党。由于一直采取独立于苏联、具有民族特色的政策，北欧替代左翼政党几乎没有受到苏联解体的影响，20多年来在议会选举中一直保持着较高得票率，一些党甚至多次参与政府。目前，北欧替代左翼政党的发展很不平衡：有的党由于意识形态和战略的犹豫不决出现了支持率下降，比如，芬兰左翼联盟2015年的全国议会得票率达到历史新低的7.1%；而有的党通过形象转变，正在经历史无前例的选举成功，比如，丹麦红—绿联盟在2015年全国议会选举中取得近年来最高7.8%的支持率。

值得一提的是，与斯堪的纳维亚地区的这些国家相比，英国的激进左翼力量相对弱小，历史得票率一直艰难地维持在1%左右。地区性政党苏格兰社会党，20世纪末至21世纪最初几年在苏格兰议会中曾经获得过议会席位，在苏格兰地方政治中能够发挥一定作用，但却并不具备全国性影响力。近年英国先后出现了几个替代左翼小党，比如，2004年建立的"尊重党"、2013年组建的"左翼团结"，但目前在本国政治中基本上无足轻重。

表 5.1　　西欧地区主要替代左翼政党及其最近全国议会选举结果，1990—2016 年

国家	主要替代左翼政党	最近全国议会选举结果/议席数		20 世纪 90 年代以来最高全国议会选举结果/议席数	
		年份	支持率	年份	支持率
希腊	激进左翼联盟	2015	36.3%/149	2015	36.3%/149
西班牙	"我们能"党	2016	21.2%/67b)	2015	24.5%/71
葡萄牙	左翼集团	2015	10.2%/19	2015	10.2%/19
意大利	左翼生态自由党	2013	3.2%/37	2013	3.2%/37
挪威	社会主义左翼党	2013	4.1%/7	2001	12.5%/23
芬兰	左翼联盟	2015	7.1%/12	1995	11.2%/22
丹麦	社会主义人民党	2015	4.2%/7	2007	13%/23
	红—绿联盟	2015	7.8%/14	2015	7.8%/14
瑞典	左翼党	2014	5.7%/21	1998	12%/43
冰岛	左翼—绿色运动	2016	15.9%/10	2009	21.6%/14
荷兰	社会党	2012	9.7%/15	2006	16.6%/25
德国	左翼党	2013	8.6%/64	2009	11.9%/76
法国	左翼党 a)	2012	6.9%/10	2012	6.9%/10

注释：a）与法国共产党结成左翼阵线参加选举；b）与联合左翼结成"我们能联盟"参加选举，在联盟获得 71 个席位中得到 67 席。

资料来源：http：//www.nsd.uib.no/european_ election_ database/country。

在欧洲大陆地区（卢森堡、奥地利、比利时、荷兰、德国），荷兰社会党与德国左翼党"二枝独秀"。这一地区激进左翼政党自 2000 年以来的平均议会得票率只有 6%[①]，但荷兰社会党与德国左翼党的表现却非常抢眼。荷兰社会党 1972 年从毛派荷兰共产党（马列）演化而来。这一最初只有约 500 名党员、由少数地方议员领导的小党，近年已发展成为拥有超过 5 万名成员的政党。在 2006 年议会选举中，荷兰社会党甚至一度赢得 16.6% 的得票率

① Philippe Marlière, "The Radical Left in Europe: An Outline", *Transform!*, Issue 13, 2013.

和25个议席，位列议会第三大党。德国左翼党是原民主德国执政党统一社会党的直接继承党，其最初名称是民主社会主义党。在居西和比斯基领导下，该党在20世纪90年代发展成为德国东部地区一支显著的政治力量。2005年，民社党与以拉方丹为首、部分社民党左派成员脱党组建的“劳动与社会公正党”建立选举联盟，在同年的国会选举中一举赢得8.7%的选票和54个议席，成为德国第四大党。2007年两党正式合并，组建左翼党，在2013年最近一次大选中获得8.6%的选票和64个议席。左翼党目前在德国东西部地区都拥有广泛支持者，被普遍视为欧洲左翼重建中最为成功的政党。①

二 主要理论战略与组织特征

西欧的替代左翼政党尽管名称不同、在各国政治生态中影响各异，但具有相似的政治地位，在意识形态偏向、理论战略、组织基础等方面与共产党既有相似性，也呈现一些不同特点，主要表现在以下方面。

第一，具有明确的“反资本主义”身份标识。与共产党一样，西欧替代左翼政党也是当代资本主义的异议者，“反资本主义”是其自我标榜的口号。它们大都主张摆脱资本主义的不平等、剥削、扩张和竞争，致力于建设一个与当前资本主义迥然相异的新社会。比如，德国左翼党的党纲规定，党的斗争方向是将对资本主义被动的憎恨转为积极的反抗，改变社会权力的不平衡状况，在新政治力量基础上组织起来，寻求社会替代方案，最终实现社会的根本变革。② 卢森堡左翼党在纲领中质疑资本主义体系，认为当代人类面临的最重要的一些问题，在资本主义框架内都不能得到解决。强调要打破资本主义逻辑，工人、工会、自治的青年力量必须团结起来

① 参见［德］奥利弗·纳克特威《德国左翼党与阶级代表性危机》，《国外理论动态》2010年第5期。

② “Programme of the DIE LINKE Party”, Dec., 2011, http://en.die-linke.de/index.php? id = 9846.

积极改变社会权力结构。[①] 瑞典左翼党在1996年的纲领中指出，“左翼党致力于废除资本主义。我们反对社会分裂成占统治地位的上层阶级和被压迫的下层阶级”[②]。芬兰左翼联盟也坚决反对资本主义，认为它执行的是一套单方支持所有者经济利益和特权的政策，主张发展一种能够促进生态、社会可持续发展的市场经济。正是这种明确的意识形态定位界定了这些党共同的激进左翼身份特征，使其成为西欧政党政治光谱中的一个有机整体。

第二，发展目标缺少确定的制度指向。与将社会主义作为一种明确制度目标的共产党不同，西欧替代左翼政党的“反资本主义”，大都集中于经济层面的内容，很少涉及政治制度替代。替代左翼政党不再是明显的“反制度”政党。它们批判新自由主义，主张对富人征税以及收入和财富再分配，推行银行国有化/社会化、具有重要意义的公共企业国有化，以及公共企业管理的透明化、社会控制和民主计划等，但却也大都承认资本主义的议会民主，承诺捍卫社会式国家，主张通过民主和选举等方式来实现激进甚至革命性变革[③]。比如，芬兰左翼联盟直接把党的基本目标界定为实现社会和经济公正以及环境可持续发展的社会，当前目标则是限制“建立在资本所有权基础上的社会权力”。而荷兰社会党的未来发展目标更加含糊，其党纲呼吁“为了全人类的利益”，强调其思想和行动的指南是人类尊严、平等和团结，认为这既是几个世纪以来人类文明和进步本质的、不可或缺的方面，也是其支持构建的替代社会的核心内容。[④]

多数替代左翼政党很少在平等、正义、团结、民主、自由之外

① “Programm”, Adopted at the Founding Congress on January 30, 1999 in Luxemburg city, amended at the Europe Congress of March 29, 1999, p. 4, cited in Uwe Bakes and Patrick Moreau, *Communist and Post-communist Parties in Europe*, Vandenhoeck &Ruprecht, 2006, p. 136.

② Program of Sweden Left Party , “For a solidarity ”, cited in Kate Hudson, *The New European Left: A Socialism for the Twenty-First Century?*, Algrave Macmillan, 2012, p. 149.

③ “Greece-for an anti-austerity government of the left”, June 1, 2012, http://zcomm.org/znetarticle/greece-for-an-anti-austerity-government-of-the-left-by-socialist-resistance/.

④ “Introducing the Dutch Socialist Party”, http://international.sp.nl/introducing-the-dutch-socialist-party.

直接提社会主义。有的党也提出要建立社会主义替代，比如，丹麦社会主义人民党，提出要在社会中推动社会主义变革，以实现更多的经济、社会、政治平等和公正，建立对新自由主义以及由资本统治的世界的替代，指出建立另一个世界，即一个平等和实现环境可持续发展的世界是可能的。德国民主社会主义党提出要“推翻资本主义”，构建一个承认每个人自由和平等是所有人发展的条件的民主社会主义社会。希腊激进左翼联盟也倡导在希腊和欧洲实现“21世纪的社会主义”，致力于完成战后社会民主主义未能完成的任务，在社会主义和民主基础上实现整个欧洲的激进社会转型。但总体上，这些社会主义更多的是被当作一种运动过程或价值理念，很难理解成一种现实的社会制度。

第三，缺乏统一的意识形态。与以“马克思主义”“马克思列宁主义”“马克思的思想”或“科学社会主义”为思想指导的共产党不同，西欧替代左翼政党大都没有明确的指导思想或理论，意识形态主线趋向“红”“绿”结合，既追求泛化的民主、自由、平等、公正、国际主义、团结等价值观，同时也糅合了女权、和平、环保等后物质主义的“新政治主张”，集结了立场、理念、观点千差万别的各方人士。比如，瑞典左翼党强调自己是靠“四条腿”走路的党，即社会主义、国际主义、绿色政治和女权主义。芬兰左翼联盟宣称它是“所谓第三左翼”的代表，“尝试将劳工运动传统与后工业民主运动思想结合起来。在意识形态上是一个多元主义政党：聚集了政治上属于左翼范畴的人道主义者、社会主义者、马克思主义者、女权主义者、生态主义者”①。挪威社会主义左翼党的政治身份被界定为一个红—绿政党，“‘红’代表我们希望建立一个没有阶级差异和社会不公正的社会。‘绿’代表我们致力于为下一代建设一个具有生态可持续发展的社会”②。

第四，主要是作为中下层社会阶级的政党。多数替代左翼政党不认为自己是传统的工人政党，一些党致力于实现党员和选民的多

---

① http：//www. vasemmisto. fi/vasemmistoliitto/english/left-alliance/.

② http：//arkiv2. sv. no/index. php//Language/English.

样化，呼吁从更广泛的多元社会群体中寻求支持者。但与其认知相反，多数党并未成功吸引不同的收入群体，党员和选民主要来自低收入和危险工作部门，仍然被视为“普通人的政党”。从职业结构看，西欧替代左翼政党存在明显分化。有的党，如斯堪的纳维亚地区的多数党、荷兰社会党、葡萄牙左翼集团和希腊激进左翼联盟等，在受教育水平较高、具有后现代价值观的社会阶层中明显具有吸引力。比如，2005 年，挪威社会主义左翼党的半数选民受雇于公共部门，11% 来自于自雇者，只有 2% 是工人选民。而在一些党中，工人选民仍占有较高比例。比如，在 2009 年选举中，德国左翼党的工人比例达到 18%，芬兰左翼联盟的工人比例更高达 43%。[①] 但无论如何，相对于欧洲其他中左、中右翼政党来说，替代左翼政党的工人选民比例仍然较高，因而许多党仍然有意或无意间被视为代表工人的政党。

第五，相似的欧洲政策立场和倾向。西欧替代左翼政党基本上都加入了欧洲议会党团“北欧绿色左翼—欧洲联合左翼”，除北欧各党组建了“北欧绿色左翼联盟”外，其他各党大都是欧洲左翼党的成员党。与共产党在欧洲一体化问题上的分歧不同，多数替代左翼政党都是温和的疑欧论者。当前，西欧替代左翼政党虽然也批评欧洲一体化过程中外交、货币融合政策的实施及其影响，反对两个版本的欧盟宪法条约以及各国根据欧盟要求采取的紧缩政策，但大都不拒绝欧洲一体化的必要性，承认共同市场的好处，相信欧盟是迎接巨大经济和生态挑战的必要工具。当然，这种认识定位的形成在各党中的发展轨迹不同。比如，至少在 20 世纪 90 年代中期之前，尤其在那些植根于“北欧例外主义传统”的替代左翼政党中，强烈的疑欧主义一直是其主要的身份标签之一。只是在“北欧模式”遭遇困境之后，多数党才开始逐渐接受跨国治理、市场经济，并对欧盟在一些实质性领域，如就业和税收等领域权力的加强采取

① Anna Striethorst, "Members and Electorates of Left Parties in Europe", in Birgit Daiber, Cornelia Hildebrandt, Anna Striethorst (eds.), *Von Revolution bis Koalition: Linke Parteien in Europa*, Berlin 2010. Translation by Phil Hill, 2011.

一种积极态度。希腊激进左翼联盟经历了一个相反的过程，它一直积极支持欧洲一体化，但自 90 年代末以来开始更多地转向批判性立场。目前，只有瑞典左翼党是一个例外，它仍然坚决拒绝欧洲一体化思想及其当前模式，反对欧盟所有条约，并在所有相关公决中都持坚决反对立场。①

第六，社会网络特征表现为“亲”运动、“远”工会。在西欧各国，共产党大多拥有深厚的工会基础，能够与各类工会保持密切联系。囿于出身的影响，尽管替代左翼政党不断寻求在各类工会中扩大自己的影响力，却难以与传统左翼占统治地位的工会组织形成亲密互动。相反，在社会运动领域，因为与其后物质主义诉求和价值观能够形成更多共鸣，替代左翼政党较之其他左翼（尤其是共产党）往往能够产生更大影响。它们广泛参与新社会运动和各种形式的反体制运动，比如，欧洲“愤怒者运动”，在推动地区和各国社会论坛的发展中发挥了重要作用。

三　替代左翼政党兴起的原因

西欧替代左翼政党大多从共产主义性质的政党演化而来，是共产党的衍生物或继任者，比如，芬兰左翼联盟、丹麦社会主义人民党和红—绿联盟、瑞典左翼党以及冰岛左翼—绿色运动、德国左翼党（具有少部分社会民主主义因素）；有的党主要是共产党分裂的产物，比如，希腊激进左翼联盟、意大利左翼生态自由党；部分党与社民党有着深厚渊源，比如，挪威社会主义左翼党、法国左翼党；有的党与极左翼第四国际的托派政党一脉相承，比如，葡萄牙左翼集团、荷兰社会党。有的党源于社会运动的实践与发展，比如，西班牙“我们能”党。

替代左翼政党的兴起，是西欧两大传统左翼政党面临发展困境的结果。20 世纪 80 年代末后，西欧左翼政治发展的突出特点，是社民党的右转与共产主义政党的极大衰落。就社民党而言，由于迅

① Giorgos Charalambous, “All the shades of red: examining the radical left's Euroscepticism”, *Contemporary Politics*, Vol. 7, Issue 3, 2011.

速承认并接受了里根和撒切尔开启的新自由主义核心原则，各国社民党很快“以这种或那种形式、公开或隐秘地成为资本主义俱乐部的署名成员”。尽管一度时髦的“第三条道路”助推社民党于20世纪90年代中后期在众多欧盟国家上台执政，但理论本身的天然缺陷和内在矛盾，导致其难以具有长久生命力，西欧社会民主主义很快便风光不再，在各国大选中接连败北，“社民党在希腊、西班牙、德国和意大利声名扫地，在法国也几乎面临同样命运”①。西欧共产党在苏东剧变后的衰落也是不争的事实。随着一些大党转型为社会民主党，坚持生存下来的共产党或者面临极大发展问题，或者在国内政治中沦为无足轻重的边缘小党。这样，在21世纪最初十几年间，整个西欧左翼政治光谱中形成了一个巨大的真空地带，为替代左翼政党的迅速崛起提供了广阔空间。

其次，替代左翼政党能够在众多左右政治力量中脱颖而出，也与其意识形态和身份特点存在密切联系。20世纪后30年，西方阶级和社会结构的重要变化之一，是伴随经济结构的调整和改变，社会中间阶层日益增大。中间阶层是一个劳动方式多样、成分复杂的异质群体，它们缺乏统一的阶级意识，在意识形态、政策主张上存在明显差异，建立在阶级政治基础上的传统政党很难满足它们的多元利益和需求。相比传统左翼政党，替代左翼政党“红绿”结合的特点在争取中间阶层选民方面具有明显优势：一方面，它们对生态、女权、和平等非阶级、非意识形态的后物质主义议题的强烈关注，明显与生活相对富足、“摆脱战后时期占支配地位的物质主义价值体系，转而信奉后物质主义价值”② 的中间阶层价值理念相契合；另一方面，替代左翼政党也不缺乏激进精神，它们对于新自由主义的批判、对于公平正义的呼吁、对于反体制运动的积极支持和参与，引发了对当代资本主义下生活质量、社会平等、自我实现以及公民自由等不满的中间阶层（尤其是中下层劳动者）的普遍认

① Philippe Marlière, “The Radical Left in Europe: An Outline”, *Transform*!, *Issue* 13, 2013.

② ［德］托马斯·迈尔：《社会民主主义的转型》，北京大学出版社2001年版，第101—102页。

同。同时，对于在新技术革命后得到扩张性发展、游离于传统阶级阶层之间的失业者以及流浪者、同性恋者、少数族裔、外来移民等边缘阶层，替代左翼政党也具有很大吸引力。比如，德国左翼党党员中失业者占比超过8%，新入党党员中占比达到18.4%（2007年），全国代表大会代表中高达24.9%，因而在很大程度上被视为失业者的代表党。[①]

替代左翼政党的兴起，与其相对实用主义的战略策略关系密切。意识形态在替代左翼政党中被极大淡化，选举成为其日常活动和政治战略的中心。因此，替代左翼政党在选择战略策略时展现出很强的实用主义色彩。这突出表现在是否与社民党组建选举联盟的问题上。正如有西方学者分析的那样，在这个问题上它们的立场不断变化。当社民党明显挫败且在执政时实施了一些与右翼同样的危害性政策时，无论在地方还是全国层面都不存在与之结盟问题，比如，希腊、西班牙、葡萄牙、荷兰和斯堪的纳维亚等国。但当社民党在大选中仍然占据主导地位时，如在法国和德国，它们就很难反对与之建立任何形式的联盟。在后一条件下，“这些党的妥协和犹疑不决依赖于环境和当时的政治挑战情况”[②]。比如，德国左翼党就与社民党和绿党在勃兰登堡建立了地区性联盟，而在此前很长一段时间两党在柏林也曾是合作伙伴。荷兰社会党在地方层面除了与工党、绿党结盟外，甚至也曾接受了支持自由市场的自由民主人民党。而为了能够取得执政地位，希腊激进左翼联盟也最终选择与右翼的独立希腊人党组成联合政府。显然，尤其与更多强调意识形态的共产党相比，替代左翼政党明显偏向政策绩效的实用主义或现实主义，令其在当代西方政党政治博弈中显得更加游刃有余。

此外，替代左翼政党的兴起受外部因素影响很大。替代左翼政党在西欧各国的发展很不均衡，国际国内环境对于那些在议会政治

---

① Anna Striethorst, “Members and Electorates of Left Parties in Europe”, in Birgit Daiber, Cornelia Hildebrandt, Anna Striethorst (eds.), *Von Revolution bis Koalition: Linke Parteien in Europa*, Berlin 2010, Translation by Phil Hill, 2011.

② Philippe Marlière, “The Radical Left in Europe: An Outline”, *Transform!*, Issue 13, 2013.

中相对成功的党具有重要影响。欧债危机可以说是希腊激进左翼联盟迅速崛起的最主要动因。在经济和社会危机背景下，与欧盟《备忘录》捆绑在一起的泛希腊社会运动遭到民众摒弃，激进左翼联盟明晰的反对紧缩、废除《备忘录》以及重新商定希腊公共债务等激进主张为其赢得了大量的政治加分。斯堪的纳维亚替代左翼政党的兴起和发展，与其坚持与国家、民族精神相契合的强烈疑欧主义和北欧例外主义有很大关系。此外，很多替代左翼政党在政党体制中的迅速崛起，很大程度上也要归功于各国的选举体制。比如，有的国家，如荷兰采用的是全国选区而非划分选区议席的比例代表制，有的国家，如法国带有很强全民公决意味的总统选举制，极大促进了荷兰社会党和法国左翼党的兴起。

四　新近选举结果与发展近景

就选举而言，作为整体的西欧替代左翼政党至少目前仍然还是非主流政党。在过去十几年间，只有少数党，比如，德国、荷兰、葡萄牙、希腊、丹麦党的全国支持率超过10%。绝大多数党是各国政党政治中占主导地位的社民党以及主要右翼政党外的第三或第四力量。在2014年5月22日的欧洲议会选举中，替代左翼政党整体实力呈现小幅增长。以替代左翼政党和共产党为主要力量的欧洲左派党团（“欧洲联合左翼—北欧绿色左翼”），共获得45个议席。尽管在欧洲议会中仍然处于边缘地位，但较之2009年（35席）有了显著提升。希腊激进左翼联盟彰显独特优势，在国内选举中赢得27%的选票，击败当时执政的民主党和极右翼金色黎明党，成为这次选举中可与极右翼法国国民阵线和英国独立党兴起相提并论的最大亮点。

2015年1月希腊激进左翼联盟胜选执政，是替代左翼政党的实质性突破，在中左或中右政党主导的当代欧洲政党政治发展中具有里程碑意义。然而，这一胜利是否会在欧洲替代左翼政党中产生“多米诺骨牌”效应呢？是否预示着“左翼的时代到来了”（齐普拉斯的支持者在雅典市中心集会上高呼的口号）呢？总的来看，对多数替代左翼政党来说，正如有学者指出的，“尽管激进左翼联盟明显为其提供了灵感，但根本不可能直接复制它的成功”[1]。因为希腊激进左翼联盟的成功具有特殊性，其崛起有造成希腊几近破产的债务危机，以及因外部干预和左翼主流政党遭受毁灭性打击而引发政治体系崩溃的特殊背景。在其他多数国家，危机并未严重到这种程度，同时也缺少后述重要构成元素。当然，这并不排除一些拥有类似背景的政党成为例外，比如，奇迹般崛起的西班牙“我们能”党。但就整体而言，至少在可以预见的未来，替代左翼政党在欧洲政治中大范围崛起仍然面临很大困难。

一方面，替代左翼政党面对着来自左右激进政治力量的挤压。西欧替代左翼政党大多是政治舞台上的迟到者，从一诞生起就进入了一个异常拥挤的政治空间。首先，它不能完全垄断社会民主主义右转和共产党衰落形成的左翼真空。在其左面，尽管托派、毛派等极左翼政党整体上因极端教条的宗派主义不能产生大规模政治影响，但在一些特定国家如法国，复兴的托派政党“新反资本主义党”对左翼联盟的发展却构成了现实挑战；在其右面，绿党在不少国家都是替代左翼政党的主要竞争者。它们秉持同样的绿色理念，但生态内涵更为浓厚，意识形态更为淡化，在一些国家比替代左翼政党的历史更为悠久，在实践中很难确保选民选择“红—绿”而非“绿—绿”政党。其次，极右翼政党分流了替代左翼的部分支持者。激进左右翼政党虽然分列政党光谱的两端，但却具有一些类似的政治吁求，比如，反自由主义、反对美国主导的西方世界，等等。在中下层选民中，激进左右翼政党的支持者存在着部分重合。在一些国家，尤其是在经济危机下，极右翼政党利用民众的不安全感，凭借其更彻底的民粹主义立场，通过宣扬种族主义和排外主义，往往能够渗入替代左翼政党的传统选民阶层，吸引更多支持者。

另一方面，左翼政党普遍面临的政策选择问题同样困扰着替代左翼政党。替代左翼政党获得更多支持的主要立足点，是它们捍卫普通民众的生活水平，呼吁公平正义等关键价值。目前西欧激进左

---

① ［英］卢克·马奇：《欧洲激进左翼政党》中文版序言，社会科学文献出版社2014年版，第3页。

翼政党的主要困境在于：尽管宣称反对资本主义，主张建立一个替代的欧洲，但实际上却提不出行之有效的替代方案。它们提出的诸多改革措施徒有激进主义外表，实质上只是不触动主要利益关系的“增量改革”。尤其是在经济危机的特殊条件下，激进的口号虽然能在一段时间内帮助其赢得更多支持，但由于其危机解决方案并不能解决任何实质性问题，即使有的党能够上台执政，也将难以避免遭遇信任危机。

从上述意义上说，尽管部分替代左翼政党的选举成就现在已经让人很难再视其为一个边缘角色，而且当前欧洲紧缩经济的持续性后果也将令替代左翼政党获得更多的发展潜力，但整体上看，替代左翼政党在重要性上获得进一步发展仍将面临很大困难。

五 替代左翼政党对西欧共产党的冲击与影响

21 世纪尤其是国际金融经济危机以来，替代左翼政党的迅速崛起，对西欧共产党的发展形成了极大挑战。在苏东剧变之后的十几年间，共产党在各国政党政治生态中的地位和影响远远高于替代左翼政党，是各国占主导地位的激进左翼力量。但近几年来，替代左翼政党在不少国家的发展已经超越了共产党，甚至上升为国家的主流政党。比如，希腊激进左翼联盟经过短短十几年的发展，就改写了希腊自民主时代开启以来由泛希腊社会主义运动和新民主党轮流执政的历史，成为整个西欧地区继塞浦路斯劳动人民进步党后又一上台执政的激进左翼力量。而仅仅成立一年多的西班牙“我们能”党的支持率和选举成就，就超过了拥有近百年历史的西班牙共产党。

不少替代左翼政党脱胎于共产党，因此二者在世界观上具有基本的一致性，“它们拥有一些共同的关注点，而且其关注的绝大多数问题在其发展早期，当马克思—列宁主义还是作为一种统一性原则的时候就已经提出了”[①]。在实践中，它们大都批评欧盟的私有化、对工人权利的侵蚀以及福利国家的退却，支持发展更强大的地

① Giorgos Charalambous, *European Integration and the Communist Dilemma: Communist Party Responses to Europe in Greece, Cyprus and Italy*, Ashgate, 2013, p. 39.

区性政策，在欧盟的核心和外围国家间保持公平关系，呼吁欧盟在全球环境保护和可持续发展领域发挥更为积极的作用，支持移民、难民权益，反对欧盟制度结构和决策过程的非民主性，抵制欧盟臣服于北约和美国利益，支持欧洲去军事化以及与欠发达国家发展更平等关系，等等。

正是理论立场上的这些相似性，使得共产党与替代左翼政党在各国的选民基础存在一定重叠。替代左翼政党相对淡化的意识形态和实用的政策主张，对中下阶层更具吸引力，也分流了不少共产党的支持者。尤其是在决定政党命运的关键选举中，选民的倒戈更加明显。这在2012年希腊议会选举中表现得尤为突出。2012年希腊举行了两轮议会选举。在5月第一轮选举中，激进左翼联盟和希腊共产党分别获得了16.8%和8.5%的选票，分列议会第二位和第五位。由于前三名政党未能组成联合政府，希腊又在6月举行了第二次选举。其中激进左翼联盟获得26.9%的支持率，而希腊共产党的选票只有4.5%，下滑至第七大党。正如希腊共产党在对选举结果进行分析时指出的，由于6月最终选举的基本投票标准是组建联合政府的必要性，而建基于反欧盟《备忘录》的标准的重要性已显著下降，因此希共5月选票中的55%流向了具有组阁潜力的“激进左翼联盟”①。

从实践上看，由于在意识形态以及一些重要问题上存在认识分歧，同属激进左翼阵营的替代左翼政党和共产党的联合斗争成为不可能完成的任务。在不少国家，替代左翼政党与共产党相互猜忌、指责，联合斗争几乎不具备任何现实可能性。比如，在希腊，“激进左翼联盟”与位于其左侧的希腊共产党存在着难以调和的矛盾。希腊共产党一直不认同“激进左翼联盟”，认为它的各种激进主张是迎合民众意愿的机会主义，因而在2012年5月选举后拒绝了“激进左翼联盟”共同组建联合政府的倡议，使激进左翼丧失了提前创造希腊历史、入主政府的机会。2013年4月召开的希共十九

① http://interold.kke.gr/News/news2012/2012-07-16-teliki-apofasi-cc-ekloges/index.html.

大指出，“激进左翼联盟”正在发展成为一个社会民主主义性质的政党，甚至比初期的泛希腊社会主义运动还要保守。希共甚至明确表示，未来不存在与激进左翼联盟推动建立的政府进行合作或参与其构建的可能性。① 在2015年激进左翼联盟胜选执政后，希腊共产党继续强调激进左翼联盟就是希腊的社会民主党，认为希腊新政府将会选择撤退和妥协路线，向大资本、欧盟和北约做出承诺。② 迄今为止，法国是替代左翼政党与共产党唯一结成联盟的欧洲国家。尽管法国左翼党与共产党建立了选举联盟“左翼阵线”，并在2012年总统选举中取得显著成效，但两党一直龃龉不断，内部矛盾冲突重重，随着2017年总统大选到来，甚至面临分崩离析的危险。③ 激进左翼政党不能结成稳固同盟，不仅制约着各自的发展，也极大影响着左翼联合斗争的效力。

第二节　全球正义运动与西欧共产党

20世纪60年代以来西方社会演进的50年，伴随着各种形式社会运动的兴起与发展。一波又一波社会运动此起彼伏、高潮迭起，在政治、经济和社会生活各个层面深刻地影响和改造着当代资本主义，从而使得当代西方社会被赋予了“社会运动社会”的说法。从历史发展纵向看，当代西方社会运动主要经历了20世纪60年代的抗议运动；以反对各种形式生态破坏、反对核污染与核威胁、争取同性恋和少数民族权利为代表形式的新社会运动；以及90年代以来蔚为大观的全球正义运动等表现形式。

与苏东剧变后西欧共产党关系最密切、影响最大的，无疑是引发了更多激进主义想象的全球正义运动，其行动为共产党提供了显

---

① KKE, “Political Resolution of the 19th Congress of the KKE”, Apr. 11 – 13, 2013, http: //inter. kke. gr/News/news2013/19congress-politiki-apofasi/.

② KKE, “SYRIZA, the new pole of social-democracy in Greece”, http: //inter. kke. gr/en/articles/SYRIZA-the-new-pole-of-social-democracy-in-Greece/.

③ Jon Lansman, “Is the Front de Gauche of Jean-Luc Mélenchon about to break up?”, Feb. 17, 2014, http: //www. leftfutures. org/2014/02/is-the-front-de-gauche-of-jean-luc-melenchon-about-to-break-up/.

著的潜力。[①] 所谓全球正义运动，是指20年代90年代末以来一系列剑指资本主义全球化，以促进经济资源再分配为目标的社会运动的总称。其第一次引发世人关注的大规模行动，是1999年反世贸组织西雅图会议行动。当时包括环保人士、工会成员、人权支持者、学生、女性主义者在内的约5万人聚集西雅图，抗议世贸组织会议，并与警察发生了激烈冲突。随后，在华盛顿、魁北克、日内瓦、意大利等地陆续发生了更多抗议活动，它们以国际金融机构及其推行的新自由主义政策为斗争靶向，指责其造成了发展中国家的贫困，加重了妇女和家庭的负担，破坏了环境，降低了劳动水平。最初，人们因为这场运动的反全球资本主义导向而称其为“反全球化运动”。后来，运动的参与者逐渐将他们的事业界定为“全球正义运动”，因为其主要目标是推进全球正义而非仅仅反对全球化。这些行动比较零散、高度异质，但都具有一个共同特征，即反对全球资本主义，支持人们不受国际金融机构和跨国公司的影响自主决定其未来的权利。

一 全球正义运动的演进与动员框架

20世纪90年代末发生的西方抗议行动，并非针对国际机构及其自由贸易和货币政策采取的第一次集体行动。在整个80年代，全球各地反抗新自由主义的集体行动已经此起彼伏。这一时期，大约23个国家发生了总罢工或大规模抗议，反对国际货币基金组织和世界银行推动的“结构调整计划”。在欧洲，许多运动运用直接行动方式抗议削减社会福利和针对移民的种族主义。1988年，来自全欧约8万人曾举行游行示威，抗议国际货币基金组织的柏林会议。在北美，80年代出现的反对“加拿大—美国自由贸易协定”运动，对构建美、加、墨三国抗议行动者的跨国联系网具有重要意义。进入90年代，地区性的集体行动获得加速发展。在拉美地区，哥伦比亚土著居民反对美国西方石油公司的石油开采计划运动、巴西的“失地工人运动”，以及墨西哥恰帕斯爆发的“帕萨塔运动”

① Luke March, *Radical Left Parties in Europe*, Routledge, p. 167.

产生了广泛社会影响。在多伦多，成立于1992年的“社会正义网”将城市服务的减少等地方性议题与自由贸易和新自由主义经济政策联系起来，联合工会、以社区为基础的社会服务机构、住房和反贫困行动者、女性主义者共同开展抗议活动。在伦敦，最初只是抗议修建高速公路的反路运动，后来逐渐发展成为更具广泛意义的反企业批判。1998年5月，一场全球性的街头派对同时在世界各大城市举行，极大地唤起了人们对运动权利的觉醒。正是这些地区性的运动动员，使得全球性抗议运动的大规模崛起成为可能。90年代末以来，全球正义运动频繁上演，组织规模越来越大，参与人数越来越多，影响范围越来越广，以至于被有的学者称作是一场新型的“自下而上的全球化”①。

全球正义运动的动员框架可以简单归纳为一个主题，两个目标。一个主题，即反对新自由主义。新自由主义及其破坏性后果既是全球正义运动产生的原因，同时也为运动的广泛动员构建了一个诊断各种社会问题的“框架”。这一“具有广泛包容性、愈益带有跨国特征的诊断框架”，将世界范围内各种不同类型的问题，如福利减少、失业、发展中国家的债务负担、国际经济的不稳定等，都归结到新自由主义之上，将新自由主义视为一切经济、政治、民族、社会、文化问题的根源所在。各种不同形式的社会运动在反新自由主义的斗争主题下动员、联系起来，并逐渐汇聚成一股全球性的反抗行动潮流。

在反新自由主义的共同主题下，全球正义运动将其斗争矛头直接指向两个主要目标：一是全球著名的跨国公司，如耐克、麦当劳、微软、星巴克、壳牌石油等。运动的参加者认为，这些顶尖的跨国公司是当今全球化资本主义的象征。与同类企业相比，它们最有技术水平、最有经济规模，但唯利是图的本性也最为突出，因而造成的消极社会影响也更大。20世纪90年代以来，全球正义运动频频发起针对这些跨国企业的集体行动，其中产生广泛影响的包括

① Donatella Porta et al., *Globalization from Below: Transnational Activists and Protest Networks*, Minneapolis: University Press of Minnesota Press, 2006, pp. 14 - 15.

基本生活工资运动、公平贸易运动和反血汗工厂运动，等等。全球正义运动的另一斗争目标，是世界银行、国际货币基金组织、世界贸易组织等大型国际组织。这些国际组织被运动的参加者视为西方国家向全球推行新自由主义的支柱和工具，认为它们代表全球资本主义制造和强化了国家内部以及国家之间不平等的结构模式。多数运动的参加者希望对它们进行改造，使其承担更多的经济责任。从实践看，反对斗争主要以各种形式的抗议活动为主。凡遇到一些重要国际会议，如世贸组织会议、国际货币基金和世界银行会议、八国峰会和世界经济论坛等，全球正义运动人士都要组织示威、游行、静坐、集会、递交请愿书、举办研讨会等抗议活动。同时，运动也在会议举办地组织一些社会论坛、人民论坛等“平行峰会”，与这些国际会议分庭抗礼。

在共同斗争主题和目标的动员框架之下，不同层面的社会运动在共同的集体行动中联合起来。“阿塔克”和“人民全球行动”就是这其中较有影响的两个组织。“阿塔克”，即“争取开征托宾税援助公民行动协会”，于1998年由法国《外交世界》月刊以及几大左翼杂志共同发起成立。其宗旨是“提供有关金融统治的各种信息，并在国家、区域和国际三级开展反对金融统治的斗争”，目前在全球超过50个国家建立了分部，拥有成员9万之众，逐渐发展成为具有世界影响的组织。“人民全球行动”，源于“萨帕塔”1996年召集的全球草根运动会议，当时来自40个国家的6000名代表在该会议上宣称将建立一个“反对新自由主义的集体斗争和抗议网”。1998年，“人民全球行动”在日内瓦正式宣告成立。行动的主要任务是对世界各地非集中化的“全球行动日”进行协调。20世纪90年代末以来，行动发起了多次针对世贸组织、国际货币基金、世界银行和八国峰会的全球行动日，抗衡新自由主义的世界秩序，支持社会和环境正义。

全球正义运动的这些跨国联盟，并非真正意义的有严密结构的“组织”，而只是运动间交流和协调的渠道。“阿塔克”是一个没有等级制的联盟，全国委员会指定斗争的总议题并建议可能的运动领域，各个地方网络在与中央的行动方针保持相对一致的基础上独立运作。协会内的成员和组织被鼓励对各种观点进行讨论交流，影响相互的战略选择。从协会的组织动员看，很大程度上依靠电子网络的力量。阿塔克的网站提供相关政治行动和游行示威的信息，发起请愿，组织在线会议，等等。“人民全球行动”的结构同样松散，为方便草根运动的参与，整个联盟采取非集中化的结构模式。它甚至没有一个明确的领导层，其唯一的中央决策机构是定期选举产生的召集人委员会，负责组织会议以及进行运动的交流沟通。联盟主要通过每次集会时修改“动态文件”等来建立参加者的集体身份。在这一过程中，运动参加者可以挑战任何权威，可以通过以新的方式重构合作基础来建立相互间的信任。有学者对此做出这样的评价，尽管参与“人民全球行动”的各运动间仍然存在差异，但它们“愈益将自己视为一种彼此联系的反新自由主义全球斗争的一部分”①。

二　世界社会论坛的兴起与衰落

从运动的斗争形式看，20 世纪八九十年代的全球正义运动主要采取的是非常规化、非连续性的直接行动方式。实际上，正是因为采取了这些具有轰动效应的街头直接行动，全球正义运动才引发了全世界的普遍关注，吸引了越来越多的参与者。但随着运动的不断深入，单纯的街头斗争开始逐渐显现其固有的缺陷。一方面，抗议行动只是提出了问题，并未解决问题，甚至没有提出如何解决问题的方案，从而极大限制了运动本身的实践意义。另一方面，街头抗议行动中暴力倾向的蔓延，也在侵蚀着运动的群众基础。尤其是“9·11”事件后，直接行动中的暴力因子更加成为运动进一步发展前行的阻碍。在这种情况下，一些运动内部的有识之士开始对运动的组织形式进行反思，尝试在直接抗议行动之外寻找一条正规化的、能够把运动继续推向前进的理性的斗争方式。世界社会论坛的建立，就是这种探索的直接成果。

世界社会论坛的最初设计，是针对世界经济论坛提出的，是为

① Lesley J. Wood, “Bridging the Chasms: The Case of Peoples ‘Global Action’”, cited in Suzanne Staggenborg, *Social Movements*, Oxford University Press, 2008, p. 130.

了对作为经济全球化标志的达沃斯以及经济全球化本身提出挑战。在随后的发展过程中，世界社会论坛逐渐转向关注推动全球的社会发展，探讨的问题也越来越广泛，包括维护世界和平、反对霸权主义、消除贫困、普及教育、保护弱势阶层权益以及第三世界国家债务、发展中国家科技落后和企业私有化等当今世界面临的重大问题。

自 2001 年在巴西的阿雷格里港举行第一次论坛会议，世界社会论坛就成为国际瞩目的重要事件，吸引了来自全世界非政府组织、知识分子和社会团体的代表参与其中。迄今为止，论坛已经举办了十三届，最高峰时有 10 万余人参加论坛活动。其中前三届和第五届在巴西举行。2004 年的第四届年会在印度孟买举行。2006 年举行的第六届年会首次没有设立中心会场，而是分别在马里的巴马科、委内瑞拉的卡拉卡斯和巴基斯坦的卡拉奇 3 个会场举行。2007 年，第七届年会在肯尼亚首都内罗毕举行，这也是世界社会论坛首次把会场完全设在非洲国家。2008 年的第八届年会在墨西哥城召开。与前几届社会论坛不同，该届论坛不再举办某一固定地点的聚会，而是由世界各国的参加者在所在国组织相应活动，会议期间共有来自 80 个国家的 700 多项活动在世界各地举行。2009 年，第九届年会在巴西贝伦举行，议题包括金融危机、环境保护和气候变化等问题，来自 142 个国家和地区的 10 多万名社会团体代表呼吁重建国际金融秩序，保护环境，建设一个更为公平的世界。2010 年第十届年会在巴西阿雷格里港举行，全球气候变化问题以及拉丁美洲和加勒比海地区的外国军事基地问题等成为本次论坛关注重点。2011 年第十一届年会在达喀尔举行，来自 132 个国家的 7.5 万名代表与会。2012 年第十二届年会再次在巴西阿雷格里港举行，与会者围绕“资本主义危机：社会与环境正义”这个主题，对国际金融危机发生的深层次原因进行了广泛研讨，认为国际金融危机反复发作并挥之不去的根源在于资本主义制度，此次金融危机本质上是资本主义制度的危机，呼吁发展中国家破除对资本主义的迷信，努力寻求建立一个新的发展模式。2013 年第十三届年会在葡萄牙里斯本举行。2015 年第十五届年会在意大利突尼斯举行，这次年会建立了“网络社会论坛”，旨在发挥网络在塑造新社会中的重要作用。2016 年第十六届年会在加拿大蒙特利尔举行。

在世界社会论坛的影响下，各种区域性或全国性的社会论坛纷纷建立起来，比如，欧洲社会论坛、意大利社会论坛、利物浦社会论坛、波士顿社会论坛等。这些论坛与世界社会论坛在许多行动上相互配合、协调一致，但并非一种从属关系。正如世界社会论坛准则章程中指出的那样，它之所以推动各种地区性论坛的举办，是为了“激励各种决策机构和运动在地区和国家层面上思考全球公民意识问题”，为了更便于讨论地区内的战略策略问题。在这些论坛中，欧洲社会论坛具有较大社会影响。从 2002 年 11 月在意大利佛罗伦萨举办第一届论坛至 2012 年 3 月，欧洲社会论坛共召开了七届会议。除 2003 年在巴黎郊区圣丹尼斯举行的第二届论坛外，其余各届论坛都是每隔两年举行，举办地分别是英国伦敦、希腊雅典、瑞典马尔默、土耳其伊斯坦布尔和法国马赛。欧洲社会论坛对欧洲范围内反对资本主义统治的战略、策略问题举行了广泛探讨，并在会议期间通过组织游行示威等形式彰显了欧洲左翼团结斗争的力量。

作为全球正义运动的一种全新斗争形式，世界社会论坛及其衍生的各种论坛会议日益壮大，给运动带来了新气象，推动和促进了运动的发展前进。首先，论坛为全球正义运动形形色色的参加者提供了一个平台和空间，使得不同组织和团体能够加强交流和团结，这有利于运动进一步协调行动，统一斗争目标，更好地发挥联合斗争的力量。同时，论坛以其不断增长的辐射力和影响力，起到了强大的社会动员作用，激励着越来越多的人投入到各种形式全球正义运动中。此外，论坛也体现出对西雅图之后运动的暴力倾向地悖反，它运用一种合法的方式来表达对新自由主义全球化的不满，并试图通过积极的思想交流和讨论，为当前陷于新自由主义泥沼的世界发展寻找一个替代方案。这些论坛会议以其独具的理性和反思，推动了全球正义运动的正规化、制度化发展。

然而，世界社会论坛在发展过程中也逐渐出现问题，面临巨大挑战。到 21 世纪第二个十年伊始，尽管社会论坛运动仍然继续存在，参与群体也还算广泛，但运动很大程度上已经失去了最初曾拥有的声势和动力，运动的局限性越来越明显。正如路易斯·韦伯（Louis Weber）指出的，十余年的社会论坛和反全球化运动在两个阵线，即分析新自由主义及其去合法化，以及发展国际行动网络方面做出了很大贡献，但在全球金融危机极大增加了不平等和非正义的条件下，反全球化运动对经济和社会形势的真正影响到底在哪里呢？换言之，仅仅组织一些讨论和辩论，反全球化运动就足以达到其目标吗？[①] 同时，非政府组织在社会论坛中扮演的角色也越来越多地受到人们的质疑。阿伦德哈迪·洛伊（A. Roy）认为，现在世界社会论坛的成功对其自身形成了威胁，“一些与政治经济体系牵涉甚深的政治家和非政府组织参与到安全、公开、欢乐的论坛气氛之中”。这些得到西方政府和国际金融机构经济资助的最大的非政府组织，必然也是负责监管新自由主义计划的那些松散政治组织的构成部分，它们占据了国家撤退后留下的空间。它们的存在减少了政治愤怒情绪，改变了政治心理，将人们变成依附性的受害者，让政治反抗边界变得模糊不清。[②] 此外，论坛作为松散的集合体，缺乏一个能够开展协调一致行动的权威的中央权力机构，内部不同派别之间充满矛盾和分歧，组织机构缺乏民主与开放性，等等，也都在制约着论坛的潜能发挥，并对运动的未来成长和力量提升具有消极影响。

三　与全球正义运动同源的“占领”运动

2011 年秋，资本主义世界中心美国爆发了以抗议金融系统弊病和政府监管不力，以及高失业率、贫富两极分化等社会问题为主旨的“占领华尔街运动”。随后，“占领”运动迅速扩散到全球 80 多个国家的 900 多座城市，对国际金融危机后岌岌可危的西方资本主义形成了巨大冲击和挑战。

与先前众多的社会运动相比，“占领”运动无疑与全球正义运

① Louis Weber，“Ten Years Later”，*Transform*!，2010，6.

② A. Roy，*Public Power in the Age of Empire*，New York：Seven Stories Press，2004，pp. 34 – 43.

动的关系最为密切。除了拥有表面相似的组成人员（多为白人和中间阶级）、标志性抗议（西雅图抗议和祖科蒂公园抗议）外，二者在起源、目标、战略策略以及面临的问题和挑战等诸多方面，都具有明显相似性。

第一，两个运动具有类似的起源。全球正义运动最主要的初期形式，是对新自由主义形成巨大挑战的墨西哥帕萨塔运动。这一运动及其发展过程中形成的各类组织，如人民全球行动等，针对关贸总协定、世界银行、国际货币基金组织发起的众多抗议，已经在很大程度上改变了全球化以及先前运动的含义。而作为全球正义运动形成标志的西雅图抗议，只不过是漫长运动发展的必然结果。占领运动爆发之前，欧洲、阿拉伯世界、拉美和非洲发生的众多抗议行动同样成为运动的先导。在占领华尔街的过程中，抗议者不断地表达着与突尼斯、埃及、西班牙、希腊等国运动的联系。他们在占领华尔街运动网站上这样说，“我们要用革命的阿拉伯之春的战略实现我们的目标，我们鼓励使用非暴力方式最大限度地保障所有参加者的安全”①。

第二，两个运动具有类似的斗争目标和方式。当代资本主义的新发展，比如，新科技革命促进了资本和劳动力的跨边界流动；企业合并浪潮使产业和市场份额集中在少数大跨国集团和银行手中；超国家机构和国际贸易协议使得一些新的组织，如欧盟、世贸组织和北美自由贸易区取代了国家主权，等等，为运动的参与者提供了共同的目标。同时，新技术如互联网、新媒体的发展，也为运动参与者提供了进行交流的一些便捷方式。

在实践中，这些变化极大促进了抗议运动组织的融合。劳工、民权、女权、同性恋、环保以及传统的一些深受经济结构重组影响的左翼组织，与全球正义运动和占领运动缔结了联盟。既有的这些组织通过后者获得发展，而全球正义运动和占领运动也通过与工会、非政府组织等的结盟获得了合法性和资金支持。而早期社会运

① “OccupyWallSt. org is the unofficial de facto online resource for the growing occupation movement happening on Wall Street and around the world”, http：//tipsparty. com/ows/.

动所采取的一些策略和技巧，比如非暴力不合作以及采取直接的激进行动等，在全球正义和占领运动中也都有所体现。

这种相互交织和结盟的趋势，尤其在2012年5月1日由“占领华尔街运动”在美国众多城市酝酿发起的“五一”大罢工中有突出表现。在劳动节当天，从美国东海岸到西海岸超过100个城市同步举行了罢工示威活动，产生了巨大的社会影响。这场罢工是占领运动与工会组织联合斗争的一次重要尝试。有学者早就指出，工会运动与社会运动联合行动的趋势是工会运动复兴的征兆和发展方向。[①] 英国著名马克思主义学者大卫·哈维（David Harvey）在此次罢工前的访谈中也指出，“如果‘占领华尔街’运动与工会运动更加紧密地结合起来，那么有可能迎来更大规模的政治行动”[②]。显然，二者的结合互动，为彼此开辟了更为广阔的发展空间。

第三，两个运动具有类似的决策方式。占领运动采用并发展了全球正义运动的一些具有创新性的参与决策形式，比如，会议发言人模式等。会议发言人模式允许参与运动的各团体联盟集中组织会议，以协商战略和协调行动。来自各团体的发言人或代表参加联盟会议，交换信息和行动计划。一般来说只有发言人才能够代表团体发表观点，但各团体的成员可以坐在发言人身后做补充。尽管可能会制订共同的计划，但各团体并不必受任何“决定”的约束。在共同行动中，各团体可以选择不同层级的参与方式。这种模式使得各团体间既可以进行合作，同时也保持了自治。[③]

第四，两个运动面临着类似的挑战和发展前景。全球正义运动显然取得了很大成功。通过在国际金融机构和政府组织峰会上举行大规模的静坐、集会、游行示威，它把对新自由主义的关注提上了公共议程，增强了公众对国际易和货币政策及其危害，如对工人的

① 参见［英］安德列亚斯·比勒尔《欧洲工会和社会运动联合反对新自由主义》，《国外理论动态》2011年第5期。

② David Harvey, “Urban Revolution is coming”, Apr. 29, 2012, http://www.salon.com/2012/04/28/urban_revolution_is_coming/.

③ “Global Justice and OWS: Movement Connections”, Aug. 26, 2013, http://sdonline.org/59/global-justice-and-ows-movement-connections/.

剥削和对环境破坏的认识，促进了全球正义理念的传播。在实践中，它也的确对国际机构和政府间会议的改革议程产生了一定的实际影响，推动其朝着更具开放性和包容性的方向发展。占领运动本质上是一场反对社会两极分化的左翼社会运动，它抨击美国巨富阶层尤其是金融资本过度攫取社会财富，反对政府成为巨富阶层的获利工具，希望通过社会压力迫使政府改善劳动阶层和社会底层的经济政治地位。通过“占领”当代资本主义世界作为权势象征的一些地标性区域，运动对美国和国际其他政治实体形成了巨大冲击。

在取得明显成就的同时，两个运动面临着类似的问题和挑战。在全球正义运动内部，不同组成部分有不同的人员构成和关注重点。尽管反新自由主义的动员框架为构成全球正义运动的不同运动和组织建立了某些共同基础，但联盟的实际维系并非易事。“参加运动的派别在纲领内容上差异很大，就是在各个派别内部，也有不同的甚至是相互矛盾的思潮。很难在反抗阵线中有一个有约束力的共同纲领”；“没有一个有决定意义的、考虑到这种公开矛盾的纲领和战略，运动就只能局限在各种要求的折磨之中”①。占领运动的失败同样受制于这一因素的影响。正如有学者指出的，“运动衰落的根本原因在于没有采取正确的运动策略，其坚持不动员参与选举、不提出具体政策要求的原则，使得运动因为缺乏激励参与者的具体目标而难以维持”②。

四 全球正义运动中的西欧共产党

当代西方政党政治研究的一个重要观点认为，在过去几十年间，随着社会和科学技术的巨大变革，作为公民偏好与政治过程相联系之双向协调机制的政党，越来越依靠媒体运动和国家资助来确

① ［德］约翰·尼尔森：《反对全球资本主义：新社会运动》，《国外理论动态》2006年第11期，第19页。

② 王欢：《占领华尔街运动是社会矛盾的产物远未终结》，《辽宁日报》2012年7月24日。

保其选举生存，因此与市民社会组织、运动的联系逐渐弱化了。[①]但对于在政治舞台上大多处于边缘地位的西方共产党而言，由于缺乏资金、媒体等的大力支持，其生存和发展实际上更需要加强与市民社会，尤其是社会运动的紧密联系。正如有学者所言，西方共产党的合法性“根本上要依靠意识形态的连续性以及代表或积极参与特殊的社会和政治群体”[②]。

从共产党与社会运动的关系看，尽管一些共产党对后物质主义表现出一定关注度，承认社会运动的作用以及加强共产党与社会运动联系的必要性，比如，法国共产党、意大利的两个党就认为共产党应该与社会运动保持一种特殊的关系，在重视强化党的传统组织结构与意识形态信仰的同时，将一些社会运动议题，如全球正义、和平、环境和妇女解放等价值诉求纳入党的纲领和政策主张中，呈现出较为明显的群众性政党 + 运动主义的政党战略策略导向。但整体上，西欧共产党与社会运动的关联度仍然保持在较低的层次和水平上。来自双向的障碍性因素限制了二者的充分结合。

一方面，当代西方社会运动展现出很强的反政党、反政治性，反对政党参与其中，政党被排除在社会运动之外。世界社会论坛成立时确立的原则性章程指出，“世界社会论坛是反对新自由主义、反对资本统治、承诺在人类及其与自然间构建富有成果关系的一个星际社会的各种市民社会组织和运动，对各种思想、建议进行反思和民主讨论，自由交流经验以及协调有效行动的开放会议”；并尤其说明，政党代表不能参加论坛，但“接受章程条款的政府领导人和议员可以以个人身份参与其中”。[③] 囿于这一限制，西欧不少共产党选择通过个人参与、工会，以及一些理论机构（比如，法国的马克思园地）、杂志（比如，欧洲左翼党的“变革!”）参与到运动

---

① E. H. Allern and T. Bale, “Political parties and interest groups: disentangling complex relationship”, *Party Politics*, Vol. 18, No. 1, 2012.

② Myrto Tsakatika and Costas Eleftheriou, “The Radical Left's Turn to Civil Society in Greece: One Strategy , Two Paths”, *South European Society and Politics*, Vol. 18, Issue 1, 2013.

③ Kate Hudson, *The New European Left: A Socialism for the Twenty-First Century?*, algrave Macmillan, 2012, p. 177.

中。有些党，比如，意大利重建共产党，不仅通过上述方式参与运动，而且积极支持运动导向政治，尤其在推动欧洲社会论坛过程中发挥了重要作用。

另一方面，二者的斗争主题各有侧重。相较社会运动对新政治议题的关注，共产党对经济领域问题的兴趣更为突出，更加强调其反资本主义导向，重视捍卫能源、交通、银行、工业等战略部门的国有化战略，以及国家在社会经济领域的干预政策，关注传统社会政策领域，如工人和退休人员的权利、医疗和教育政策等，难以形成协同一致的斗争指向。

同时，不少共产党对社会运动持有一种怀疑态度，认为社会运动只是一种暂时性、不稳定、无组织结构的动员形式，缺乏实现政策变革的真正能力。因此，这些共产党大多自觉地疏远、拒斥社会运动。国际金融经济危机以来，这些共产党赋予传统的动员形式，如工会组织的反紧缩罢工等以更大的优先性，但是对一些通过互联网和社会网络组织起来的自发的政治参与形式，比如，就业相关议题、社会保障、公共服务等则采取一种批判立场，质疑这种动员的整合能力及其对政治体系的影响，认为这些抗议大都建立在缺乏阶级意识的异质性运动基础之上，没有明确目标，其重要性被新闻媒体和舆论决策者夸大了。这些运动只是一些短期性的动员形式，绝不可能对紧缩措施产生影响。葡共2016年12月召开的第二十次全国代表大会报告明确指出，“在世界各地进行的斗争中，所谓的社会论坛运动已经丧失了影响力。判断仍然是有效的：各种论坛以及毫无组织结构的运动，已经被激烈的意识形态斗争所超越，它们本身并不能提高批判的力度，实现更高层次的斗争”①。

希腊共产党是另一具有代表性的共产党，它从根本上拒绝参与运动，拒斥多数运动采取的是改良主义、无政府主义和反阶级方法。2011年6月，在“占领华尔街”运动爆发前三个月，希腊就爆发了“广场运动”。数千“愤怒者”响应来自脸书的号召，占领

---

① XX PCP Congress, “Theses-Draft Political Resolution”, Dec., 2016, http://www.pcp.pt/en/theses-draft-political-resolution-xxth-pcp-congress-excerpts.

了位于雅典议会大厦外的宪法广场，自发地在广场上抗议示威。希腊的“广场运动”持续了数个星期，并蔓延至全国许多城市和乡镇。针对这场群众性的自发运动，希共批评运动中提出“左翼离开广场”“政党离开广场”“工会离开广场”等口号，对运动的民主性和斗争目标错置及其实际意义提出质疑。希共指出，广场运动反对组织化的、具有阶级导向的工会运动，主张工会必须离开广场，但工会运动本身是非同质性的。组织罢工和群众集会的希共工会——“全国工人斗争阵线”，与支持采取疯狂紧缩措施的政府和雇主领导的工会没有任何关系。“政党离开广场”也是一种保守主义的观点。政党是通过政治路线和意识形态来表达特定利益的组织。社会划分为不同阶级和阶层，不同政党代表着不同阶级和阶层的利益。“政党离开广场”把代表工人阶级利益的希共与资产阶级政党相提并论，从而掩盖了人民真正的敌人，即掌握政权的大垄断集团。

在希腊共产党看来，“广场运动”把自己界定为“非政党的联盟”，并且提出了民主的口号而受到资产阶级媒体的追捧，但事实证明这种说法是虚伪的。“广场运动”在模糊的反紧缩措施的主题下将民众集结在一起，而将工会、政党和左翼排除在运动之外，这种做法本身就表明了运动的非民主性。阻止工人在运动中表达自己的政治和意识形态观点，不仅与民主相悖，而且遏制了民主的发展。运动的斗争目标也有问题：运动虽然反对备忘录和紧缩措施，但并没有提出推翻政府、欧盟以及赞成紧缩政策的各种政治力量，因此斗争的显而易见的倾向，是丧失了组织化特征、阻挠人民的参与，并且未能培育出一种反叛意识。希腊共产党认为，“广场运动”不可能将工人从各种新旧问题中解放出来，因为这场运动不是起源和扎根于工厂和产业中的反资本家阶级的运动，它没有持续发展的牢固基础。希共强调工厂斗争的意义，认为阶级斗争真正的领域是工厂。只有在那里，工人才能日复一日地同大企业主进行不妥协的斗争，并取得最终胜利。

同共产党相比，多数替代左翼政党与全球正义运动保持着更密切的关系。有的党，比如西班牙“我们能”党本身就起源于社会运动；有的党比如在国际金融经济危机期间迅速崛起的希腊激进左翼联盟，其兴起的一个重要原因，就是采取了富有成效的社会动员战略。一方面，积极支持危机期间发生的各种“社会不满运动”，比如，“不付款”运动（反对高速公路付费），并通过分发食物和药品、给学生免费授课等方式，在一些主要城市构建了由其控制或至少能够产生主要影响的团结行动网，加强了与各社会阶层的联系；另一方面，非正式地但却积极参与希腊的占领运动——“愤怒者运动”，其部分党员干部甚至在运动中扮演了主要角色。同时，它也尝试将“广场运动”与其他罢工和游行结合起来，比如，2012 年 6 月 25—26 日罢工者和“愤怒”抗议者联合举行的雅典总罢工。在此次罢工后，“激进左翼联盟”的民测支持率明显提升。

有西方社会学家从与现代个人主义的关系来解释全球正义运动的兴起以及传统左翼政党尤其是共产党的衰落。在其看来，21 世纪个人主义的特征主要是自我封闭、漠视他人、拒绝集体参与，但同时这些也是强调个体责任的个人解放的驱动力。这种个人主义导致政治承诺不再可能在传统政党及其意识形态框架内实现，人们更加倾向于同情与现代个人主义具有内在一致性的全球正义运动，从而也说明了包括共产党在内的传统左翼政党党员数下降的原因。[①] 尽管这种解释相对片面，但也从一定角度提出了共产党加强与社会运动联系的必要性问题。从近些年的发展看，包括全球正义运动在内的社会运动中的这种缺位，限制了共产党的多样化发展，及其在制度外政治中社会影响的扩大。如何保持与市民社会层面的紧密联系，需要西欧共产党进行更加深入了思考和探索。正如有学者指出的，“激进左翼政党虽然一直在致力于有效地与全球正义运动协调行动，但为了替代随着共产党反社会性的衰落而丧失的更为广泛的社会影响，激进左翼政党仍然需要付出更多的努力”[②]。

---

① Uwe Backes and Patrick Moreau (ed.), *Communist and Post-Communist Party in Europe*, Vandenhoeck & Ruprecht, 2008, p. 599.

② Luke March, *Radical Left Party in Europe*, Routledge, 2011, p. 155.

第六章 通向“新国际主义”的实践与困境

西欧共产党相互之间以及与其他左翼力量在联合斗争方面有着悠久的历史。早在20世纪30年代，面对全球性经济危机以及法西斯势力的膨胀，法国共产党就率先提出了组建社会各阶层参加的反法西斯“人民阵线”的倡议，此后西方各国的左翼力量纷纷建立“人民阵线”。在第二次世界大战的整个进程中，正是以“人民阵线”作为特殊斗争形式的左翼力量联合，成为推动反法西斯战争最终胜利的重要因素。二战后，随着两大阵营的形成和对垒，共产党与其他左派的联合政策和实践受到很大限制。直到“欧洲共产主义”兴起，一些西欧共产党复兴了传统的国际主义原则，提出了“广泛结盟”战略，呼吁各国左派甚至中派力量联合起来，建立广泛的欧洲左翼力量联盟。这一政策极大影响了欧洲左翼联合实践进程，推动了共产党等社会主义力量的发展。

苏联解体后，影响西欧共产党与本国本地区其他左翼力量交流联系的外部因素减弱。同时，面对总体实力削弱，以及多数党在国内政治中的边缘化困境，寻求与其他左翼力量的合作，建立选举联盟、左翼论坛以及统一的地区性政党，以在国家和地区政治中赢得发言权，成为各国共产党难以回避的选择。此外，西欧共产党与世界各国共产党间的跨国、跨地区联系与合作，共产党以及其他左翼政党、政治力量和社会运动在体制外的反全球化、反垄断资本全球扩张、反战运动等共同行动中的地区性或国际性联合实践也日益发展起来。本章是对西欧共产党跨国性左翼联合实践的分析和考察，涉及对当前影响深远的欧洲共产主义时期的左翼联合理论与实践、西欧共产党在欧洲议会、欧洲左翼党以及世界共产党和工人党国际会议、党际间多边和双边联系、反资本主义斗争中的协调沟通等方面内容。在西欧共产党之间以及与其他左翼的交往过程中，源于一些思想主张上的根本分歧，以希腊共产党为主要代表的部分共产党与其他共产党、左翼政党间存在很大矛盾，这直接导致了左翼力量内部的相互对立和冲突，对左翼团结斗争的凝聚力形成很大冲击，也使得当前西欧共产党的左翼联合实践面临严峻考验。

第一节　“欧洲共产主义”的“新国际主义”观及其影响

国际主义，是世界无产阶级从共同的阶级利益和反资本主义斗争需要出发，加强国际团结与联合的根本观点。马克思和恩格斯在《共产党宣言》中早就提出了“全世界无产者，联合起来”的口号，集中体现了无产阶级国际主义的基本精神。工人阶级政党自成立以来，就倡导国际联合。从第一国际、第二国际到第三国际，积累了丰富的国际联合斗争经验，无产阶级国际主义理论也不断得到发展和完善。然而，随着社会主义从理论变成现实，尤其是在列宁逝世后，大国霸权主义和大党主义逐渐成为苏联对外政策的主轴。在党际关系实践中，各国共产党建立在平等、合作基础上的联合斗争发生了根本性变化。

自20世纪20年代相继建党后，西欧各共产党所遵循的无产阶级国际主义实质上被局限于向苏联保持忠诚，这不仅作为一种意识形态选择，甚至作为一种历史必然性被固定下来。在理论上，如果坚持国际主义，西欧共产党就只能以下述原则作为行动准则：第一，建立一个世界范围的社会主义共同体（国际共产主义运动），但其间相互交往的形式和行为规则由苏联设定；第二，将十月革命、苏联共产党和国家的发展道路视为一种普遍的价值模式；第三，在对内对外政策中坚决捍卫第一个社会主义国家苏联的外交政策利益。[①] 这样，在“坚持国际主义”，“忠诚”于苏联以及适应国内政治形势之间就出现了一种持续性的矛盾关系。二战期间，法国共产党与其他非共产主义力量组成人民阵线进行反法西斯战争时，这种紧张关系就已经表现出来。二战后，意大利共产党、法国共产党以及比利时、丹麦、芬兰等共产党通过议会选举参加各国联盟政府时，也面临着类似的情况。而这些经历虽然没有直接导致西欧共产党对苏联“忠诚”的弱化，却也推动其思想变得更加开放，尝试摆脱这种僵硬的世界观。一种回归传统国际联合原则的“新国际主义”在实践中悄然萌芽。

总的来看，这种新国际主义的发展是更具广泛意义的西欧共产党转型，即“欧洲共产主义”的重要组成部分。早在20世纪二三十年代，“欧洲共产主义”的基本思想就已经开始孕育。在这一时期，意大利共产党早期领导人安东尼奥·葛兰西根据西方国家特点，为西欧共产党确立了独立自主探索西方革命道路的一系列战略和策略，如“阵地战”思想、实现工人阶级领导权思想以建立新的“历史性集团”的思想等，为欧洲共产主义的形成提供了重要的思想来源。二战后，西欧共产党陆续提出了采用不同于俄国革命方式来解决资本主义国家革命问题的新思想并进行了一些试验，如意大利共产党领导人陶里亚蒂提出了民主走向社会主义的“民主改革社会结构”的设想，但这些探索在很大程度上一直受到苏共的牵制和约束。

1956年苏共二十大去斯大林化以及与资本主义和平共存等战略的提出，推动国际共产主义运动进入了一个新阶段。西欧共产党获得了摆脱苏联影响、进一步解放思想、开展独立自主探索的良好条件。尤其是对那些在此之前已经开启了变革进程的共产党，如意大利、西班牙等共产党来说，这种相对宽松的环境更是营造了确立新国际主义关系范式的难得契机。

在这方面，意大利共产党在随后十几年间起到了引领作用。意

---

① Maud Bracke and Thomas Ekman Jørgensen, *West European Communism after Stalinism Comparative Approaches*, EUI Working Paper HEC No. 4, 2002.

共的新国际主义转型主要围绕两个概念，即自治和多中心论展开。苏共二十大后，从国内战略发展要求出发，意共部分领导人开始对国际共产主义运动的内部组织提出质疑。长期担任意共总书记的陶里亚蒂在苏共二十大后第二天就公开指出，“人们不再谈论有什么独一无二的领导了，相反，人们在谈论由于走不同道路而取得的进展”；“苏联的模式不能，也不应当再是什么必须遵循的模式了”①，从而第一次明确提出了摆脱苏联一党领导、实现各党自治问题。在这一基础上，陶里亚蒂又进一步提出了国际共产主义运动的“多中心主义”理论。1956 年 6 月，他在对《新议论》杂志记者的谈话中，针对苏共的大党主义指出，“整个体系正在变成多中心的，在共产主义运动中，不再有什么独一无二的领导中心了”②。所谓“多中心”，一方面强调拥有地缘政治联系的共产党应该加强联系，在国际共产主义运动中形成多个中心，共同协商内部和地区问题，协调内部战略和行动；另一方面主张各共产党之间坚持一种相互平等关系，不应该存在领导党或领导国，社会主义发展道路和模式是多样性的。1964 年 9 月，意共公开发表了陶里亚蒂的《雅尔塔备忘录》，这被称为是“脱离莫斯科的独立宣言”，明确提出了意共在国际共运和国际政策上同苏共针锋相对的观点和主张，倡导在各国完全自主的情况下、在多样化中求团结。陶里亚蒂的自治和多中心主义，为欧洲共产主义“新国际主义”观的形成奠定了思想基石。

从实践上看，欧洲共产党在反对苏联大党大国主义、争取自治的斗争中逐渐联合起来。1968 年 8 月苏联出兵干涉捷克斯洛伐克内政，镇压“布拉格之春”改革，激起了西欧共产党的强烈反对。欧洲 17 国共产党发表联合声明，支持杜布切克的改革，谴责苏联的武力干涉行为。欧洲共产党和苏联共产党的矛盾和分歧公开化，这也标志着西欧共产党开始作为一支独立自主的政治力量在国际共

① ［意］贝尔纳多·瓦利：《欧洲共产主义的由来》，中国社会科学出版社 1983 年版，第 148 页。

② ［意］陶里亚蒂：《陶里亚蒂言论集》第 2 卷，世界知识出版社 1966 年版，第 90 页。

产主义运动中开展活动。此后十几年间，欧洲一些共产党经常举行双边或多边会谈，就国际共产主义运动的重大问题交流意见，欧洲共产主义的相关思想观点也在这些频繁的交往中发展成熟。1977年3月，意共、法共和西共总书记在马德里会晤，发表了被称为“欧洲共产主义宣言”的联合声明，对三党几年来频繁交流形成的基本原则作了系统阐发，主要观点包括：各党有权选择符合本国国情的走向社会主义的独特道路；建立多党制的民主社会主义；同各种民主力量、教会力量进行对话，争取谅解与合作；三党将在独立自主、权利平等、互相尊重的基础上发展国际主义团结；反对军事集团，争取建立一个和平、民主、独立的欧洲，等等。这些基本原则的确立，标志着“欧洲共产主义”的正式形成，同时也勾勒了其“新国际主义”观的基本框架。

总的来说，欧洲共产主义的“新国际主义”主要实现了以下三种发展转向。

第一，不否认十月革命以及苏联党和国家的历史地位、价值，但反对将特殊条件下形成的发展道路固定化，反对视其为各国党必须效仿、具有普遍性的发展规律，而主张寻求更加适合发达资本主义社会和当代多元民主国家的丰富多样的发展模式，也就是说社会主义发展道路和模式的多样化。

欧洲共产主义认为，由于国情不同，各国走向社会主义的道路必然是多样性的。在工业发达、民主传统深厚的西欧国家，由于国家垄断资本主义的发展为向社会主义过渡提供了充分成熟的经济条件，由于工人阶级和劳动人民的力量已经十分强大，因此完全有可能通过和平方式而非暴力革命方式夺取政权。发达资本主义国家实现社会主义，不能简单划一地走布尔什维克武装夺取政权的老路，而必须从其历史和现实情况出发，选择一条“独特的民主道路”，即在不排除使用暴力可能性的前提下，力争通过和平民主方式，借助议会民主制，通过普选上台执政来改造和利用资产阶级国家机器。显然，这条“独特的民主道路”既是和平的，同时也是渐进的。当代资本主义国家在发展进程中具有了新特点，它不再仅仅是资产阶级镇压被统治阶级的工具，资本主义国家职能范围在进一步扩大。国家尽管还有统治镇压职能，但其管理社会的职能越来越占主要地位。在这种情况下，工人阶级可以逐步地改造现存国家政权的阶级性质，对资产阶级国家机器的主要部分逐渐实现民主化。在西欧国家，可以采用“结构改革”的办法，在民主改革进程中一部分一部分地夺取国家政权，直至最终改变整个国家政权的性质。换言之，向社会主义过渡并不需要抛弃资本主义的国家形式，而只需改变它的实质和内容，从量变实现质变，逐步确立社会主义制度。

依据上述认识，欧洲共产主义各党根据各自国情，提出了具有本国特色的社会主义道路和模式，比如，法共的“建设法国色彩的社会主义”、意共的“意大利式的社会主义道路”，等等。法国共产党前总书记马歇曾经就法国的社会主义模式这样解释说，法国的社会主义不是“舶来品”，不能在国外预制后再涂上蓝红白三色，不能在民族的树干上进行嫁接，法国人民要建立的只能是民主的、具有法国色彩的社会主义。

第二，不放弃苏联的对外政策利益，但主张在一定程度上服从各党所在国的利益要求，并发展同国内其他政治和社会经济角色的相互关系，也就是说在国内和地区层面上寻求建立更广泛的联盟。

欧洲共产主义虽然主张利用议会民主制和平夺权，但也强调要开展广泛的群众运动，把议会内斗争与议会外群众斗争结合起来，认为议会内斗争必须与议会外广泛的群众运动相配合，否则议会内斗争就会失去基础，难以取得胜利。意共总书记贝林格就这样讲，在社会政治革新道路上每前进哪怕是一步，都只能是强大的、广泛的群众运动浪潮冲击的结果。因此，欧洲共产主义大力强调广泛群众联盟的重要性，主张民主的道路必然也是联盟的道路，是联合广大劳动人民的多数运动，建立人民联盟是走民主道路的“不可改变的选择”。在这一认识基础上，欧共各党大都强调要建立以工人阶级为领导的、以劳动力量和文化力量的政治联盟为基础的、联合一切革命的反垄断资本的社会联盟，以及建立共产党与社会党及其他党派的政治联盟，以动员最广泛的社会居民的自觉支持。在欧洲共产主义各党看来，“只有在互让、对话和自主的基础上同世界观不同的其他社会、政治力量实行广泛结盟的政策，才能沿着民主道路通向社会主义”[①]。

第三，不否认与苏共特殊的共同体及其从属关系，也不否定其特定的规则及其忠诚立场，但尝试改变这些规则，在所有共产党间发展更为平等和民主的相互关系模式，也就是说保持各党很大程度的自治。其核心是“承认差异，尊重自主”，主张各党完全独立自主，反对大党中心主义，认为不存在领导党和国际领导中心；坚持各国党之间完全平等、互相尊重原则，反对外来干涉和控制；倡导在多样化中求团结，对存在的分歧和差异采取平等对话和讨论的办法解决。

欧洲共产主义的“新国际主义”理论和实践探索，在国际共产主义运动史册上书写了可贵的一页。它是共产党为适应资本主义政治经济形势的发展变化和议会民主制而做出的战略路线上的重大调整，它致力于解决的是革命性政党和议会民主环境之间的“悖论”，是发达资本主义国家共产党寻求既不同于苏联、中国等国家的发展道路，也不同于社会民主主义的“改良”道路，力求“把革命的马克思主义同西欧各国具体实践相结合”，努力尝试并积极探索一条符合发达资本主义国家实际情况的通向社会主义的道路。这种尝试具有重要意义，一方面在努力适应外部环境的同时坚持了社会主义和共产主义的未来目标；另一方面摆脱了教条主义的束缚，开辟了各国独立自主探索适合本国国情的社会主义革命和建设新道路，极大地推动了国际共产主义运动的发展创新。20 世纪 80 年代后，欧洲共产主义逐渐走向衰落，但其重申和确立的党际国际关系原则却长期保存下来，成为后来欧洲各国共产党间发展相互关系，以及与其他地区、国家共产党工人党联系和交往的重要原则性基础。

第二节　欧洲议会中共产党的分裂与整合

在参与欧洲议会问题上，西欧共产党经历了一个从否定到不同程度接纳的发展过程，其演变与各党对欧洲一体化的态度变化息息相关。

---

① ［西德］沃尔夫冈・莱昂哈德：《欧洲共产主义对东西方的挑战》，人民出版社 1980 年版，第 8 页。

在欧洲一体化初始发展阶段，西欧主要共产党大都持反对态度。早在1957年，在联邦德国、法国、意大利、卢森堡、比利时、荷兰六国签订《罗马条约》，创立欧洲共同体时，这些国家的共产党就坚决反对欧洲一体化进程，认为这是一个资本主义规划。到20世纪70年代，除上述国家外，丹麦、英国、挪威、瑞典、冰岛、芬兰、希腊、瑞士和塞浦路斯共产党等都加入了反对欧洲一体化的行列，拒绝欧洲共同市场，甚至反对各国与欧共体签署任何形式的合作协议。有学者认为，这一时期共产党之所以激烈反对欧洲一体化，主要有三个方面的原因：一是担心欧洲一体化进程将巩固资本主义结构的大西洋体系；二是考虑到“马歇尔计划”（1947—1948年）时期西欧的遭遇，认为美国会利用欧共体机构来加强其对西欧经济和政治的控制；三是与其他左翼政党一样，西欧共产党担心《罗马条约》的未来发展走向，因为条约是由各国右翼政府共同起草的。[①] 也有学者指出，对于共产党来说，欧洲一体化从一开始就预示着，联合的欧洲将会采用的充其量是与倾向于市场的社会民主党相类似的政策和纲领。[②] 到70年代时，这种反对立场使得多数共产党在议会选举中受益颇丰。比如，挪威共产党在1973年正是凭借其强硬的反欧共体纲领，通过与社会主义人民党建立选举联盟才最终能够重返议会；而“反对加入欧共体”的丹麦共产党，也在这一时期获得了历史上第二高的选举支持率（1973—1977年议会得票率为3%～4%，议员6～7人，仅次于战后到50年代时期）。

随着欧洲共产主义的兴起，致力于摆脱苏联意识形态影响的西欧主要共产党，在欧洲一体化问题上逐渐转变态度，开始更多地从各国各党发展层面思考与欧共体的关系。最先发生改变的是意大利共产党，它在20世纪60年代末期开启了参与欧洲议会的进程。

---

① R. Dunphy, *Contesting Capitalism: Left Parties and European Integration*, Manchester: Manchester University Press, p. 3.

② Giorgos Charalambous, *European Integration and the Communist Dilemma – Communist Party Responses to Europe in Greece, Cyprus and Italy*, Ashgate Publishing Limited, 2013, p. 34.

1969 年 3 月选举，共有 7 名意共党员成为欧洲议会议员。到 70 年代中期时，基于同天民党“历史性妥协”的考虑，意共已不再呼吁意大利退出北约。而在同一时期，法国共产党仍然坚持认为其对欧共体的反对立场与加入欧共体的组织机构不相容。由于法共是当时西欧地区重要的共产主义大党，它的这种强硬态度造成共产党的代表数并不足以在欧洲议会中建立一个独立的议会党团。后来，在马歇成为党的领袖之后，法共的立场逐渐发生改变，从坚决谴责欧洲议会选举转向有条件地（即主张欧洲议会权力不再扩大）参与其中。1973 年 10 月，法共和意共组建了第一个共产党党团——“共产党及其盟友党团”，西欧主要共产党随后相继加入其中。

然而，党团各成员党在相关欧洲的一系列问题上存在明显分歧。这首先表现为以意大利和西班牙共产党、希腊共产党国内派（1986 年改称希腊左翼，后来演化为左翼与进步力量联盟）为代表的支持欧洲一体化派，与法国、希腊、葡萄牙共产党为代表的反一体化派之间在基本主张以及国际化进程问题上的根本对立。此外，在欧洲议会的发展和扩大等问题上，各成员党间也有深刻矛盾。这些分歧的存在，导致整个党团毫无意识形态上的团结甚或选举纪律性可言，各成员党的议会得票率起伏不定。1989 年 7 月，源于不断的选票流失和意识形态混乱，共产党党团发生分裂。意大利、西班牙共产党、希腊左翼以及丹麦社会主义人民党等支持欧洲一体化立场的各党，脱离“共产党及其盟友党团”，组建了一个新的党团——“联合欧洲左翼”，致力于实现欧洲左翼力量的重新结盟。此后不久，其他各党如法国、葡萄牙、希腊共产党以及一名爱尔兰工人党议员，组建了“左翼团结”党团。在 1989 年欧洲议会选举后，“联合欧洲左翼”与“左翼团结”分别拥有 28 名和 14 名议员（在欧洲议会直选后的两次选举，即 1979 年和 1984 年选举中，“共产党及其盟友党团”分别获得 48 个和 47 个议席）。①

① “The development of political group of the European Parliament”, http: //www. cvce. eu/obj/the_ development _ of _ political _ groups _ of _ the _ european _ parliament-en-35c2d1b5-1661-4c33-a65a-db49ade0c5ac. html.

此后几年间，除希腊共产党、塞浦路斯劳动人民进步党等小党倡议召开了一些共同会议外，整个西欧共产主义运动内部极大分裂，各党在纲领以及跨国联系方面甚至一度迷失方向。[①] 但两个共产党党团对峙的这种状况也没有持续多久。随着冷战时代最大的西欧共产党——意大利共产党蜕变为社会民主主义性质的左翼民主党，并加入社会党国际和社会党党团，“联合欧洲左翼”很快解散。1992—1994 年，未结盟的西班牙联合左翼（共产党）和意大利重建共产党与“左翼联盟”（葡萄牙、希腊、法国）的共产党间壁垒分明，二者之间几乎“零”交流。唯一的例外发生在反对《马斯特里赫特条约》期间，各共产党在这一议题上高度统一，并在随后进行了广泛动员。直到 1994 年，这种壁垒分明的状况才发生改变。在西班牙联合左翼和希腊左翼与进步力量联盟的倡议下，一个新的共产党欧洲议会党团——“欧洲联合左翼”成立，法共、意大利重建共、葡共、希共相继加入其中。尽管党团内各党间仍然存在分歧，但相对于早期法共和意共间极大削弱了党团统一性的状况已经发生了很大改观。有学者认为，“在经历了诸多转型和分裂之后，共产党党团已经成为一个新的党团”[②]。

1995 年随着欧盟扩大，北欧诸国和奥地利并入之后，欧洲议会兴起了一股重新结盟的浪潮。与共产党存在深刻渊源的瑞典左翼党和芬兰左翼联盟加入“欧洲联合左翼”，并与随后加入的丹麦社会主义人民党一起组建了北欧绿色左翼。不久，“欧洲联合左翼”党团正式更名为“欧洲联合左翼—北欧绿色左翼”党团，西班牙联合左翼的阿隆索·普埃尔塔（Alonso Puerta）成为第一任党团主席。

“欧洲联合左翼—北欧绿色左翼”正式成立后，各成员党在相关欧洲的一系列问题上基本达成共识。正如党团成立声明中指出的那样，“尽管各党选择遵循的方法存在差异，但党团坚决支持欧洲

---

① R. Dunphy, *Contesting Capitalism: Left Parties and European Integration*, Manchester: Manchester University Press, p. 35.

② Andrea Voklens, “Policy Positions of Left Parties in the 1999 - 2004”, in Kate Hudson, *The New European Left: A Socialism for the 21st Century?*, Palgrave Macmillan, 2012, p. 36.

一体化，当然一体化过程需要采取与现存模式不同的形式”，即一种“建立在充分民主制度基础上”，“能够解决大规模失业、环境保护和全体公民权利平等的替代发展模式”。它强烈反对新自由主义主导，致力于建设一个“没有民主赤字、摆脱新自由主义货币政策的欧洲”，主张欧洲各国在团结平等基础上合作，反对大国将其政策强加于他国；强调加强欧洲安全理事会的建设，解散作为冷战政治残余的北约；反对欧洲中心主义，主张对所有国际金融和政治机构进行改革，等等。[①] 所有这些主张，反映了党团及其成员党加强社会团结、反军事主义的激进价值观和身份特征。

同时，成立声明也指出，“党团将向所有承认其政治纲领的力量和个人开放”“它是不同政治力量间进行合作的论坛，其中每一力量都可以保持其独立的身份特征和主张”。鉴于许多成员党历史上存在，甚至在党团成立后也仍然存在的明显差异，这一提法显然具有重要意义。正如有学者指出的那样，它使得党团成为一个功能性实体，它表明，尽管各成员党在一体化和国家主权问题上存在分歧，但在经济和社会议题上具有高度的同质性。[②]

1999 年选举后，“欧洲联合左翼—北欧绿色左翼”成为拥有来自 10 个国家、15 个不同政党、42 名议员的欧洲议会第五大党团。一些新党，比如，德国民主社会主义党、意大利共产党人党、荷兰社会党等加入其中。进入 21 世纪后，党团的规模和影响进一步扩大。2002 年，该党团获得创纪录的发展，拥有来自 10 个国家的 49 名议员，成为欧洲议会中第四大党团。2004 年欧洲议会选举，“欧洲联合左翼—北欧绿色左翼”获得 38 席。到 2007 年时，“欧洲联合左翼—北欧绿色左翼”的 41 名议员来自 10 个国家，代表着 900 万欧洲人。2009 年欧洲议会选举后，“欧洲联合左翼—北欧绿色左翼”的议员数是 35 人，代表着来自 13 个国家的 18 个左翼政党。德国左翼党的洛塔·比斯基（Lothar Bisky）成为新任党团主席。

---

① www. guengl. eu/showPage. php? ID = 639&LANG = 1&GLANG = 1.

② Kate Hudson, *The New European Left: A Socialism for the* 21st *Century*?, Palgrave Macmillan, 2012, p. 37.

2012 年，同样来自德国左翼党的加布里埃尔·泽梅尔（Gabriele Zimmer）被选为党团主席，成为欧洲议会各党团中唯一一位女性主席。2014 欧洲议会选举后，党团议员数增加了 50%，达到 52 人。他们分别来自 14 个成员国的 19 个不同代表团，其中 4 人为独立议员，西班牙“我们能”党等新兴政党成为其成员党。泽梅尔再次当选党主席。[1]

从整体上看，“欧洲联合左翼—北欧绿色左翼”各党在相关欧洲问题上达成了一种暂时性的政策共识。除极少数几个坚决支持退出欧盟的反一体化政党，如希腊共产党、葡萄牙共产党和瑞典左翼党外，绝大多数党采取的是选择性一体化或批判地支持一体化立场。[2] 这些立场本质上不反对欧洲一体化，但批评当前欧盟及其成员国的主要政策，认为其一体化进程经常是建立在欧盟内部以及与第三世界国家激进市场导向的竞争逻辑基础上的，因而欧盟并非当前经济、金融、环境和全球食品危机的受害者，而是其推动者。它们倡导另一种可行的选择——“建立在国际团结基础上社会公平、和平与可持续发展的欧洲一体化进程”，即反对欧盟的一些新自由主义议程，但却接受推动欧盟民主化以及促进劳工保护、环境保护、女权和少数民族权利的渐进的一体化，认为这种一体化的欧洲才有助于推动民众生活条件改善。在政治实践中，也正是这种相对的共识使得党团有可能克服原先的立场分歧，提出一些具体的政策建议，比如，提供更多、更好的工作和教育机会，加强社会保障、社会团结、解决环境以及能源问题，促进文化交流和多样性，实现经济可持续发展，保证男女平等，发展直接民主和公民直接参与，以建立一个“更加人道、透明、真实的欧盟”[3]。

但与欧洲议会其他党团横向比较，“欧洲联合左翼—北欧绿色左翼”的整合程度仍然较低，被普遍视为除极右翼党团外最缺乏凝

① http://www.guengl.eu/group/history.

② Luke March, *Radical Left Party in Europe*, Routledge, p. 160.

③ http://www.guengl.eu/group/about.

聚力的欧洲议会党团。尤其是在政党立场迥然相异的一些领域，比如，扩大欧盟范围和增加欧洲议员权限方面，“欧洲联合左翼—北欧绿色左翼”很难形成更加明确而积极的政策。而从党团规模上看，“欧洲联合左翼—北欧绿色左翼”只是欧洲议会中一个处于边缘地位的小党团。虽然有时能够通过与其他左翼党团，如社会党和绿党党团的合作推动左翼议程的形成，但总体上基本没有机会独立推行自己的政策主张。加之欧洲政治中欧洲议会相对于各国议会的弱势地位，西欧共产党通过“欧洲联合左翼—北欧绿色左翼”在欧洲政治舞台上发挥作用仍然十分有限。

2014 年 6 月欧洲议会选举后，作为共产党党团中矛盾分歧核心一方的希腊共产党宣布退出新一届“欧洲联合左翼—北欧绿色左翼”党团。之所以做出退出决定，希共宣称主要出于以下考虑：第一，欧洲左翼党建立后，在重要问题上与希共存在分歧，且一直尝试在党团内推行建立在其共同纲领基础上的单一路线，搞小帮派，用左翼党的政治立场代替党团的立场，从而使得“欧洲联合左翼—北欧绿色左翼”的邦联性质发生了显著改变，希共不再能够保持意识形态的独立性及对相关问题的平等协商；第二，党团一直在美化和支持欧盟，与希共反欧盟的宗旨彻底背离，甚至出现了歪曲、掩盖希共立场的情况；第三，党团试图与社会党、绿党党团组成“左翼集团”，甚至与欧洲人民党和自由党党团签署联合动议；第四，党团内的一些力量比如德国左翼党，参与了欧盟的反共运动，等等。

希共在 2014 年欧洲议会选举后拥有 2 名欧洲议员，其退出对党团的实际影响不大，但意义不容忽视。随后，欧洲激进左翼政党内部甚至出现了相互攻讦的局面，比如，丹麦红—绿联盟指责希共将自己完全置于欧洲议会的影响之外。任何政党甚至包括金色黎明（希腊的法西斯主义政党）都不愿与其合作。希共则反击这是“污蔑”“不可接受的侮辱”，等等。这标志着西欧共产党洲际联合的矛盾冲突进一步公开化，共产党党团的发展面临考验。

第三节　欧洲议会外的地区性合作尝试

20 世纪 90 年代以来，西欧共产党在欧洲议会外的联合与合作，体现为两个显著发展时期与两个主要的跨国性合作框架，即 90 年代初至 21 世纪头十年中期作为主导形式的“新欧洲左翼论坛”，以及 2004 年后获得大发展的欧洲左翼党。目前，前一种合作形式基本上已经形存实亡，而主要以欧洲左翼党为载体的左翼联合方兴未艾。但由于相关成员党的立场观点，尤其是在欧洲一体化问题上存在诸多矛盾分歧，西欧共产党的地区性联合面临着很大困难和阻碍。

一　“新欧洲左翼论坛”的兴起与衰落

“新欧洲左翼论坛”（New European Left Forum，NELF）成立于 1991 年苏联解体后西欧共产主义运动迷茫无序的重要时期。它是在西班牙联合左翼的倡议下建立的。起初论坛缺乏明确的角色和身份定位，只是各国共产党、左翼政党之间进行小范围联系、交流的非正式组织，被普遍视为一个与社民党相对的民主社会主义政党组织。[①] 其初期成员主要包括芬兰左翼联盟、瑞典左翼党、挪威社会主义左翼党、丹麦社会主义人民党、德国民主社会主义党、爱沙尼亚民主劳动党、荷兰绿色左翼党、比利时联合左翼、法国共产党、法国公民运动、瑞士劳动党、意大利重建共产党、希腊左翼与进步力量联盟、塞浦路斯劳动人民进步党、西班牙联合左翼、奥地利共产党等。

后来随着影响不断扩大，加入其中的左翼政党不断增加，论坛逐渐发展成为跨西欧范围的共产党以及其他左翼力量进行对话、交流，共同决定行动方案和开展联合斗争的重要渠道。论坛主要通过每年举行两次成员党会议进行协调和沟通。自 1992 年首次召开论

① Kate Hudson, *The New European Left: A Socialism for the 21st Century?*, Palgrave Macmillan, 2012, p. 38.

坛会议后，其关注焦点从20世纪90年代初期苏东剧变的成因、后果以及共产主义的发展前景等问题，逐渐转向探讨一些具体现实问题，尤其是欧盟建设和西欧社会发展问题。1996年赫尔辛基会议后，“新欧洲左翼论坛”提出并讨论的相关议题主要有：欧盟一体化和修改《马斯特里赫特条约》；反对失业，维护劳动者权益；捍卫社会服务和“欧洲社会模式”；反种族主义、排外主义以及保护移民权和避难权；推动欧洲安全建设及其进程；发展欧洲地中海地区与欧盟的合作关系，等等。90年代末前后，除致力于洲际范围的事务外，“新欧洲左翼论坛”在一些国际性、地区性热点，如东南亚和俄罗斯的金融危机、巴以冲突、反恐战争、伊拉克事件等问题上，也彰显了左翼政党的身份和立场。

2000年后，随着欧洲左翼党的筹建，“新欧洲左翼论坛”的吸引力不断下降。目前作为一个独立的地区性左翼组织虽然仍旧存在，但重要性已经被欧洲左翼党所取代，其作为欧洲地区左翼联合斗争的过渡形式基本已经画上了句点。但无论如何，在冷战后欧洲共产主义运动低迷徘徊的时期，“新欧洲左翼论坛”有效地将诸左翼力量团结在一起，极大地推动了20世纪最后十年欧洲的反新自由主义斗争。同时，它也提供了一种新的、异于传统的合作范式，为欧洲左翼党的最终形成打下了重要基础。

二　欧洲左翼党的发展与演进

欧洲左翼党（European Left Party，EL）是欧洲地区的一些共产党和其他激进左翼政党创建泛欧洲左翼政党的尝试。它经过漫长的组织筹备阶段，于2004年5月最终成立，是目前欧洲规模最大、参与政党最多的跨国性激进左翼政党联合形式。

（一）欧洲左翼党的构建轨迹

早在20世纪90年代中期，将欧洲左翼的角色和身份协调起来，构建一个整合、统一的政党组织实体的想法，就已开始在“新欧洲左翼论坛”和“欧洲联合左翼—北欧绿色左翼”的一些政党中孕育。1996年7月和1997年7月，西班牙联合左翼连续组织了2次马德里左翼政党峰会，全部“新欧洲左翼论坛”和“欧洲联合左翼—北欧绿色左翼”的成员党都受到邀请。会议呼吁各党团结起来，推动建立一个与《马斯特里赫特条约》所构想的经济与货币联盟迥然相异的，反对种族、排外主义以及支持就业和劳工分享权利的社会的欧洲。1998 年 6 月，德国民主社会主义党邀请欧盟国家的 20 个左翼政党在柏林集会，探讨欧洲左翼政党在 1999 年欧洲议会选举准备工作中的新的合作方式和途径。在这次会议上，时任德国民社党主席的比斯基提出要在欧洲议会内的合作和“新欧洲左翼论坛”等形式之外寻求一种新的合作方式，即将背景和影响极其不同的左翼政党统一起来，进行有组织的政党合作。

1999 年 1 月，法国共产党在巴黎主办 13 个左翼政党参加的会议，共同发出呼吁，主张打破“新自由主义教条”，支持一种优先实现经济增长、创造就业岗位、终结公共部门私有化、增加公共支出、削减工作时间的战略，提出要在社会、民主、生态、团结与和平的发展轨道上构建一个新欧洲。这次会议虽然没有为 1999 年欧洲议会选举提出一个明确的共同宣言，但经过多次的协商讨论后，各党基本达成了共同的政治理念框架，即联合起来建立一个左翼的欧洲。此后，经过 2002 年哥本哈根和巴黎“新欧洲左翼论坛”的深入讨论，以及 2003 年发起工作小组的相关组织会议，成立一个泛欧洲左翼党的政治文件、章程和组织结构框架基本准备就绪。2004 年 1 月，柏林会议发起了建立欧洲左翼党的倡议。比斯基提出了新党的基本原则，包括反对战争、暴力，支持平等权以及实现社会团结，体现民主、平等和生态责任，等等。5 月，来自欧洲 12 国的共产党及其他左翼政党在罗马建立了统一的欧洲左翼政党组织——“欧洲左翼党”。意大利重建共产党、西班牙联合左翼、法国共产党、希腊左翼运动与生态力量联盟等 16 个左翼政党成为欧洲左翼党成员党，德国的共产党、塞浦路斯劳动人民进步党等 10 个左翼政党成为观察员党，意大利重建共总书记贝尔蒂诺蒂当选欧洲左翼党主席。

在 2010 年第三次代表大会上，法国共产党全国书记皮埃尔·洛朗当选欧洲左翼党新任党主席。通过修改党章，党的副主席增加至 4 位，以对左翼党进行“更加积极和动态的管理”，这在很大程度上保证了地域范围的广泛代表性。2016 年 12 月召开的第五次代表大会选举来自德国左翼党的格雷戈尔·居西（Gregor Gysi）为新任党主席，皮埃尔·洛朗等4人为副主席。[①] 法国的“左翼替代、生态与团结”（Ensemble!）等8个左翼政党和运动被批准成为成员、观察员或合作伙伴。[②] 经过多年发展，欧洲左翼党的规模在不断扩大。目前，共有26个成员党，8个观察员党和3个合伙党（参见表6.1）。

表6.1　**欧洲左翼党的组成政党，截至2016年12月**

成员党	观察员党	合作党
奥地利共产党、白俄罗斯左翼“公正世界”党、比利时共产党、保加利亚左翼党、捷克民主社会主义党、丹麦红－绿联盟、爱沙尼亚左翼党、法国左翼党、法国共产党、芬兰共产党、芬兰左翼联盟、德国左翼党、希腊激进左翼联盟、匈牙利工人党、意大利重建共产党、卢森堡左翼党、葡萄牙左翼集团、摩尔多瓦共产党人党、罗马尼亚社会党、斯洛文尼亚生态社会主义与可持续发展党、斯洛文尼亚民主社会主义倡议、西班牙联合左翼、西班牙共产党、加泰罗尼亚统一与替代左翼、瑞士工人党、土耳其自由与团结党	塞浦路斯劳动人民进步党、英国团结左翼、捷克波西米亚－摩拉维亚共产党、意大利“另一个欧洲”、斯洛伐克共产党、新塞浦路斯党、统一塞浦路斯党、比利时VEGA运动	奥地利变革党、匈牙利左翼党、法国“左翼替代、生态与团结”

资料来源：欧洲左翼党网站 http：//www.european－left.org/about－el/history。

（二）理论基础与政策主张

欧洲左翼党强调自己是开放的、在尊重各成员党特性和各国实际基础上的政治组织。正如其成立宣言指出的，“欧洲左翼构成多样，背景不同，经历及对欧盟的态度各个相异。反抗对社会国家和民主的侵蚀、建立新的政治替代模式，需要左翼政党相互沟通，在欧洲层面团结起来，提出必要而具体的替代建议”。欧洲左翼党的宗旨是推动左翼联合与振兴，捍卫民主权利，追求社会公正，维护世界和平。其基本纲领提出了未来欧洲的五大发展方向与欧洲左翼

① “Gregor Gysi elected new President of the Party of the European Left”, Dec. 17, 2016, http://www.european-left.org/gregor-gysi-elected-new-president-party-european-left.

② “EL Congress ratifies the accession of eight new parties”, Dec. 20, 2016, http://www.european-left.org/el-congress-ratifies-accession-eight-new-parties.

的历史任务，主要包括：（1）反对战争和军事化的欧洲；（2）捍卫社会式国家以及财富、权利和影响再分配的欧洲；（3）文化多样、精神自由和向世界开放的欧洲。欧洲左翼是拒绝历史修正主义的文化左翼，能够批判地审视自己的历史；（4）反对资本主义全球化的欧洲。欧洲左翼批判资本主义，旨在超越资本主义运行规则，推动社会转型；（5）建立民主的欧洲。欧洲左翼致力于摆脱政治的权力暗箱操作，使其回归大众的视野和争论。

自成立至今，欧洲左翼党共召开了五次代表大会，每次会议都通过了指导性的共同纲领，体现了欧洲左翼党在相关问题上的基本观点和主张。

2005 年 10 月，欧洲左翼党第一次代表大会在希腊雅典召开。会议通过了《雅典宣言》，即《我们能够改变欧洲》的共同行动纲领，分析了世界和欧洲正面临的严峻挑战和威胁，指出“当前欧洲面临的危机没有边界，布鲁塞尔和各国政府制定的新自由主义政策是罪魁祸首”。欧洲左翼党有责任团结社会运动、工会和其他政治力量，提出替代政策，摒弃新自由主义模式，把民众的权利与人类价值观而非竞争放到第一位，建设更加公正、民主、和平的“另一个欧洲”。会议尤其提出了一些需要优先开展的斗争，比如，反对失业和社会排斥、捍卫和重构福利体系、改善工作条件、重整欧盟预算和货币政策，强调“欧洲堡垒”方法的破产，支持欧洲和平政策，主张取消北约。①

2007 年 11 月，欧洲左翼党在捷克布拉格举行了第二次代表大会。会议通过了《欧洲左翼：建设替代选择》的政治纲领，延续了反新自由主义的鲜明立场，并突出强调欧洲左翼党在反欧盟宪法运动、反全球化运动等塑造另一个可能的欧洲中的作用问题，指出多数斗争不是自发联合或与各种政治代表形式建立起联系的，而是源于新一代以及相关工作生活、人际间关系的众多需求，并不能自发转换为葛兰西所谓的霸权文化。这些需求只能转化成一个替代的社

① http：//en. wikisource. org/wiki/Talk：Athens_ Declaration_ of_ the_ 1st_ Congress_ of_ the_ European_ Left_ Party_ in_ Athens，_ 2005.

会规划，从而反映转型文化以及一种能够将抗议者和社会变革的推动者联系起来的政治结构，而这正是欧洲左翼党需要发挥的作用。[①]除了这一“转型角色”外，纲领还明确提出了未来斗争的发展方向，即建立一种新的社会的、民主的（争取权利和自由）、生态的（争取和平和全球正义）欧洲模式的目标，并围绕“资本主义全球化和欧洲”“欧洲左翼反对战争”“和平与全球正义的生态欧洲”等提出了详细的政策建议，为各国和欧洲地区层面的议会内与议会外运动提供了一个继续深入推进的框架。比如，它认为，我们当前生活在存在缺陷、有限的、不可持续发展的资本主义全球化时代，资本主义灾难性的影响与人类解放的潜力之间不断恶化的矛盾，迫切需要实现一种转型发展，而5个主要原则有助于改造资本主义的社会、经济和生态，即充分、有保障的就业；对公共金融部门进行干预；建立一种可持续的经济模式；捍卫公共部门和服务；确保一定的收入和养老金水平。这一战略需要将欧盟层面的诸多目标、行动纲领和举措、相关政策框架统合在一起，而核心任务是改革经济和货币联盟的当前体系，将欧洲央行置于民主控制之下，终结当前的增长和稳定协议等。

2010年12月，欧洲左翼党在法国巴黎召开第三次代表大会。这次大会是在国际金融危机背景下召开的，会议通过了《一个关于社会欧洲的议程：建立欧洲替代模式》的共同行动纲领，与“欧洲稳定基金”和“紧缩计划”针锋相对，彰显了欧洲左翼党在这场资本主义危机中的基本立场。纲领指出了欧洲民众因紧缩政策、缩减公共支出、公共服务和劳工市场自由化而面临的困境，认为这些政策反映了资本主义及其当前全球化的危机。这场危机将对环境、能源、粮食供应、文化和道德价值产生影响，危机的后果在政治和社会甚至欧洲各个层面都会有反映。因此，纲领强调，在这个“新的抵抗运动在欧洲蓬勃发展”的时代中，需要开启替代模式，以鼓舞抗议运动的发展并从中塑造欧洲未来的替代发展前景。纲领重申

① http：//www. european-left. org/sites/default/files/political_ theses_ final_ version_ 04. 12. 07. pdf.

了欧洲左翼党的总体思路，提出了诸多建议，包括欧洲政治的激进民主化，反对失业、贫困、社会排除的行动计划等。

欧洲左翼党的第四次代表大会，于2013年12月在西班牙马德里召开。会议通过了题为《摆脱紧缩，重建欧洲》的行动纲领。纲领关注不断深化的经济危机，指出权力掌握在金融家手中、紧缩政策的后果以及民主的退步，危及真正的欧洲“联盟”概念。建立在竞争、解除管制和自由化、欧洲央行和欧元作用基础上，为金融市场和大资本权力服务的欧洲诸条约，不可能推动欧洲的社会进步。金融危机成为进一步推进极端自由化、强制推行野蛮紧缩计划以及社会和民主退步的借口。使欧洲陷入社会和民主退步的轨道是一种犯罪，而退回到民族主义和排外主义也非解决之道。对此，欧洲左翼党提出的建议，是在全新的民主、团结、社会、生态、和平基础上重建欧洲，其转型核心以及当前具体的步骤是改善欧洲人民的生活，需采取的行动包括反紧缩、使社会发展成为欧洲政策的核心、重新掌握金融权、构建民主、增加人民的权利等。①

2016年12月，欧洲左翼党在德国柏林召开第五次代表大会。会议通过了题为《重建欧洲，建立新的进步合作》的大会文件，提出了建立广泛左翼阵线以反对法西斯主义和极右翼，反对逃税，反对美欧双边自由贸易协定（TTIP）、国际服贸协定（TISA）和综合性经济贸易协定（CETA）等议题。在欧洲经济陷入停滞，甚至可能出现经济危机进一步恶化，以及各国民粹主义和排外主义倾向泛滥的关键时期，欧洲左翼党强调对欧盟的整个结构和运作进行改革的必要性，呼吁重新修订欧洲委员会、欧洲议会、《马斯特里赫特条约》（包括欧洲中央银行、紧缩政策、三驾马车等）的整个经济模式，并建立一个能够确保充分民主、尊重《人权宣言》、履行气候变化责任的新的欧洲条约等。②

① http：//www. european-left. org/sites/default/files/programe_ en. pdf.

② 5th Congress of ELP，Dec.，2016，http：//www. european-left. org/5th-congress-berlin-2016.

（三）作为欧洲左翼党"智库"的"变革!"联系网

"变革!"联系网（Transform!）的全称是"变革！欧洲替代思想与政治对话联系网"，创立于2001年第一届世界社会论坛期间（世界和欧洲社会论坛情况参见下文）。最初只是一个左翼理论和教育机构，旨在通过推动欧洲和其他地区的社会论坛建立相互联系。后来"变革!"与欧洲左翼党的联系逐渐紧密，但与世界社会论坛的联系也一直保持了下来，并在2006年加入了世界社会论坛的国际理事会。

目前，"变革!"自我界定是"欧洲各非政府组织、基金会、研究机构和个人进行政治教育和批判性社会分析"的一个联系性机构，拥有来自18个国家的28个成员组织，主要包括"变革！奥地利"、芬兰左翼论坛、法国马克思园地、德国罗莎·卢森堡基金会、希腊普兰查斯研究院、"变革！意大利"、西班牙马克思主义研究基金会等。这些组织有的是左翼政党的智库，比如，罗莎·卢森堡基金会是德国左翼党的理论和教育机构，在地位上类似于德国社民党的艾伯特基金会，拥有许多雇员，得到德国政府的大量资助。同样，法国马克思园地也是法国共产党的理论机构。有的则是由独立学者或知识分子发起成立的，比如，"变革！意大利"就是前意共领导人恩里科·贝林格（Marco Berlinger）的儿子马可·贝林格组织建立的。

"变革!"积极参与了欧洲左翼党的创建过程。2007年9月，"变革!"与欧洲左翼党合作开展了一项共同计划，并得到欧洲委员会的支持。此后，"变革!"发展成为欧洲左翼党智库性的"政治教育基金会"，其以7种语言出版每年两期的杂志《变革!》，成为欧洲左翼党的正式出版物。

"变革!"的主要活动方式包括组织欧洲左翼党的夏季大学、合作举办欧洲社会论坛以及其他相关欧洲社会、经济、文化议题的系列会议。"变革!"通过这些活动，发起理论争论，推动形成左翼的分析和战略框架，试图重新解释新社会背景下的"转型"政治问题。比如，在2010年伊斯坦布尔欧洲社会论坛期间，"变革!"组织召开了一系列理论研讨会，包括"危机的政治方案是什么?""汽车产业危机分析：我们需要什么样的社会和生态改造?""经济危机中的性别问题""什么是左翼的生态观""高等教育的新自由主义改革：

最近的学生斗争”“希腊的社会和政治危机之后：如何构建另一个欧洲”，等等。会议的参与者涵盖了政党代表、工会人士、学者和社会运动参与者。显然，“变革!”将两种不同的政治层面结合起来，成为沟通政党（尤其是欧洲左翼党）与社会运动的联系纽带。

在“变革!”发展过程中，其首任主席、奥地利共产党前总书记瓦尔特·拜尔（Walter Baier）发挥了重要作用。“变革!”现任主席是来自希腊普兰查斯研究所的哈里斯·高尔米斯（Haris Golemis）。

三 围绕欧洲左翼党的矛盾分歧与影响

欧洲左翼党是欧洲社会主义和左翼力量实现的一次重新整合，在反对新自由主义、维护社会公正团结、推动欧盟民主化改革的斗争中发挥了积极作用。然而，在整个欧洲左翼内部，由于立场、主张不同，一些党在欧洲左翼党的建立、性质、发展方向等问题上存在很大分歧。

（一）欧洲左翼党的内部争论

早在欧洲左翼党筹备建设的过程中，各种矛盾对立已经充分展现出来。2004 年柏林会议期间，针对比斯基提出的新党建立原则，只有 11 个与会党表示赞成，而其他党则声明要继续观察这一进程。“新欧洲左翼论坛”和欧洲联合左翼—北欧绿色左翼党团中也只有少数党选择加入其中。而即使这些支持成立欧洲左翼党的党派，在新党的性质问题上也存在明显的不同认识，“一些党希望建立一个拥有自己意识形态形象和成员的真正的跨国性政党，而其他一些党则致力于将其建设成为一个建立在共同纲领基础上、主权政党间的协调性组织”①。

这种分歧尤其表现为两种主要立场的对立：一方面，以德国民主社会主义党和法国共产党为代表的一些党，主张将欧洲左翼党建设成为一支马克思主义化的反新自由主义力量，而意大利重建共产党和西班牙联合左翼等党则倡导发展一种能够积极参加世界社会论坛的更具创新性的社会运动政治。另一方面，按照贝尔蒂诺蒂的说

---

① Patrick Theuret, *International Correspondence*, new series, issue 7, p. 27, in Kate Hudson, *The New European Left: A Socialism for the 21st Century?*, Palgrave Macmillan, 2012, p. 42.

法，“运动中的运动是新一代人遭遇政治的方式，也是新的个体和集体实践形成的地方……正是通过这些运动，我们才相信另一个世界是可能的；也只有在这一运动中，替代左翼才能建立另一个欧洲”①。

关于如何认识共产主义历史问题，各党间的认识也存在很大差异。欧洲左翼党党章中对社会主义、共产主义、劳工运动的价值观和传统，以及女权、环保、和平、人权等进步传统在塑造欧洲左翼党中的作用都有所提及，但在共产主义历史问题上是这样界定的，“我们捍卫运动的遗产，它鼓舞和促进数百万人获得了社会必然性。我们牢记这些斗争付出的牺牲和苦难。但我们坚决反对非民主的、斯大林式实践，它与社会主义、共产主义理想背道而驰”②。这种历史观显然不能得到一些（尤其是更为保守的）党的支持。比如，捷克波希米亚—摩拉维亚共产党等就针锋相对地指出，“欧洲左翼党必须是一个泛欧洲的政党，不能包括非左翼组织，不能全盘否定20 世纪共产主义运动史，必须从错误中汲取教训，继续发展正面的成果”③。也正是源于这些观点的分歧，德国的共产党、塞浦路斯劳动人民进步党、意大利共产党人党等并没有直接加入欧洲左翼党，而是选择成为观察员党。

（二）替代性左翼联合的形成及其核心主张

斯堪的纳维亚地区的许多激进左翼政党，因其疑欧立场与欧洲左翼党相左，因此并未加入其中。2004 年 2 月，在欧洲左翼党正式建立之前，它们在冰岛雷克雅未克创建了一个自己的协调性组织——北欧绿色左翼联盟（NGL Alliance，NGLA），主要成员包括丹麦社会主义人民党、芬兰左翼联盟、挪威社会主义左翼党、瑞典左翼党、冰岛左翼—绿色运动（芬兰左翼联盟是加入欧洲左翼党的唯一例外）。北欧绿色左翼联盟不是一个单纯的地区性组织，在纲

① http：//www.european-left.org/sites/default/files/lothar_ bisky_ s_ closing_ speech.pdf.

② Kate Hudson，*The New European Left*：*A Socialism for the 21st Century*?，Palgrave Macmillan，2012，p.48.

③ Ibid.

领中，它更多强调的是其国际主义而非地区主义性质，“国际主义是联盟的基础，国际团结是我们主要的哲学和行动之一”①。就欧洲一体化问题的倾向看，北欧绿色左翼联盟各党更接近于同持批判立场的共产党。在政治实践中，北欧绿色左翼联盟在欧洲联合左翼—北欧绿色左翼党团的框架基础上，与其他左翼政党（无论是否加入欧洲左翼党）保持着密切联系。

两个传统西欧共产主义政党——希腊共产党和葡萄牙共产党，一直坚持疑欧立场，反对欧洲左翼党在欧盟条约内的制度化。在其看来，欧洲左翼党在建立过程中存在严重的“导向”问题，它可能造成不同政党在欧洲联合左翼党团以及其他多元行动中的合作出现问题。它们尤其关注身份以及党的主权问题，强调要坚持党的共产主义身份特征。比如，葡萄牙共产党认为，“在当前条件下……共产党和革命运动不能完全与进步和革命力量间更广泛的合作分离开来。但这并不意味着丧失或消解党的身份。共产党以及在历史、意识形态和长期规划方面拥有密切联系的力量间的友好关系、合作与团结，首先需要承认并重新开启社会主义和共产主义议程”②。

希腊共产党也指出，“主要问题不是组织问题，而是意识形态—理论问题……国际共产主义运动的意识形态团结一直受到困扰，现在需要重新恢复。所有共产党的基本责任，是保证工人阶级先锋队组织开展反对资本主义剥削的斗争，而不是与之妥协”③。在它看来，欧洲左翼党是继欧洲共产主义之后的又一股修正主义和机会主义潮流，它利用和煽动了现存一些共产党的弱点、缺陷，通过与欧盟等帝国主义中心的联盟来与美帝国主义抗衡。它因而呼吁，国际共产主义运动及其复兴需要意识形态和战略的重构。

正是基于这一认识，希共和葡共既没有加入欧洲左翼党，也没有成为其观察员党。相反，作为将自己的社会主义理念和国际主义

① http：//www. nordic-green-left-alliance. org/en/platform. htm.

② Kate Hudson, *The New European Left: A Socialism for the 21st Century?*, Palgrave Macmillan, 2012, p. 49.

③ Eleni Mpellou, “Thoughts on a new International: Internationalism in Marxist theory”, http：//inter. kke. gr/en/articles/Thoughts-on-a-new-International/.

理论付诸实践的结果，在希腊共产党的倡议下，一些激进左翼政党于2013年10月1日建立了一个新的欧洲范围内的跨国性政党联合组织——共产党和工人党“创议”（INITIATIVE），包括英国新共产党、丹麦共产党、挪威共产党、瑞典共产党、西班牙人民共产党在内的来自欧盟和其他欧洲国家的29个共产党和工人党加入其中。

其成立宣言指出，“创议”建立的目的是研究和阐释欧洲议题，以及协调各成员党的行动。① “创议”的意识形态基础是科学社会主义，各党联合起来的目标是建立一个没有人剥削人，没有贫困、社会不公正和帝国主义战争的社会。在“创议”看来，欧盟是资本的选择。它推行了诸多有利于垄断和资本集中的措施，强化了作为与工人阶级和民众阶层相对立的帝国主义经济、政治和军事集团特征，加剧了军备、专制倾向和政府镇压，限制了国家主权。“创议”认为，欧盟是欧洲的帝国主义中心，它与美国和北约联合起来，支持反人民的侵略性计划，而军国主义是其结构性要素。“创议”主张另一种有利于人民的发展道路。另一个欧洲的观点、人民的繁荣、社会的进步、民主权利、平等合作、和平与社会主义，都将通过工人斗争来实现。它相信，所有人都有权选择本国的发展道路，包括摆脱对欧盟和北约的多层面依附，以及拥有选择社会主义的权利，等等。

“创议”对欧洲左翼党持强烈否定态度。它强调，欧洲左翼党支持欧盟及其基本的战略立场，它所支持的是一个愈益反动和危险的资本联盟，而贬斥马列主义基本原理和世界观，因此“创议”各党不会选择加入其中。“创议”成立后，围绕移民、乌克兰问题、欧洲国家的反共行动、空客集团裁员等问题发表了系列声明，阐明了联盟的立场观点。②

显然，西欧共产党在议会外的联合行动仍然面临重重困难。其根本原因在于共产党本身在众多理论和实践问题上存在重大分歧。随着欧洲左翼党的建立，各种矛盾和问题尤其凸显出来。当前欧洲

① The INITIATIVE of Communist and Workers' Parties of Europe was founded, http://inter.kke.gr/en/articles/The-INITIATIVE-of-Communist-and-Workers-Parties-of-Europe-was-founded/.

② http://www.initiative-cwpe.org/.

左翼党与“创议”并存和对立，就是其分裂和冲突公开化的具体表现。而即使在形成基本共识的欧洲左翼党内部，也存在严重的意见分歧，在如何处理左翼党与各参与党和党内反对派的关系，维护党际和党内团结问题上，仍然面临严峻挑战。此外，欧洲左翼党虽然是共产党主导建立的，目前各国共产党也是主要的参与者和组织力量，但其实际政策和主张却吸收了很多新社会运动的思想要素，相对于传统共产党的激进色彩已经大大淡化。正如有学者所言，这或许是其为了避免政治边缘化，有意无意与传统共产党拉开距离的结果。但在实践中却难以摆脱与欧洲社会党策略主张重合的命运，进而影响其选民基础。[①] 这也直接造成了欧洲左翼党成立10余年来，一直在欧洲政治中难以大有作为的局面。能否在政策主张方面彰显自身的思想理论特色，或将成为欧洲左翼党乃至欧洲左翼联合过程中弥合分歧、实现实质性进展的关键所在。

第四节　西欧共产党的国际协调与联合行动

西欧共产党近20余年国际联合斗争的最突出成就，是创立和推动了世界共产党和工人党国际会议的发展。此外，在反全球化、反新自由主义中的共同行动，也贯穿于西欧共产党地区性联合斗争的整个进程。

一　世界共产党和工人党国际会议的演进与问题

（一）共产党和工人党国际会议的发展进程

自1956年欧洲共产党工人党情报局解散后，世界各国共产党曾经采取过不定期召开国际会议的形式，来加强彼此间的联系与团结斗争。比如，1957年、1960年、1969年，曾在莫斯科分别召开各国共产党工人党代表会议。但此后，在整个20世纪70年代和80年代，世界共产党一直没有进行大范围的国际联系。

---

① 参见张文红《全球化时代欧洲左翼力量的整合与重组——以“欧洲左翼党”为例》，《当代世界与社会主义》2005年第3期。

20 世纪 90 年代末，为了加强交流与联合斗争，在希腊共产党的倡议下，一些共产党开始组织召开世界共产党和工人党国际会议。会议采取年会制形式，从 1998 年举行第一次会议开始至 2016 年，已经召开了 18 次会议（2001 年除外）。

西欧共产党一直是世界共产党和工人党国际会议的主要组织者和参加者。前七次会议的举办地都是希腊雅典。第八次会议由葡萄牙共产党筹办，在里斯本召开，有 63 个党的代表与会。第九次会议于 2007 年 11 月十月革命 90 周年之际在白俄罗斯首都明斯克召开，全球 70 多个国家的共产党和工人党参加会议。第十次会议在巴西圣保罗举行，来自 55 个不同国家的 65 个共产党与会。第十一次会议由印度共产党（马克思主义）和印度共产党联合主办，在印度新德里举行，来自 48 个国家的 57 个共产党和工人党的代表参加了会议。第十二次会议在南非约翰内斯堡召开，这次会议有来自 43 个国家的 49 个代表团参加。2011 年的第十三次大会再次回归会议发源地希腊雅典，共有来自 59 个国家的 78 个共产党和工人党参会，创下了会议召开以来的历史之最。2012 年第十四次会议在黎巴嫩的贝鲁特举行，来自 44 个国家、60 个共产党和工人党的 84 名代表与会。2013 年第十五次会议在葡萄牙举行，共有来自 63 个国家的 75 个共产党与会。2014 年第十六次会议在厄瓜多尔瓜亚基尔市举行，来自 42 个国家 53 个党派的 85 名代表出席会议。2015 年第十七次会议在土耳其伊斯坦布尔举行，来自全球 53 个国家 62 个共产党和工人党的近 200 名代表出席。2016 年第十八次会议在越南河内召开。

世界共产党和工人党国际会议每次都会确定一个讨论主题，涉及内容十分广泛。1998 年的会议主题为“当前形势下的共产党”；1999 年为“资本主义危机、全球化与工人运动的回应”；2000 年为“共产党加强联合与团结的经验”；2002 年为“‘9·11’事件后的世界新形势”；2003 年为“反对战争和资本主义全球化运动与共产党”；2004 年为“反对帝国主义进攻：斗争阵线与替代选择”；2005 年为“资本主义当前趋向：经济、社会和政治影响”；2006 年为“国际形势的危险和潜力”；2007 年为“纪念伟大的十月社会主义革命 90 周年”。第十次大会以来的几次会议都是在国际金融经济危机形势下举行的，因此会议主题基本围绕资本主义危机展开。2008 年的主题为“国际框架中的新现象：日益恶化的国家、社会、环境以及帝国主义间的矛盾和问题；为和平、民主、主权、进步、社会主义以及共产党和工人党的团结行动而斗争”；2009 年为“国际资本主义危机、工人和人民的斗争、替代方案、共产党和工人阶级运动的作用”；2010 年为“世界资本主义日益深刻的系统性危机。共产党人在为和平、进步和社会主义斗争中保护主权、加强社会联盟、巩固反帝阵线的任务”；2011 年为“社会主义才是未来!”2012 年为“为反对不断升级的帝国主义进攻，为满足人民的社会权利、经济权利、民主权利和愿望，为实现社会主义而加强斗争”；2013 年为“正在深入的资本主义危机、工人阶级的作用、共产党人在为工人和人民权利斗争中的任务：帝国主义的进攻、国际力量的联合、民族问题、阶级解放和为社会主义的斗争”；2014 年为“共产党和工人党在与引发战争和危机、助长种族主义、反动势力的帝国主义和资本剥削斗争中的作用——为了工人和人民的利益、为了国家和社会的解放、为了社会主义而奋斗”；2015 年为“为了工人和人民的解放，为了社会主义，加强工人阶级反抗资本主义剥削、帝国主义战争和法西斯主义的斗争”；2016 年为“资本主义的危机与帝国主义进攻——共产党和工人党在为和平、工人和人民的权利、社会主义而斗争中的战略与策略”。

从历次大会看，虽然会议主题各不相同，但探讨的内容却主要集中在一些具体方面，如资本主义的发展变化、国际形势分析、全球化、工人政党的任务，等等。在当前资本主义的发展趋势和特征问题上，会议认为，新科技革命以来资本主义社会发生了巨大变化，发达资本主义国家现在仍然处于帝国主义阶段，但也正在从国家垄断资本主义逐步向国际垄断资本主义过渡，并试图建立野蛮反动的国际帝国主义体系。当前的国际金融经济危机是资本主义基本矛盾的产物，表明新自由主义的彻底失败和崩溃。一些国家的资产阶级采用的所谓“救市计划”，其实质不是使资本主义更富效力，而是通过牺牲工人的利益来解决资本主义体系固有的矛盾。同时，这场严重的危机也颠覆了苏东剧变代表着资本主义最终胜利的神话。它揭示了资本主义作为一种社会体系的局限性，表明共产党人需要经由革命的方式来推翻它。在资本主义危机面前，只有“社会主义才是替代选择”。

在对当代世界社会主义运动的认识上，历次会议大都强调，苏东剧变的成因是复杂的，既有理论上的原因，也有实践上的失误；既有内因，也有外因，但苏东剧变不是社会主义的失败，而是一种特定历史“模式”的失败。社会主义的发展道路是多样的，各国应该独立自主地探索符合本国国情的社会主义发展道路。会议指出，各国共产党和工人党应该在工人运动和人民斗争中发挥积极作用，加强意识形态宣传，根据实际情况调整战略与策略，采取一切可能的斗争形式，为争取民主和社会主义而奋斗。

各国党在独立自主基础上交流彼此经验、分析世界形势、明确自身任务的同时，还共同组织了一些推动社会主义运动，支持世界各地人民正义斗争的实践活动。比如，2005 年 5 月 9 日举行的世界反法西斯胜利 60 周年纪念活动、2007 年 11 月 7 日举行的纪念十月革命 90 周年活动以及将每年 11 月 29 日设为支持巴勒斯坦人斗争日，并组织一些声援活动，等等。

（二）内部矛盾公开化与共产党国际联合的困境

走过了十余年发展历程的世界共产党和工人党国际会议，在 2013 年第十五次代表大会召开之际遭遇重大挑战。以希腊共产党为代表的部分共产党，与参会多数党的矛盾分歧公开化。其主要标志是，会议并未按照以往惯例发表《共同声明》，只是发布了一个《共同或一致行动指南》①，而主办会议的葡萄牙共产党以及持异见的希腊共产党则分别发表了两个完全不同版本的《新闻公报》。②有学者将第十五次会议希共与其他党的分歧总结为关于帝国主义概

① 15 IMCWP，“Guidelines for common or convergent action”，Nov. 14，2013，http：//www. solidnet. org/15-imcwp/15-imcwp-guidelines-for-common-or-convergent-action-en-pt.

② Press Statement of KKE，“On the discussion and the results of the 15th International Meeting of Communist and Workers’ Parties”，Nov. 18，2013，http：//www. solidnet. org/greece-communist-party-of-greece/cp-of-greece-press-statement-of-the-kke-on-the-discussion-and-the-results-of-the-15-imcwp-en-ru-sp-ar；15 IMCWP，“Press Release by Portuguese CP”，Nov. 14，2013，http：//www. solidnet. org/15-imcwp/15-imcwp-press-release-by-portuguese-cp-en-pt.

念、经济危机的本质、社会联盟问题等 11 个方面。希共后来在探讨共产党国际团结的一篇声明中，将这些分歧简化为需要解决的 4 个社会主义理论问题：第一，社会主义革命和建设的规律是否有效？第二，工人阶级是否应该掌握政权？第三，在明显面临困难的环境和条件下，共产党及其联盟是否应该争取实现生产方式社会化？第四，工人阶级政权是否应该实施中央计划？[①]

在 2014 年 11 月厄瓜多尔召开的第十六次会议前夕，希共连续发文宣称会议的讨论框架过于程式化和单一化，呼吁各共产党围绕上述 4 个问题进行“实质性”的理论研究、讨论和经验交流。[②] 但从希共仍然与主办会议的厄瓜多尔共产党平行发表了一个独立新闻公报的结果看，根本性矛盾分歧并未消除。当然，希共也强调关于重要议题的不同方法需要进一步深入讨论，且不妨碍各国共产党采取共同一致的行动，并表达了接下来将继续支持为争取工人劳动、社会和民主权而进行的斗争，以及反对反共进攻和帝国主义战争的决心。[③] 显然，至少从短期看，希共的这种缓和与协商性姿态，使共产党和工人党国际会议发生分裂的可能性不大。但从长远看，尤其是关于社会主义重大理论、共产党国际联合是否需要构建统一的革命战略等方面的分歧和矛盾，将成为制约“会议”发挥更大作用的主要障碍。

二　作为共产党沟通平台的其他联系渠道

除了世界共产党和工人党国际会议，当前西欧共产党也保持着其他一些畅通的相互联系渠道。

一是通过多边、双边的国际和地区性会议的交流联系。比利时

① KKE，“Some questions on the unity of the international communist movement”，http：//inter. kke. gr/en/articles/Some-questions-on-the-unity-of-the-international-communist-movement/.

② “On the necessity of the joint struggle of the Communist Parties with a Revolutionary Strategy”，“Discussions-debates must be conducted on the basis of arguments”，“Some questions on the unity of the international communist movement”，see http：//inter. kke. gr.

③ http：//www. solidnet. org/greece-communist-party-of-greece/cp-of-greece-press-statement-of-Xthe-kke-on-the-work-of-the-16th-international-meeting-of-communist-and-workers-parties-in-ecuador-en-ru-es-fr-it-ar-sq.

工人党主办的国际共产主义者研讨会，已经逐渐发展成为世界共产党聚会交流的重要平台。这一会议自1992年以来每年都在布鲁塞尔召开，迄今为止，已经先后有来自世界各大洲约150个马克思主义政党和组织参加其中。近年来，会议围绕国际金融经济危机、帝国主义战争、社会主义运动经验教训等进行了广泛研讨，达成共识，明确了斗争方向。此外，一些共产党也经常性地组织召集共产党人会议，共同探讨社会主义理论和地区性斗争实践等问题。比如，2009年5月25日，葡萄牙共产党在里斯本组织召开国际研讨会，会议主题为“为建立一个和平与合作的欧洲而奋斗：反对军事主义、反对《里斯本条约》”，来自塞浦路斯、捷克共和国、法国、德国、希腊和西班牙的共产党和进步政党代表出席大会，共同探讨应对资本主义发展的新策略。希腊共产党邀请包括众多东南欧小共产党，如南斯拉夫新共产党和土耳其劳动党参加的巴尔干地区共产党会议，以及邀请东南欧地中海以及中东地区共产党参加的会议，等等。

二是一些共产党的党代会和党报节，成为各国共产党和左翼政党间相互沟通、交流的重要渠道。多数共产党在召开全国代表大会时，都会邀请政治观点和立场相似的党列席会议，因此一些党之间一直保持着密切的党际交流。有的共产党每年还会组织党报节。在诸党报节中，具有重要影响的是拥有80余年历史的法国共产党《人道报》节以及葡萄牙共产党的《前进报》节。2003年，曾有110个左翼政党和组织应邀派代表参加了法共《人道报》节活动；2010年，共有43个来自世界各地的左翼政党或组织派代表团或代表参加了葡共《前进报》节活动。

三是搭建网络互动交流平台。具有代表性的是希腊共产党尝试建立的“团结网”。网页内容丰富，综合全面，涉及各国党重要活动、召开的会议、发表的声明、对国际问题的看法等内容，目前已成为对国际共产主义行动进行在线通报和协调的重要平台。

三　反资本主义斗争中的联合行动

在反现实资本主义斗争中进行联合行动，是西欧共产党及左翼社会主义力量联合斗争的最主要、最直接的表现。

这种联合行动首先体现为共产党及其他左翼力量在反全球化、反资本主义全球扩张斗争中的联合与合作。在世纪之交西雅图、布拉格、尼斯、热那亚等地进行的系列反全球化运动中，在反对多边投资协定和国际货币基金组织日内瓦服务贸易自由化谈判斗争中，我们都可以看到共产党等左翼力量的联合行动。国际金融危机以来，共产党等左翼组织和力量联合起来反对资本主义、帝国主义斗争的趋势更加明显。在2010年北约里斯本峰会期间，希腊共产党、葡萄牙共产党等多国共产党领导、组织了大型的示威游行活动。此外，共产党和其他左翼政党组织还积极进行合作，参与到反对帝国主义对外侵略，如支持伊朗国内民众进行反帝活动、反对美英对阿富汗的军事占领以及谴责帝国主义发动利比亚战争等系列斗争中。

左翼联合的反资本主义斗争，还体现为共产党联合起来抵制资本主义的反共进攻。苏东剧变后，西方资本主义一直没有停止对共产主义的诋毁和遏制。国际金融危机爆发以来，一些国家的反共浪潮甚嚣尘上。比如，波兰立法禁止传播“共产主义标志”，违者将处以2年监禁；摩尔多瓦成立了一个名为“谴责极权主义共产党政权”的委员会，禁止使用共产党的标志以及使用共产主义等字眼；匈牙利议会把德国法西斯主义和屠杀犹太人的暴行与所谓“共产主义的罪行”相提并论，并决定对公开提出质疑的人处以1～3年监禁。面对这种意识形态攻击，欧洲一些共产党除纷纷在国内开展抗议活动进行抵制外，尤其注重开展共同行动，运用发表联合声明等方式进行回击。比如，2009年7月，欧洲安全与合作组织在日常议会会议上通过了一个题为《分裂的欧洲重新团结起来》的反共决议。决议极大扭曲了历史，否定苏联在反法西斯斗争中扮演的角色，并将共产主义与法西斯主义等同起来。该决议在欧洲共产党中引发强烈反响，欧洲主要共产党联合其他地区共产党发表了一份由69国共产党署名的声明来阐明自己的立场，回击资本主义的进攻，它们呼吁所有工人阶级摒弃意识形态差异，团结起来反对这一断然的反共信号。

总的来看，20世纪90年代以来，西欧共产党及左翼力量的联合无论在形式还是在范围上都得到了迅速发展。这些地区性、国际性的联合斗争实践，对社会主义和左翼力量的恢复具有积极意义。它直接推动了各共产党之间、共产党同其他各种左翼力量之间的联系和沟通，以及在相关问题上的协调行动和共同斗争，在世界社会主义运动的低潮中为西方社会主义和左翼力量开辟了新的斗争舞台与活动空间。通过进行国际联合斗争，各国共产党和社会主义力量顶住了苏东剧变后国内和国际反共、反社会主义势力的进攻，逐渐稳住了阵脚，并随着左翼团结影响的扩大而强化了自己的政治存在，为谋求进一步发展打下了坚实基础。

但同时需要看到，在西欧甚至欧洲范围内，共产党尚未形成具有广泛意义的独立的联合力量，共产党在欧洲也没有一个常设的全欧性组织机构。无论是作为欧洲议会党团的"欧洲联合左翼—北欧绿色左翼"，还是欧洲左翼党，都是共产党与其他激进左翼政党的联合组织。即便是在这类组织中，由于意识形态上存在根本差异，作为主导力量的共产党很难有效地保持组织上的团结一致。正如有学者所言，共产党与其他左翼政党的共存仍然非常脆弱。除了在批判21世纪新自由主义资本主义的特定政策方面达成共识外，在"欧洲联合左翼—北欧绿色左翼"的多边联合声明和行动中很少涉及理论和意识形态方面的内容。[①] 同时，在欧洲一体化前景以及战略目标实现方式（比如是深化欧洲一体化还是彻底摒弃当前的欧洲建构模式），各党间也存在很大分歧。因此，"欧洲联合左翼—北欧绿色左翼"很大程度上仍然是一个类似于邦联的组织，尤其是相对于欧洲议会中的其他左翼党团，比如社会党和绿党党团来说，"欧洲联合左翼—北欧绿色左翼"的整合程度非常低。而在欧洲左翼党内，围绕左翼党的角色和定位等问题的持续性党内争论，以及对一些具体问题如欧盟宪法化的分歧，也在不断消耗着左翼联合斗争的实际效力。

从实践看，这些矛盾和分歧并不局限于共产党和其他激进左翼

① Giorgos Charalambous, *European Integration and the Communist Dilemma: Communist Party Response to Europe in Greece, Cyprus and Italy*, Ashgate, 2013, p. 37.

政党之间，在各共产党之间，对立和斗争同样存在。以希腊共产党为代表的一些在意识形态上更为保守、激进的共产党，与法共、意重建共、西共等改革幅度较大、离传统共产主义运动渐行渐远的共产党之间，存在着难以弥合的理论冲突和观点分歧。其矛盾和冲突的实质，仍然纠结于一些“老”问题：西方社会主义是走革命道路还是议会道路？是建立更广泛意义的左翼联盟还是强调意识形态的同质性？是承认社会主义发展模式的多样性还是坚持战略策略的统一性？追根溯源，这种分歧在“欧洲共产主义”形成伊始即已存在，左右着近半个世纪西欧共产主义运动的发展进程，导致西欧共产主义政党不能形成团结统一的整体。它表明，欧洲共产主义政党整体上不是富有凝聚力的而是冲突对立的，不是团结而是分裂的。这种状态向下可延伸至欧洲一些国家内，比如，在意大利，存在着巨大差异的重建共产党与共产党人党的对立；向上体现在国际范围的交流合作方面，比如，面临发展危机的世界共产党工人党国际会议。

当前西欧共产党争论的问题关键是，应该如何建立国际联合，这并非确立“领导中心”和“领导党”的问题。在世界多极化的后冷战时代，在西方社会主义发展道路多样化以及各国共产党平等自治已成为基本共识的条件下，国际共产主义运动不可能再走回头路，“统一中心”“领导国”和“领导党”不具备现实的可能性。正如葡萄牙共产党所言，“建立一个‘领导中心’将对共产主义运动力量的增强及团结造成危害”①。而即使对当前联合实践存在诸多批评的希腊共产党，也否认自己追求成为“领导党”和“领导中心”，认为对希共做出这种评价是不严肃的，也是不符合实际的。②

对于西欧共产党乃至世界共产党来说，更迫切的是确立跨国合作的实践基础问题：是必须建立在统一的意识形态和战略之上？还

① http：//www. pcp. pt/en/world-communist-and-revolutionary-movement-issues-relevance-ideological-struggle.

② “Some questions on the unity of the international communist movement”, http：//inter. kke. gr/en/articles/Some-questions-on-the-unity-of-the-international-communist-movement/.

是在反资本主义斗争中实现最低程度的团结一致？前者是以希腊共产党为代表的一些更为激进的共产党所坚持的国际联合观。它们认为，共产党的联合应该在马克思列宁主义、无产阶级国际主义以及统一的现代革命战略基础上实现更深层次的政治—意识形态团结，而非一些具体议题上最低层次的共识。[①] 后者则是多数“改革的”西欧共产党秉持的国际联合理念，即承认差异和尊重自主，搁置意识形态差异，在坚持反资本主义和新自由主义斗争大方向不变的前提下，尽可能地将各种左翼力量团结起来，形成联合斗争的力量。

从理论上说，解决这些矛盾和分歧不难。秉承欧洲共产主义开启的“新国际主义”观，相互尊重，求同存异，承认各国政治社会条件的差异性以及实现社会主义道路的多样性，在独立自主基础上发展相互关系、进行联系合作，显然是问题的根本化解之道。然而，理论转化为有效实践远非易事。诚如意大利共产党人党中央委员马林乔在谈到意大利共产党人党和重建共产党之间合作的可能性时所指出的，“共产党思想、组织方面的统一，是一项很复杂的工作。虽然存在着合作的可能性，相关方面也在努力沟通，但由于差异太大，通道狭窄，最终实现合作非常困难”[②]。这一判断同样适用于当前的西欧共产主义运动。当前，西欧共产党的跨国合作和斗争尚面临严峻考验，要实现根本性改观还有很长的路要走。

① “Some questions on the unity of the international communist movement”, http：//inter. kke. gr/en/articles/Some-questions-on-the-unity-of-the-international-communist-movement/.

② 2014 年 4 月 17 日，马林乔访问中国社会科学院与相关科研人员的座谈。

第七章　西欧共产党与工人阶级

无论从起源还是性质上说，共产党与工人阶级都存在着“天然联系”。但从历史长时段看，在西欧地区，这种“天然联系”并没有表现为必然的选举支持。尤其是自20世纪70年代后，受工人阶级的碎片化以及其他因素影响，西欧共产党的工人阶级投票率下降明显。用莫斯乔纳斯（G. Moschonas）的话来说，现在已经没有典型的共产党选民了。即使那些最强大的共产党曾经也只是工人阶级政党（多数但并非全部支持者都是工人阶级），而非工人阶级的政党（只有部分工人阶级支持它们）①。本章是对西欧共产党和工人阶级关系演变的分析和总结。首先，从历史纵向上，即百年来西欧共产党对工人阶级态度演变的视角，阐明共产党与工人阶级关系变化的一般轨迹。其次，以工人阶级的选举支持倾向变化为切入点，通过对西欧选举政治中不同类型群体对共产党的选举支持率进行实证分析，来说明尽管工人阶级仍然是共产党支持力量的重要组成部分，但共产党的支持群体实际上已经出现多元化发展倾向。最后，梳理国外关于阶级投票下降的相关观点，分析西欧共产党工人阶级支持率变化的原因，并阐明当前西欧共产党在坚持其阶级基础与扩大社会基础方面面临的问题与考验。

① G. Moschonas, *In the Name of Social Democracy: The Great Transformation*, 1945 *to the Present*, London, Verso, 2002, p. 50.

第一节　西欧共产党对工人阶级的态度演变与选举战略

20 世纪以来，西欧共产党对工人阶级的认识经历了三个主要阶段的演变，即 20 世纪 60 年代前、20 世纪七八十年代以及 20 世纪 90 年代后。

在 20 世纪 60 年代之前，无论是在革命动荡时期，还是和平发展年代，工人阶级一直是西欧各国共产党的核心社会基础。在对十月革命后第一次欧洲革命失败的反思中，卢卡奇、葛兰西等共产党领导人虽然质疑暴力革命道路对西方的普遍意义，把革命失败的原因归结为工人阶级不成熟的阶级意识，但并没有怀疑和否定工人阶级的历史地位和革命主体身份。二战以后，西欧共产党凭借在斗争年代的杰出表现，赢得了包括工人阶级在内的各国广大民众的支持，并在 50 年代前后取得了辉煌的选举成就。它们在这一时期继续坚持马克思主义传统认识，认为社会主义运动的发展在很大程度上取决于工人阶级的数量、力量和组织状况，争取实现社会主义的斗争也是以工人阶级为主要依靠力量的阶级斗争。这种认识状况一直持续到 20 时期 70 年代前后，在各国共产党普遍遭遇选举危机时才开始发生了较大变化。

20 世纪 70 年代中期，随着战后繁荣期落下帷幕，西方国家经济进入 10 年持续滞涨期。在这一背景下，新自由主义的经济理论上升为政策主流，“新右翼”政治在西方全面崛起。与此同时，在西方社会内部，出现了新社会运动和新社会力量的全面兴起、后物质主义价值观的强烈冲击等新变化，西方社会在战后 20 年建立的“共识政治”面临瓦解。在这种整体右转的政治格局中，西欧共产党在各国政治舞台上很难再像以前那样发挥作用和产生影响。一方面，共产党的纲领以及具体的社会变革计划，诸如经济计划、企业国有化等，似乎显得不再符合社会变化的潮流；另一方面，一些右翼人士趁机对共产党展开攻击，抨击共产党是唯一反对社会进步和变革、死抱过时教条不放的党，认为共产党已经不能发挥任何积极作用，已经退出了政治主流而被边缘化。在这种情况下，许多民众开始对共产党的传统纲领和目标失去兴趣，而将他们对资本主义和右翼的不满情绪，表达在支持各种各样的新社会运动（诸如反战和平运动、民权运动、妇女运动、绿色生态运动）之上。这时的各国共产党在政治上面临着巨大挑战。

在这种氛围中，西欧各国共产党普遍开始遭遇选举困境。① 西欧共产党面临选举困境的原因可以从很多方面总结，而作为其“天然选民”的工人阶级“阶级投票”下降，是各国共产党选票流失的一个重要原因。之所以出现这种情况，一是因为西方经济社会结构的急剧变化导致传统工人阶级，即产业工人阶级数量不断减少。而作为共产党最坚定拥趸的这部分人群的减少，直接影响了共产党获得的选票数。在整个西欧，从 20 世纪 50 年代到 80 年代，共产党获得的工人阶级选票数一直呈下降趋势。例如，法国共产党获得的工人阶级选票份额在 50 年代达到总得票数的一半多，而到 70 年代却不足 1/3。在 70 年代中期，整个芬兰和意大利工人阶级中，只有约 1/3 支持共产党。② 二是各国社会党、社民党的实力和社会影响逐渐攀升，分流了共产党的部分工人阶级选票。以法国为例。在整个 70 年代，社会党通过进行理论政策调整，国内政治影响力直线上升。它不断蚕食法共的传统选民，最终在 1978 年议会选举中，一举超越法共成为法国左翼第一大党。正如有学者在分析这一阶段法国社会党的发展时指出的那样，“社会党一方面宣扬模棱两可的自由的和社会化的原则，另一方面运用马克思主义的社会主义理论，取得了一大批赞成社会主义的公民的支持”③。三是工人阶级的选票除投给传统左翼政党外，还出现了向右翼、极右翼等其他政党的分流。如在法国，由于共产党不反对对外来工人采取强硬抵制

① 当然，也有例外的情况出现。例如，受天民党的腐化堕落以及不断攀升的失业率的影响，许多选民把选票投给了意共，使 20 世纪 70 年代中后期成为意共政治发展的黄金时代。

② R. N. Tannahill, *The Communist Parties of Western Europe: a Comparative Study*, Westport: Greenwood, 1978, p. 50.

③ ［法］托尼·安德烈阿尼：《法国共产党衰退的原因》，《国外理论动态》2003 年第 3 期。

态度，一些原来支持共产党的工人转而去支持那些强硬抵制和排挤移民的极右翼政党。在德国，莱茵－鲁尔工业区的100多万名工人抛弃了社会民主党或共产党转而支持基民党；在意大利的米兰、都灵等传统工业地带，共产党也逐渐失去了工人的忠诚支持。在这种情况下，对党的理论政策进行调整成为各国共产党的必然选择，而重新反思社会阶级结构尤其是工人阶级的变化则成为其首当其冲的重要任务。

西欧共产党的反思，首先反映在共产党知识分子内部围绕工人阶级划分问题进行的激烈争论上。总地来说，这一争论可以简单概括为在“广义”和“狭义”工人阶级的定义之间进行选择的问题。“广义”的工人阶级定义通常是把工人阶级看作是由所有出卖劳动力的人组成，包括所有以工资和薪金为生的人。依据这种界定，在多数发达资本主义社会中，工人阶级构成了人口中的大多数。正是因为工人阶级占绝对优势，所以社会主义运动的核心战略问题集中在“工人阶级”内部团结的问题上。多数共产党学者关注的焦点是如何划分工人阶级的不同阶层或不同部分，其中存在争议的问题是如果把工资作为唯一的标准，那么是否应该把那些在政治上我们本能上无法承认其工人阶级属性的人，如高级经理人员、军事人员和重要政府官员也列入工人阶级范畴。“狭义”的工人阶级定义把工人阶级限定为生产劳动者或工厂工人。依据这一定义，工人阶级就只是发达资本主义社会人口中的一小部分，而且所占总人口的比例也在日趋缩小。在这种情况下，社会主义运动的前途就要取决于建立工人阶级与其他社会阶级的联盟。

在后一分析中，影响最大的无疑是希腊共产党党员尼科斯·普兰查斯（Nicos Poulantzas）同“新小资产阶级”结成联盟的理论。普兰查斯的“新小资产阶级”论认为，工人阶级是由生产性的体力劳动者组成的。在当代发达资本主义国家中，除了存在无产阶级和资产阶级这两个直接对立的阶级外，“人数最多”“力量最强大”的是包括银行、商业、劳务行业、政府机构等部门雇员在内的所谓“新小资产阶级”。所谓“新小资产阶级”是一个由“靠工资谋生”的雇佣劳动者组成的集团。他们不是生产剩余价值的群体，而具有自己独特的意识形态和个人主义、权力崇拜，对工人阶级“行使具体的权力和统治”。同小商、小贩、小农和小手工业者等“传统小资产阶级”一样，他们也是一个在无产阶级和资产阶级之间的阶级斗争中不断两极分化的阶级。在“新小资产阶级”中，只有少数人有可能爬上资产阶级的地位，绝大多数人不可避免地成为无产阶级的成员。其中有三部分人的地位最接近于工人阶级，因此有可能和工人阶级结成联盟，即包括商业部门绝大多数级别较低的工作人员、各种“官僚化”部门的办公室一般工作人员，以及一般技术人员和低级工程师。革命无产阶级的当务之急就在于和“新小资产阶级”的这几个部分结成牢固联盟，在反对资本的斗争中正确处理“人民内部矛盾”，“团结和改造”他们，“这是马克思主义社会阶级理论问题的一个重要方面”[①]。

普兰查斯的阶级划分理论遭到来自共产主义运动内部的诸多批评和质疑。英国共产党社会学小组书记艾伦·亨特的《划分工人阶级的理论和政治》[②]一文，对普兰查斯阶级划分的立论方法进行了全面解剖和批判。亨特的批判主要集中在三个方面：第一，普兰查斯对划分工人阶级的主要决定因素的认识，是从劳动过程内部的各种关系中推导出来的。这种下定义的方法是经济主义或技术主义的，突出强调劳动过程中并非作为阶级关系决定因素的各种关系，其结果必然是削弱财产关系的重要性；第二，普兰查斯强调工人阶级同“新小资产阶级”在经济方面的界限是生产劳动同非生产劳动的差别决定的，这种分析并未揭示出工人阶级和其他一些被压迫阶级的阶级界限。生产劳动和非生产劳动这个标准无法对劳动过程中存在的各种地位做出有意义的区分，反而将具有许多共同的重要特征的地位割裂开来；第三，尽管普兰查斯对非经济方面的因素进行了广泛探讨，但他并未能证实政治和意识形态的特定作用，政治和意识形态实际上只起到突出或论证在经济方面确定社会阶级的作

① See N. Poulantzas, *Classes in Contemporary Capitalism*, Verso, 1974.

② ［英］艾伦·亨特：《划分工人阶级的理论和政治》，中共中央对外联络部七局1982年9月。

用，因此他最终形成的是以政治和意识形态为根据的经济主义分析。

亨特在批判普兰查斯理论的基础上，提出了自己划分社会阶级的答案。他的论证前提是把生产的社会关系重新区分出三个不同方面，即生产的直接关系或技术关系、生产的阶级关系和生产的一般关系或历史关系，并尤其强调前两种关系对于分析阶级概念的重要性。所谓生产的直接关系或技术关系，是指现存生产力直接造成的生产承担者之间的关系，既包括生产者之间的各种关系，还包括劳资之间的关系。资本主义生产方式中普遍存在的劳资关系，构成了资本家阶级和工人阶级之间的阶级关系，而这正是资本主义的根本性的社会关系。由此他推出了三个命题：（1）阶级关系不单纯是雇主与雇员关系的总和；（2）个人的阶级身份或阶级地位不仅是从个人的职业中派生出来的；（3）阶级的概念不是物，而是各种社会关系。因此，必须把资本主义的社会关系看成是技术关系和阶级的相互作用的综合体。只有在此基础上才能去探讨政治和意识形态在划分阶级中的作用。生产中的技术关系的经济内容，确定了工人阶级就是雇佣劳动者和不占有生产资料者这样一个概念。因为在经济和政治上具有特殊重要的影响，所以在工厂从事生产性体力劳动的工人是工人阶级的“核心”。而技术员、经理、政府雇员等“白领工人”是否构成工人阶级的一部分，则必须结合经济、政治和意识形态这些方面的相互作用进行分析。决定他们阶级地位的不只是他们在生产过程中的作用，他们的主观态度，即政治实践和思想实践更具有决定意义。

这一时期共产党知识分子探讨工人阶级变化的另一焦点，集中在对战后西方传统工人阶级政治意识和集体行动能力衰弱的相关分析上。前法共党员、法国左翼学者安德烈·高兹（Andre Gorz）甚至直接提出了“告别工人阶级”的观点。高兹不是根据剥削关系而是根据劳动的技术过程来确定阶级的倾向，断言资本主义发展所产生的工人阶级，从根本上说无法控制现代生产方式，他们的志趣与社会主义的理念不相一致。资本主义的发展造就的劳动者所拥有的能力和技术，有利于资本家和资本主义的发展。资本家已经成功地使工人影响生产过程的能力大大降低。这种发展把生产过程力量的巨大增长和工人自主性的毁灭结合起来，工人阶级已经被资本主义的“唯生产力论”所同化，不能对资本主义形成根本挑战。因此工人阶级的团结已经不存在了，“社会主义的危机首先是无产阶级的危机”“传统的工人阶级现在已不再是具有特权的少数，资本主义的发展创造了这样的工人阶级，总体来看他们不能支配生产资料，他们的直接利益也与社会主义的理念不相符合”，他们仅仅成为一种被从事大规模生产的单位及其所体现的技术的、社会的、地域的劳动力划分所主宰和控制的“机器”。[①] 高兹强调技术人员、研究人员、教师等所谓“新工人阶级”的重要性，认为工作的意义和创造性成为他们追求克服异化的动力，他们才是工人阶级的“先锋队”。因此，高兹认为现在已经到了“告别工人阶级”的时候了，并转而提倡一种以新工人阶级为主要力量的、倾向于无政府主义和反资本主义的结构改革战略。

英国著名历史学家、前英共党员霍布斯鲍姆（Eric Hobsbawm）也提出了类似看法。他对战后英国社会阶级的发展变化情况进行分析，指出在战后曾一度高达英国人口 70% 的非农业体力劳动者的比例大大下降，到 20 世纪七八十年代时只占全部人口数的一半；体力劳动者掌握技能的重要性也极大降低，这主要是那些与能源生产新方法相联系的技术进步的结果，也是组织管理体力劳动者的白领工人（通常是女性）人数增加的结果。因此从 50 年代起，曾经集中地体现在工会制度、合作化以及假期、娱乐、文化生活等方面的特定的无产阶级生活方式的意义已经削弱。工人的相对富裕、工人团体之间局部冲突的发展以及大众传媒和大众教育的作用，已经使传统的普遍性的无产阶级生产方式日益淡化。他因而断言，随着发达资本主义经济和社会条件的变化，“工人阶级前进的脚步停止了”[②]。

---

① A. Gorz, *Farewell to the Working Class: An Essay on Post-Industrial Socialism*, London: Pluto, 1982, p. 69.

② ［美］斯科拉·拉什、约翰·尤里：《组织化资本主义的终结》，江苏人民出版社 2001 年版，第 274 页。

共产党知识分子的这些新理论和观点，直接影响着西欧各国共产党的相关理论政策制定与调整，尤其深刻体现在“欧洲共产主义”各党对工人阶级认识的一系列变化上。比如，在这一时期，法国共产党把工人阶级划分为两大块，一是生产剩余价值的产业工人。其中能够列入工人阶级并领取工资的工人非常有限，包括那些在生产过程中从事工作的技术人员、在生产管理中不起决定性作用的部分技师以及运输、通信和仓库等部门的工人。二是非产业工人的工资劳动者。他们主要由两部分人组成，一部分是办事员和公务员，另一部分是技师、技术人员、管理人员和研究人员。在法国社会，每 10 个参加工作的人中间就有 8 个以上是领薪者。产业工人仍然是工人阶级的基本核心，但它已经不能代表整个工人阶级和全体劳动人民了。

西班牙共产党强调要依靠劳动阶级的作用，但同时又指出，劳动阶级并不单是指无产阶级。在西共看来，无产阶级的概念已经发生了很大变化。在马克思、恩格斯时代，无产阶级是指在工厂里做工的工人。当时的欧洲大陆，无产阶级是少数。“而今天，当我们谈到劳动群众的时候，首先想到的是广大雇佣群众，但他们不都在工厂做工，他们还包括技术人员、教员，即人们习惯称呼的中产阶级。但他们不再是中产阶级了，而是劳动阶级，尽管这些人的经济状况有时还很不错。他们紧紧地依附于劳动市场，靠工资生活，有时会失业；他们要不断适应劳动条件的变化，到了一定年龄，他们像工人阶级一样也会被赶走。所以不再谈论无产阶级的权力了，只能提劳动者的权力，即占绝大多数人的权力。”①

意大利共产党在战后一直强调自己是一个伟大的、群众性的民族政党。1945 年年底的意共第五次代表大会甚至公开规定，参加共产党的人可以不是马克思列宁主义者，从而向包括天主教徒在内的各社会阶层敞开了大门。进入 20 世纪 70 年代后，意共更加突出强调党的群众性，指出工人阶级仍然是雇佣劳动内部相对单一的最

① ［意］贝尔纳多·瓦利：《欧洲共产主义的由来》，中国社会科学出版社 1983 年版，第 111 页。

大核心，它们较之过去发生了更加错综复杂的变化，正在不断实现自身的现代化和多样化。在未来许多年，工业仍将是革新进程的关键部门，它在引导科研、技术和组织革新方面仍将产生决定性的推动力，因此工人阶级必将进一步担负起全国领导作用，也将继续作为意共社会基础的中间力量。① 但与此同时，广泛的社会新阶层的作用也日益突出。随着经济和技术的发展，生产过程和生产方式中所发生的变化，各种被雇佣的“白领”人员，即工业、农业、第三产业中的新职业者、职员、技术员以及生产和服务行业中的中层干部，在形成利润的过程中已经占有中心地位。在资本主义条件下，这些新的社会阶层由于社会的原因受到私人占有制的直接打击，与传统的“蓝领”工人一样，他们也是被剥削者，因此党必须要把这些广泛的新阶层吸引过来从事政治活动和斗争。

从这种认识出发，为了争取更多选民，取得选举中的有利地位，“欧洲共产主义”各党更加强调要充分利用议会民主制度走通向社会主义的和平民主道路，要求把议会斗争与议会外的群众斗争结合起来。同时，各党都强调要建立以工人阶级为领导的，以劳动力量和文化力量的政治联盟为基础的，联合一切革命的、反垄断资本的社会联盟，以及建立共产党与社会党及其他党派的政治联盟，以动员最广泛社会层面的支持。比如，意共在20世纪70年代中期提出了“历史性妥协”政策，要求意共为了获得多数群众的支持，应该“下更大的决心，以更大的智慧和耐心去孤立各反动集团，尽量取得一切进步力量的谅解，同它们进行合作”②。此后，意共又在80年代提出了“民主代替”政策，尝试联合左翼民主力量，取代以天主教民主党为中心的政权体系。

20世纪90年代苏东剧变后，受国际政治经济秩序深刻变动的影响，西欧共产党普遍面临生死存亡的严峻考验。一方面，各国的右翼势力趁火打劫，从包括共产党在内的左翼手中在几乎所有领域

① 参见《意大利共产党第十六和第十七次代表大会主要文件集》，人民出版社1980年版，第243页。

② ［西德］沃尔夫冈·莱昂哈德：《欧洲共产主义对东西方的挑战》，人民出版社1980年版，第235页。

夺取“领地”。另一方面，共产党在民众中的影响也急剧下降。这种情况反映在现实斗争中，尤其表现为各国共产党党员数和议会得票率的大幅减少，各国共产党的影响急剧萎缩。多数党沦为议会中的边缘小党，曾经辉煌一时的某些大党如法共，甚至因为不能达到法律规定的得票比例，而被迫与其他小党联合参选才能勉强跻身议会。

在新形势下，西欧各国共产党对理论政策进行变革和调整，其对自身的依靠力量和社会基础的认识也发生了一些新的变化，这主要可以分为两种情况。

一种情况是仍然坚持工人阶级是共产党的主要社会基础，但同时也根据时代变化，对工人阶级的涵盖范围和主体性地位做出新的阐释。其突出表现是把工人阶级和全体劳动者并列起来，强调工人阶级与其他社会力量联合的作用和意义。

在西欧共产党中，葡萄牙、希腊、塞浦路斯共产党是这种变化的典型代表。葡萄牙共产党认为自己是一个代表全体劳动者利益的政党，其阶级基础是工人阶级和葡萄牙全体劳动者。在它看来，由于资本主义的变化和科技革命的发展，工人阶级的成分发生了改变，人员结构多样化，须通过斗争来确认其在民主变革和社会进步中作为决定性社会力量的作用。而其所倡导的先进民主，客观上符合全体劳动者、中小农民、知识分子、技术人员、工商服务业的中小企业主、个体手工艺人以及退休人员、残疾人员、妇女、青年等存在特殊情况和问题、有着特殊需求和目的的社会力量的根本利益。社会联合体系的产生就源自于这些力量的整合与现状，其中工人阶级与中小农民的联合、工人阶级与知识分子和其他中间阶层的联合是社会联合体系的基础。①

塞浦路斯劳动人民进步党党纲规定，它是“塞浦路斯工人阶级和劳动人民的先锋队”。劳进党认识到工人阶级构成的变化，指出随着新自由主义资本主义模式的全球发展，作为全球资本主义社会经济体系的塞浦路斯社会也受到大量影响，这引发了重要的社会和

① “Programme of PCP”, http://www.pcp.pt/pcp_programme.

经济转型，从而导致阶级结构出现变化。其重要表现是经济发展更加转向第三部门（旅游、商业、金融等），同时生产部门（工业和农业）出现萎缩。与之相应，工作人口从传统产业（建筑、制造和农业经济）转移到服务部门。① 现在，劳进党是一个“反对剥削和压迫，旨在提高人民生活水平以及建立一个民主和人道的社会主义的工人、文员、农民、专家、技工、科学家、知识分子以及其他劳动群众组成的自愿联盟”②。

相对上述两党较为宽泛的解释，希腊共产党对自身阶级基础的界定更加明确，强调自己是工人阶级的有意识、有组织的先锋队，认为希腊社会主义革命的推动力量包括无产阶级、准无产者以及城市自雇者、贫苦农民等被压迫劳动阶层，其中工人阶级是革命的领导力量。革命后建立的政权是工人阶级及其同盟者的政权，代表工人阶级、农民阶级、城市中间阶层和为争取民主权益而斗争的社会运动的利益。未来的社会主义政府从阶级性质角度讲，是工人阶级的革命政权、是无产阶级专政。③

西欧其他一些影响较小的共产党，也仍然坚持依靠工人阶级推翻资本主义制度。德国的共产党对其国内阶级状况的分析认为，德国存在两个直接对立的社会阶级：一方是一小群大企业主、银行巨头和亿万富翁；另一方则是绝大多数工人、职员、公务员、农业就业人员、知识分子、自由职业者和中小企业主，所有这些人都屈从于垄断资产阶级的经济和政治统治。由于其在社会生产制度中所处的位置，工人阶级是资本主义社会中直接遭受资本家剥削的一个阶级。作为非产权所有者，工人和职员被迫出卖劳动力。他们是高度工业化国家里所有价值的主要创造者。工人阶级的利益与人类的利益联系在一起。这种社会地位给了工人阶级成为反抗和社会变革的

---

① “Theses of the central committee of AKEL for the 19th Congress of AKEL”, Dec. 10, 2000.

② “The constitution of AKEL”, http://www.akel.org.cy/nqcontent.cfm? a_id = 5309&tt = graphic&lang = l3.

③ “Programme of KKE”, Apr., 2013, http://inter.kke.gr/en/articles/Programme-of-the-KKE/.

支柱力量。工人和职员占联邦共和国居民的绝大多数。无论过去还是现在，联邦共和国的工人阶级队伍都是通过数百万有移民背景的工人和职员得到加强的。失业者在居民中所占的比例在不断扩大；许多年轻人在徒劳地寻求具有专门知识的教育或就业机会。他们都属于工人阶级。数十年来，尤其在科技革命的影响下，工人阶级发生了重要的结构变化。职业状况和技能标志发生了变化。一些职业领域的重要性在不断增加。这些职业领域的成员大多不把自己算作工人阶级，但他们在客观上属于工人阶级。在科技和管理部门工作的知识分子阶层在不断扩大。这个阶层往往只是其具体的工作不同于产业工人，但是也根本不同于在行政管理部门和教育机构工作的职员，他们的工作岗位也往往不安全，许多人不得不接受侮辱性的劳动条件。依然是在大型工业企业以及在部分运输业工作的工人和职员有最高的组织程度和最丰富的斗争经验。但在当今的条件下，在银行和劳务部门、在公共服务部门以及在通信产业工作的职员对工人阶级的斗争也具有越来越重要的意义。在德国的共产党看来，由于其在社会生产制度中所处的位置，工人阶级是资本主义社会中最严重并直接遭受资本家剥削的一个阶级。这种社会地位决定了工人阶级是反对资产阶级权力和实现社会主义斗争中起支柱和决定性作用的阶级。作为工人阶级的政党，德国的共产党致力于维护德国大多数人，尤其是工人阶级和其他劳动人民、失业者和接受社会救济的人的利益，反对大资本家的权力和利润追逐。①

英国的各共产党同样坚持这一立场。在2000年10月召开的第十二次代表大会上，英国共产党通过了题为《阶级、国家和控制》的决议，重申工人阶级的历史使命。2001年1月又重申了英共在1971年第二次代表大会通过的纲领《英国工人阶级及其政党》，指出这一纲领仍然具有启示意义。新英国共产党在党纲《英国走向社会主义的道路》中指出，工人阶级以及劳工运动是社会主义革命的领导力量。为赢得领导地位，有组织的工人阶级应该与所有的同盟

① 参见《德国的共产党纲领》，载刘洪才编《当代世界共产党党纲党章选编》，当代世界出版社2009年版。

者一道开展反对各种形式的压迫和剥削。2008 年英国共产党代表大会报告重申英国共产党是劳动者的群众性政党，强调这并不意味着英共是"一个受少数极左人士操纵的阵线组织，是只得到一两个工会支持的新党"，而是意味着一个"建立在大多数工会运动基础上的群众性政党"，这个党必须"能够赢得选举、组成政府、制定代表工人阶级和绝大多数人口利益的政策"①。

另一种情况是放弃工人阶级领导性主体论，认为全社会一切进步力量是实现社会变革的平等广泛的主体。坚持这一观点的，主要是变革较大的共产党，以原来倡导欧洲共产主义的三个核心党，即法共、意重建共和西班牙共产党为代表。

法国共产党在 20 世纪 90 年代中期提出的"新共产主义"理论中，以"公民干预"取代了"工人运动中心主义"，主张建立一种没有领导权和富有多样化的新联盟。"新共产主义"不是要求优先考虑某一阶级的利益，而是围绕这一选择目标，把一切深受资本主义之害的多种多样的人们联合起来。时任法共全国书记的罗贝尔·于认为，正是基于对法国大革命和战后工人阶级新变化的思考，法共提出了"公民干预"的新主张。长期以来，工人运动和共产主义运动怀疑"公民"概念，宁可使用"劳动者""人民群众"和"工人阶级"等概念，并且把"阶级斗争"归于"革命者"所有，而关于"人"和"公民"的"甜言蜜语"则属于资产阶级所有。这样就把"公民性概念固有的那些'权利'和'自由'拱手送给统治阶级"，"低估法兰西伟大革命传统所做的政治贡献，以致人们在思想上把反对资本主义剥削的斗争同争取公民性和人权的斗争割裂开来"②。为此，罗贝尔·于主张对法共进行革新，认为共产党过去让群众跟随自己、团结在自己周围的做法已经不符合人民的期待，因而现在必须同这种"向导党"和"先锋党"的做法决裂。他在 2001 年法共三十一大上指出，"共产

① "We are for Communism & Unity-Our Flag Stays Red", May 24, 2008, http: //www. communist-party. org. uk/index. php? file = newsTemplate&story = 308.

② 肖枫：《社会主义向何处去》，当代世界出版社 1999 年版，第 551 页。

党长期以来只被视为工人阶级的政党。因而我们的视野必须拓宽。共产主义要和解放所有人的要求密切联系起来。我们认为社会是一个整体，不能构筑关于斗争重要性的层级，不能在各种愿望和目标之间设置任何障碍”①。

针对20世纪末的政府参与实践，在具有重要意义的三十二大上，法共指出，自1997年以来党把主要精力过于放在谋取政府任职上，对于党内和民众的批评没有给予足够的重视，脱离了党的群众基础，造成许多法国人和共产党员不再能够清楚地理解党的想法。在党的性质问题上，法共明确提出，必须恢复自己的阶级立场，恢复代表最广大中下层雇佣劳动者利益的形象，与社会党划清界限，重建党的独立性，坚决维护劳动者的生存权和发展权。② 2016年3月召开的法共三十七大，提出了“99%”的新主张，认为工人阶级的概念现在已经不再能够代表所有的被剥削者。现在，超过90%的雇员都是被剥削者，远远高于过去。“99%”的表述有利于用一种现代的、有利的方式来表达阶级对抗。③

意大利重建共产党强调变革和超越资本主义是群众性的政治运动。它在2002年的纲领性文件中指出，在新的阶段，重建共的主要问题是重新确定变革主体。它认为重建共要成为替代性运动的主角，就必须联合一切替代力量，在意大利建设一个有能力彻底改变近20年来的进程、争取成为国家公共生活的主人翁的替代性左翼。最终实现这一目标的关键是发展和壮大运动，同时需要而且也可能实现一个社会重组进程，将不同社会团体、从资本主义调整当中分裂和排挤出来的群体、劳动者和非劳动者、青年、妇女以及所有受自由主义、非民主制度压迫和排斥的人们重新组织起来。④

---

① “French Communist Party’s 31st Congress: Closing discourse”, Oct. 26—28, 2001, http://www.solidnet.org.

② 参见李周《探索中的法国共产党理论与实践》，中国社会科学出版社2010年版，第175页。

③ PROJET DE BASE COMMUNE, Texte adopté par le Conseil national du PCF, 6 mars 2016.

④ 参见《意大利重建共产党纲领文件》，载刘洪才《当代世界共产党党章党纲汇编》，当代世界出版社2009年版。

西班牙共产党尽管没有明确声明工人阶级已经不再是社会变革的领导性主体，但它指出社会主义和共产主义是通过大多数人的真正革命、自觉自愿行动来实现的。社会的变革应该是社会所有成员的任务。为此，西共指出党不能拘囿于工人阶级的范围，而应该把整个解放运动的共同利益置于优先地位，促进各种不同的社会解放运动的改革力量同其他争取人类解放的力量结合在一起。

第二节 工人阶级的选举支持倾向变化

前文梳理了西欧共产党对工人阶级态度的演变历史。接下来从分析战后几十年西方政治选举中工人阶级对共产党支持倾向变化的视角，进一步探讨工人阶级与西欧共产党关系的发展演变。在关于工人阶级对共产党支持倾向变化的探讨中，将涉及西方政党政治和政治学领域中的一个重要研究问题——“阶级投票”，因此有必要首先对这个概念稍作解释。

所谓“阶级投票”（class voting），是指对社会阶级和政党选择之关系的一种研究。它把政党和选民作为两个变量，通过分析某一社会阶级或阶层选举支持倾向的变化，研究其选举行为的长期发展趋势。当代西方理论界对“阶级投票”的研究由来已久。按照保罗·纽比塔（Paul Nieuwbeerta）的说法[①]，西方“阶级投票”的研究经历了三个主要发展时期：第一阶段出现在二战后最初十年间，研究主要围绕是否存在“阶级投票”，亦即个人的经济和社会地位与其投票行为之间是否存在一种确定关系展开；第二阶段始于20世纪60年代，这一时期掌握了更多的统计数据，相较于第一阶段更加注重增加不同的变量以解释投票行为的变化，而非关注社会阶级与政党选择之间的关系；第三阶段形成于80年代中期，其特点是大量运用跨国比较的阶级范式，反对使用单一的比例差异衡量方法，主张运用以对数比例为基础的相对阶

① Paul Nieubeerta, “The Democratic Class Struggle in Postwar Society: Class Voting in Twenty Countries 1945 - 1990”, *Acta Sociologica*, Vol. 39, 1996.

级投票分析法。

当前西方理论界围绕阶级投票的发展趋势主要存在三种观点：一是阶级投票下降论。该观点虽然对政党是否具有自己固定的阶级或群众基础问题持一种谨慎赞成态度，但也认为主要工业化国家的阶级投票近几十年来呈大幅下降趋势。著名政治社会学家西摩·马丁·李普塞特（Seymour martin Lipset）和罗纳德·英格尔哈特是阶级投票下降论的重要代表者。比如，李普塞特在其影响深远的《政治人：政治的社会基础》一书中早就指出，“某些特定的社会阶层支持极端主义政党或支持民主政党的具体倾向，不可能根据对他们心理前兆的认识，或根据从调查资料推断的态度作预测。不过，证据和理论都表明，下层阶级相对更富集权主义，极端主义运动比温和的民主运动对他们更有吸引力，而且，他们一旦被缺乏民主的组织吸收，就会亲近这种组织”[①]。但他同时也认为，随着社会的发展，中产阶级的壮大，不同阶层的政治倾向越来越难以固定在一个模式上。他以法国的选举为例，分析了特定时段的阶级投票倾向，指出 1978 年，法国社会党与共产党联盟在选举中失利，共产党之所以失去支持，是因为没有重视社会问题，未来的支持者“已不一定对共产党在竞选活动中采取的‘无产阶级’方式感到舒服……他们日渐关心生活质量问题，即使某些数量问题继续存在”[②]。同一时期，一些欧洲的选举研究者依据与李普塞特等类似的方法，即建立在阿尔福德指数基础上的简单的社会阶级量度方法，也曾提出过同样观点。

二是阶级投票持续论。这种观点与传统的阶级投票下降论针锋相对，主要出现在 20 世纪八九十年代，由美国和英国的一些学者提出。在美国，代表性学者是克莱姆·布鲁克斯（Clem Brooks）、米切尔·霍特（Michael Hout）和杰夫·曼扎（Jeff Manza）等。他们通过运用更为细致的阶级范式和成熟的统计技术对相对阶级投票

① ［美］西摩尔·马丁·李普塞特：《政治人：政治的社会基础》，上海人民出版社 1997 年版，第 78—79 页。

② 同上书，第 453—454 页。

而非绝对阶级投票进行量度，认为在美国，社会阶级对政党选择具有整体性影响。在英国，对阶级去结盟化的质疑是由对英国选举进行研究的所谓“纳菲尔德研究小组”（Nuffield Team）中的一些学者提出的。该小组采用与其美国同行类似的方法研究八九十年代的英国选举，发现这一时期英国的相对阶级投票处于一种“无趋向的波动”而非下降状态。基于这一数据结果，研究小组内部发生分歧。戈德索普（John H. Goldthorpe）和伊万斯（Geoffrey Evans）等人认为，英国的阶级投票具有持续性，对阶级投票下降的比较研究存在争议。而海斯（Anthony Heath）等人则认为，对阶级投票需要从更为长期的视角来分析，而这样来看的话，90 年代的阶级投票除了无趋向的波动之外，确实表现为一种长期性的下降。

除上述两大立场之外，还有一些学者坚持“走势不明的波动”论，认为这种提法更谨慎、更科学。意大利学者萨尔沃·莱奥纳尔迪指出，这种提法没有试图把仅仅从几个工业化国家的狭小范围内推导出来的下降趋势，普遍化到全世界。而即使在这几个工业化国家中，阶级投票也经常出现波动。他以英、德等国为例指出，英国 20 世纪 60 年代初期阶级投票有所下降，但在 70 年代中叶工业矛盾尖锐的那些年又有所上升，在撒切尔执政时，又保持了稳定，布莱尔的新工党获胜后，在 1997 年和 2001 年跌到最低点。德国的阶级投票在二战结束时下降，到 60 年代初期又大幅上扬，接下来十余年中缓慢减少，各地区的情况也不尽相同。瑞典的阶级投票水平一直是工业化国家中最高的，它在 1960 年达到顶峰，此后直到 1970 年，出现缓慢下降，80 年代初期稍有回升，之后基本保持了稳定。西班牙的阶级投票也保持在较高的水平上，西班牙工人社会党长期在工人、公职人员、退休者那里拥有强大的号召力。①

就共产党而言，关于战后共产党支持群体分析的一些实证研究，更趋向于支持上述第二和第三种观点。这些研究认为，战后几

① 参见［意］萨尔沃·莱奥纳尔迪《论阶级投票的趋势——以意大利的情况为例》，《国外理论动态》2012 年第 3 期。

十年来共产党支持者碎片化现象明显，工人阶级与共产党之间并没有形成一种牢固的选举联系，且这种联系随着社会结构等的变化越来越松散。

英国学者尼尔·麦金尼斯在20世纪70年代中期撰写的《西欧共产党》一书中曾这样指出，与其他政党相比，共产党当然是更为无产阶级化的党，但是其无产阶级化的程度不足以使它成为这个阶级独一无二的或者甚至是特许的代理人。① 在他看来，影响西欧共产党的选民分布的因素有很多，既与阶级有关系，也同历史、宗教、教育、收入水平等有密切联系。比如，在法国，在那些共产党经历了几代政治和社会斗争的具有悠久共和主义、激进主义和社会主义传统的地区，共产党选民中工人阶级的比例远高于其他政党；而在意大利，由于小学主要是被宗教机构所控制，所以拥有小学文化程度的人往往会投天主教政党的票，等等。他强调，战后共产党虽然获得了不少工人阶级的选票，但却只是整个工人阶级选票的少数。在不少国家，投票支持社民党以及右派政党的工人都比支持共产党的要多。同时，共产党除了工人阶级选票外，还有大量非工人阶级支持者。比如，法国共产党一半以上的选票来自非城市无产阶级。因此他认为“阶级显然是牵扯到的，但阶级只是说明了事情的一半”②。

再来看一下意大利共产党以及作为其继任党的意大利重建共产党的工人阶级投票情况。按照意大利学者莱奥纳尔迪对战后意大利左翼获得选票的趋势分析，从1948年战后首次选举开始，共产党就始终未能在工人中获得过多数。在北方经济发达、工人密集的大区，由意大利共产党等组建的人民民主阵线只得到30%的选票。1953年和1958年，意大利共产党在北方只得到18%的工人选票，甚至低于它在南部农村以及流氓无产者那里的得票率。1968年和1976年的数据较好，此后直到20世纪90年代中期，共产党得到的

① 参见［英］尼尔·麦金尼斯《西欧共产党》，上海译文出版社1978年版，第86页。

② 同上书，第100页。

工人投票一直在下降。1963 年，意共获得了 29% 的工人选票；1968 年获得了 26.9% 选票；在 1972 年选举中，意共总计获得 27.5% 的选票，在工人中的得票率达到 37.9%。在莱奥纳尔迪看来，意大利在这期间的投票情况也不过是“前景不明的波动”和暂时的关系倒错。综合考虑工业最发达的 10 个地区，从 1972 年到 1980 年的多轮选举（1972 年、1975 年、1976 年、1979 年），意共甚至没有在雇佣劳动者中获得 1/3 的选票，低于它在全国的得票率。1976 年意共在全国获得 31.7% 的选票，而在工人最密集的 10 个地区仅得到 27%；1979 年前者的数据是 26.8%，后者的数据是 22.9%；1980 年这两个数据分别是 25.4%、22.3%。1992 年的结果更加糟糕，当时由意共演变而来的左翼民主党和重建共产党在北部一共只获得了 16.9% 的选票。①

作为意大利共产党继任党的重建共产党，其选举支持的社会结构构成也展现出“社会代表的平衡性”。雇员为 49%，占多数，其中蓝领工人为 23%，16.5% 为白领雇员；失业者为 3%；从事危险工作者、农村工人和管理层占 6.5%；小商人、独立职业者和工匠占 9.5%；退休者占 21%；家庭妇女占 7.5%；学生占 12%。其中后四类人群的支持率远低于其占总人口比例。②

相关研究认为，近年来一种愈益明显的现象是，重建共与其核心选民间的联系越来越松散，党越来越不能对其支持者进行有效动员。2001 年下议院选举中，有 48.2 万选民（较之 1996 年减少约 1/3 支持者）为表达其不满情绪不再支持重建共，从而导致重建共建立后第一次未能间接参与中左政府。2008 年选举展现了同样的投票模式。约 17% 的彩虹左翼联盟支持者即 65 万选民放弃支持重建共。而在所有这些拒绝继续支持重建共的选民中，工人选民尤为突出。③

---

① 参见［意］萨尔沃·莱奥纳尔迪《论阶级投票的趋势——以意大利的情况为例》，《国外理论动态》2012 年第 3 期。

② Cornelia Hildebrandt and Anna Striethorst (ed.), *From Revolution to Coalition-Radical Left Parties in Europe*, Rosa-Luxemburg Foundation, 2012, p. 203.

③ Ibid.

表 7.1　2013 年意大利选民构成情况，%

	工人	雇主	自雇者	自由职业者	学生	家庭妇女	失业者	退休者
重建共（激进左翼联盟）	3.6	2.6	1.6	2.6	2.1	1.6	2.1	2.2
中左联盟	21.7	32.4	14.8	29.6	27.4	24.5	20.1	39.5
中右联盟（贝卢斯科尼）	25.8	21.2	34.6	15.6	26.1	43.3	23.7	32.2
前总理蒙蒂	6.6	13.0	5.8	15.3	12.4	7.5	9.5	12.3
五星运动（格里洛）	40.1	27.1	40.2	31.3	29.1	20.0	42.7	11.5
其他	2.2	3.7	3.0	5.6	2.8	3.1	1.9	2.3

资料来源：Cornelia Hildevrandt，“The Social and Political Situation of the radical left in Europe - Overview”，“The radical left and crisis in the EU：from marginality to the mainstream”，University of Edinburgh conference，May 17，2013。

表 7.1 是 2013 年意大利全国选举的选民构成情况。从工人选票的分布看，重建共的支持者最少，只有 3.6%，远远低于中左翼和中右翼联盟。表现突出的是在经济危机中异军突起的“五星运动”党，获得了约 2/5 的工人选票。

希腊共产党的选票分布情况也具有一定代表性。从整个历史发展进程看，希腊共产党的社会基础并非建立在重要的社会阶级分裂基础上。由于希腊是欧洲地区经济较为落后的国家，因此在 20 世纪最初的几十年间，并非劳工运动而是农民运动帮助希腊共产党获得了相对巩固的支持基础。希腊共产党在中部的农业地区拥有大量的政治和选举影响。在此之后，希腊共产党在各社会阶层中的选举影响一直相对稳定，主要集中在工人、失业者和退休者中。但并没有任何一个社会群体能够成为希腊共产党的选举支柱。表 7.2 和表 7.3 分别是 2000 年、2004 年希腊共产党议会选举中支持者的社会构成情况，由此可见其支持群体的多样性。

表 7.2　　　**希腊共产党 2000 年议会选举的社会构成,%**

职业	2000 年选举
商人	4.2
农民	5.2
专业人士	11.3
小商业和技工	5.4
公共部门雇员	9.7
私营部门雇员	13.7
失业者	9.3
退休者	23.7
学生	3.7

资料来源：Uwe Backes and Patrick Moreau, *Communist and Post-Communist Parties in Europe*, Vandenhoeck & Ruprecht, 2008, p. 254。

表 7.3　　　**希腊共产党 2004 年议会选举的社会构成,%**

职业	2004 年选举
商人	5
农民	7
专业人士	7
小商业和技工	5
公共部门雇员	6
私营部门雇员	7
失业者	7
退休者	13
学生	5

资料来源：Uwe Backes and Patrick Moreau, *Communist and Post-Communist Parties in Europe*, Vandenhoeck & Ruprecht, 2008, p. 254。

第三节 如何理解共产党与工人阶级关系的变化？

尽管上述分析对阶级尤其是工人阶级的划分标准并不一致，我们仍然可以看出共产党阶级投票的大体趋势。其支持群体呈现越来越趋于多元化和碎片化趋向。为什么会出现这种情况？在当代西方，围绕工人阶级的阶级投票下降，即工人阶级对包括共产党在内的泛左翼政党支持率下降问题，政治学、社会学、政党政治学的研究者做出了诸多阐释。这些解释有的比较片面，但从一些具体层面可以帮助我们厘清这一现象的一些线索。

第一种观点是工人阶级“资产阶级化”论。二战后，伴随着生产力的发展，西方社会各阶级的生活日渐丰裕。收入的增长、消费水平的提高、普遍拥有住房导致传统工人逐渐认同中产阶级的生活方式。资产阶级化论对20世纪七八十年代工人阶级缺乏激进取向的分析就建立在这种认识之上，认为工人不必再为生存而奔波，工人阶级中更为富裕的那部分人已经开始享受一种中产阶级的生活方式。在发达工业社会，阶级认同感以及与工会的联系也随之下降，而其主要后果就是工人阶级对社会主义政党支持率的下降。

第二种观点是新政治论。这种观点强调20世纪60年代以来西方社会关注议题的变化对阶级投票下降具有重要影响。大量文献认为，随着植根于新兴中间阶层的“第二种”左翼力量的发展，工人阶级与共产党等左翼政党间的历史联系已经大大削弱了。由于左翼政党得到来自中间阶层越来越多的支持，因此政党纲领的阶级一致性被打破了，政党开始更多地关注环境保护、和平、女性和同性恋权利以及生活质量等议题。正是由于左翼政党变得更加具有包容性，它们对关注物质议题的工人的吸引力就减弱了。

英格尔哈特系统性地分析了新中间阶层的兴起对于工人与传统左翼政党关系的影响。① 他认为，依据社会心理学的群体极化假设，

---

① Ronald Inglehart, *Modernization and Postmodernization: Culture, Economic and Political Change in 43 Societies*, Princeton University Press, 1997.

群体极化的新轴心的兴起与引发政党分裂的物质主义/后物质主义维度联系密切。因而，拥有后物质主义价值观的社会群体（主要是指战后受过良好教育的新中间阶层），更倾向于支持那些关注后物质主义价值观的政党，比如，绿党或左翼自由意志主义政党。同时，在后工业社会中，由于后物质主义议题变得愈益重要，因而可能引发一种物质主义的“逆反应”，表现为部分工人阶级支持保守党或资产阶级政党，以重申传统的物质主义对经济增长、军事安全以及法律和秩序的强调。

赫伯特·基奇特（Herbert Kitschelt）通过对左右翼政党空间向度的分析提出了同样的问题。[①] 他指出，在发达工业社会中，左右翼划分的经济维度被物质主义/后物质主义或极权主义/自由意志主义维度所替代。在这一新的向度上，工人以及受教育程度较低者往往被定位于极权主义一极，而新中间阶层以及受教育程度较高者往往被定位在自由意志主义一极。新兴的右翼和左翼自由意志主义政党分别占据着这一新向度的两极，那些温和左翼和右翼政党则需面对新向度重要性的增加而带来的战略困境。而其最终结果经常是导致社会阶级的影响变得模糊不清。

第三种观点是关于“服务阶级”的政治倾向论。这种观点同样也是探讨新中间阶级政治倾向的问题，但与前一种观点存在差异。这种观点主要从解析新中间阶级的结构组成而非其价值观来阐释其政党支持倾向。在论述“服务阶级”（即新中间阶级）政治倾向和政党选择的文献中，戈德索普的观点具有代表性。他认为，在现代社会中，服务阶级将成为一种具有实质意义的保守主义因素。在他看来，服务阶级是由那些从属于某种形式更高机构的雇员构成的阶级，但是服务阶级职业具有一个主要特征，即他们要参与某种权威或专门知识、技能的实践。这一阶层的成员极其慎重地履行其工作任务和角色，享受着相对于其他各级雇员更具优势的工作条件。这表明他们具有一种统一的阶级定位，而这种定位决定着服务阶级基

① Herbert Kitschelt, *The Transformation of European Social Democracy*, Cambridge University Press, 1994.

本的社会和政治观。正是基于这一认识，戈德索普认为服务阶级在现实社会中作用重大，但没有任何结构性证据能够证明他们会发展出一种类似于工人阶级的“老左派”观点，或产生某种新形式的文化和政治激进主义。他批评服务阶级将产生一种激进导向的观点，但却没有对服务阶级的政治激进主义结构定位做出充分阐释，转而提出服务阶级共同的结构定位造成其倾向于支持右翼政党。当然，他也承认，服务阶级也如同其他社会阶级一样存在一些“位置”分裂，但他强调这种分裂的重要性不大。服务阶级政治倾向的多数变化可以归结于其在战后的迅速发展。其成员广泛来自于社会各阶级，一个主要后果就是只有约 1/3 的服务阶级成员是那些具有类似阶级地位的家庭的后代。而反过来这也表明，向上流动的服务阶级成员与其起源阶级联系密切，因而不太可能具有保守倾向。总而言之，戈德索普认为不是任何结构特征，而是其成员的个性，比如，社会流动、教育以及自我的职业选择过程促进了服务阶级内部的政治差异。[①]

有些学者不同意戈德索普关于服务阶级整体上具有保守主义倾向的观点，而是通过解析该阶级大量的内部分裂来说明传统政治结盟模式的削弱。海斯等通过对 39 种不同服务阶级职业群体的研究发现，服务阶级内部的分裂比其他任何阶级都大得多，经理、行政管理者和专业人士不可能具有一种统一的政治倾向，而且这一职业群体相较其他社会群体更不可能支持保守党。

第四种观点是政党战略论。这种观点认为阶级投票的下降与政党纲领以及政党对其选民做出的呼吁有关。在当代社会，政党不再像以前那样重视从经济上区分左右翼的阶级议题和价值观。因此，社会主义政党不再能够成功地向所有社会群体发出呼吁，因而它们在选举中面临着如何做出权衡的问题。普沃热尔斯基（Adam Przeworski）等认为，以体力工人作为核心选民的左翼政党面临着选举

---

① John H. Goldthorpe, “On the Service Class, its formation and future”, in Anthony Giddens and Garvin Machenzie (ed.), *Social Class and the Division of Labour*, Cambridge University Press, 1982.

困境，由于工人阶级只占选民少数，因此左翼政党若想赢得选举就必须也要面向中间阶级发出呼吁。① 但这种战略改变必将产生阶级去动员化的后果，因为这些政党在争取中间阶级支持的同时，很有可能失去工人阶级的支持。因此，社会主义政党最终既不可能超出工人阶级之外扩大选举支持，也不可能如以前那样有效地动员工人阶级的选举支持。这种选举困境在实践中以两种方式颠覆了阶级投票。一方面，它迫使最初以工人阶级为基础的政党寻求其他社会阶级成员的支持。如果成功的话，就会使得以阶级为基础的选举投票下降。另一方面，这种困境也导致政党在现实政治中不再提出以阶级为基础的吁求，而是转向超阶级主题。因此，当左翼政党寻求其他社会阶级支持时，不可能单独针对工人设定符合其特殊利益或议题的纲领或主张，而只能把工人从阶级范畴中剥离开来，将其作为单独的个体与其他社会阶级成员给予同等对待。也就是说，工人不再是作为“工人”，而是作为消费者、纳税人、父母、穷人等来实现政党动员。

第五种观点是社会流动论。这种观点认为社会流动模式能够对阶级投票水平产生影响。关于社会流动和政治偏向的众多研究发现，选民很大程度上会在其本源阶级与最终阶级的政治偏向间选择一个中间立场。尤其是在那些社会流动绝对比率较高的国家，社会流动可能通过增加流动选民的中间倾向来支持左翼政党，通过削弱阶级一致性，甚至将非流动的选民拉向中间从而减少社会阶级的两极化。曼扎等的研究发现，二战后以来，主要源于职业和经理工作稳定和普遍增长而出现的社会流动水平的显著增加，降低了阶级投票的水平。②

第六种观点是新社会分裂论。在这种观点看来，随着后工业社会的来临，当代西方政治中各种形式的分裂相互交织，对阶级投票

---

① Adam Przeworski, “Social Democracy as a Historical Phenomenon”, *New Left Review*, Jul. - Aug., 1980.

② Jeff Manza, Michael Hout and Clem Brooks, “Class Voting in Capitalist democracies since World War Two: dealignment, realignment or trendless fluctuation”, Vol. 21, Issue 1, *Annual Review of Sociology*, 1995.

的重要性越来越大。在发达工业国家，这既可能是一些新形式的分裂，也可能是一些旧形式但在重要性上有所增加的分裂，比如，种族和语言差异等。这些分裂往往切断传统工人与新兴中间阶层的阶级分裂，进而导致其出现政治上的分裂。有学者对“消费”和“生产”领域的分裂进行研究发现，部门间的垂直分裂切断了阶级分裂，因而同一部门内的不同社会阶级分享着特定的共同利益，而在同一社会阶级中，部门间的差异则反映了利益冲突。[①] 所谓的消费部门分裂，是指在单个的私人模式与集体的公共模式之间出现的两极化消费形式。比如，住房和交通政策以及选民在这些消费地点的地位，影响着投票决定，并切断了阶级分裂。而在生产领域，公共部门与私营部门的分裂往往能够削弱阶级分裂。

另一方面，还有一些切断式分裂尽管不是新的分裂形式，但也能够解释阶级投票的比较差异。比如，传统的宗教分裂在很大程度上切断了阶级分裂。有学者对 14 个国家的阶级投票情况比较研究后发现，宗教和种族分裂是解释阶级投票差异的主要因素。[②] 一国的宗教人口越多，阶级投票的水平就越低。信教选民往往会独立于其阶级地位而去支持非社会主义的宗教政党，因而有很大比例的工人阶级投票是支持非社会主义政党的。

第七种观点是认知动员论。这种观点认为公民独立于其阶级忠诚限制致使做出决定的能力有所提高，导致阶级投票下降。这种理论认为，工业社会选举的一个典型特点，就是较低的教育和政治信息获取水平，因而一般选民只能依赖社会和政党线索，即所谓“外部动员”来掌握复杂的现实政治。对于多数选民来说，根据个人从属的社会联系网来选择政党往往成为一种必然选择。而随着教育，尤其是大学教育的发展，越来越多的公民在政治上变得更加成熟。

---

① Patrick Dunleavy, “The Urban Basis of Political Alignment: Social Class, Domestic Property Ownership, and State Intervention in Consumption Processes”, *British Journal of Political Science*, Vol. 9, No. 4, 1979.

② Paul Nieuwbeerta and Wout Ultee, “Class Voting in Western Industrialized Countries, 1945 - 1990: Systematizing and Testing Explanations”, Vol. 35, Issue 1, *European Journal of Political Research*, 1999.

尤其是政治信息渠道的畅通，比如，电视、互联网等媒体渠道的发展，公众能够获取海量信息以供决策参考。因此，选民在政治事务中变得越来越独立，他们能够对政治议题做出自己的判断，能够在政党选择方面做出合理的政治决定，而不是必须遵循社会规范或依赖于特定政党的领导。也就是说，按照这一理论，选民被认为越来越能够对政党和候选人的选举纲领做出理性判断，因而不再简单地依赖阶级划分来进行选择。这种观点强调，选民依据社会群体联系做出政治选择的功能性需要逐渐降低，而从一段时间的发展看，这部分选民的数量大大增加，从而造成了阶级投票的下降。

上述这些观点从不同角度和层面分析了当代西方的阶级投票下降问题，对于我们认识和思考西欧共产党支持率的碎片化具有一定启发意义。从工人阶级与共产党的关系来看，工人阶级自身的发展变化以及共产党战略策略的选择困境显然是二者当代关系的演变的重要原因。

首先，从工人阶级自身看，20 世纪 50 年代后，受新科技革命和产业革命的影响，与 19 世纪及 20 世纪初相比，西欧发达国家的工人阶级在内涵和外延上发生了巨大变化，这具体表现在三个方面：一是工人阶级的科学技术水平和文化素质明显提高。由于工人受教育的平均时间大大延长，专业技术人员和管理人员有了较大增加，因此工人阶级队伍的知识化、技术化趋势明显。这种变化主要体现在生产标准化、自动化带来的工人阶级劳动方式由体力劳动向脑力劳动和半脑力劳动转化的方式上，其直接后果就是工人阶级白领化趋向日益明显。二是工人阶级的职业结构发生了深刻变化。物质生产领域的工人相对减少，非物质生产领域的工人比重上升，其中服务业工人人数增长迅速，成为工人阶级的多数。三是工人阶级生存环境的相对改善。一方面，工人的实际工资有所增加，享有越来越多的社会保险和社会福利，生活水平明显提高。另一方面，工人的劳动时间大大缩短，生活出现了休闲化的趋势。

从阶级政治的角度看，这些发展变化中最为显著的特点是所谓“新中间阶层”的兴起。这一阶层与传统工人阶级相比存在很大差异。他们虽然也需要以出卖劳动力为生，是雇佣劳动者和被剥削者，但同时他们往往也在劳动收入之外，通过购买股票等方式获得其他收入，因而他们也是股票持有者甚至是股东。此外，在当代资本主义的企业活动中，随着管理职能日益专业化，这些“新中间阶层”实际上已经取代大资本家成为企业的直接管理者和法人代表，这使得他们在劳动方式上与传统工人阶级也出现了明显差异。传统工人阶级本身的变化以及工人阶级内部各阶层的多样性发展特点，导致其不可能再如20世纪二三十年代那样对共产党保持一种绝对的忠诚。

其次，从党自身来看，近几十年来西欧共产党一直在坚持党的阶级基础与扩大党的社会基础上面临战略选择。在这个问题上西欧共产党出现了坚持传统的以工人阶级为基础，以及在更广泛的选民中争取支持者这两种不同的发展倾向。而从各国选举政治实践看，这两种战略策略选择目前都不同程度地遭遇着发展困境：对前者而言，虽然能够在一段时间内保持相对稳定的支持率，但一直不能取得根本性突破，而且金融危机以来在欧洲替代左翼政党强势崛起的背景下，这种相对稳定的发展态势实际上已经被打破，这类共产党或多或少都出现了支持率下滑的局面，不少党在各国已经被替代左翼政党在政党排名中反超，政治和社会影响力急剧下降。对后者来说，在超越工人阶级的更广泛社会阶级中寻求政治支持的策略，自21世纪以来遭遇惨败，法国、意大利、西班牙等国共产党的支持率一路下滑，党的力量和影响不断萎缩。用卢克·马奇的话来说，西欧共产党当前遭遇的是在“具有单一阶级诉求但注定将不断面临选举失败的政党，以及通过淡化其阶级导向来争取选举成功的政党”之间选择其一的所谓“民主社会主义困境”。一方面，共产党不可能再重新回到20世纪二三十年代那样以产业工人为其核心基础，因为毕竟在现代资本主义社会中，产业无产阶级已经不再是人口多数，“在后工业资本主义国家，异质的阶级结构更加决定了纯粹以工人为基础的战略在选举中只能争取到少数选民”①，共产党不可能在此立足点上赢得长期发展优势；另一方面，在更广泛意义的劳动阶级甚至“全体公民”中寻求支持者，不能凸显共产党的阶

① Luke March, *Radical Left Parties in Europe*, *Routledge*, 2011, p. 125.

级属性，尤其是在当代西方政党都在转向"中间"，争夺中间阶层选民的氛围中，丧失自身特色的共产党很难在政党竞争中获得主动权。当前，这种战略选择困境已成为西欧共产党在各国政治中生存和发展不可逾越的"魔法屏障"。

法国社会学家朱利安·密斯奇（Julian Mischi）接受《雅各宾》[①]杂志采访时，阐释了2014年他在《解除武装的共产主义：20世纪70年代以来的法国共产党与大众阶级》[②]一书中探讨法共与工人阶级关系演化的一些主要观点，其相关论断与我们的上述判断具有一定相似性。他指出，自二战后一直到70年代，法共主要是一个"工人阶级政党"，是法国工人阶级的合法代言人。自70年代末以来，法共逐渐弱化了与工人阶级的联系，从而使这个历史上以阶级斗争为特色的党发生了根本性变化。比如，2008年法共代表大会，只有9%的手工工人代表，而在当时有24%的法国人从事手工劳动。法共为什么会发生这种转变呢？他认为主要有两个方面的原因。一方面是外部因素，即工人阶级的社会经济转型。集体工作的分裂、失业激增、工作不安定、工联主义的衰落，都抑制了工人阶级的激进主义。另一方面是内部因素，即积极党员的大规模抽身而去，这与法共特定的战略和意识形态导向密不可分。比如，法共经历了一个明显的去工人阶级化过程，不再只是工人阶级而成为"贫困者"的代言人，从作为工人的代表变为"被排除者"的代表，从痛斥剥削转向控诉"苦难"，从阶级斗争转为削减贫困，等等，不再将工人阶级视为追随其后的阶级成员，而只是作为普通选民，从而使得法共的代表不再能够反映阶级关系，不再能够引导斗争方向。在密斯奇看来，这在很大程度上使法共丧失了自己的社会基础，从"曾经强大的存在变成了从前的躯壳"。因此，他提出法共需要重建与工人阶级的关系，才能打破资产阶级统治的政治秩序。显然，法共在处理与工人阶级关系中存在的问题，是当前诸多

① Julian Mischi, "When the Workers Were Communists", https://www.jacobinmag.com/2016/10/when-the-workers-were-communists/.

② Julian Mischi, *Le Communisme désarmé: Le PCF et les classes populaires depuis les années* 1970, Editions Agone, 2014.

西欧共产党，尤其是“改革的”共产党大都正在面临的问题。对其而言，认识和处理好与工人阶级的关系，正确把握阶级基础和群众基础的战略策略选择，是当前亟待解决的主要问题和挑战之一，对党的未来发展意义重大。

第八章　国际金融经济危机下西欧共产党的行动与策略

2008 年初以来，由美国“次贷”危机引发的全球金融动荡迅速蔓延，拓展至全球诸多国家和地区。在金融危机的剧烈冲击下，整个世界经济步入“严冬”，西欧等发达资本主义地区遭受的影响尤为严重。2009 年下半年，伴随主要资本主义国家的经济下滑放缓，复苏迹象隐约可见，“后金融危机时代”似乎已然到来。但出人意料的是，在金融危机的阴霾尚未完全消散之时，欧债危机的海啸又咆哮而至。从 2009 年 4 月爱尔兰出现财政危机，到 12 月希腊债务问题曝光，再到西班牙、葡萄牙、意大利，“欧猪五国”的债务危机愈演愈烈，发达资本主义经济再次面临重大考验。

在经济危机形势下，西欧地区社会主义运动在经历了长达 20 年的沉寂之后呈现一定程度的复兴态势。一方面，以罢工抗议为主要表现形式的西方各国工人运动掀起小高潮。与经济危机的发生周期几乎同步，各种规模、层次的罢工抗议斗争在西欧各国此起彼伏、连绵不断。另一方面，作为社会主义运动直接载体的西欧各共产党表现活跃。它们纷纷解析危机，阐释党的观点和立场，并组织、参与了各种形式的反抗斗争。国际金融危机和欧债危机的发生，推动了西欧社会主义思想、力量和运动的复苏，给苏东剧变后处于长期发展低潮的世界社会主义注入了生机和活力。本章在梳理、分析资本主义危机下西欧劳动阶级恶化的生存环境以及持续不断的罢工运动基础上，考察了西欧共产党组织或参与开展的诸多反抗斗争和行动，及其对当前资本主义危机的认识和解读，探讨资本主义危机给西方共产党和社会主义发展带来的机遇，以及共产党面临的挑战和近期发展前景。

第一节 资本主义危机下西欧劳动阶级状况

国际金融经济危机下，西方发达国家出现近年罕有的政治动荡，社会冲突频发、罢工运动以及各种形式的社会运动风起云涌。发达国家社会矛盾与冲突的加剧，与经济危机尤其是危机下劳动阶级生活状况的急剧恶化存在密切联系。恩格斯在《英国工人阶级状况》一书中曾经这样指出，工人阶级的状况是“当代一切社会运动的真正基础和出发点”，因为它是资本主义社会一切灾难的“最尖锐最露骨的表现”①。这一关于19世纪中叶资本主义社会的论断同样适用于当前西方发达社会。透视经济危机下劳动者状况，有助于我们更加深刻地认识西方世界躁动不安的社会根源。

总的来说，从西欧主要国家看，劳动者在就业、福利保障、实际收入等方面比危机前大幅下降，而在危机严重的一些国家，劳动者甚至普遍陷入生活窘境。这里我们主要以欧债危机最为严峻的2010—2013年为例，从六个具体方面看一看这期间西欧劳动者的生存状况。

表8.1 **西欧主要国家社会经济状况，2010—2013年**

	希腊	西班牙	葡萄牙	意大利	荷兰	法国	德国
实际收入2012年	-7.5%	-1.7%	-6.1%	-1.7%	-0.6%	0%	0.3%
失业率/青年失业率2012/2013年	26.4% 64.2%	26.3% 55.7%	17.5% 38.2%	11.6% 37.8%	6.2% 10.4%	10.8% 26.2%	5.4% 7.7%
增值税上涨2012 /2013年	18% 23%	18% 21%	23% 2012年以来	21% 2012年	19% 21%	19.6% 21.2%	19% 17%
通货膨胀率2012年	1.4%	1.8%	3.1%	3.8%	2.9%	2.6%	2.3%
退休年龄增加	65岁	67岁	65~67岁（接下来）	67岁（接下来）	67岁	62岁	67岁

① 《马克思恩格斯文集》第1卷，人民出版社2009年版，第385页。

续表

	希腊	西班牙	葡萄牙	意大利	荷兰	法国	德国
贫困风险 2010 年	21.4%	21.8%	18.0%	19.6%	11.0%	14.0%	15.8%
经济增长 2012 年	-6%	-1.9%	-3.8%	-2.7%	-0.9%	0.3%	0.4%

资料来源：Cornelia Hildebrandt, *The Social and Politcal Situation of the radical left in Europe-Overview*, submitted in the international conference "The radical left and crisis in the EU: From marginality to the mainstream?", May 17, 2013。

第一，失业率攀升伴随长期性失业加剧。金融危机发生后，西欧国家的失业率迅速攀升。据欧洲委员会统计，自 2008 年第二季度至 2010 年中，欧盟 27 国失业率达到 9.7%，随后三个季度虽然有所下降，但从 2011 年第二季度开始又迅速上扬，截至 2013 年 2 月，欧盟 27 国失业率升高到 10.9%，屡创 21 世纪以来新高。[①] 但在欧盟各成员国中，失业水平并不平衡。在欧洲发达地区，一些经济形势较好的国家仍然保持着较低失业率，比如，奥地利（4.8%）、德国（5.4%）、卢森堡（5.5%）和荷兰（6.2%），而备受债务危机困扰的南部诸国则面临严峻的失业状况，比如，2012 年 12 月希腊、西班牙和葡萄牙的失业率分别为 26.4%、26.3%、17.5%。2013 年引爆新一轮债务恐慌的塞浦路斯，失业率也从一年前的 10.2% 上升到 14%。

与失业率居高不下并行的，是长期性失业风险增加。经济合作与发展组织的统计报告显示，金融危机以来，西欧一些国家的长期性失业率（一年及以上）显著增加。2008—2011 年，长期性失业率增长较快的包括英国（从 24.1% 上升到 33.4%）、西班牙（从 17.9% 上升到 41.6%）、爱尔兰（从 27.1% 上升到 59.4%）、冰岛（从 4.1% 上升到 27.8%）。[②] 长期性失业不仅给劳动者带来生活甚

① http://epp.eurostat.ec.europa.eu/statistics_explained/index.php/Unemployment_statistics.

② "Long-term unemployment % of total unemployment", Jul. 11, 2012, http://www.oecd-ilibrary.org/employment/long-term-unemployment-12-months-and-over_20752342-table3.

至生存难题，对再就业也带来很大影响。有研究认为，劳动者实现再就业与年龄、职业和教育水平等无关，而与失业时间正相关。如果失业时间超过6个月，再就业难度将大大增加。①

第二，青年成为受冲击最大的劳动群体。在所有劳动群体中，青年受危机的影响和冲击最大。2012年2月发布的联合国世界青年报告指出，在经济衰退期间，青年人经常成为“最后被雇佣”以及“率先被解雇”的人。这一问题在从学校向工作转型，即青年人进入劳动市场寻找第一份工作时尤其突出。国际劳工组织和联合国经济与社会事务发展部的统计数字显示，经济危机下全球青年的失业率显著高于成年人。比如，2010年全球青年失业率一直维持在12.6%，而成年人失业率只有4.8%。联合国秘书长在全球可持续性发展报告《活力人类、活力地球》中也指出，青年人是受经济危机影响最大的人群。当前全球约有8100万青年失业，另外1.52亿人虽然有工作，但每天收入不到1欧元。②

在西欧发达国家，尽管青年失业率长期以来一直高于整个人口的失业率，但经济危机下青年劳动者的失业情况变得更加严重。在整个欧洲地区，2011年青年失业水平达到前所未有的550万人，有超过1000万人失业长达一年以上。截至2012年年底，欧盟27国青年失业率达到23.2%，欧元区是23.7%，达到整个人口平均失业率的2.6倍，而在2010年12月时分别只有21.1%和20.9%。在西班牙和希腊，青年失业率比危机前增加一倍多，分别达到55.2%和57.9%。2012年，除奥地利、德国和瑞士外，没有任何一个发达国家的青年失业率能够下降到危机前的水平。③

失业率的持续攀升，对青年人自身发展将产生长期性后果。国际劳工组织认为，这将降低进入劳动市场的青年人对职业道路的预

---

① Matthew O'Brien, “The Terrifying Reality of Long-Term Unemployment”, Apr. 13, 2013, http://www.theatlantic.com/business/archive/2013/04/the-terrifying-reality-of-long-term-unemployment/274957/.

② “Youth: the Hardest hit by the global financial crisis”, http://www.unric.org/en/youth-unemployment/27414-youth-the-hardest-hit-by-the-global-financial-crisis.

③ http://epp.eurostat.ec.europa.eu/statistics_explained/index.php/Unemployment_statistics.

期，并减少未来一代对漫长且昂贵教育的选择。① 同时，青年失业队伍也构成了一支庞大的劳动力“常备军”，对劳动力市场造成潜在影响。正如有学者指出的，失业青年成为资本所有者打压在职者工资和工作条件，以实现从危机中复苏的工具。② 而从实践看，西欧国家青年人对失业和生活状况的不满也正是“愤怒者运动”发生的主要诱因之一。在席卷欧洲的“愤怒者运动”中，青年成为抗议行动的急先锋和主力军。

第三，实际收入下降与不平等继续扩大。金融危机后，除公共部门以及部分短期工作遭遇工资削减外，西欧劳动者的名义工资并未发生太大变化，但实际工资，即经通货膨胀调整后的工资增长则大幅下滑。在欧盟地区，除经济形势相对较好的德、法等国有所提高外，2010—2012 年，平均实际工资下降了 0.7 个百分点。其中下降幅度最大的希腊高达 10.3%，英国也达到 3.2%，劳动者实际收入回落至 2003 年的水平。③

与普通劳动者收入下降形成鲜明对照的，是资本财富的继续增加。几十年来，欧洲社会的不平等状况一直在不断扩大。欧洲委员会的统计数字显示，2011 年，在欧盟 27 国中，顶层 20% 人口的可支配收入是底层 20% 人口的 5.1 倍。④ 英国智库“决议基金会”发布的分析报告也显示，在过去 15 年间，英国社会最富有的 1% 人群所占收入份额从 20 世纪 90 年代中期的 7%，增加到今天的 10%；而底层 50% 人口所占收入份额从 19% 下降为 18%。尽管 2009—2010 年和 2010—2011 年度最富有人群的收入有所下降，但并非不平等差距在减小，而是最高收入者为回避针对 15 万磅以上高收入的最高税率（50%）而转移收入的结果。目前（从 2013 年 4 月开

---

① International Labour Organisation, “Global Employment Trends 2012”, http://www.ilo.org/global/research/global-reports/global-employment-trends/2012/lang-en/index.htm.

② Laura Cooke, “The impact of the crisis on the working class in Britain”, *International Socialism*, Oct. 9, 2012.

③ “Real Wages fall back to 2003 levels”, Feb. 13, 2013, http://www.ons.gov.uk/ons/rel/mro/news-release/real-wages-fall-back-to-2003-levels/realearn0213.html.

④ http://epp.eurostat.ec.europa.eu/statistics_explained/index.php/Income_distribution_statistics.

始）最高税率已下降至45%，这对高收入者更加有利，因此未来的发展前景只能是富者愈富。[①] 而即使在号称世界最平等的国家瑞典，收入不平等也在持续扩大。据统计，顶层10%与底层10%人群的收入比从20世纪90年代中期的4∶1，到21世纪初增加到5∶1，2008年已经提高到6∶1。1980—2008年，最富有的1%人群的收入几乎翻倍，占收入份额比重从4%提高到7%，而如果把资本收益考虑在内，则已达到9%。[②]

第四，"新贫困危机"导致社会下层阶级急剧增加。贫富两极分化不是发达资本主义国家的一个新现象。但自经济危机以来，伴随大规模失业以及实际收入的下滑，西欧地区位于贫困线以下的人口数量急剧增长，劳动者的生活困境再次凸显出来，这被西方媒体形象地称为"新贫困危机"[③]。

2008年危机发生后，尽管一些国家相对未受影响（比如，德国），但至少超过一半的欧盟国家的贫困风险大大增加。截至2011年，24%的欧盟人口（约1.2亿人）面临贫困或社会排除风险。17%欧盟人口的可支配收入低于各国平均标准的60%。在欧盟诸国中，东部地区各国由于私人储蓄水平较低、缺乏相对健全的社会保障体系，其所受影响更为严重，但西欧各国情况也不容乐观。比如，受经济危机影响最严重的西班牙和希腊，贫困风险分别达22%和21%，约有9%的人口"严重物质匮乏"，根本无法支付租金和账单。[④]

贫困的蔓延导致大量援助组织不得不介入以为困难人群提供援助。比如，2012年国际红十字会在近20个欧盟成员国提供食物援助，其数额达到二战以后最高水平。仅在西班牙，就有约300万人需要依靠帮助才能维生，其中包括为数不少在危机中丢掉工作的中

---

① Heather Stewart, "Shocking figures reveal the growth n UK's wealth gap", Feb. 10, 2013, http://www.theguardian.com/society/2013/feb/10/uk-super-rich-richer-as-majority-squeezed.

② OECD, "Divided we stand: Why inequality keeps rising, 2011", http://www.oecd.org/els/soc/dividedwestandwhyinequalitykeepsrising.htm.

③ Rana Foroohar, "The Truth about the Poverty Crisis", *Times*, Sept. 26, 2011.

④ http://www.euractiv.com/socialeurope/24-eu-population-risk-poverty-so-news-516413.

产阶级人群。对此，德国学者提出，贫困正在吞噬欧洲社会的心脏。①

第五，危机催生移民工人处境艰难。在当前西欧国家，成为普遍共识的多元文化主义遭遇挑战，反移民政治抬头，大量移民工人的生活、工作处境急剧恶化。

经济危机下，反移民不再只是极右翼政党获取选民支持的标签，为转移经济危机带来的国内压力，欧洲一些中右翼执政党也把矛头指向外来移民。近年来，英国先后采取了“积分制”、设置移民上限、紧缩学生签证数量等政策限制移民。保守党首相卡梅伦也提出采取措施限制申领失业补助超过 6 个月的外国人继续申领补助的权利，同时敦促地方政府要求移民至少在当地居住 2 年才有资格申请保障性住房，而国家医疗服务（NHS）将在治疗暂居英国的外国人时执行更为严格的标准，并敦促学校对非法移民的子女进行审查。② 在法国，前总统萨科齐为取悦右翼选民曾经紧抓移民问题不放，大规模驱逐来自罗马尼亚和保加利亚的吉卜赛非法移民。此外，荷兰、丹麦、西班牙也纷纷出台反移民政策。

除主流政策导向外，欧洲社会的反移民情绪在危机后持续发酵。益普索对全球 23 个国家的调查显示，多数国家民众反对移民，认为移民规模过于庞大，带来诸多负面影响，而其中尤以欧洲为典型。有超过 65% 的西班牙人、意大利人和英国人强烈或部分同意“本国的移民过多”，而各国绝大多数人都认为移民对各国发展不利，赞成外来移民令本国人就业困难，并且给医疗和教育等公共服务带来太多压力。③

在这种氛围中，移民工人处境进一步恶化。一方面，由于移民工人经常主要受雇于建筑、制造、批发、酒店等受危机冲击最严重

① Rachel Baig，“EU poverty 'eating nto the heart of society”，Mar. 13，2013，http：//www. dw. de/eu-poverty-eating-into-the-heart-of-society/a-16667995.

② “European watchdog accuses Britain of shameful rhetoric on migrants”，http：//www. guardian. co. uk/uk/2013/mar/29/eu-watchdog-britain-shameful-rhetoric-migrants.

③ “Europeans overwhelmingly against immigration：Poll”，Aug. 23，2011，http：//www. euractiv. com/socialeurope/europeans-overwhelmingly-immigra-news-507074.

的部门，而且由于其一般签署的都是临时合同，他们学历较低、本地语言水平有限，因此移民工人受危机影响巨大。在许多欧洲国家，移民工人的失业率是当地工人的 2 倍多[①]。另一方面，在经济困难形势下，移民工人遭受歧视和不公正待遇的情况大大增加，移民受攻击的事件屡屡发生。比如，2010 年 1 月，意大利南部萨尔诺市发生二战以来最严重的种族暴力，当地居民袭击主要来自非洲的移民，导致 53 名移民工人受伤，1000 人被递解出境。2013 年 4 月，希腊也发生了种植园主枪击讨薪移民农业工人事件，至少造成 28 人受伤。

在经济危机和各国反移民政策的双重影响下，西欧各国的移民数量大幅下滑。经合组织的统计显示，2009 年多数欧洲国家的移民人数下降，其中法国、德国、西班牙、意大利分别为减少 7%、13%、18% 和 25%。[②] 2011 年 3 月至 2012 年 3 月，英国外来移民相较此前同一时期下降 7.8%。[③] 而因移民的大量离开，导致早已出现人口负增长的一些国家人口大量减少，比如，仅在 2012 年西班牙人口就减少了 20 万人。[④] 此外，非法移民的数量也大大下降。据统计，2012 年在欧盟边境抓获非法移民 7.3 万人，大约只有 2011 年的一半（14 万人）。[⑤]

第六，"救市"和"减赤"措施令劳动者雪上加霜。为应对危机，西欧各国纷纷采取各种形式的救市行动。在救市过程中，西欧各国政府的财政杠杆严重倾斜。一方面，斥巨资挽救摇摇欲坠的银

① Committee on Migration, "The impact of the global economic crisis on migration in Europe", Apr. 9, 2010, http://assembly.coe.int/ASP/Doc/XrefViewHTML.asp?FileID=12407&Language=EN.

② "The economic crisis and discrimination against migrant workers", Aug. 1, 2011, http://www.ilo.org/global/publications/magazines-and-journals/world-of-work-magazine/articles/WCMS_165299/lang-en/index.htm.

③ "Net migration to the UK falls year-on-year: how has it changed since 2002?", http://www.guardian.co.uk/news/datablog/2012/nov/30/net-migration-uk-falls-data.

④ "Spain's population shrinks as immigrants flee economic crisis", Apr. 22, 2013, http://www.bbc.co.uk/news/world-europe-22251840.

⑤ "Sharp decline in the number of illegal immigrants to the EU: Frontex", Apr. 21, 2013, http://www.focus-fen.net/?id=n304686.

行和金融系统，并大力推行各式各样的企业援助计划，以帮助陷入融资困难的大资本家。比如，2008 年 10 月，英国以 500 亿英镑购买主要金融机构的优先股，并为银行间贷款活动提供 2500 亿英镑的担保。2011 年 11 月，法国、比利时和卢森堡联合向德夏克银行注资 64 亿欧元，等等。这些大规模的救助尽管在对经济的暂时稳定起到一定作用，但却使各国劳动者背上了沉重的债务负担。

另一方面，各国也纷纷出台财政紧缩措施，以减少财政赤字，其通常采取的手段是增税、削减公共开支和福利。增税是能够提高政府财政收入的直接渠道，因而成为西欧各国政府首选的危机应对方案。危机以来，虽然各国实际批准或在计划出台一些针对富人的增税举措，但大量的增税对象是普通劳动阶层，巨额财政赤字需要由占人口多数的劳动者来买单。西欧各国接二连三发布对中下劳动阶层的增税政策。希腊等一些国家纷纷上调房产税、企业税；在法国，2012 年 9 月制订了高达 200 亿欧元的增税计划；在英国，2011 年起将增值税从 17.5% 提高到了 20%。

在增税的同时，各国还通过减少财政拨款和公共部门岗位、冻结工资、减少教育投入等方式，大幅削减公共开支，以期降低财政支出。此外，各种削减福利的措施也被提上议事日程。在英国，自 2013 年 4 月起，启动了一场数十年来最大规模的社会福利改革，内容涉及社会救济、医疗保障、妇女儿童福利、残疾人福利、福利房补贴等诸多方面。比如，救济金封顶改革规定，英国 16 岁至 64 岁的就业适龄人群所领取的救济金，不能超过普通工薪家庭的平均收入额。而新的住房改革政策则规定，一个成年人或一对夫妇可拥有含一间卧房的住宅；有孩子的家庭，两个 16 岁以下的同性孩子要同居一室，10 岁以下的孩子不分性别也要同住一间卧室。如果居民的福利房住宅面积超过其实际需要，他们的住房救济金额就会被削减。这一所谓“卧室税”改革，在英国各地引发广泛抗议浪潮。

养老金和退休制度改革尤其成为各国福利改革的重头戏。法国率先在 2010 年 9 月宣布将最低退休年龄由 60 岁提高至 62 岁，领取全额政府退休金的年龄则从 65 岁提高到 67 岁，公共部门养老保险金的缴纳比例将在 10 年内从 7.85% 增加到 10.55%。此后，英国于 2011 年 11 月将公职人员退休年龄延长至 66 岁，并增加需要交纳的养老金额度，同时降低养老金的最终支付水平。意大利计划将退休年龄从 65 岁提高至 67 岁。德国则计划在 2029 年把退休年龄从 62 岁提高到 63 岁，领取全额退休金的年龄从 65 岁上调到 67 岁。

这些举措极大危害普通劳动者的利益，直接造成了劳动者与各国政府关系的紧张，同时也成为危机下以罢工抗议为主要表现的各种形式群众性反抗斗争的导火索。

第二节　从平稳转向激烈：西欧工人运动的复兴

经济危机以来，西欧地区的群众性反抗运动掀起了一个小高潮。从近几年的实践看，两种反抗斗争占主导地位：一是主要由工会组织领导的罢工为表现形式的工人运动；二是以欧洲的“愤怒者运动”和“占领运动”为主要代表，涵盖各种形式街头抗议、静坐示威在内的形形色色社会反抗运动。正如英国《独立报》刊文指出的，这些抗议行动“预示着自 1968 年革命狂热以来欧洲大陆最大规模的公众反抗斗争的开始”①。在经历了冷战后近 20 年的相对平稳发展之后，以工人运动和社会运动为主要载体的西欧民众反抗资本的运动相互影响、相互交织，奏响了危机下反资本主义斗争的新乐章。

西欧的社会反抗运动，尤其是在美国“占领华尔街”爆发前在西欧一些国家出现的“愤怒者运动”，以及作为对占领华尔街的回应，欧洲许多国家兴起的各种形式的“占领运动”，具有一定政治影响。但无论在参与人数、规模，还是抗争强度及其产生的社会后果方面，都无法与工会领导的罢工运动相比拟。在西欧地区，有组

① Sean O'Grady, “Greece leads Europe's winter of discontent”, Feb. 24, 2010, http://www.independent.co.uk/news/world/europe/greece-leads-europes-winter-of-discontent-1908527.html.

织的罢工运动对政府造成的政治压力远远大于“占领运动”。其原因与欧洲工会的巨大影响力密不可分。欧洲工会有着悠久的历史传统，尤其在二战后30年间，一直保持着强劲的发展势头。20世纪80年代以来，虽然因为新自由主义政策的推行而受到打压，但欧洲各国工会凭借其积累的丰富的谈判经验，凭借完善的法律支持，往往能够通过各种斗争形式尤其是罢工这一重要斗争武器来实现诉求。另一方面，欧洲也具有罢工的思想文化土壤。源于法国大革命以来的历史传统，欧洲人一旦觉得自己利益受损，往往愿意通过上街抗议来伸张自己的权利。而且在欧洲许多国家，法律规定罢工参与者不会因为不上班而受到惩罚，为罢工的流行提供了条件。在经济危机期间，因为经济状况的急剧恶化，罢工抗议更是“一呼百应”，各种罢工游行此起彼伏，高潮迭起。因此，本部分主要关注危机下西欧罢工运动的演进情况（尤其是罢工运动最激烈的2008—2012年）。

一　国际金融经济危机下的西欧罢工潮

早在2008年，西欧各国零散出现的罢工抗议行动标志着新一轮工人斗争已经开始酝酿。斗争高潮的发端，是2009年1月底法国爆发的250万人抗议政府经济政策的全国性罢工，这也是全球金融危机在发达地区引爆的第一次大规模罢工。此后，各种罢工抗议一发不可收拾。除法国连续出现百万人参加的全国性罢工示威外，葡萄牙、意大利、希腊、挪威、瑞典、英国、爱尔兰、德国陆续发生了从几千人到几十万人不等的罢工游行。进入2010年后，罢工抗议行动更加频繁。从德航、法航、英航的飞行员罢工，到法、英等国的公务人员罢工，再到举世瞩目的希腊全国大罢工，大规模的罢工明显增加，抗议行动愈趋激烈。有学者因此指出，“欧洲工人正变得越来越难以驾驭”[①]。

---

① Sean O'Grady, "Greece leads Europe's winter of discontent", Feb. 24, 2010, http://www.independent.co.uk/news/world/europe/greece-leads-europes-winter-of-discontent-1908527.html.

总体上看，资本主义危机下发生的这些罢工运动，在波及范围、斗争强度以及社会影响等方面均创下了各国近年抗议斗争的最高水平。但由于危机对各地区影响程度不同，危机破坏性影响出现的时间也前后有别，所以各国（不同年份）的罢工频率和规模存在较大差异（见图8.1）。

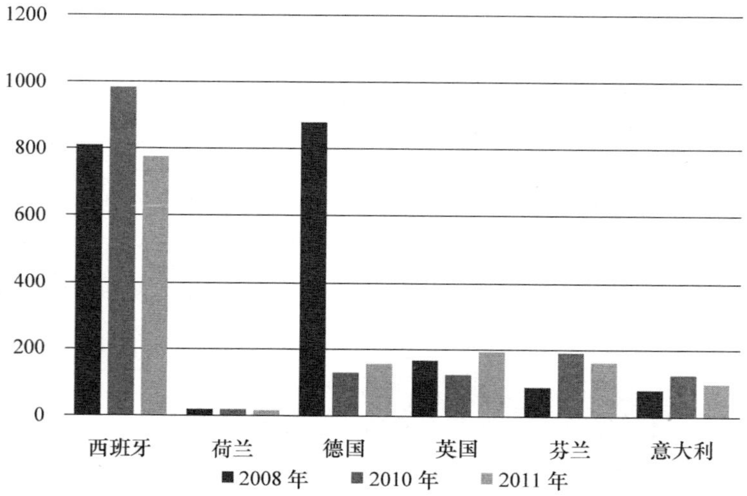

图8.1 国际金融经济危机下西欧一些国家罢工统计数据

注释：图依据各国统计数据绘制。其中意大利为全国罢工数。

意大利、西班牙、葡萄牙和希腊等南部欧洲四国，是这次资本主义危机的重灾区，其罢工和反抗斗争在各地区中表现得最为激烈。据意大利公共管理和精简部的统计，意大利仅在2008年宣称要进行的罢工就多至2195起，而实际举行的罢工也达到了856起，其中全国总罢工84起，较2007年的731起增长了17%。[①] 2009年的全国总罢工有87起，2010年达到128起，2011年则降至101

① http：//www.funzionepubblica.gov.it/la-struttura/funzione-pubblica/attivita/informativa-sugli-scioperi-nazionali/s.

起，而截至2012年6月已经发生41起。[①] 西班牙2008年至2011年的罢工总数分别为810起、1001起、984起和777起；全国总罢工分别为42起、20起、35起和30起。[②] 虽然由于各种原因，希腊和葡萄牙[③]的官方统计数据难以寻觅，但从相关罢工的报道频率及规模看，两国自金融危机以来的罢工运动蔚为壮观。在希腊，百万人以上的全国罢工频繁上演，各种形式的小规模罢工接连不断。仅在2011年下半年至2012年上半年，就发生了10余次全国性大罢工。

在西部和北部欧洲地区，罢工运动的发展很不平衡，其总体发生频率与各国经济状况存在很大联系。在一些经济形势较好的国家，危机下的罢工与以往相比没有出现较大变化。比如在荷兰，2001—2011年共发生了200余起罢工，2008—2011年分别发生了21起、25起、21起、17起。[④] 在一些国家，随着经济状况逐渐好转，罢工运动呈递减趋势。比如在德国，2008—2011年的罢工数分别是881起、454起、131起和158起，其中2008年最多，21世纪以来仅次于2002年的938起。[⑤] 危机下英国的罢工总数较危机前没有显著增加，2008—2011年分别是168起、130起、127起和194起，但以损失工作天数和参与工人数为计算标准的大规模罢工却呈增长态势。英国统计局提供的数字显示，2011年11月全国大罢工后，英国单月参与罢工的工人达到114万人，共损失将近10万工作天数，创20世纪90年代以来单月最高水平。[⑥] 在热衷罢工著称的法国，危机下的罢工热情依然高涨。法国统计局2012年2

---

① http：//www. corriere. it/economia/09_ febbraio_ 26/martone_ numeri_ scioperi_ stagione_ 2008_ c0db3b82-03f4-11de-8e80-00144f02aabc. shtml.

② http：//www. empleo. gob. es/estadisticas/hue/welcome. htm.

③ 据葡萄牙“战略与计划办公室”网站上的信息显示，由于罢工统计方法正在进行修改中，2008年后葡萄牙的罢工统计缺失，参见http：//www. gep. msss. gov. pt/estatistica/greves/index. php。希腊的相关数据经各种方式均难找到。

④ http：//www. cbs. nl/en-GB/menu/themas/arbeid-sociale-zekerheid/publicaties/artikelen/archief/2011/2011-3362-wm. htm.

⑤ http：//www. arbeitsagentur. de/nn_ 426332/EN/Navigation/Startseite/Englisch-Nav. html.

⑥ http：//www. ons. gov. uk/ons/rel/lms/labour-market-statistics/january-2012/statistical-bulletin. html#tab-Labour-disputes-not-seasonally-adjusted-，这是官方统计数据，也有工会称参加人数达到200多万人。

月的分析报告指出，拥有10名员工以上的法国企业在2008年和2009年经历一次以上罢工的比例分别达到2.4%和2.2%。其中2009年，500人以上大公司的罢工比例高达40%。[①] 在北欧一些传统福利国家，危机后罢工总数也有明显增长。比如在芬兰，2008—2011年的罢工数分别为92起、139起、191起和163起。[②]

二 西欧罢工潮的主要特点、趋势与影响

与以往相比，国际金融经济危机下西欧地区罢工运动呈现诸多与资本主义危机相关、深刻体现各地区和各国政治经济实际的鲜明特点。

第一，罢工的激烈程度与国家经济状况联系密切。在西欧不同国家，罢工运动水平存在显著差异：经济运转越好，罢工行动越少；反之，经济状况越糟糕，罢工斗争就越激烈。比如，在经济状况相对较好的一些西欧小国如卢森堡、荷兰、奥地利等，罢工抗议较少出现；而面临严峻经济形势的希腊、葡萄牙、意大利、西班牙等国，罢工抗议行动异常频繁。即使在同一国家内部，经济状况的好坏也直接决定着不同时期的罢工频率。比如，在南部四国，随着危机的深入以及各国经济状况的持续恶化，罢工规模不断扩大，频率不断增加，均在危机最为严重的2009年和2010年达到了顶峰。在西部和北部地区，由于各国经济形势差异较大，罢工高潮出现的时间分布不均，但总体上反映着各国经济形势的变化趋势。比如，由于面临“高通胀低增长”的严峻经济形势，2011年英国的罢工斗争显著增加。

第二，跨国性、跨行业性和国际性特征明显。罢工潮席卷了绝大多数西欧国家，往往不是通常情况下的一国现象，而是明显的多国行为，展现出不同于以往的跨国性特点。这些罢工斗争有时同时发生，有时前后相继，虽非地区性联合斗争的结果，但在实践中彼此呼应、相互影响，对反劳动的资本和权力形成了很大冲击。罢工

① http://www.insee.fr/fr/ffc/docs_ffc/ref/EMPSAL12i_FTLo4socia.pdf.

② 芬兰统计部门通过电子邮件发送给作者的统计数据。

斗争有的是行业性的，且多集中在交通运输和由财政预算拨款的公共部门，如医疗卫生、教育、文化部门等。比如，荷兰 2010 年和 2011 年的罢工，主要发生在交通和仓储部门，分别达到当年罢工总数的 1/2 和 1/3。[①] 在法国 2008 年和 2009 年的罢工中，交通运输业在各行业中罢工最多，每 1000 名员工损失工作天数分别达到 387 天和 597 天。[②] 2012 年西欧地区发生的英国 20 万公共部门员工围绕养老金问题进行的大规模罢工，以及 30 年来挪威首次发生的公共部门大罢工，等等。但大多数罢工是跨行业的，比如，2010 年 5 月的希腊全国大罢工中，250 万罢工民众分别来自学校、法院、政府机关和公共服务部门等各行各业。此外，罢工斗争中也出现了大规模的国际支援与合作。这一方面表现为国际性的言论支持，比如得到来自世界各国共产党、工人党、工会和联合会通过声明、宣言等方式提供的积极支持。另一方面也出现了一些国际性的行动支持。如在 2010 年 3 月的英航机组员工工会罢工中，来自美国、澳大利亚、西班牙、法国、德国、意大利的航空或交通工会就表态将会采取一些“同情性”行动，如在不违反安全规定的前提下寻求方式阻碍英航班机正常运作等。国际联合斗争与合作，极大强化了工人斗争的实际效力。

第三，经济斗争唱主角，政治主题交织其中。经济危机下的西欧罢工潮形成于全球金融危机和欧洲债务危机的特定背景之下，因此提出的大都是经济吁求，比如，保障就业、提高工资和购买力水平、提供更多的教育支持、反对超时工作、反对削减福利和推行紧缩政策，等等。运动中也有一些政治性声音，如在法国、意大利等国的罢工斗争中提出了现政府下台的要求；有些激进的左翼组织和人士把斗争矛头对准资本主义制度，指出完全的自由市场经济是危机的根源，提出了“资本主义是危机的源头”等口号，并在罢工游行中打出了“我们拒绝为资本主义的危机付账”“资本主义经济

① http://www.cbs.nl/en-GB/menu/themas/arbeid-sociale-zekerheid/publicaties/artikelen/archief/2012/2012-3615-wm.htm, and http://www.cbs.nl/en-GB/menu/themas/arbeid-sociale-zekerheid/publicaties/artikelen/archief/2011/2011-3362-wm.htm.

② http://www.insee.fr/fr/ffc/docs_ffc/ref/EMPSAL12i_FTLo4socia.pdf.

‘有病’……我们让它死掉吧”等字样。同时，一些政治主题的运动也穿插在普遍的经济斗争中，如西欧各国围绕哥本哈根峰会进行的运动动员、法国反对邮政私有化运动、意大利移民要求合法居留权运动以及反对环境破坏的“我们不要 TAV”运动，等等。但总的来看，这些政治主题无不与经济问题，尤其是危机下新的经济形势联系密切，是经济现象在政治上的要求和反映。

第四，各国工会领导的有组织罢工是主要斗争形式。在各国的罢工斗争中，尽管工会的作用受到来自激进左翼组织和人士的质疑与诟病，比如，一些激进观点认为，“在所有西欧国家，工会都在孤立和压制工人的行动……工会关注的主要是如何阻止欧洲工人团结起来反对其共同敌人——欧洲资产阶级”①；温和的观点则区别不同情况对工会的不作为提出了批评，指出“在那些工会与执政的社民党或工党联系密切的国家，如英国②，工会在千方百计地平息抗议；而在中右翼掌权的国家，如法国、希腊③和爱尔兰，工会只采取了有限的行动”④，但从实践上看，工会仍然是罢工运动主要的、直接的组织者。在罢工运动中，只有极少数罢工行动是没有任何领导的工人自发行为，如 2009 年上半年英国林森石油精炼厂、伟世通公司、维斯塔斯风力发电公司等行业工人为捍卫工作权利进行的罢工等。有学者对这些行动给予了高度评价，认为这是“自 20 世纪 70 年代以来很少出现的斗争形式”，“标志着运动呈现性质上的转向”⑤，但总体上看，这种形式的罢工规模小、数量少，绝大多数的尤其是大规模的、产生广泛社会影响的罢工抗议都是由各种各样的工会组织的。在当前西欧社会，罢工运动与工会仍然密不

① Ulrich Rippert, “The European strikes and the trade unions”, Mar. 5, 2010, http: //www. wsws. org/articles/2010/mar2010/pers-m05. shtml.

② 该观点提出时，英国尚未进行全国大选，是工党的布朗政府主政。2010 年 5 月大选后，保守党卡梅伦政府主政。

③ 该观点提出时，希腊尚未进行全国大选，是中右翼新民主党执政。2009 年 10 月大选后，泛希腊社会主义运动主政。

④ “Left behind?”, *International Socialism*, Issue 124, Sep. 29, 2009, http: //www. isj. org. uk/index. php4? id = 577&issue = 124.

⑤ “The radical left and the crisis”, *International Socialism*, Issue 126, Apr. 10, 2010, http: //www. isj. org. uk/index. php4? id = 634&issue = 126.

可分。

第五，罢工运动中暴力行为频发。自 20 世纪 60 年代的运动以来，西欧地区群众性的政治、经济反抗斗争多以“非暴力抗议”为主要斗争手段。危机下的西欧罢工整体上虽然温和有序，但许多罢工抗议引发了示威者与警方的激烈冲突，甚至有的罢工演化成骚乱。比如，在法国和希腊，危机下发生的多起罢工引发了示威者与警方的激烈冲突，并触发骚乱。西方一些政府和新闻媒体利用这些事件诱导舆论、贬低罢工、诋毁和污蔑领导罢工的左翼组织和力量。对此，各国激进左翼力量强调必须将罢工与骚乱事件区分开来，坚决捍卫工人罢工权。希腊共产党总书记阿莱卡·帕帕莉卡针对 2010 年 5 月 5 日的希腊骚乱明确指出，这一事件是“少数煽动性团体和机构组织的挑衅行为，旨在误导人民，降低群众性反抗斗争的重要性”，“人们应该谴责这些行为，但同时也要采取各种措施捍卫自己的斗争”①。

第六，罢工中工会力量实现部分复兴。资本主义危机发生以来，许多国家的工会组织积极行动，谋求自身力量的发展和复兴。一些工会把重点放在自身发展战略的更新上，强调自身角色的转换，主张将工会从“服务型”模式转到“组织型”模式，即增加工会会员的参与和动员上来。② 比如，爱尔兰零售业工人工会——“命令工会运动”遵循这一新的发展目标，在危机期间发起了“命令成员周”活动，要求数以百计的工会成员在新成员招募和组织中承担更多责任，确保全国每一个零售业工人都有机会加入到“命令工会运动”③。

另一方面，危机下罢工运动的蓬勃发展及其成就，也充分展示

---

① International Section of the CC of KKE, “Massive class response to plutocracyand the anti-people policy of the social-democrat government, the EU and the IMF”, May 5, 2010, http: //inter. kke. gr/News/2010news/2010-05-05-strike.

② Walton Pantland, “Trade union crisis and the potential for renewal”, Apr. 24, 2010, http: //cyberunions. org/trade-union-crisis-and-the-potential-for-renewal/#/vanilla/discussion/embed/? vanilla_ discussion_ id = 0.

③ “Major Trade Union recruitment drive takes place in Ireland this week”, May 26, 2010, http: //www. mandate. ie/News/NewsItem. aspx? nid = 175&ntype = 2.

着劳动者联合斗争的力量。在一些国家，罢工运动直接引发了人们参与工会的热情，工会入会率有显著提高。英国《劳工研究》2012 年第 2 期文章显示，2011 年 11 月英国公共部门大罢工前后，加入各公共部门工会的人数明显增长。其中拥有约 12 万会员的英国大学和学院工会在 11 月有 2500 人加入；拥有 16 万成员且在其 127 年发展历史中首次参与全国罢工行动的英国教师和讲师工会，2011 年 11 月末比 2010 年同一时期的入会率提高了 5%；英国物理治疗师特许学会入会率增加了 15%。除公共部门工会外，其他工会组织也有受益。一般工人工会在 2011 年 10 月和 11 月分别增加了 8000 人和 1.2 万人，而 2010 年同一时期分别只增加了 6000 人和 7000 人；英国最大的联合总工会 2011 年下半年的公共部门会员数增加了 6600 人。[①] 另据每两年进行一次的、对英国总工会 55 个附属工会中代表了 97% 会员的 48 个工会的调查显示，2007—2011 年，新入会的年轻人比例从 29% 增加到 48%。[②]

2012 年下半年以来，伴随欧洲经济出现“二次衰退”，西方经济复苏前景堪忧。同时，一些面临严峻债务问题的欧洲国家为达到欧盟的援助要求，进一步强化紧缩措施并大幅削减福利。在这种背景下，西欧尤其是南部欧洲地区的罢工斗争持续升温。在希腊，仅 2013 年上半年，就发生了 4 次全国总罢工；在西班牙、葡萄牙、意大利，航空、教师、医务人员罢工等更是轮番上演。

总体而言，国际金融经济危机下西欧地区的罢工斗争，是劳动阶层面对生存状况恶化、寻求自身经济权利的直接反应，是紧缩政策引发社会矛盾激化产生的直接社会后果。罢工运动与资本主义经济周期的波动一致，是经济危机形势下出现的阶段性工人运动浪潮。但从实质上看，当前的罢工斗争仍然深深植根于资本与劳动之间，其根本对立及内在的、不可调和的矛盾，是资本主义生产关系

---

① “UK unions report recruitment bonanza from pensions strike”, Jan. 25, 2012, http://www.lrd.org.uk/issue.php? pagid = 1&issueid = 1499.

② Beth Holmes, “Unions recruiting more minority workers”, Sep. 13, 2011, http://www.personneltoday.com/articles/2011/09/13/57949/unions-recruiting-more-minority-workers.html.

内部矛盾运动的必然结果。西欧罢工潮的兴起表明，在垄断资本全球发展的新阶段，资本主义固有的一些矛盾和问题日益凸显，并且在以尖锐和激烈的劳资对抗的形式表现出来。这种对抗，虽然尚不能根本动摇资本主义统治，但在一定程度上冲击了资本的特权，阻止了资本对劳动权利的过度侵害，培育了多元劳动阶层的反抗和斗争精神，强化了共产党等左翼力量的社会存在。而从长远看，罢工斗争对徘徊不前的西欧社会主义运动尤其是各国共产党的发展具有积极意义。它们为各国共产党拓展了斗争舞台，注入了新的发展动力，创造了打破发展瓶颈的机会，对西欧共产党在低潮中的发展与复兴产生了重要影响。

第三节　危机与行动：西欧反抗风潮中的共产党

2008 年资本主义危机发生以来，面对严峻的经济形势，西欧共产党举行各种活动，利用各种场合，阐述自己的立场、观点和主张，其主要行动和斗争举措包括以下内容。

第一，通过举行集会、抗议示威和组织领导罢工运动，彰显党的政治立场。这里以法共和希共为例。国际金融危机发生后，法共发起组织了多场集会和游行示威，其中较为重要的包括 2008 年 9 月至 11 月，在巴黎和马赛 1.5 万名共产党员参加的示威活动；8 万人参加的“保卫公立学校”游行活动；“反对政府操纵和支持邮局私有化”的游行活动；“争取住房权”的全国性游行示威等。2013 年 5 月，“左翼阵线”在巴黎发起了近年来规模最大的左翼反社会党政府政策的抗议行动，约 18 万工人、养老金领取者、失业者和学生参加游行，高举扫帚作为游行标志（意喻清除难以忍受的政治氛围），呼吁结束经济紧缩，建立民主的第六共和国。

2010 年债务危机全面曝光后，希共多次举行抗议集会，并通过“全国劳工斗争阵线”组织发起了一系列罢工行动。“全国劳工斗争阵线”主张自己是工人阶级利益的代表者，强调自己与希腊国内其他支持并维护剥削体系以及资本主义战略和反人民政策的工会力量，如两个最大的工会组织——国内劳工总会（GSEE）和公职协会（ADEDY）存在本质区别。[①] 金融危机爆发后，"全国劳工斗争阵线"积极参与领导和组织各种形式的罢工斗争。尽管其总体实力不如两大工会，但却在希腊罢工潮中扮演着不可或缺的角色。尤其是在一些具有阶级导向的罢工斗争中，"全国劳工斗争阵线"发挥了不可替代的重要作用。最典型的例子，是始于2011年10月底，长达9个月的希腊钢铁工人罢工，这也是自2009年10月紧缩政策实施后希腊历时最长的一次罢工。此次罢工的起因是希腊三大钢铁企业之一的"希腊钢铁公司"利用新的就业立法，强行遣散100余名工人，将工作时间从每天8小时减少到5小时，并削减40%工资。从罢工伊始，作为"全国劳工斗争阵线"附属工会的钢铁工人总工会就积极通过各种方式，如发表决议、宣言、通讯稿以及为罢工工人家庭提供经济援助和募集食物来支持罢工行动，从而在罢工工人中赢得了极高声望。[②]

第二，通过举办国际会议和国际研讨会，分析危机形势、明确自身任务。危机爆发以来，各国共产党已组织召开了九次共产党和工人党国际会议，并于每年五月在布鲁塞尔组织举行国际共产党人会议。会议围绕资本主义世界经济危机、工人阶级和劳动人民的社会斗争、共产党的国际联合斗争等问题进行了广泛深入的探讨。此外，有的共产党还组织了一些地区性的理论研讨，共商应对资本主义危机的斗争策略。

第三，通过召开新闻发布会、发表宣言和文章等形式，提出党的看法和主张。如荷兰新共产党、比利时工人党和卢森堡共产党联合召开记者招待会，解析经济形势。英国共产党发表题为《为什么国有化不是社会主义?》《不计后果的银行贷款》等文章，敦促政府采取"为了人民而非大公司"的政策。德国的共产党发表《将银行国有化和社会化》宣言，阐明德共关于危机的立场、主张。葡萄牙、希腊共产党多次发表宣言和声明，分析这场资本主义危机的

① http://www.pamehellas.gr/content_fullstory.php?pg=1&lang=2.

② "Athens steel strike enters fifth month", Mar. 13, 2012, http://www.wsws.org/articles/2012/mar2012/gree-m13.shtml.

根源、影响及表现，并提出应对策略。随着 2009 年年末欧债危机的蔓延，作为危机发源地的希腊、葡萄牙、西班牙等国共产党迅速做出反应。希、葡、西、意四国共产党和共产党主导的左翼联盟发表题为《危机和南欧：欧洲左翼的回应》的联合声明。葡萄牙和西班牙共产党召开两党领导人会议，发表联合声明，提出两党应对危机的战略策略。希腊、葡萄牙共产党等还相继发出《我们必须行动起来》《关于危机的解决方案》等与资本权力相抗衡的倡议和建议。

第四，针对反共措施展开反击行动，捍卫自身地位和权利。苏东剧变后，欧洲一些国家一直没有停止对共产主义的遏制，近年来反共言论、措施愈演愈烈。在这种情况下，西欧共产党纷纷发表声明阐述自己的反对立场，其主要观点有三方面：一是认为这些行径与欧盟长期不懈地篡改二战和社会主义建设史联系在一起，其目的是为了掩盖历史，尤其是泯灭青年人的自觉意识，使其相信资本主义是未来社会的唯一选择。二是认为这些行径暴露了资产阶级民主的虚伪性，完全撕去了所谓“自由”的面纱，是赤裸裸的垄断专政。三是认为这些反共行径与经济危机下各种反人民的措施同时并进，表明各国政府和机构对工人和人民罢工、抗议行动的恐惧和担心。西欧共产党明确表达了与各国共产党和人民团结一致的坚定信心，呼吁立即停止这些反共迫害行为。

同时，西欧共产党还组织、参加了多种形式的活动和抗议行动，如出席第四次欧洲共产党讨论教育问题会议和在莫斯科召开的“还原历史和反思时代”国际会议，探讨还原历史真相对当代社会主义斗争的意义和影响；包括主要西欧共产党在内的世界 55 国共产党发表联合声明，纪念“反法西斯战争胜利 65 周年”，等等。

第五，反对地区资本主义发展的斗争。在围绕资本主义危机进行相应斗争的同时，西欧共产党还根据本地区资本主义的最新发展情况展开了一系列反击行动。比如，反北约斗争。2011 年 2 月 19 日，希共举行抗议集会，反对在希腊举行的讨论“新战略概念”的北约会议。3 月 14 日包括主要西欧共产党在内的世界 62 国共产党发表“为和平而斗争！我们不要北约”的联合声明，指出在资本主义结构性危机不断加深的背景下，以北约为代表的帝国主义全力发动的军事进攻展现出全球性和多面性。其政策目标显而易见，是为了控制自然资源、能源、技术，扩大市场，进行军事和地缘战略控制。北约在国际关系军事化和军备竞赛过程中扮演着主要角色，是当今国际冲突和紧张的驱动力。为此，各国共产党呼吁解散北约，支持各国不参加或退出这一侵略性联盟。

再如反对“欧盟 2020 战略”的斗争。2011 年 6 月 17 日欧盟首脑会议正式通过了题为“欧盟 2020 战略：实现聪慧、可持续性和包容性增长”的欧盟未来 10 年经济发展战略。早在该战略性文件酝酿产生之时，葡萄牙共产党和“联合欧洲左翼—北欧绿色左翼”在 5 月 16 日就共同发起召开了“2020 战略”研讨会。会议总体认为，这是欧洲大资本的一个战略性文件，重申和加深了欧盟在各层面的新自由主义政策，通过加强剥削和支持大资本的方式坚持了所谓的“危机退出战略”，这一战略将使欧洲目前面临的危机进一步恶化。如同 2000 年《里斯本战略》未能实现稳定的经济增长、充分就业、更大的经济和社会整合等所宣称的目标，却达到了增加对工人的剥削、保证大资本的利润、把战略性经济部门转手私人资本等“阶级目标”一样，“2020 战略”将以破坏社会功能和经济生产体系为代价，造成更多的失业、更低的工资、更多的贫困以及社会和劳动权的减少，从而更加意味着资本的成功。各国共产党因此反对“2020 战略”，要求优先发展那些能够推进经济增长和就业的政策。

第六，在从理论上批判资本主义的同时，西欧共产党进一步加大了对马克思主义和社会主义宣传的力度。它们积极利用各种行之有效的方式，尤其是互联网等现代媒体，利用网络平台上一些生动活泼的、民众易于接受的形式，传播党的思想主张，扩大社会主义的影响力。比如，一些共产党利用网站上的视频对话等渠道，开展关于社会主义话题的讨论。西班牙共产党采用漫画形式生动地阐释了《资本论》的原理，在党的网站上进行马克思主义大众化宣传，等等。这些以现代传媒为载体的创新性宣传方式，拉近了马克思主义和社会主义理论与普通民众的距离，扩大了共产党的思想覆盖面和接受度，对危机下西欧共产党的斗争产生了极大推动作用。

第四节　西欧共产党对国际金融经济危机的解读

国际金融危机和欧洲主权债务危机发生后，西欧共产党纷纷行动起来，除积极组织集会、游行、罢工或者在议会内提出议案，来对抗各自政府的“救市计划”和“紧缩方案”，表达其维护劳动者利益的立场外，也通过发表声明、宣言或接受访谈等方式，阐释危机的动因、根源和实质，深刻剖析金融和债务危机的后果与发展趋势，并提出了各自应对危机的策略主张。

一　国际金融与欧洲主权债务危机的根源与实质

对始于2008年的“前所未有”的、“有史以来最严重”的金融危机，资本主义政府大多将其归咎为“金融市场上的投机活动失控”“不良竞争”或“借贷过度”，并希望通过“规范”资本主义来达到解决危机、恢复繁荣的目的。与之不同，西欧共产党既看到了监管缺位、金融政策不当、金融发展失衡等酿成这场危机的直接原因，又反对将当前的经济和金融危机简单归结为金融生态出现了问题。它们认为危机的产生有其深刻的制度根源，强调危机标志着新自由主义的破产，是资本主义固有矛盾发展的必然结果。

法共宣称，世界金融危机源于金融机构过度的贪欲，是政府错误的救市措施和金融机构转嫁危机举动相结合的结果。它使得每个人的现实和未来都被牵连进来。在利益驱动下，资本主义削减工资、购买力、公共服务和社会消费，造成需求和投资下降，经济增长疲软。在利益驱动下，资金过度集中到投资者手里，形成金融泡沫，导致实体经济瘫痪。正是金融泡沫和实体经济瘫痪，瓦解了整个银行和金融系统，引发了金融危机，导致世界经济步入萧条。在法共看来，这场金融危机归根结底是资本主义制度的危机。它不是从天而降的，不是资本主义的一次“失控”，而是资本主义的制度缺陷和唯利是图的本质造成的不可避免的结果。时任法共机关报

《人道报》的主编皮埃尔·洛朗在法共三十四大的讲话中明确指出，金融危机之所以发生，部分资本家在股市上玩火、投机活动失控等都只是其表象，透过其面纱所映射出的资本主义制度的漏洞更应引起人们的关注。冲击全球的危机并非仅仅局限于金融或经济领域，它同时也揭示了政治上的危机、资本主义生产方式上的危机。从深层看，金融危机本质上是一场制度危机。在历史上，金融危机曾多次上演。危机的重复性出现成了资本主义社会的特有现象。而每一次危机的爆发，都给资本主义制度敲响了警钟，证明了“不合理、不道德、有悖历史发展潮流的资本主义的危害性”。危机并非资本主义发展中的曲折，而是其必由之路。正是资本主义的本质决定了资本主义社会必然从一个危机走向另一个危机。①

其他一些共产党也围绕经济危机产生的原因、根源提出了自己的见解。如德国的共产党指出，金融危机产生的原因不是银行家的失误，也不是国家对银行监管失利。前者只是利用了这一体系本身的漏洞造成投机行为的泛滥。在新的垄断资本主义发展阶段，金融投机已经成为一个决定性因素，渗入经济政治生活的方方面面。金融投机成为资本主义积累的主要工具。全球资本都在追求最高利润率。投机行为具有了新的内涵，不仅股票和企业，而且国家货币也成为投机的目标。国际金融市场操纵着国家经济政策。美英等国纷纷把银行置于国家控制之下，这表明所谓资本主义自由市场经济的崩溃。②

英国共产党也反对把金融危机主要归结为次贷危机的结果，而是强调新工党政府和伦敦金融垄断机构不可推卸的责任，指出为了服务于大企业及其市场体系的利益，包括公共部门在内的英国几乎所有的经济部门都被置于金融资本的控制之下。由于工资、福利和养老金的实际价值下降，人们被迫求诸建立在虚高房价基础上的贷款，以维持和改善其生活水平。银行等金融机构利用贷款和其他交

① Pierre Laurent, “Rapport de Pierre Laurent au 34ème Congrès du PCF” Décembre 11, 2008, http: //www. pcf. fr/spip. php? article3293.

② Declaration of DKP's Executive Committee, “Nationalise and Socialise the Banks” Oct. 30, 2008, http: //www. solidnet. org/cgi-bin/agent? About_ the_ crisis/986german30oct08. doc.

易手段建立起与实体经济产生的实际价值毫无联系的"虚拟资本"。它们利用这种方式不受限制地聚敛暴利。随着货币市场和金融机构逐渐丧失信誉，经济周期重新出现。如果贷款被持续不断地注入金融市场，将会引发通货膨胀，导致社会工资下降。而国家将不得不承受巨额不良债务，并将其转换成人们的纳税义务。①

与之类似，葡萄牙共产党认为不应该把这场危机仅仅解释为次贷泡沫的破灭，当前的危机也是世界经济愈益金融化以及大资本投机行为的结果。这场危机表明"非干预主义国家""市场之看不见的手""可调节的市场"等新自由主义教条是错误的。那些将一切都"诉诸市场"以及支持"小政府"的人，今天也是积极主张国家干预的人。资本主义再次展示了它的本性及其固有的深刻矛盾。资本主义体系非但没有解决人类社会面临的问题，反而使不平等、非正义和贫困进一步恶化。②

西班牙共产党认为，当前经历的危机不只是金融危机，而是整个资本主义体系的危机。经济金融化不是一种异常现象，而是资本主义生产方式矛盾发展及其在新自由主义阶段对价值分配进行争夺的结果。除了信贷危机外，这一体系性危机还表现在几个层面：住房危机（包括作为工人阶级面临的最严峻问题的住房问题，以及各资本主义国家具体的建筑和经济部门的危机）、能源危机、食物危机、环境危机。就西班牙而言，自 1983 年以来，发展主义模式的继承者进行了一系列改革，经历了两个阶段：1985—1992 年福利国家金融化阶段，主要特征表现为实现产业重组（破坏生产）以及在欧洲经济共同体支持下的福利改善，这一阶段终结于 20 世纪 90 年代的经济危机；第二阶段是 1997—2007 年的"资本主义遗产"阶段，其特点是财产、资源和民用设施私有化、旅游和建筑业开始扮演决定性角色以及小企业和家庭的低利率私人债务。正是通过这一过程，形成了当前西班牙的经济模式。几十年来，工人社会党、

① Jerry Jones, "Where did it all go wrong?" Oct. 9, 2008, http://www.solidnet.org/cgi-bin/agent? About_ the_ crisis/985britaincp31oct08.doc.

② Portuguese CP, "Statement by the Meeting of the CC" Oct. 27, 2008, http://www.international.pcp.pt/index.php? option = com_ content&task = view&id = 263&Itemid = 36.

人民党以及民族主义的右翼政党，都依赖于这一建立在投机、劳工解除管制、减税等基础上的模式。在这一模式下，投机行为猖獗、环境遭到可怕破坏、所谓福利国家的社会成就逐步下降。

塞浦路斯劳动人民进步党认为，当前的经济危机是资本主义体系的结构性危机。资本主义生产力的发展以及生产的社会化程度已经达到极限。同时，财富和权力却集中在少数拥有生产方式的跨国公司手中。这一基本矛盾是资本主义经济危机的根源。而新自由主义在全球范围的盛行，则导致当前经济危机的集中程度和影响范围达到空前未有的水平。①

欧债危机发生后，西欧一些共产党对危机的原因和性质进行了探讨。这种探讨主要涵盖政策分析和制度批判两个维度，主要以葡萄牙共产党和希腊共产党的观点为代表。

葡萄牙共产党强调欧洲范围内新自由主义建构的破坏性影响，提出危机的出现是推行这一右翼政策的直接结果。葡共总书记德索萨在接受《真理报》采访时这样指出，葡萄牙正在经历的经济和社会危机，虽然是伴随国际经济危机的加剧和欧洲一体化进程的推进发展起来的，但在根本上是几十年来右翼政党和社民党推行右翼政策的结果。他把这些政策概括为五个方面：国有部门、关键经济部门以及国家的社会功能和公共服务的激进私有化政策；资本的高度集中，具体表现为财富分配的日益不平等和非正义，以及政治权力向经济权力屈从；通过削减实际工资、社会服务以及劳动和社会权利，对工人以及人们的普遍权利进行攻击；国家屈从于欧盟和北约指令的政策，这也是导致国家无力解决经济危机问题的核心之所在；民主的削弱，掩盖法西斯主义专政历史，剧烈升级的反共行动以及扼杀工会运动。②

希腊共产党从解析资本主义制度的运行规律的深刻层面来认识当前危机。希共伦敦支部成员伊莎贝拉·玛贾拉（Isabella Margara）

---

① AKEL，"Political resolution of the 21st congress of AKEL"，Nov. 30，2010，http：//www. akel. org. cy/nqcontent. cfm？ a_ id = 7350&tt = graphic&lang = l3.

② "Interview by Jerónimo de Sousa to 'Pravda'"，May 27，2010，http：//www. pcp. pt/en/interview-jer% C3% B3nimo-de-sousa-% E2% 80% 9Cpravda% E2% 80% 9D.

撰文认为，希腊和所有资本主义国家面临的是一场生产过剩的危机。隐藏在生产过剩之后的是资本积累过度。现在主要经济部门的平均利润率在下降。为了开启新的积累过程，必然导致部分生产力破坏、工厂倒闭、通货膨胀和冗员。这与社民党或自由党对“体系”的管理无关，而是资本主义发展不可避免的结果。玛贾拉也指出，目前确实存在着国家赤字问题，但必须看到，在这些赤字背后是对大垄断集团的大幅减税、对大型银行的紧急援助、北约令人难以置信的军事支出和以发展资本主义为名施行的各种补贴。在希腊，显然存在着美国和欧盟、欧盟各国尤其是法、德两国之间的帝国主义竞争。愈益明显的是，希腊和欧洲的统治阶级正在利用赤字问题推动新的反劳动政策。这些措施实际上在《马约》签署后一直存在，其目标不只是为了退出危机，而是为了在经济周期接下来的发展阶段实现资本的稳定和高利润。①

值得一提的是，2008 年资本主义危机爆发以来，在历届共产党和工人党国际代表会议上，包括西欧共产党在内的各国共产党代表围绕资本主义世界经济危机进行了广泛深入的探讨。与会各党指出了这场危机在结构和体系上的性质，强调危机是资本主义发展的特征，近几十年的新自由主义金融政策使危机进一步加剧。当前的危机表明了新自由主义的彻底失败和崩溃，但并不代表着资本主义的终结。相反，多数发达国家的资产阶级正在运用其政治权力“亡羊补牢”。但它们采取的政策不是使资本主义更富效力，而是通过牺牲工人的利益来解决这一体系固有的矛盾。同时，这场严重的危机也颠覆了苏东剧变代表着资本主义最终获得胜利的神话。它揭示了资本主义作为一种社会体系的局限性，表明共产党人需要经由革命的方式来推翻它。在资本主义危机面前，只有“社会主义才是替代选择”。

① Isabella Margara, “KKE: Interview with the Greek Communist Party”, May 13, 2010, http://en.wikinews.org/wiki/KKE:_Interview_with_the_Greek_Communist_Party?dpl_id=183053.

二 西欧共产党摆脱危机的策略主张

西欧各共产党在批判政府的救市措施和紧缩措施的基础上，还提出了各自应对危机的策略主张。

各国共产党对政府应对金融危机的救市措施大都持批判态度。如法国共产党强调，政府注资扶植国家银行体系，并非一个解决实质性问题的有力措施，相反是在牺牲公共利益去挽救资本家个人的损失。这证明了当今世界的资本主义像马克思主义者所分析的那样，是“国家垄断资本主义”。在这一体系下，国家完全而且只为垄断资本家服务。[①] 荷兰新共产党、比利时工人党和卢森堡共产党在联合召开的记者招待会上指出，各国政府是在用纳税人的钱挽救资本主义体系，但这一做法同时也为新危机的发生打下了基础。[②]

为应对国际金融危机，各共产党提出了紧急性举措和长期性措施。紧急性举措是指一些恢复金融市场秩序、促进经济发展、改善人们生活的措施，包括对金融机构进行监督；建立完全透明化的银行体系；拒绝任何新形式的私有化；加快社会服务部门的现代化发展；提高薪酬和退休金；保障银行中小储户的存款；保证失业人员获得救助金；保障受危机影响无法还贷人的住房。英国共产党在其“左翼纲领”中，尤其提出了应取消公共补贴；加强政府干预；在银行业重建一个强大的公共部门；对富人征收财产税，对能源、银行和超市的垄断利润征收暴利税；冻结燃气、用电价格，燃气、电力和石油部门收归公共所有等措施。[③] 此外，一些共产党还提出了深化改革的具体方案，如法共主张重新把资金投入到民生经济领域，并增加就业岗位；将一些私有化银行重新公有化，严惩以投机

---

① Texte définitif du 34ème congrès du PCF, “VOULOIR UN MONDE NOUVEAU, LE CONSTRUIRE AU QUOTIDIEN”, Décembre 14, 2008, http://www.pcf.fr/IMG/pdf/TEXTE_ADOPTE_34EME_CONGRES_DEF.pdf.

② CP of Luxembourg, “Press conference of PTB, KPL and NCPN on financial crisis” Oct. 7, 2008, http://www.solidnet.org/cgi-bin/agent?About_the_crisis/995luxembourg7oct08.doc.

③ CP of Britain, “Communists demand'Policies for the People, not big business”, Oct. 8, 2008, http://www.solidnet.org/cgi-bin/agent?About_the_crisis/992britain8oct08.doc.

为目的的信贷行为；监管资本流向，严厉打击不符合规定的避税行为；在欧盟内出台新条约，维护工业和第三产业的发展。

面对严峻的债务问题，欧洲各国政府纷纷实施严厉的紧缩政策，大幅削减政府开支。这种应对危机的做法遭到西欧一些共产党的激烈反对。它们的主要观点如下。

首先，债务问题的严重性被过分夸大了，希腊的经济形势并非外界所宣传的那样濒临破产或没有外界干预（政府紧缩政策）就不能生存。① 国家存在的核心问题不是公共赤字或公共债务，而是源于去工业化、生产部门衰落、私有化、外资控制以及对出口和生产行为高度歧视的欧洲央行的货币和兑换政策造成的外部全球债务。② 而且，危机不是某个或某些国家的问题，它是整个欧洲的问题，是欧盟的新自由主义建构的问题。

其次，人为地、选择性地渲染公共赤字问题，实际上是试图通过金融投机来对最为脆弱的国家经济进行掠夺，这是以对劳动的进一步剥夺和数百万工人的贫困化为代价来实现构筑大资本利润的目标的部分内容。欧盟说要提供“援助”和“支持”，但实际上是在加紧对弱国的控制。对主权国家的干预和敲诈，揭示了大国推行的资本主义集中和积累政策的阶级性。③

再次，各国政府应对危机政策的具体实践结果，将造成经济发展持续停滞，致使欧盟内的失业和贫困增加、社会等级更加牢固。对于普通劳动者来说，将承受更多剥削、工作不稳定以及福利体系遭到破坏的后果。这些政策正在引起并将导致更为严重的社会危机，如各种形式的罢工、抗议等。

---

① “Joint declaration-Crisis and the European South: The response of the European Left”, Mar. 4, 2010, http://www.european-left.org/english/home/news_archive/news_archive/zurueck/news-archive/artikel/crisis-and-the-european-south-the-response-of-the-european-left/.

② Statement of the Political Committee of the Central Committee of PCP, “Defeat a new and dangerous offensive against workers and national sovereignty”, May 4, 2010, www.pcp.pt/.

③ Communiqué of the Central Committee of Portuguese Communist Party, “The future of Portugal is being compromised We must act! We must urgently say “Enough”!”, May 17, 2010, http://www.pcp.pt/en/future-portugal-being-compromised-we-must-act-we-must-urgently-say-%E2%80%9Cenough%E2%80%9D.

西欧共产党也对危机下各国政府具体的反劳动政策进行了批判。比如，围绕希腊等国提交的稳定计划，他们认为，这些计划提高了增值税，降低了工资和福利。同时，由于从欧洲中央银行的贷款利率（约1%）与其购买政府债券的价格（在希腊是6%～7%）之间存在差价，欧洲私有银行的利润率大大增加了。这些新自由主义的稳定计划，完全是掠夺工人而服务于银行、投机者和大资本的计划，是掠夺弱国而服务于那些控制欧洲资本主义一体化进程国家的野心的计划。再如，西班牙共产党针对工社党政府在2010年6月16日通过并于6月22日获议会批准的《劳工改革法》指出，这一改革法是对劳动者发动战争的宣言，是西班牙历史上对社会权利的最大削弱。西共认为，该法案将终身合同解聘金标准从每工作一年补偿45天减少为33天的唯一目的，是降低解雇成本、摧毁福利国家以及实现大企业和大银行的利益，其实施后果将是增加失业率，引发更多的罢工抗议。①

那么，应该如何化解当前的债务危机呢？西欧共产党提出了增强实体经济、增加就业率，在财富再分配方面实现更多公正，以及实现权利和所有权的民主化的原则，指出除此之外，没有任何危机退出战略。在这一原则基础上，西欧共产党也提出了一些应对危机的具体措施，主要包括：所有欧洲机构的首要工作要放在解决就业、工资和养老金问题上；对金融投机交易征税，废止欧洲各国间的免税政策；建立欧洲公共的评级机构，国家不再是服务于投机利益的私营评级机构的抵押品；允许欧盟成员国在合理的利率基础上借贷欧洲债券。

此外，一些共产党还提出了对国家经济的长远规划。

葡萄牙共产党强调危机的解决，需要在捍卫国家主权和国家利益的基础上实施彻底摆脱现政府衰退发展轨迹的一种左翼政策。这一政策将以坚决反对投机、信任葡萄牙自己的生产部门、重新评估工资标准和不断变化的公共投资为先决条件，将通过对金融资本、

① PCE，“La reforma laboral es una declaración de guerra contra los trabajadores”，Jul. 30，2010，http：//www. pce. es.

巨额利润和股市投机进行征税的方式来改变不平等和非正义的单向发展道路。在欧洲层面，葡共强调这种左翼政策将与主宰着经济和货币政策发展方向的欧盟的新自由主义和联邦主义路线决裂，将终结“稳定和增长计划”，将与欧盟在“2020 战略”中展示的反社会政策决裂，同时捍卫社会进步基础上的真正趋同、支持国内生产和公共投资、强化公共服务和就业权，坚决反对资本的自由流通以及金融和股市投机。①

西班牙共产党主张用“反资本主义的社会替代”政策来解决当前经济问题。该政策的基本构成要素是：充分就业；普遍实现法律规定的社会权利；发展公共服务；建立公共银行；工人参与经济计划的制订，并参与企业控制；进行税收改革，用原本掌握在银行和大城市手中的资金来支持危机的社会退出；转变能源政策，支持捍卫一种可持续的环境发展模式；进行司法改革，清除腐败，终结税收天堂，革新政治和企业生活。②

希腊共产党为应对危机，重申了一直以来倡导的构建自力更生的“人民的经济”的设想，指出为了发展这种人民的经济，必须要找到一种满足人民的需要而非利润的需要的解决所有制问题的方法。希共把这一方法概括为建立一种“新的人民的制度”，其主要内容包括：基础性的生产，如能源、通信、交通等，归社会和国家所有，以实现经济独立，在关键经济部门减少与其他资本主义经济和洲际垄断组织的联系；土地社会化，建立小商品生产合作社；教育、健康、福利和社会安全部门是完全公共的免费系统；中央计划调控的经济机制将动员起全社会的劳动力和资源；在不参与欧盟、北约等帝国主义联合组织的前提下，利用一切可能开展建设性的、互利的国际经济合作，等等。③

---

① Statement of the Political Committee of the Central Committee of PCP, “Defeat a new and dangerous offensive against workers and national sovereignty”, May 4, 2010, www. pcp. pt/.

② Informe del Comité Ejecutivo del PCE, “POR LA UNIDAD DE LA IZQUIERDA EN TORNO A UNA ALTERNATIVA SOCIAL ANTICAPITALISTA A LA CRISIS”, 6 de febrero de 2010, http://www. pce. es/docpce/pl. php? id = 3638.

③ CP of KKE, “Solution to crisis”, May 12, 2010, http://inter. kke. gr/.

意大利重建共产党在地区层面上主张通过公共控制信贷、收入再分配、建立公共机构调控经济以适应环境、社会需要等方式，构建一个“社会的欧洲”。重建共的最终目标是把欧洲建设成为一个整体上的“欧洲福利国家”，其中不同国家间的生产力差异不应导致工资差异，而是可以通过工作时间来调控。重建共为此建议在民主、平等的公共政策基础上重建新的欧盟宪法，来克服欧洲一体化的自由主义性质，指出欧洲中央银行的任务需要围绕捍卫就业和货币稳定进行重新界定，《马约》条款需重新修正，以根本改变其当前的运作方向。在意大利国内，重建共建议在削减军费支出的基础上，构建一个融合了产业政策重构、缩减工时和启动面对所有失业者的社会工资的工作计划。为此，重建共主张在扩大社会和公民权基础上保护共和国宪法；捍卫和扩大公共领域的福利保障；通过税收改革进行收入再分配；捍卫全国性的就业契约和劳工法；发展旨在强化产业重构及其环境保护的产业政策。①

法国共产党从经济、政治各层面提出了应对和解决欧债危机的建议，提出了建立资本主义替代选择的设想。法共全国书记洛朗指出，解决危机首先要终结“别无选择”的说法。随着柏林墙倒塌以及新自由主义霸权的迅速发展，撒切尔非常热衷于使用的这一说法流行开来。今天，“别无选择”仍然是证明紧缩疗法、预算选择合理性的最广泛采用的范式。然而，危机、银行丑闻和救市机制的社会后果及其整个经济缺乏效率，则给资本主义胜利说以重击。尤其是南欧迅速发展的抵抗运动表明，欧洲人民反对这一模式，从而为提出一种替代选择开启了希望。左翼组织的责任就是终结“别无选择”，让人们相信这一新的替代选择。目前，反对紧缩和弹性劳动市场的斗争已经初步成型。我们必须指出这些政策的真正后果：欧元区已进入持续性衰退，失业四处蔓延。我们也必须说明这些措施是为了捍卫金融和雇主的利益。

建立替代选择是服务于人民而不是金融家的利益。这是替代选

---

① PRC, “IL DOCUMENTO APPROVATO DAL COMITATO POLITICO NAZIONALE”, 19 luglio 2010, http://home.rifondazione.it/xisttest/content/view/7958/314/.

择的逻辑起点。以此为基础，法共反对那些宣称能够通过增加工作的不稳定性来解决失业问题，通过运用紧缩措施来解决赤字问题的方案，主张解决危机的真正出路在于生产，在于通过生产模式的生态和社会转型等替代方式组织生产。信息革命释放的巨大财富，以及知识和科学的加速发展，使人们能够极大缩减劳动时间、减轻劳动负担。这也为每个人提供了更多的自由时间来加强培训、教育以及发展个人能力、创造性和参与工作之外的社会活动。这将能够缩减不平等、发展各种生产满足人类对食物、医疗和能源等的巨大需求，以及建立工作保障和培训的真正体系。这种激进变革的道路意味着发现一些新的社会拨款形式以及工资收入者的新权利，同时也意味着银行和货币再次成为服务于一般利益的普通商品。在面临最严重公共债务的那些国家，当务之急是消除大部分债务，取消或重新规定偿还时间。欧洲中央银行旨在保护金融市场的利益，因此开展改变欧洲中央银行现状和使命的政治斗争具有根本意义。欧洲左翼党发起的“欧洲公民倡议”，就是旨在建立一个欧洲公共银行，致力于支持社会发展和生态转型。

同时，替代选择也需要民主在各个层面复兴。洛朗以 2012 年由法国和德国起草，并在其压力下很快被欧元区所有国家采纳的《预算协定》为例，指出界定收入和支出本来是各个欧洲国家及其国家议会的权力，而现在这一权力被转移到官僚化的欧洲委员会以及由专家组成的三驾马车手中。这些“自动纠错机制”取代了各国议会的决定权。西班牙“愤怒者运动”呼吁实现“真正的民主”，这是完全正确的。人民主权问题对于欧洲未来发展具有关键意义。①

三　经济危机的后果与发展趋势

塞浦路斯劳进党认为，当前的经济危机，令全世界的工人都在为危机买单。危机导致了数百万人失业。大资本以解决危机为借口，盘剥老工人的利益，对劳动关系和工人权利发起全面进攻。资产阶级政府则通过家中劳动者负担的方式来寻求解决危机的方式。

① Pierre Laurent, “For Alternative Fronts”, Transform, Issue 2, 2013.

因而导致了全球范围内阶级斗争的加剧，数百万工人起而捍卫自己的权利。危机令资本主义和不受限制市场体系的辩护士们关于“所有人的社会财富”以及“历史和阶级斗争已经终结”等言论不攻自破。世界经济危机将社会主义思想，以及一个不是建立在剥削和利润驱动之下，而是摆脱剥削和实现社会团结基础之上的社会需要提上日程。①

葡萄牙共产党认为，当前资本主义危机既是经济危机，也是社会、金融和民主的危机。在经济上，导致了经济停滞和衰退，生产力遭到破坏，国民生产水平下降，结构性赤字恶化和国家的依附性增强。在社会领域，失业率急剧增加，劳动面临的风险加大，青年人对未来的预期下降，移民增加，以及通过对工资和养老金的压榨、社会福利的缩减、关闭公共服务，导致财富分配领域的不平等急剧加大，与此同时，生活支出和经济非正义大大增加，而大企业通过利润盘剥带来的不平等和财富积累却继续增长。在金融领域，由于直接或间接支持大企业、投机性侵袭葡萄牙公共债务、拒绝面对和克服危机的替代性措施，造成了国家的贫困化，政府臣服于外国干预，进而导致民主政权、国家主权和独立、宪法受到侵犯，裙带关系和腐败盛行，日益屈从或接受决策的转移，也就是说在经济、货币、金融和政治问题上服从欧盟的指令，政治权力愈益明显地屈从于经济权力。②

法国共产党全国书记洛朗分析了经济危机对欧洲政治发展的影响。他认为，经历了几年的经济危机之后，当前的欧洲已经进入了一个经济与社会双重衰退的螺旋下降期，这直接导致了激烈的民众反抗运动、深刻的政治危机以及欧盟层面统治阶级内部竞争的加剧。其中一些人呼吁联邦主义，以进一步推进欧盟层面的决策集中化；而其他一些人比如卡梅伦则逐渐抛弃结盟计划，重新转向“大欧洲市场”概念。但无论如何，今天的欧洲已与危机前大相径庭，

---

① AKEL, “Political resolution of the 21st congress of AKEL”, Nov. 30, 2010, http://www.akel.org.cy/nqcontent.cfm? a_ id = 7350&tt = graphic&lang = l.

② “Declaration of the PCP's National Meeting”, Apr. 18, 2011, http://www.pcp.pt/en/declaration-pcps-national-meeting.

维持现状已经不再可能。

在他看来，构建欧洲的新自由主义模式框架现在已经处于危机之中，而伴随着紧缩政策的推行，欧洲正在面临严峻的民主和政治危机。经过一次又一次的选举和动员，人们已经对这些政策选择产生了根本性质疑。欧洲已经进入了一个极其不稳定的发展时期，任何实施紧缩政策的政治力量在随后的选举中都将受到惩罚，抑或会在民众的压力下被迫辞职。但无论是哪一种惩罚，都将导致不平衡的政治后果。一个重要的表现，是各国反政治的民粹主义以及种族主义、排外主义倾向，民族主义或右翼地区主义政党甚至是纳粹政党（比如，希腊“金色黎明党”），正在从人民的愤怒和失望情绪中获益。这些都是令人担忧的发展。但与此同时，一些强大的斗争和政治突破正在从危机中兴起，比如，法国的左翼阵线、西班牙联合左翼以及希腊的激进左翼联盟，其影响和发展相互联系。汇聚起来的斗争潮流正在出现。抗议运动在许多欧洲国家得到很大程度的发展，也出现了一些欧洲层面协调斗争的尝试。今天，除了各党的选举影响外，工会和各种政治力量、社会和公民运动、工资收入者、青年人、知识分子、社区协会的积极分子、艺术家、生态主义者，等等，都在尝试为其诉求寻找答案，以及找到干预政治讨论的机会。①

四　危机下共产党的任务与联合斗争

面对危机的持续破坏性影响，西欧共产党陆续构建了各党在新阶段的斗争目标和任务。综合来看，它们提出的斗争任务主要包括以下内容。

第一，继续深化社会和群众性反抗斗争。西欧共产党主张反对现政府的右翼政策，捍卫社会和劳动者的权利，反对非正义以及让工人为资本主义危机付账的政策。这主要通过加强工人斗争，强化建立在阶级基础上的工会运动，以及将工人阶级和农民、教师、学生、青年人、公务员等各部门和阶层人员纳入反抗斗争中来实现。

---

① Pierre Laurent, “For Alternative Fronts”, Transform!, Issue 12, 2013.

葡共强调要进一步强化斗争行动和政治干预，认为只有通过工人阶级、所有劳动者和非垄断部门的深入斗争，才能阻止政府的反社会措施，确保实现社会正义和发展的未来。希共呼吁在通过包括罢工在内的各种方式继续进行反抗斗争的同时，尤其要围绕政府、主要反对党对“工人斗争阵线”斗争的压制和限制展开针锋相对的斗争，强调斗争的“实质性、完整性、计划性”。

第二，大力加强党的组织建设。葡共的组织建设落实在三个方面：一是赋予工厂中的党组织建设以优先性，扩大党在工人和人民群众中的影响；二是致力于通过党的重要行动，如中央委员会决定在全国各地区举行500次政治活动以及《前进报》节等来推动危机下党的工作开展；三是鉴于党在制度内运作的积极成果，在制度内工作、党的工作和群众工作密切联系的基础上发展党的斗争路线，强调这三方面工作之间的关系是辩证的，同等重要且能相互促进。

面对以西共为主体的联合左翼分裂趋势的加强，西共早在2009年11月十八大召开时就提出了重建联合左翼的任务，2010年初重建进程正式开启。在西共执行委员会报告中，重建目标被界定为将联合左翼建设成为一个真正的“社会政治运动”组织，该组织具有如下特点：坚持作为反资本主义、共和主义、联盟性质的左翼组织；政治活动方式是参与和集体发展；各种社会主义、共产主义、民族主义、左翼的以及不从属任何党派的人一起工作；参与组织的人自愿接受组织的规则、战略和协议；社会行动不是代表某一政党，而是将更加开放。西共强调，只有在更为广泛的社会和政治融合背景下以及通过发展新的组织方式，联合左翼的重建才具有意义。

第三，进一步强化思想战线的斗争。随着危机的深化以及资本主义体系性矛盾和局限的不断显现，一些共产党强调利用此时机加强对社会主义的宣传，倡导社会主义作为资本主义体系及其危机真正替代的可能性。如面对资本对工人和工会运动攻击的加剧，葡共主张以社会主义作为一种强大的意识形态回应，同时强调对社会主义的追求，要与以实现葡共纲领中“先进民主”为目标的捍卫和扩大民主的斗争紧密结合起来，提出实现“先进民主”是在葡萄牙构建社会主义的组成部分和必要阶段。希共把反危机的斗争与对社会主义的宣传结合在一起，在各种形式的积极斗争中，反复强调希共的斗争目标，不仅是要解决人民当前面临的问题，而是要使人民相信其未来是社会主义—共产主义。

第四，推动左翼联合斗争或建立斗争的阶级联盟。在新的斗争阶段，各共产党纷纷强调建立阶级联盟或左翼联合的重要性。葡共认为，包括日益增长的移民工人在内的工薪劳动者和工人阶级，与其他受资本主义剥削的社会阶层的联盟，是社会斗争最主要的驱动力。在国内，葡共尤其指出与农民和渔民建立并巩固重要社会联盟的必要性，强调他们是受欧盟的资本主义一体化冲击最大的人群，对国家主权具有重要意义，需要给予更多关注。意大利重建共向国内所有左翼政治力量发出了建立替代左翼的呼吁，建议党内外的中左翼力量团结起来，学习德国左翼党和拉美同志党的左翼联合模式，在尊重各自发展经历基础上构建一个反新自由主义的、广泛的“左翼联盟”。重建共甚至为联盟的实践进程规划了具体时间表，强调将创立一个真正的参与过程，其组织维度和政治平衡状态将使联盟能够向所有积极参与社会冲突领域的人开放。希共在危机时期也提出了建立自下而上的社会政治联盟的主张。希共强调，它倡议建立的这种社会政治联盟，与各种社会民主主义如“左翼联盟/激进左翼联盟”的建议模糊、试图吸引所有人和适应所有人要求的“左翼联合”版本完全不同。希共的联盟将通过采取有计划的行动不断赢得反资本斗争的胜利，联盟的唯一发展导向是服务于人民的利益、实现人民的经济和权利。

法共提出了在危机时代建立左翼替代阵线的任务和目标。[①] 皮埃尔·洛朗认为，在危机时代，左翼承担着巨大责任。如果没有进步的替代选择，没有一个能够将人们联合在团结、进步、民主之中，能够赋予人们从金融市场中解放出来，以及改变全球资本主义强加其上的运行规则的方式，任何事情都有可能发生。因此，左翼必须要提出一个真正能够重建欧洲的计划，来应对这些危险。为

① Pierre Laurent, “For Alternative Fronts”, Transform!, Issue 12, 2013.

此，法共在全社会发起广泛讨论，以勾勒如何转型，以及新的、与这一计划相适应的重要建构路线。而其必要条件之一就是，所有致力于变革的欧洲进步力量都以一种具体的、长期的和系统性方式汇聚成合力。这意味着在法国建立左翼阵线，在欧洲则是围绕这些建议进行合作，为最大可能的分享和参与开启必要的政治领域。

经济危机以来的共产党和工人党国际会议提出了建立反帝国际阵线的重要任务。2010 年 12 月南非第十二次会议发表的《茨瓦尼宣言》认为，我们生活在一个从资本主义向社会主义转变已经成为人类文明的一个迫切要求的历史时代：在不断加深的资本主义经济危机面前，社会主义国家的建设经验充分显示了社会主义制度的优越性；资本主义的全面危机再一次证明，民族的解放离不开社会的解放和阶级的解放。因此，各国共产党有责任巩固和加强反帝阵线，将争取和平、进步、生态环境可持续发展的斗争整合到为实现社会主义的斗争中来。会议要求各国共产党和工人党从推动工人和人民争取劳工权利和社会权利的斗争、加强争取和平和反对帝国主义侵略、声援那些从事社会主义建设和为社会主义而奋斗的国家和人民，以及加强国际反帝国主义的群众组织等方面采取共同行动，巩固和发展各国的反帝阵线。① 2011 年 12 月雅典第十三次会议重提了前几次会议曾经提出的建立反帝国际阵线问题。会议的《最后声明》指出，帝国主义的侵略加剧，许多地区已经出现紧张局势和战争热点，军国主义化在增长，爆发地区战争的风险在增大。因此，为争取和平而开展反对帝国主义战争的斗争，扩大和增强反帝主义阵线成为必须而迫切的任务。反帝国际阵线应该包括那些在争取国家独立和民族自决、追求和平、保护生态环境和自然资源、支持维护工人社会权益、反对帝国主义战争和反对法西斯主义的个人和政治力量。②

---

① 参见聂运麟等《经济危机、工人阶级的斗争与反帝阵线的策略——第十二次共产党和工人党国际会议综述》，《当代世界与社会主义》2011 年第 1 期。

② 参见聂运麟等《社会主义才是未来——第十三次共产党和工人党国际会议书评》，《红旗文稿》2012 年第 7 期。

五　经济危机与实现社会主义的必要性

世界金融危机的爆发，对作为一种制度的资本主义形成了巨大冲击，几十年来被标榜为全球标准的自由资本主义显现出全面危机。西欧各共产党充分意识到资本主义当前面临的巨大危机，强调危机的出现再次证明了资本主义自身存在着不可解决的矛盾和问题，证明了争取社会主义斗争的必要性。在资本主义面临制度困境的条件下，社会主义将迎来新的发展机遇。葡萄牙共产党指出，当前的金融危机是资本过度积累的危机，是无政府的资本主义发展的一种表现。在危机期间，生产社会化与资本家对生产性财富的剥削之间的矛盾愈益突出。资本主义的矛盾急剧爆发。其问题源于资本主义生产而非货币流通，任何管理性政策都不可能解决这一体系固有的腐朽性。现在，危机使得为替代发展而进行斗争的必要性更加凸显。“现实再次证明了马克思列宁主义关于社会运动的核心命题，即需要采取革命行动推翻资本主义”；“现在，社会主义比以往任何时候都代表着对资本主义的必要而可能的选择”①。2008 年年底召开的法共三十四大也认为，“毫无疑问，资本主义体系的危机为我们开创了一个新的历史时期。法国、欧洲和全世界的阶级斗争翻开了新的一页”②。

在发展机遇面前，共产党必须以此为契机推动社会的改革进步，努力实现自身力量的壮大以及世界社会主义运动和共产主义运动的发展复兴。法国共产党强调在全世界继续推动政治斗争，比如，支持巴勒斯坦人民的斗争，支持希腊工人和青年的人民运动；在危机中推动社会转型深入开展；采取新的能够保障社会团结、实现新的进步和维持生态平衡的可持续发展方式，进行真正的民主改

---

① Albano Nunes, “The Crisis of Capitalism—Socialism as a nessessary and possible alternative”, Nov. 30, 2008, http://www.international.pcp.pt/index.php? option = com _ content&task = view&id = 271&Itemid = 44.

② Texte définitif du 34ème congrès du PCF, “VOULOIR UN MONDE NOUVEAU, LE CONSTRUIRE AU QUOTIDIEN”, Décembre 14, 2008, http://www.pcf.fr/IMG/pdf/TEXTE_ ADOPTE_ 34EME_ CONGRES_ DEF.pdf.

革。法共甚至提出，共产党可以利用此次机会，“建立一个属于工人阶级及其同盟的国家”①。英国共产党呼吁工人和进步运动行动起来，打破金融资本对经济的统治，清除主导各主要政党的新自由主义政治家，宣称“为社会主义而进行的斗争仍然是解决资本主义混乱状态的唯一选择”②。希腊共产党也指出，“当前被资产阶级视为威胁其经济政治稳定性的危机，恰恰是广大劳动人民的希望所在”；“我们应该最大限度地利用这一形势，推进工人阶级及其社会政治联盟在国家和国际层面的团结进程”，“人民力量应该团结起来攻击资本主义这只‘受伤的野兽’，不应给它时间疗伤复原”。因此，希共号召工会运动、反帝运动团结起来，为推翻现存权力体系，为实现生产的社会所有制以及社会生产的中央计划、工人控制和社会控制而斗争。③

第五节　国际金融经济危机对世界社会主义与西欧共产党的影响

从国际金融危机爆发以来的现实发展看，危机在使资本主义本身遭受重创的同时，也推动了世界社会主义思想、力量和运动在一定程度上的复兴。资本主义危机对世界社会主义发展的积极影响至少表现在以下几个方面。

第一，危机使马克思的思想、观点重新得到肯定和重视。金融危机发生后，马克思的著作受到青睐，《资本论》成为畅销读物，西方国家掀起了新一轮马克思热。西方理论界颂扬马克思的理论对于分析和解释当前金融危机的重要指导意义，重新肯定马克思对资本主义经济危机的剖析及其所揭示的资本主义矛盾和经济社会发展

① Texte définitif du 34ème congrès du PCF, “VOULOIR UN MONDE NOUVEAU, LE CONSTRUIRE AU QUOTIDIEN”, Décembre 14, 2008, http://www.pcf.fr/IMG/pdf/TEXTE_ ADOPTE_ 34EME_ CONGRES_ DEF.pdf.

② CP of Britain, “Communists demand'Policies for the People, not big business”, Oct. 8, 2008, http://www.solidnet.org/cgi-bin/agent? About_ the_ crisis/992britain8oct08.doc.

③ CP of Greece, “On the crisis of the International Economy”, Oct. 2, 2008, http://inter.kke.gr/News/2008news/2008-09-crisis/.

规律的正确性。一些西方主流媒体对这股潮流进行报道，比如，英国《泰晤士报》2008年11月20日这样说，金融危机使西方人突然重视马克思的《资本论》。即便是一些主流政治精英也开始重新审视马克思，认为“某些马克思主义理论并不那么坏”，法国总统萨科奇甚至还让人给他拍摄了一张翻阅马克思著作《资本论》的照片。不仅马克思的经济分析和制度批判理论受到推崇，其关于未来社会发展的思想也重新受到关注。比如，法国《世界报》2008年10月17日发表法国著名哲学家阿兰·巴迪欧（Alain Badiou）的文章，指出金融危机使广大民众认识到人类解放的主题从来没有失去它的效应，“毫无疑问，‘共产主义’一词正体现了这一主题，但却被贬低和侮辱了。但是现在，‘共产主义’一词的消失只是便宜了既有秩序的支持者，也就是当前危机大片中的演员们。我们要重新提倡共产主义，并使它更为明晰”①。资本主义危机下的马克思热表明了社会主义思想、理论、观点的部分复兴，对低潮中世界社会主义的发展和进步具有积极意义。

第二，资本主义危机凸显了现实社会主义发展模式的优越性。国际金融危机爆发后，美国等西方资本主义国家的发展模式受到质疑和批判，而能够有效应对危机考验的社会主义国家发展模式尤其是“中国模式”越来越受到人们的关注和热议。英国《卫报》将2008年称为“中国模式年”。美国未来学家约翰·奈斯比特（John Naisbitt）认为中国的发展模式更为优越，指出“中国是一辆跑得更快、性能更好的车。在西方人看来，中国这辆车可能是很复杂的，或者是不符合他们驾驶观念的车，他们在面对这辆车的时候可能有一点头晕目眩，但是从整个世界的角度来说，我建议应该获取新的发展模式”②。即使是因在1989年提出“历史的终结”而名声大噪的美国政治学家弗朗西斯·福山（Francis Fukuyama），也一改“美国模式优于任何发展模式”的断言，转而宣称“近30年来，中国

① 侯惠勤、辛向阳：《国际金融危机中马克思主义的复兴》，《红旗文稿》2010年第12期。

② 吴波、翁天兵：《奈斯比特：中国模式将会改变世界》，《广州日报》2009年9月7日。

经济令人惊异的快速发展体现了‘中国模式’的有效性”[①]。无论“中国模式”是因何种原因、何种目的为这些不同政治立场和倾向的人士所追捧，中国在国际金融危机中的表现至少表明，社会主义发展道路大有可为，中国特色社会主义在当今世界政治舞台上越来越发挥着重要作用。

第三，资本主义危机也为世界社会主义运动拓展了活动舞台。苏东剧变后，世界社会主义运动一直相对沉寂。近十几年来，除了20世纪末到21世纪最初几年轰轰烈烈的反全球化运动，以及围绕伊拉克战争进行的反战运动等带有不同程度反资本主义性质的斗争外，大规模的、具有一定社会影响的社会主义运动乏善可陈。但社会主义运动的低迷并不表明资本主义的固有矛盾消失了，也不说明劳动与资本的对抗减少了。相反，在垄断资本全球发展的新阶段，这种矛盾和对抗正在变得更加尖锐和激烈。在这一大环境中，工人运动和社会主义运动仍然有很大的发展空间。西欧罢工潮在经济危机形势下的大范围爆发，“愤怒者运动”“占领华尔街”等运动的兴起及其后在全球各地的迅速蔓延，就是资本主义内部矛盾和对抗尖锐化、激烈化的集中反映。工人运动与反资本主义运动的新发展，为徘徊不前的西方社会主义运动拓展了斗争舞台，注入了新的发展动力。

当然，在强调资本主义危机对社会主义发展的推动作用的同时，我们也不能过分夸大危机的影响。危机虽然使资本主义在经济上步入下行通道，在意识形态和政治制度上受到巨大冲击，但并未直接导致资本主义的“死亡”，甚至没有出现实质性的政治或意识形态范式（新自由主义发展模式）转型的迹象。资本主义在长期应对、处理危机的过程中，已经建立了一整套调节和干预机制来缓解尖锐的社会矛盾和社会冲突，大危机大调整，小危机小调整，资本主义在其发展进程中形成了很强的自我调节能力，其政治制度和经济制度具有较大的伸缩性和灵活性。“无论哪一个社会形态，在它所能容纳的全部生产力发挥出来以前，是决不会灭亡的”[②]。现实

① 萧元胜：《福山谈“中国模式”》，《天涯》2010年第1期。
② 《马克思恩格斯选集》第2卷，人民出版社1995年版，第33页。

资本主义在当前阶段实际上仍然有存在和发展的余地。

与此同时，社会主义并未随着资本主义危机的发生而完全走出低谷，整体力量仍然相对弱小。在现阶段，“资强社弱”的基本发展态势并没有改变。虽然在危机影响下世界社会主义发展出现了一定程度的回暖，但相对于资本主义来说，社会主义在发展规模、社会影响、整体力量上仍然处于下风。经历了苏东剧变沉重打击的世界社会主义，力量积聚不是一朝一夕可以完成的。在这种条件下，试图单靠资本主义某次危机的影响而直接实现制度替代，并不符合实际。社会主义替代资本主义是一个长期的、曲折的历史过程。在这一过程中，资本主义的危机为社会主义力量的复兴和壮大提供了机遇。

具体到西欧共产党来说，国际金融经济危机既是机遇又是挑战。一方面，资本主义危机的爆发，给面临发展困境的西方共产党带来了难得的发展机遇。20 世纪 90 年代以来，西欧地区共产党整体上呈现下滑态势，一些党的议会得票率屡创新低，党自身的组织力量大幅下降，在各国政治舞台上大多处于边缘化位置。各国共产党亟须寻找一个能够打破发展瓶颈的突破口。国际金融和债务危机的爆发，为各党创造了发展契机。通过大力宣传代表劳动者利益的政治主张，直接或通过自己的附属工会组织罢工游行，抗议政府的紧缩政策，捍卫劳动者的薪酬和福利权等，不少党因此提升了政治影响力。但另一方面，这种力量和影响的提升却是相对有限的，至少与其他激进左翼政党，比如，希腊激进左翼联盟和西班牙“我们能”党在危机中突飞猛进式的发展速度相比，共产党借由危机摆脱困境、实现发展突破的设想并未成为现实。因而有西方报刊说共产党已经失去了“金融危机所带来的政治机会”①。这种说法未免偏颇，却也在一定意义上揭示了共产党面临的困境（其原因下文将做进一步分析）。从当前看，尽管这场资本主义危机在经济上有所缓解，但各国共产党仍有继续展现能力的空间，因为任何一场危机的

① Andy Beckett, “Has the left blown its big chance of success?”, *Guardian*, Aug. 17, 2009, http://www.guardian.co.uk/politics/2009/aug/17/left-politics-capitalism-recession.

社会、政治和意识形态影响都滞后于经济影响，而随着经济破坏性影响的凸显，以群众性集体反抗为主要标志的社会、政治回应也将进一步显现，从而成为各共产党重新获得立足点的机会。然而，客观条件的优势是靠主观能动性来激发的，只有积极应对理论和实践上的挑战，西欧各共产党才有可能谋求获得新的更大发展。

第九章　西欧共产主义运动向何处去？

2008 年国际金融危机发生伊始，左翼政党和社会主义的复兴一时成为热门话题。9 年后的今天聚焦西欧，各国共产党却并未如料想般凭借危机之利实现突破式发展，有些党的力量和影响甚至出现了反向的下降。用意大利共产党人党国际部主任法乌斯托·索里尼（Fausto Sorini）的话来说，"当前欧洲共产党仍然处于危机之中"[①]。这种发展困境既与各类激进政党兴起的外部冲击有关，更是各党和共产主义运动内部分裂、战略策略摇摆不定以及理论滞后或创新不当的结果。直面这些困难和挑战，是西欧共产主义运动当前面临的主要任务。

第一节　边缘性政党的冲击与挑战

在西欧各国政治舞台上，共产党生存和发展的空间异常拥挤。除了占主流地位的中左、中右翼政党外，在其左面有各类托派和毛派政党，在其右面则有绿党、替代左翼政党、极右翼政党以及难以用左右意识形态来划界的各种新兴议题性政党。在当前西欧议会政治实践中，尤其是后三类政党的迅速崛起对共产党的政治存在和发展形成了巨大冲击。

国际金融经济危机以来，替代左翼、极右翼和议题化政党的兴

---

① 2015 年 3 月，意大利共产党人党一行访问中国社会科学院马克思主义研究院的演讲。

起是欧洲政党政治发展的一个新现象。这些持激进意识形态的边缘性政党有的进入各国和欧洲议会，有的成为主流政党甚而上台执政。前文提到的替代左翼政党中，最成功的莫过于希腊激进左翼联盟和西班牙“我们能”党。2015 年 1 月议会选举中，激进左翼联盟上台执政，成为欧洲政坛目前唯一当政的激进左翼政党。而西班牙“我们能”党经过 2015 年和 2016 年两次选举，也成功挑战了人民党和工人社会党的长期执政地位。

极端右翼政党在欧洲政治中并非一个新现象，但欧债危机以来整体上的强势抬头引发了普遍关注。在 2014 年 5 月欧洲议会选举中，法国国民阵线、英国独立党、丹麦人民党在各国位居首位，而奥地利自由党、正统芬兰人党等的支持率也均有不同程度增幅。2014 年地方选举中，法国国民阵线还将 11 位市长和 1500 多名市议员收入囊中，选举成就远远超过了其在 20 世纪 90 年代曾经最辉煌的时期。在德国和瑞典，极右翼政党也获得新的发展。2013 年 2 月成立的德国新选项党，2014 年 5 月第一次参加欧洲议会选举就获得了 7% 的支持率，从 2014 年 8 月迄今在四个州政府选举中获得超过 10% 的支持率，共赢得 33 个地方议席。至 2016 年 9 月，该党在总共 16 个德国州议会中的 10 个拥有代表。瑞典民主党在 2014 年全国议会选举中选票翻倍，获得 12.9% 的得票率和 49 个议席，成为议会第三大党，拥有否决政府决策的能力。此外，带有新纳粹主义性质的希腊金色黎明党，危机前的得票率一直徘徊在 0.1% ~ 0.3%，2012 年以来的得票率增长至 6% 以上，目前是希腊议会第三大党。

除此之外，目前迅速兴起的还有一些议题化政党。这类党持反建制立场，不以传统的左右翼范式划界，组织化程度很低，“运动性”远大于政党性，但在欧洲成熟的议会政治框架内却取得了重大成就。其代表是意大利五星运动党以及 2011 年以来成功跻身 4 个州议会以及欧洲议会的德国海盗党。

各类边缘性政党的崛起对共产党在激进左翼政治中的主导地位形成挑战。比如，在希腊，长期以来希腊共产党一直是国内最主要的激进左翼政党，历次议会选举中希腊共产党一直遥遥领先。激进左翼联盟的强势崛起对希共影响很大。经过 2012 年 5 月和 6 月两次议会选举，希共迅速从第三大党退居至第七位，且随着激进左翼联盟上台执政，二者间这种主从地位的演变在短期内已不可能扭转。在西班牙，“我们能”党的耀眼光芒已经完全掩盖了联合左翼在危机以来的部分复兴。在意大利，两个共产党力量的进一步下滑也与“五星运动”党的急速“蹿红”形成鲜明对照。

实际上，经济危机以来，这些边缘性政党与共产党都面临着类似的政治社会发展背景。一方面是主流政党的弱化和执政能力的下降。二战后，西欧政治相对稳定，作为社会中间力量主要代表的中左中右翼政党，得到各国选举制度保障和民众的基本认同，长期占据主导地位，在各国政治舞台上一直轮流执政。20 世纪末叶以来，为了争夺中间阶层选票，中左中右政党意识形态分歧日益缩小，政策趋同。同时，伴随着全球化的加速发展，欧洲经济受到很大冲击，社会矛盾冲突加剧，福利国家面临发展困境。无论中左还是中右政党上台执政，都对解决失业、经济低迷、民众焦虑感等回天乏力，其合法性和代表性危机凸显。尤其是伴随欧债危机的迁延难愈，难以有效应对危机的各国主流政党更是成为民众不满的宣泄对象。新自由主义和传统精英政治明显失灵，对经济停滞的愤怒、对欧盟的幻灭以及对移民政策的质疑，导致民众越来越不相信传统政党能够解决现实问题。比如，2014 年德国艾伯特基金会的统计显示，73% 的受访者已不认为主流政党能够解决他们面临的问题。①

而另一方面，“中产阶级危机”使西方“民主社会”面临发展困境。最近十几年来，欧洲社会一直在经历着因由新自由主义加速重构而导致的社会紧张关系。越来越多的人对现存生活状态不满，尤其是占社会绝大多数的中产阶级的不安全感，使得欧洲政党体制和民主决策过程处于危机之中。在经济危机条件下，高失业率和经济长期复苏乏力，造成西欧中产阶级尤其是下层中产阶级的生存状况进一步恶化，面临贫困和社会排除风险。中产阶级选民中潜存着

① Sara Miller Llana, “Why fringe parties are surging in Europe”, Mar. 15, 2015, http: //www. csmonitor. com/World/Europe/2015/0315/Why-fringe-parties-are-surging-in-Europe.

的反抗情绪不断累积。从风起云涌的罢工风潮到遍及欧洲各国的“愤怒者运动”乃至“黑夜站立”运动，其更多地开始转向社会激进政治。

从政治主张看，这些迅速崛起的边缘性政党尤其是替代左翼政党的现实政治吁求，与共产党也有很多相似之处。比如，它们都反对新自由主义，反对美国主导的世界，捍卫劳动者利益，主张对富人增税，削减军事支出，提高最低工资水平，加强社会保障，等等。同时，无论危机中兴起的边缘性政党还是共产党，无一例外都是“疑欧”政党，尽管其“疑欧主义”存在程度差异，但“反紧缩”或“退出欧元区”是其鲜明的政治“标签”。这种拒绝欧盟的态度及其反危机政策主张，也与经济危机以来欧洲民众中普遍的“疑欧”“脱欧”倾向相契合。

在同样的政治社会背景之下，拥有相似政治观点的边缘性政党显然比共产党获得了更多的社会支持。据统计，边缘性政党不仅争取了大量共产党传统选民的倒戈，更获得了大量作为中左中右政党传统拥趸的中产阶级选民的“抗议票”。关于2015年希腊大选的研究显示，激进左翼联盟获胜的关键动力是得到了下层中产阶级的大力支持。这个社会阶层受危机冲击最为严重，不再诉诸传统的政治吁求，从社会保守倾向转向激进的政治替代，因而激进左翼联盟的获胜，实际上是“中产阶级危机”的结果。[①] 对法国国民阵线支持群体的分析也指出，最倾向于支持玛丽娜·勒庞（Marine Le Pen）的，恰恰是那些位于贫困线之上的人群，他们拥有工作、住宅和一定技能，但也惧怕失去其辛苦所得，害怕从社会阶梯上掉下来。[②]

为什么会出现这样迥然相异的发展结果呢？换言之，西欧共产党为什么未能如那些崛起的边缘性政党一样最大化地获得危机红利呢？显然，这与共产党在主观上面临的一些问题密切相关，比如，

---

① Vasilis Leontitsis, “How the Greek Middle Class Was Radicalised”, Feb. 18, 2015, http: //www. socialeurope. eu/2015/02/how-the-greek-middle-class-was-radicalised/.

② Far-right Front National: “from protest vote to ‘first party in France’?”, Mar. 19, 2015, http: //www. theguardian. com/world/2015/mar/19/front-national-secret-welcome-provincial-france-elections.

党内严重的分裂，缺乏行之有效的发展战略（对于有的党来说，是理论战略摇摆不定；对于有的党比如希腊共产党来说，是未能将意识形态的坚定性与战略策略的灵活性有效结合起来，理论战略过于僵硬而导致社会动员受到限制），以及与现实社会运动和工人运动的联系不够紧密，等等。

然而，不能忽视的重要因素，是西欧的整体政治环境对共产党的发展实际上并不利。西欧是当今世界自由民主政治最发达的地区。自《共产党宣言》诞生后的近百年间，尽管科学社会主义理论和实践在西欧有深厚的历史积淀，但却未能对自由主义民主产生具有颠覆性的威胁。二战后，随着两个阵营的世界政治秩序确立，西欧更是成为自由主义民主的堡垒和前哨。即使战后一些共产党的声势和影响很大，能够凭借着战争期间积累的威望在议会政治中有所斩获，但客观的政治环境使其在政治上不可能取得实质性的突破。20 世纪 90 年代初苏联解体带来破坏性影响，在社会层面上，西欧出现了一种极度“去激进化”的社会环境。欧洲晴雨表（Eurobarometer）对西欧 16 个国家的调查显示，民众虽然对当代西方的一些具体制度如政党和议会普遍仍存质疑，但对于现实民主政治的整体满意度却一直维持在一个相对较高的水平之上。[①] 在这种氛围中，西欧共产党的发展空间愈加狭窄。国际金融经济危机发生后，伴随着经济环境和生存状况恶化，西欧民众对现实政治实践的认同度降低，反建制情绪由弱转强，罢工、抗议以及“愤怒者运动”等反体制运动风起云涌。大量证据显示，社会主义意识形态在西欧民众中的认可度提升，不少反体制运动都打出了“社会主义”的旗号。但需要看到，这种社会主义更多地代表着对社会公正和公平的一种向往，而并非是打破现存生产关系，建立一种现实的社会制度。比如，希腊激进左翼联盟提出其战略目标是在希腊和欧洲建立“21 世纪的社会主义”，在社会主义和民主基础上实现整个欧洲的激进社会转型，但这种社会主义既无具体制度设计和特定内容架构，也不主张推翻资本主义，只是一个吸引眼球的口号而已。不能否认的

① http：//ec. europa. eu/public_ opinion/cf/step1. cfm，last update ，Nov. 21，2008.

是，在当前西欧，虽然发生了经济危机，但却没有出现革命形势。反对资本主义的声浪很高，但其目标似乎只是为了更替“病床边的医生”，而非终结现实制度。各类替代左翼政党提出的“纲领目标”“计划”“规划”等大多体现了这种吁求。从现实实践看，这种貌似激进的意识形态与当前欧洲民众的情绪以及整个政治和社会氛围是相契合的，这也正是一些激进左翼政党获得极高社会支持率的重要原因。而对以制度替代为最终目标（不管是以渐进还是革命的方式）的共产党来说，自身更为激进的政治属性使其很难在资本主义制度框架内走得更远。这是西欧共产主义运动区别于世界其他地区的根本特点之一，也是其长期发展过程中不可改变的客观制约。因而，西欧共产党在整个发展进程中一直在不断进行自我调适。无论是欧洲共产主义，还是后冷战时代以来部分共产党的“去激进化”，都是在这种环境下寻求发展和突破的思考与尝试。但必须说，西欧共产党在这方面的困难和挑战是艰巨的。而其首先需要解决的，就是在西欧这种缺乏革命形势以及成熟的议会政治实践中，应该选择何种方式来实现社会主义。这既是一个历史问题也是现实问题，是西欧共产党当前需要面临的最主要挑战。

第二节　社会主义实现方式的选择困境

历史上看，西欧共产党关于社会主义实现方式的认识经历了一个发展变化的过程。在二战前及战争期间，西欧各共产党大都主张通过革命来推翻资本主义制度和建立社会主义。这一时期，一些共产党虽然也参加议会斗争，但它们的基本观点是：真正的革命是不可能在议会内实现的，议会选举的斗争只是为革命到来创造条件。二战后，随着资本主义的相对稳定发展和经济生活的富庶，以及工人阶级和民众革命意识的普遍减弱，通过革命建立社会主义在实践中越来越难以实现。在这种情况下，各国共产党开始更加重视议会选举，尝试通过这种制度内的合法斗争来增强自身的政治影响力。

“欧洲共产主义”的一个主要观点，就是认为发达资本主义国家走上社会主义，要根据历史和现实情况特别是西方根深蒂固的民主传统，走和平民主的道路，而不能简单划一地走布尔什维克武装夺取政权的道路。在战后的发达资本主义国家，一方面通过工人阶级长期斗争对资本主义国家机器的民主改造，为共产党开展合法的民主斗争提供了政治舞台，从而也为共产党利用民主制度参与国家政权机构并通过和平手段改造国家机器提供了可能的条件。另一方面，随着战后生产力的发展，西欧社会的阶级结构也发生了明显变化，构成劳动力主要成分的已不再是“蓝领工人”，而是“白领工人”。这种阶级结构决定了西欧社会革命的方式更倾向于民主的合法手段，而不是暴力革命。在“欧洲共产主义”党看来，和平民主道路是西欧唯一可行的道路。法共全国书记马歇就曾这样指出，“法国走上经济与政治的决定性变革的道路，并非一定经过夺取冬宫不可”[①]。而借助议会民主制，通过普选上台执政，是共产党走和平民主道路的途径。“欧洲共产主义”各党普遍对资本主义的议会民主制进行了重新评价。比如，卡里略就曾这样讲，“从根本上说，这种制度是有效的，如果它有一个社会主义的而不是资本主义的经济基础的话，它会更加有效”[②]。

需要指出的是，“欧洲共产主义”的这种民主道路，与社会民主主义的改良道路是完全不同的，不能混为一谈。在欧洲共产主义那里，实现社会主义和共产主义仍然是最终目标，走议会民主道路是一种战略选择，尽管这一道路的最终可行性仍然有待实践检验。“欧洲共产主义”理论家乔治·乌尔班这样解释说，“欧洲共产主义者目前的战略是集中在尊重民主法制；它深信，必须通过普选去实现历史性的变革……在属于社会党国际的党派组织政府的国家里，没有一个国家是消灭了资本主义的，因为争取社会主义的运动在政府执政的时候就失败了。欧洲共产主义的目的恰好相反：它是要取代资本主义——尽管用的是民主手段——以便消灭人对人的剥

① 《社会主义在当代世界上》，光明日报出版社1985年版，第131页。

② ［西］圣地亚哥·卡里略：《“欧洲共产主义”与国家》，商务印书馆1982年版，第94—95页。

削和建立一个社会主义社会，为迅速走向共产主义奠定基础”[①]。

自“欧洲共产主义”诞生之后，西欧共产党在社会主义实现道路问题上就一直存在争论。与“欧洲共产主义”党形成鲜明对照的，是以希腊等共产党为代表的强调革命道路必要性的理论主张。这些共产党认为，“欧洲共产主义”的和平民主道路是一种机会主义。希腊共产党第十八次党代会在关于苏联社会主义制度失败原因的决议中这样指出，“自从苏共二十大（1956年2月）提出‘在特定条件下有向社会主义过渡的多种形式’以来，‘和平共存’路线在欧洲被引申为可以通过议会道路过渡到社会主义，并被很多共产党当成斗争策略，它们中的大多数从此不再为取得优势地位而斗争。这种理论构成了实质上对苏联革命经验的修正，成了改良主义社会民主党的策略指导”[②]。

西欧共产党在社会主义实现道路问题上的分歧，苏东剧变以来呈现愈加深化之势。包括西欧共产党在内的整个西方共产主义运动，在这个问题上表现为两种截然不同的态度。一种是传承“欧洲共产主义”的基本观点，坚持主张通过议会斗争的成功来实现社会变革，并渐进地用社会主义或共产主义来替代资本主义。作为这种观点代表的法国共产党“新共产主义”理论提出的所谓“超越资本主义”，实质上就是“和平民主道路”的一种延伸，即不是用革命方式“消灭资本主义”，而是通过议会斗争的夺权来对全社会进行改造，在政治、经济、文化等一切领域“变革资本主义”。另一种就是以希腊共产党为代表的观点，捍卫列宁对议会道路的批判，主张改良、“征服”或利用资产阶级国家实现社会主义是一种机会主义，认为在私有制和资产阶级国家下承认参与政府可能性的各种过渡计划，否定了资本主义经济规律及其阶级性，与马克思主义创始人的理论相悖，强调共产党必须团结各种力量推翻资产阶级国

---

① ［美］乔治·乌尔班：《欧洲共产主义——它在意大利等国的渊源及前途》，新华出版社1980年版，第14页。

② ［希］吉厄戈斯·图萨斯：《议会中的共产党人和阶级斗争》，2014年5月，http：//review. youngchina. org/archives/7517。

家，建立社会主义—共产主义经济和相应的政治制度。① 从实践看，希共尽管并不反对通过议会斗争争取政治权力的必要性，但在其看来，议会道路只是一种手段而非目标。共产党参加议会选举，并不能解决阶级斗争的问题。共产党之所以要参加国家和地区层面的各种议会，是“为了去阻止那些反人民措施的实施，投票反对反人民的法案以及欧盟的指令或其他种种举措。在关乎工人阶级和民众的问题以及对失业人员的保护等问题上，在为减轻普罗大众的债税负担上，在与由阶级工会和劳动人民的运动所引发的斗争相结合的卫生和教育问题上，提出质疑、提交法案和修正案”②。但在根本上，希共认为，工人阶级要挣脱帝国主义的种种枷锁与压迫，摆脱资本主义的剥削，必须开展社会主义革命，打破资产阶级国家机器及其一切机构，使工人阶级获得生产资料，进而建设社会主义和共产主义。

但从当代实践看，这两种选择都面临困难和挑战。持前一种观点的法共和意大利重建共产党等，对议会斗争的关注度远高于议会外的政治活动，将参加选举和争取更大程度的社会支持视为党的工作的重中之重。而且，它们在谋求进入议会和政府的过程中，都出现了因与执政党妥协而影响党的形象，致使党的政治影响和支持率随之下降的情况。而持另一立场的希腊等共产党，也因其强硬的反议会道路立场，反对任何联盟协议，比如，拒绝与希腊激进左翼联盟建立选举联盟争取执政权，从而拖延了左翼力量获取政权的步伐，并对其自身发展造成了一定程度的影响。

面对这种局面，一些共产党，比如，法共、意重建共等实际上对自己的议会政治实践是有所反思的。2003 年法共三十二大梳理了 1997 年以来的失误，认识到党在政治路线上存在偏向，将主要

① The theses of KKE for the 10th annual conference “V. I. Lenin and the contemporary world”, “The timeliness of the Leninist criticism in relation to the ‘parliamentary road’ to socialism”, Apr. 22, 2016, http://inter. kke. gr/en/articles/The-timeliness-of-the-Leninist-criticism-in-relation-to-the-parliamentary-road-to-socialism/.

② ［希］吉厄戈斯·图萨斯：《议会中的共产党人和阶级斗争》，2014 年 5 月，http://review. youngchina. org/archives/7517。

精力过于放在谋取政府任职上，脱离了党员和群众基础，指出要从两个方面纠正这些急躁情绪和盲目感。一方面资本主义的发展和法国共产主义力量的减弱是法共不能回避的现实，法共要树立生存就是发展的观点；另一方面又必须坚持发展新联盟，只按社会党的意志进行改革是不行的，在改革的形式上变换花样也解决不了根本问题。如果法共只讲与社会党的合作，依赖于社会党，简单追求左翼联盟的价值，就等于混同于社会党，等于放弃了共产主义的目标，必将名存实亡。2006 年法共三十三大进一步强调要在欧洲左翼联盟中发挥重要作用，但“不多讲”、也“不单独讲”与社会党的关系。①

另一具有代表性的意大利重建共产党，对自己的议会政治实践的认识经历了几次不断反复。早在 2001 年与左民党的议会合作破裂后，重建共五大就提出要与中左派决裂，并倡导党的开放与革新，重建共的理论政策开始从温和逐渐转向激进。② 但自 2004 年始，重建共却急剧右转，公开谴责反对英美出兵伊拉克的运动，并在 2006 年参加了中左联合政府，随后在出台新自由主义的经济方案、鼓励意大利军队的对外行动等一系列问题上采取了支持政府右翼政策的立场。这被英国学者卡利尼克斯（Alex Callinicos）视为重建共右转的重要标志。③ 在经历了 2008 年 4 月议会选举失败后，重建共看到了建立替代性左翼的重要性。它重新提出了“向左转”的口号，强调与中左翼“联合执政尝试的失败”，指出中左联盟的实践表明“左民党的新中间路线完全无效，重构中左翼的思想完全错误，将使我们在双极政治体系中置于次要地位”。重建共因而决定结束与左民党“一切组织上的合作”，同时将党建设成一个能够替代左民党战略计划的、独立自主的政府反对派。重建共尤其强调，

① 参见李周《发展中的法共“新共产主义”理论与实践》，《国外社会科学前沿》2006 年，第 100—101 页。

② 参见姜辉、于海青《从温和到激进：意大利重建共产党的开放与革新》，《国外理论动态》2002 年第 10 期。

③ Alex Callinicos, “Where is the the radical left going?”, *International Socialism*, Oct. 6, 2008, http://www.isj.org.uk/?id=484.

党的重建必须是一个重构、扎根以及进行社会关系、文化和政治斗争的阶段。重要的是重新恢复这样一种认识，即反对派并非只是政治光谱中的一种安排。在资本主义全球化的危机时期，替代选择必须通过反对贝卢斯科尼政府、反对意大利雇主协会的规划和原教旨主义发展前景的社会和政治斗争来实现。为此，重建共呼吁以捍卫人民群众的工作和生活条件，以捍卫工资、养老金等全国性的工作契约，以反对不稳定性和失业，以捍卫和发展福利体系为出发点，围绕反对右翼政府的经济政策，反对针对移民的种族歧视，反对针对工人和公共管理的进攻以及反对公正体系和道德议题的反改革措施，开展卓有成效的议会外斗争。①

在发达资本主义环境下如何实现社会主义？这既是西欧共产党长期难解的“斯芬克斯之谜”，也是困扰其政治实践的“阿基里斯之踵”。从当前看，西欧共产党在社会主义实现道路问题上的争论，归根结底就是应该如何认识和处理议会内斗争与议会外斗争的关系问题。必须承认，正确把握二者关系的“度”是共产党面临的一个难题。在“民主制度仍然是最好的制度”的当代社会，共产党不可能采取极端抵制议会选举活动的立场，盲目的“激进主义”只会导致共产党进一步边缘化，使本已困难的处境更加步履维艰。比如，希腊共产党，反议会政治立场限制了理论政策的包容性和社会动员能力，虽然拥有特定的支持群体，但排除了获得更多支持者的可能性，因此长期处于政治边缘化状态而难以取得实质性突破。但对于共产党来说，走议会道路来实现社会主义同样困难重重。在现实政治实践中，其首先要面对的就是作为无产阶级政党的革命性、激进性被逐渐消解的问题。用西方学者的话来说，就是所谓反体系性的消退。一些改革幅度较大的共产党明显表现为虽然反建制但很大程度上不再反体制，几乎已经成为完全融入体制内的政治实体。尤其从（参与）执掌政权后的实践看，比如，1997—2002 年的法共，以及 20 世纪 90 年代初和 21 世纪初的意大利重建共，这些党改变

① PCR, “Let's start again: A Shift to the Left”, Jul. 27, 2008, http: //home. rifondazione. it/xisttest/content/view/3431/310/.

自由民主现行体制的兴趣和动力明显不足。[①] 有学者认为这正是民主制度“怪异的圈套”。也就是说，共产党越是成功地利用了资本主义的议会民主，它们的激进主义就越将面临被侵蚀的风险。因为如果一个政党通过参与议会而成功地发起变革，那么宣称资本主义“民主制度濒临破产”或“议会是一个骗局”就会削弱那些更为基本的革命观点，它们进行的“增量改革”会让人们对这些观点产生怀疑。[②]

对于西欧共产党来说，如何做到既要重视议会斗争，又不沉溺于议会斗争，将议会内斗争与议会外斗争有机结合起来是一个重大考验。作为具有鲜明意识形态特色的政党，共产党开展议会斗争的目的，应在很大程度上区别于其他政党，即参选不是单纯为了执政，而是要服务于其组织和动员群众，在议会内外两个领域向资本主义右翼反人民、反民主的统治开展更有效的斗争，以更好地捍卫广大民众利益的短期目标，以及最终建立社会主义的长远目标。因此，避免在议会选举和议会外运动之间走极端，明确自己的优势和目标所在，平衡和把握好议会内外斗争的侧重点，是当前西欧共产党谋求进一步发展所要解决的重要问题。

第三节　理论战略创新的发展路径

苏东剧变后，西欧共产党的理论战略选择经历了一个变化的过程。在剧变之初，面对国际政治形势的遽变以及党内外社会民主主义倾向的泛滥，西欧各共产党不约而同地致力于塑造党的激进形象。即使那些后来变化程度较大的共产党，在这一时期也大都倾向于彰显自身的意识形态色彩。比如，意大利重建共产党，大力捍卫党的共产主义身份特征，宣称自己是为“社会主义价值和马克思主

① Marco Damiani and Marino De Luca, “From the Communist Party to the Front de gauche. The french radical left from 1989 to 2014”, Vol. 49, Issue 4, *Communist and Post - Communist Studies*, 2016.

② Luke March, *Radical Left Parties in Europe*, Routledge, 2011.

义思想所激励的工人阶级的自由的政治组织”[①]，其理论主张很大程度上表现出对于20世纪80年代末原意共的反叛和背离。90年代中期后，在生存问题初步得到解决的情况下，为获得进一步发展，不少西欧共产党把理论革新和政策调整提上了日程。在这个过程中，出现了被称为“传统”和“现代化”的两种截然不同的发展路径：前者以一些相对激进的共产党，如希腊共产党、葡萄牙共产党、英国共产党等为代表。这些党继承社会主义传统的东西较多，在理论政策上比较具有连续性和稳定性，作为“左翼之左翼”的身份特点浓厚，是资本主义制度内和议会内的激进反对派。后者如法共、意大利重建共、西班牙共产党等变革幅度比较大，出台了以“新共产主义”理论为代表的、尝试与发达资本主义议会民主环境相适应的各种理论战略。

近20多年来，围绕对社会主义理论的认识，西方共产党之间分歧明显。在这期间，出现了两次引发广泛关注的争论。首先是2011年因美共主席萨姆·韦伯（Sam Webb）在美共政治事务网站上发表长文《21世纪的社会主义政党应该是什么样的?》而引发的辩论。[②] 在这篇文章中，韦伯依据苏东剧变后世界社会主义运动的新发展及其对马克思主义理论的反思，对共产党的思想理论结构、方法论、组织结构和政治策略提出了批评，强调共产党进行变革的必要性，在此基础上勾勒了社会主义政党应该具有的29个特征，其中包括用“马克思主义”取代“马克思列宁主义”等重要理论问题。该文刊发后，不仅在美共党内外，在世界共产主义运动内部尤其是西欧共产党中引发了激烈反应。以希共和德国的共产党为代表的一些西欧共产党纷纷撰文批驳韦伯的观点，认为韦伯的一些提法是机会主义的翻版，是过去十年间共产党各种理论“调整”的发展顶峰，代表着一种“社会民主主义化倾向”，是“对共产主义运

---

① Kate Hudson, *European Communism since 1989: Towards a New European Left*, Macmilian Press LTD. 2000, p. 98.

② Sam Webb, “A Party of Socialism in the 21st Century: What It Look Like, What It Says, and What It Does”, Feb. 3, 2011, http://politicalaffairs.net/a-party-of-socialism-in-the-21st-century-what-it-looks-like-what-it-says-and-what-it-does/.

动原则和革命传统的彻底修正”①，等等。

在这场争论发生两年之后，国际共产主义运动的理论选择困扰再次充分暴露出来。2013 年 11 月 8—10 日，在葡萄牙里斯本召开了第十五次共产党和工人党国际会议。在这次会议上，以希腊共产党为代表的一些共产党，将各国共产党内部的矛盾和冲突公开化，批评其他多数党背离了马克思主义，拒不同意签署《共同声明》，而导致会议最终只是通过了一个《共同或一致行动的指南》。同时，希共还在会后与东道主葡萄牙共产党平行发表了一个内容完全不同的《新闻公报》，凸显了希共等在社会主义运动的理论和策略问题上与其他共产党迥然相异的立场和主张。

这两次争论是近几十年间西方共产党理论分歧的集中爆发（基本理论分歧参见本书第四章），“体现了对共产党在当今世界中的作用和政策上的深刻分裂”②，反映了面临发展危机的严峻时刻，西方共产党在一些深层次理论问题上的困惑和迷茫。比如，到底应该如何正确处理保持党的独特身份和独立行动与扩大社会支持之间的关系；如何在实际行动中区分革命性政党和改良性政党；如何处理好党的具体政治行动策略和党的长远发展战略之间的关系，从而使党的政治活动和斗争具有原则性和连续性，等等。无论希腊共产党引发争议的“单一发展道路”是否可行，它都确实提出了一个非常紧迫的问题，即马克思主义政党必须对重要的理论问题充分讨论并做出明确的回应。理论是实践的先导。任何理论上的含混或滞后，都将对现实斗争造成不利，也制约着共产党的长远发展。

共产党究竟应该坚守传统界定，还是为适应环境需要不断发展创新理论呢？当前，这种选择困境已经带来了严峻的实践问题。无论以希腊共产党为代表的“传统”或“保守”的共产党，还是法

① “International Criticism of Webb's ‘A Party of Socialism for the 21st Century’”, http: //mltoday. com/greek-communists-criticize-sam-webbs-qparty-of-socialism-for-the-21st-centuryq.

② Susan Webb, “World communist parties debate strategy for the road ahead”, Feb. 12, 2014, http: //www. politicalaffairs. net/world-communist-parties-debate-strategy-for-the-road-ahead.

共、意重建共、西共等“现代化”或“改革”的共产党，都出现了很大的发展困难。这表明，目前西欧共产党所偏向的两种理论策略都是存在问题的，或至少其具体实践是有误区的。

前者的问题是过于僵化，将“坚守”等同于“固守”，停滞不前，因循守旧，在一些事关党的发展前途的重要问题上不能结合时代环境变化做出相应调整和改变。比如，在当前国际共产主义运动中饱受非议的希腊共产党。自20世纪70年代希腊实现民主化进程后，希共在很长时间里一直是国内最大的激进左翼力量。但近年来，由于在理论纲领、政策主张方面过度拘泥于传统界定，无论与其他国家共产党还是国内激进左翼力量比如激进左翼联盟的关系都处于一种紧张状态，在国际共产主义运动内部受到了颇多指责和批评。从实践看，尤其是国际金融经济危机以来，希共积极领导反紧缩斗争，在制度外政治中发挥了不小作用，但在议会政治中的影响却下降很大。这其中当然不乏激进左翼联盟崛起的因素影响，但受制于其本身的原因更大。思想理论过于教条化、程式化和脱离实际，极大限制了希共的发展步伐，导致其在希腊和欧洲政治中的发展空间愈益狭窄。

后者的问题则在于理论战略过于灵活，过分强调理论的实用性，在进行理论调整时妥协过多，自身特色保持不足，导致党的原有的一些鲜明特征越来越弱化。比如，法共、意大利重建共等变化幅度较大的共产党，在苏东剧变后的政治实践中，不断弱化工人阶级立场，着力塑造自身的新形象，淡化党的意识形态色彩，逐渐抛弃了一些带有鲜明政治特征的观点和主张。在当代西方经济社会结构发生巨大变化的条件下，继续坚持原来的一些提法，可能会成为共产党参与选举政治的阻碍。但这种“去阶级化”和“去激进化”转变确实使共产党面临着一个突出问题，即在很大程度上造成了共产党传统选民的流失，在实践中原本属于共产党的大量社会底层选民转而倒戈投向更具激进特点的激进左翼或右翼力量。

从历史和现实实践看，无论是故步自封、裹足不前，还是抛弃根基、“去意识形态化”，都不利于党的长远发展。西欧共产党要摆脱困境，在理论上必须将坚守传统与不断发展创新有机结合起来。那么，到底何为正确的坚持传统？而到底又何为正确的理论发展与创新呢？换言之，需要坚持的是什么，而需要发展创新的又是什么？这是一个需要辩证思考和认识的问题。对于现阶段的西欧共产党来说，把握好这种“变”与“不变”的关系，要从“回头看”和“向前看”两个维度入手。所谓“回头看”，就是要正确对待共产主义运动的历史、理论和实践。既要承认马克思主义科学社会主义的理论价值及其对于推动人类社会进步的伟大作用，也不能否认各国共产党在将理论落实到具体实践过程中曾经出现的失误甚至是错误。既不能抱着毫无原则完全肯定的立场，也不能随意贬低过去、割裂历史，更不能采取一种“过度断裂”的态度。所谓“向前看”，就是要认清共产党的历史使命和责任担当，立足当前，着眼长远，正确处理好当前目标与长远目标的关系。在选择现阶段战略策略时，要避免两种极端倾向。一是忽视客观环境，过于强调实现最终目标的重要性，反对一切与目标不相适应的议会政治和左翼联合实践，反对任何与传统理论不相符合的理论发展与创新，将制度框架内的任何突破都贴上“社会民主主义”标签，从而只能空有理想而无所作为；二是抛弃党的政治属性，将共产党推翻旧制度、建立社会主义乃至最终实现共产主义的历史使命抛诸脑后，过于重视选票争夺，轻视议会外的社会运动和群众性斗争，丧失自身先进性，在议会政治的陷阱中不能自拔。

从当前西欧共产党的实践看，正是由于不能正确处理好历史与现实、当代与长远的关系，导致许多党的理论政策受外部环境和党内关系影响很大，呈现一种起伏不定状态，忽“左”忽“右”，缺乏作为理论政策应有的稳定性和连续性，给党的发展带来很大问题。

总之，苏东剧变以来，在不利于共产主义和社会主义运动发展的环境下，西欧共产党从实际出发，在理论策略问题上进行了认真的思考和探索。作为这种思考和探索的结果，无论各党选择何种战略策略，我们都应该充分肯定其积极意义。但不能否认的是，正确处理坚持与发展的关系是一个大问题。墨守成规、缺乏变革的信心和勇气，最终会迟滞党的发展；而步子迈得太大、理论特色抹杀过多，则存在党“改性”与“变向”的风险。对于西欧共产党来说，如何实现理论坚定性与战略策略灵活性的有机结合，需要进行深入广泛的讨论和争鸣。

第四节　党内分裂的深刻危机

共产党内存在不同意见分歧和争论，不是什么异常现象。毛泽东同志早就指出，党外有党，党内有派，历来如此。从整个世界社会主义运动发展进程看，各国党的革命以及社会主义建设事业，一直都是在内部不同观点、意见的争论中发展和推进的。有争论并非坏事。辩证地看，通过争论可以促进对相关问题的思考和认识，有助于做出正确的决策。

西欧共产党的问题不是党内分歧的存在，而在于这种分歧诱发了内部的派别斗争，出现了党内分裂的深刻危机，甚而威胁党的生存与发展。当前，法国、意大利和西班牙等三个国家的共产党在这方面都面临突出问题。

首先是法国共产党。在法共党内，组织或政治派别不是正式而是隐形存在的。每当召开党代表大会时，这些组织或派别往往会公开表达其不同的观点主张，或提出不同的领导层候选人名单。目前法共党内的主要派别包括：（1）多数派。这主要是指2003年以来围绕玛丽－乔治·比费和皮埃尔·洛朗形成的党的领导层。它支持法共的持续存在，但同时也强调党的革新。在对待社会党的态度上，它坚持一种自治立场，但也认为可以在决胜选举或地方选举中将其作为潜在的合作伙伴，甚至执政伙伴。它强烈支持与其他左翼政党建立“左翼联盟”，视其为能够将法共基础扩展至社会运动以及各种协会、工会和其他左翼或极左翼政党的当代“新人民阵线”。它主张在“社会的欧洲”或“另一个欧洲”条件下推进欧洲一体化。

（2）正统派。这是法共中那些反对20世纪90年代以来党的转型，希望重新回归传统马列主义路线的异质性派别。它反对与社会党建立选举或执政联盟，反对“左翼阵线”，经常批判梅朗雄。它也主张彻底退出欧盟和欧元区。近年来，一些正统派领导人先后脱党。比如2004年，乔志斯·哈格（Georges Hage）等建立了一个小党“法国共产主义复兴党”；2006年，因为与党的领导层发生冲突，马克西姆·格列门茨（Maxime Gremetz）脱党建立了一个影响极小的政治运动“愤怒与希望”。

（3）创新派（也称为保守派）。是由乔治·马歇旧政治路线的支持者领导的一个小派别，领导人包括尼古拉斯·马钱德（Nicolas Marchand）和伊夫斯·迪米科利（Yves Dimicoli）。

（4）还击派。这是法共内部的一个政治派别，在意识形态上接近于正统派，反对与社会党结盟，主张回归马克思主义基本原则，但反对正统派对斯大林和苏联的指责，同时它也支持左翼阵线。

（5）重建派或革新派。这个派别在法共党内已有几十年历史。在马歇时期，它反对传统马克思主义及其支持苏联的倾向，反对民主集中制。后来反对罗贝尔·于和比费的领导，不支持他们作为2002年和2007年法共的总统候选人。它呼吁把法共重新建成一个包括绿党、生态社会主义者、社会运动以及各种左翼协会在内的更广泛的左翼运动。

其次是意大利的两个共产党。意大利重建共产党自20世纪90年代初建立至今，已经历了13次分裂。分裂出去建立的政党不仅带走了部分党员，而且吸引了大量原先可能成为重建共党员的支持者。其中有三次分裂的规模和影响比较大：一次是在1995年，由于在对待右翼迪尼政府的态度上产生分歧，以党的前总书记加拉维尼为首的大约400人集体脱党，组建了“联合共产党人”，后来该党实际上是加入了左民党的中左联盟。另一次是1998年，重建共领导层在对待普罗迪政府的问题上再次产生矛盾，党内元老科苏塔与时任总书记贝尔蒂诺蒂公开对阵，召集约3000人另行建立了意大利共产党人党，在相关问题上采取支持“橄榄树联盟”的政策。在这次分裂后，重建共党内矛盾冲突仍然巨大。2007年，重建共在参与政府问题上再次发生分歧。在2008年7月的全国代表大会上，重建共党内在关于帝国主义、反全球化运动，党与各种社会运动的关系以及对共产主义运动历史的评价等问题上发生了激烈争论，646 个代表中只有 342 人支持通过大会的政治决议。① 由于在此次会议上的权力斗争中失败，党的前总书记贝尔蒂诺蒂在 2009 年年初率领支持者脱党，给重建共的发展带来了灾难性影响，当年重建共党员数锐减至 3. 8 万人，只是前一年度的 53% 。

目前，重建共党内主要有五个派别：一是任总书记保罗 · 费雷罗为核心的“运动中重建”派，主张保持党的身份特征，建立左翼联盟。二是以弗朗科 · 焦尔达诺为核心的“为了左翼重建”派，主张把重建共建成一个多元左翼党，共产党人只是发挥文化导向作用。三是以克劳迪奥 · 格拉西为核心的“身为共产主义者”，由重建共元老科苏塔所领导的一派演变而来，是重建共内部的传统派。四是以吉安路易吉 · 裴高罗为核心的“左翼共产主义”派，主张在中左政党主导的联盟中保持自身的政治独立性。五是“镰刀锤子”派，这是重建共党内的托派，主张与中左政党完全决裂，党的发展方向是进行“工人的转折”。其中前四个派别在党内的支持率达到 80% 。正是这些派系的存在，导致重建共一直在“反对党”和“参政党”之间徘徊不定，在普通党员中造成思想上混乱，党的战斗力大大削弱。②

自 1998 年从重建共中分裂出来后，共产党人党发展迅速，但党内同样面临矛盾与冲突。共产党人党的分裂导火索大都与大选候选人提名有关，结局往往是党内重要人物脱党或辞职。2005 年年底，阿莱西奥 · 达马托脱党成立了红绿协会。被排除在大选候选人名单之外的领导人帕利亚鲁洛先是加入红绿协会，后组建了左翼红绿协会。2006 年 6 月，党内元老科苏塔辞去了党主席职务。③

再次是西班牙共产党。西共以及作为其主要存在形式的西班牙联合左翼，一直备受党内和联左内部分裂的困扰。早在 20 世纪 90 年代初，在联左内部就存在着以西共为主要力量的“左派”与

---

① “Let's start again: A Shift to the Left”, Jul. 27, 2008, http://home. rifondazione. it/xisttest/content/view/3431/310/.

② 关于重建共和党派分裂情况，参见李凯旋《苏东剧变后意大利共产主义政党的发展》,《科学社会主义》2013 年第 2 期。

③ 同上。

“新左翼”以及“加泰罗尼亚进取派”等右派力量的矛盾和斗争。在西共内部，派别争论和意识形态斗争也很激烈。到21世纪初时，西共主流力量主要分为三派：以党的总书记弗鲁托斯为核心的派别主张党组织集中化和保持同质性；以马埃斯特罗为核心的一派主张对工会和工人社会党采取敌对态度，对联左进行重构；以利亚马萨雷斯为核心主张与各种社会运动发展友好关系，坚持联左多元性的派别。在2000年6月的联左六大上，曾出现过三派共同争夺联左总协调员一职的局面，最终是利亚马萨雷斯得到了前任领袖安吉塔的支持以微弱多数胜出。这样，在联左和西共的历史上第一次出现了党的总书记与总协调员不是由同一人担纲的现象。随后几年，随着联左的政策向右倾斜，联合左翼内部的分裂更趋严重。公开侮辱、驱逐、退席、法庭诉讼以及联盟地方组织的分裂等内部混战连绵不断。联左内部两个最大派别，即总协调员利亚马萨雷斯领导的最大一派以及前总协调员安吉塔领导的所谓“批评派”之间一度面临大规模的全面分裂。[①] 2008年卡约·拉腊当选联左总协调员后，联合左翼的分裂状况有了很大改善。但联左和西共内部在对待工人社会党以及具体战略策略问题上仍然存在革命与温和派的激烈争论，[②] 导致其不能形成清晰的发展方向和道路选择。

值得注意的是，目前西欧共产党中面临严重分裂问题的，主要集中于改革幅度比较大的几个共产党中。而坚持传统较多的那些共产党，该问题相对并不突出。总结其原因，主要可以考虑这样几个方面：一是在那些改革的共产党中，存在着不少坚持传统观点的重要领导人和党内反对派。近几十年来，在改革派领导人的推动下，这些党的改革步子迈得较大，但党内却始终不能形成集中统一的认识。也正是受这一因素的影响，这些党的战略策略不能保持一种连贯如一的发展，从而在普通党员中造成了思想混乱，成为诱发分裂的重要根源。二是相对于传统共产党，改革的共产党对意识形态的

---

① Vicky Short, “Spain: United Left splits as it lurches further right”, Mar. 6, 2008, http://www.wsws.org/articles/2008/mar2008/span-m06.shtml.

② 参见第二章西班牙共产党部分。

凝聚作用有所忽视。正如有学者指出的，意识形态在不少共产党那里充当了“各种不同‘精神’蓄水池”的作用，导致党员缺乏一种共同的身份特征。比如，意大利重建共产党成立至今仍然还没有形成一个能够作为共同理想信念理论支撑的党纲。[①] 三是民主集中制原则的废弃。这些改革的共产党在党的组织原则上的共同特点，是抛弃了民主集中而代之以民主原则。尽管实行民主原则的各党大多明确反对党内存在任何形式的组织或政治派别，比如，法共党章规定，党支持“思想的多元性”，但这种多元主义“并不被允许解释为派别组织”[②]。但实际上，这一原则实行后对法共影响很大，党内的矛盾和分歧及其公开化程度远远大于民主集中指导下的发展时期。

除上述困难和挑战外，西欧共产党在推进国内和地区范围内的左翼联合、拓展与社会运动的关系、党的建设等方面，同样面临困难与考验。鉴于前文在不同部分已做详细分析，这里不再赘述。

总之，经过苏东剧变后近 30 年的发展，西欧共产党仍然面临很大困境。不仅制约各共产党发展的外部环境依然严峻，其自身理论建设和实践进程也受制于重重阻碍。西欧共产党在整体上实现大的突破和发展，还有很长的路要走。而其关键所在，正如英国学者凯特·哈德森所说，是需要对过去 20 多年成功和失败的经验教训进行深刻反思，实现其所代表的政治和经济替代。[③] 也就是说，在新的全球化条件下，根据当代资本主义的新发展和新变化，制定出适合本国国情的革命战略与策略，仍是当前西欧共产党面临的迫切而艰巨的任务。

但我们也应该看到，西欧共产党在极其不利的条件下为恢复社会主义的影响付出了巨大努力。作为当代西方最主要的社会主义力量，它们的理论和实践活动对于维护和争取广大劳动人民的利益，

① Anna Striethorst, “Members and Electorates of Left Parties in Europe”, Rosa Luxemburg Stiftung, 2010.

② “36e Congrès-La base commune et les statuts”, http://congres. pcf. fr/33235.

③ Kate Hudson, *The New European Left: A Socialism for the 21st Century*, Palgrave Macmillan, 2012, p. 191.

对于促进社会进步，对于恢复、提高人们对社会主义和共产主义的理解和认同是具有重要意义的。它们在新的形势和环境下所进行的调整、探索和创新，为解答资本主义如何过渡到社会主义这一历史性课题，提供了许多新的有益启示。尽管这种探索只是初步的，也仍然存在很多问题，但它们对社会主义的信仰及其坚持，使人们在国际共产主义运动低潮下看到了社会主义的前途和希望。同时，在当前欧洲，国际金融危机和欧债危机的后续效应仍在释放。民众对于新自由主义政策和增长模式的失望，对于社会非公平正义的憎恶情绪也在不断增长。2016 年在法国爆发并蔓延至多个欧洲国家的"黑夜站立"运动，超越传统的抗议游行模式，复兴直接式民主，激辩欧洲乃至人类未来发展的道路和途径，表明了欧洲普通民众热切地希望看到一种新的替代选择。在这种大背景下，包括共产党在内的左翼社会主义运动显然拥有巨大的发展潜力。西欧共产党如若能够抓住机遇，正视自身存在的问题，将理论与实践充分结合，不断创新发展思路，仍然有拓展新的发展空间的可能性。

法国马克思主义历史学家安妮·克里格尔（Annie kriegel）在 20 世纪 80 年代曾经这样精辟地总结西欧共产主义运动历史，"时间因由环境是否有利而被共产党人分割成不同的时期、周期或阶段。它们的信条是：每一相对长期的衰落必然伴随着高潮来临和革命希望复苏的辉煌时期"①。拥有光荣传统和先进理论信仰的西欧共产主义运动，经过困境和低潮中的坚守与奋进，终将迎来一场伟大的复兴。

① Annie Kriegel, "Le déclin des partis communistes de l'Europe occidentale", Le Figaro, May. 12, 1986.

参考文献

中文文献

1.《马克思恩格斯全集》第4卷，人民出版社1972年版。

2.《马克思恩格斯全集》第2卷，人民出版社2005年版。

3.《马克思恩格斯选集》第2卷，人民出版社1995年版。

4.［英］尼尔·麦金尼斯：《西欧共产党》，上海译文出版社1978年版。

5.［英］艾瑞克·霍布斯鲍姆：《极端的年代》，江苏人民出版社1999年版。

6.［美］李普塞特：《政治人：政治的社会基础》，上海人民出版社1997年版。

7.［德］托马斯·迈尔：《社会民主主义的转型》，北京大学出版社2001年版。

8.［西德］沃尔夫冈·莱昂哈德：《欧洲共产主义对东西方的挑战》，人民出版社1980年版。

9.［意］贝尔纳多·瓦利：《欧洲共产主义的由来》，中国社会科学出版社1983年版。

10.《意大利共产党第十六和第十七次代表大会主要文件集》，人民出版社1980年版。

11.《陶里亚蒂言论集》第2卷，世界知识出版社1966年版。

12.［西］圣地亚哥·卡里略：《“欧洲共产主义”与国家》，商务印书馆1982年版。

13.［美］乔治·乌尔班：《欧洲共产主义——它在意大利等国的渊源及前途》，新华出版社1980年版。

14. ［英］艾伦·亨特：《划分工人阶级的理论和政治》，中共中央对外联络部七局1982年版。
15. ［美］斯科拉·拉什、约翰·尤里：《组织化资本主义的终结》，江苏人民出版社2001年版。
16. ［英］卢克·马奇：《欧洲激进左翼政党》，社会科学文献出版社2014年版。
17. 肖枫主编：《社会主义向何处去》，当代世界出版社1999年版。
18. 《社会主义在当代世界上》，光明日报出版社1985年版。
19. 靳辉明主编：《社会主义：历史、理论与现实》，安徽人民出版社2000年版。
20. 徐崇温：《西方马克思主义理论研究》，海南出版社2002年版。
21. 姜辉：《欧洲发达国家共产党的变革》，学习出版社2004年版。
22. 聂运麟：《当代资本主义国家共产党》，社会科学文献出版社2007年版。
23. 陈林、侯玉兰等：《激进，温和还是僭越？当代欧洲左翼政治现象审视》，中央编译出版社1998年版。
24. 李周：《法国共产党的"新共产主义"理论与实践》，中国社会科学出版社2006年版。
25. 何秉孟、姜辉：《阶级结构与第三条道路——与英国学者对话实录》，社会科学文献出版社2005年版。
26. 刘洪才主编：《当代世界共产党党纲党章选编》，当代世界出版社2009年版。
27. ［希］吉厄戈斯·图萨斯：《议会中的共产党人和阶级斗争》，2014年5月，http：//review. youngchina. org/archives/7517。
28. ［意］萨尔沃·莱奥纳尔迪：《论阶级投票的趋势——以意大利的情况为例》，《国外理论动态》2012年第3期。
29. ［德］奥利弗·纳克特威：《德国左翼党与阶级代表性危机》，《国外理论动态》2010年第5期。
30. ［英］安德列亚斯·比勒尔：《欧洲工会和社会运动联合反对新自由主义》，《国外理论动态》2011年第5期。
31. ［德］约翰·尼尔森：《反对全球资本主义：新社会运动》，

《国外理论动态》2006 年第 11 期。
32. ［法］托尼·安德烈阿尼：《法国共产党衰退的原因》，《国外理论动态》2003 年第 3 期。
33. 王欢：《占领华尔街运动是社会矛盾的产物远未终结》，《辽宁日报》2012 年 7 月 24 日。
34. 陈崎：《从党员人数变化看当代西方政党的发展趋势》，《当代世界与社会主义》2007 年第 1 期。
35. 张文红：《全球化时代欧洲左翼力量的整合与重组——以“欧洲左翼党”为例》，《当代世界与社会主义》2005 年第 3 期。
36. 聂运麟等：《经济危机、工人阶级的斗争与反帝阵线的策略——第十二次共产党和工人党国际会议综述》，《当代世界与社会主义》2011 年第 1 期。
37. 聂运麟等：《社会主义才是未来——第十三次共产党和工人党国际会议书评》，《红旗文稿》2012 年第 7 期。
38. 侯惠勤、辛向阳：《国际金融危机中马克思主义的复兴》，《红旗文稿》2010 年第 12 期。
39. 吴波、翁天兵：《奈斯比特：中国模式将会改变世界》，《广州日报》2009 年 9 月 7 日。
40. 萧元胜：《福山谈“中国模式”》，《天涯》2010 年第 1 期。
41. 李周：《法国共产党“新共产主义”理论评析》，《理论月刊》2006 年第 3 期。
42. 李凯旋：《苏东剧变后意大利共产主义政党的发展》，《科学社会主义》2013 年第 2 期。
43. 王白堂：《从西共十六大看左翼联合的未来》，《当代世界》2002 年第 6 期。
44. 李周：《发展中的法共“新共产主义”理论与实践》，《国外社会科学前沿》2006 年。
45. 李周：《法共“新共产主义”理论：解释观念的方法是实践》，《社会科学报》2007 年 1 月 25 日。
46. 林德山：《在探索中前进》，《国外理论动态》2001 年第 12 期。
47. 艾锁林：《意大利重建共产党总书记贝尔蒂诺蒂访谈录》，

2007 年 9 月，http：//www. douban. com/people/1836510/。

48. 王喜满：《苏东剧变后希腊共产党对社会主义发展道路的探索》，《当代世界与社会主义》2010 年第 1 期。

49. 商文斌：《冷战后的英国共产党》，《国外理论动态》2003 年第 2 期。

50. 李其庆：《加强同西方左翼学者的沟通创造良好的国际舆论环境》，《马克思主义研究》2013 年第 2 期。

51. 姜辉、于海青：《从温和到激进：意大利重建共产党的开放与革新》，《国外理论动态》2002 年第 10 期。

外文文献

1. AKEL On the Day After The Presidential Elections，“AKEL Stead Fast and Powerful for Cyprus”，Feb. 27，2013，http：//www. akel. org. cy/en/？ p = 2091.

2. AKEL，“Political resolution of the 21st congress of AKEL”，Nov. 30，2010，http：//www. akel. org. cy/nqcontent. cfm？ a_ id = 7350&tt = graphic&lang = l3.

3. Anderson，Perry，“Rewals”，in *New Left Review*，Jan. – Feb.，2000.

4. Anderson，Perry，“An Invertebrate Left”，*London Review of Books*，Mar. 12，2009.

5. Baig，Rachel，“EU poverty ‘eating into the heart of society’”，Mar. 13，2013，http：//www. dw. de/eu-poverty-eating-into-the-heart-of-society/a-16667995.

6. Bakes，Uwe and Patrick Moreau，*Communist and Post-Communist Parties in Europe*，Vandenhoeck &Ruprecht，2008.

7. Beckett，Andy，“Has the left blown its big chance of success?”，*Guardian*，August 17，2009，http：//www. guardian. co. uk/politics/2009/aug/17/left-politics-capitalism-recession.

8. Bell，D. S.，*Western European Communists and the Collapse of Communism*，Oxford：Berg，1993.

9. Bell，D. S.，“Left on the Left”，thesis submitted to University of

Edinburgh Conference, May 17, 2013.

10. Bertinotti, F., "Report to the 1996 Congress of Rifndazione Comunista", *Labour Focus on Eastern Europe*, No. 2, 1997.

11. Botella, J. and L. Romiro (eds.), *The Crisis of Communism and Party Change: The Evolution of West Eruopean Communist and Post-Communist Parties*, Barcelona: Institut de Ciencies Politiques I Socials, 2003.

12. Bracke, Maud and Thomas Ekman Jørgensen, *West European Communism after Stalinism Comparative Approaches*, Printed in Italy in December 2002, European University Institute.

13. Buffet, Marie-George, "34ème congrès : Discours de clôture de Marie George Buffet", Dec. 17, 2008, http://www.pcf.fr/spip.php? article3310.

14. Buffet, Marie-George, "VOULOIR UN MONDE NOUVEAU, LE CO NSTRUIRE AU QUOTIDIEN", Dec. 17, 2008, http://www.pcf.fr/IMG/pdf/TEXTE_ ADOPTE_ 34EME_ CONGRES_ DEF.pdf.

15. Bull, M. J. and P. Heywood (eds.), *West European Communist Parties after the Revolutions of* 1989, London: Macmillan Press, 1994.

16. Busse, A. Grzymala, *Redeeming the Communist Past: The Regeneration of Communist Parties in East Central Europe*, Cambridge University Press, 2002.

17. Callinicos, Alex, "Where is the the radical left going?", *International Socialism*, October 6, 2008, http://www.isj.org.uk/? id=484.

18. Carnegy, Hugh, "France Faces revival of radical left", Apr. 15, 2012, http://www.ft.com.

19. Centella, José Luis, "Building socialism in the XXI century", July 2009, http://www.pce.es/agora_ pl.php? id=3292.

20. Charalambous, Giorgos, "The Strongest Communists in Europe: Accounting for AKEL's Electoral Success", *Journal of Communist*

Studies and Transition Politics, 2007.

21. Charalambous, Giorgos, "All the shades of red: examining the radical left's Euroscepticism", *Contemporary Politics*, Sep., 2011.
22. Charalambous, Giorgos, *European Integration and the Communist Dilemma. Communist Party Response to Europe in Greece, Cyprus and Italy*, University of Cyprus, 2013.
23. Charalambous, Giorgos and Christophoros Chritophorou, "A Society within Society: Linkage in the Case of the Cypriot Communist Party", *South European Society and Politics*, Vol. 18, No. 1, 2013.
24. Chiocchetti, Paolo, "Crucial electoral year for European radical Left", Jan. 20, 2015, http://www.transform-network.net/blog/blog-2015/news/detail/Blog/-1452cd675d.html.
25. Clogg, R., *Parties and Elections in Greece*, London: Hurst, 1987.
26. Committee on Migration, "The impact of the global economic crisis on migration in Europe", April 9, 2010, http://assembly.coe.int/ASP/Doc/XrefViewHTML.asp? FileID = 12407&Language = EN.
27. Communiqué of the Central Committee of Portuguese Communist Party, "The future of Portugal is being compromised We must act! We must urgently say 'Enough'!", May 17, 2010, http://www.pcp.pt/en/future-portugal-being-compromised-we-must-act-we-must-urgently-say-%E2%80%9Cenough%E2%80%9D.
28. "Contribution by the CP of Norway", Nov. 30, 2007, Int. Meeting 2007, Minsk, Contribution of CP of Norway, http://www.solidnet.org/cgi-bin/agent? parties/0570 = norway,_communist_party_of_norway/975norway-icm30nov07.doc, Cooke, Laura, "The impact of the crisis on the working class in Britain", *International Socialism*, Oct. 9, 2012.
29. Cotarelo, Ramón, "La Declaración de Madrid", de IU, 17 de diciembre de 2012, http://cotarelo.blogspot.co.uk/2012/12/la-declaracion-de-madrid-de-iu.html.
30. CP of Britain, "Communists demand' Policies for the People, not

big business", Oct. 8, 2008, http://www.solidnet.org/cgi-bin/agent? About_ the_ crisis/992britain8oct08.doc.

31. Joint Declaration-Crisis and the European South: The response of the European CP of Luxembourg, "Press conference of PTB, KPL and NCPN on financial crisis", October 7, 2008, http://www.solidnet.org/cgi-bin/agent? About _ the _ crisis/995luxembourg7oct08.doc.

32. Crouch, Colin, "Change in Europe Societies since the 1970s", *West European Politics*, 2008.

33. Crozat, Dominique, "France: The Left Front – The Challenge of a True Popular Dynamism", *Transform!*, 2011.

34. Daiber, Birgit, Cornelia Hildebrandt and Anna Striethorst (ed.), *From Revolution to Coalition-Radical Left Parties in Europe*, Rosa-Lxemburg Foundation, 2012.

35. D' Angeli, Flavia, "A Dangerous Situation for Rifondazione", *International Viewpoint*, IV378-May 2006.

36. Declaration of DKP's Executive Committee, "Nationalise and Socialise the Banks", October 30, 2008, http://www.solidnet.org/cgi-bin/agent? About_ the_ crisis/986german30oct08.doc.

37. Dubois, Francis and Pierre Mabut, "French Communist Party congress reveals advanced crisis", Jan. 10, 2009, http://www.wsws.org/articles/2009/jan2009/pcf-j10.shtml.

38. Dunleavy, Patrick, "The Urban Basis of Political Alignment: Social Class, Domestic Property Ownership, and State Intervention in Consumption Processes", *British Journal of Political Science*, 1979.

39. Dunphy, R., *Contesting Capitalism: Left Parties and European Integration*, Manchester University Press, 2004.

40. Dunphy, Richard and Tim Bale, "Red Flag Still Flying?: Explaining AKEL Cyprus's Communist Anomaly", *Party Politics*, 2007.

41. EL PAÍS, "Socialist leader augurs 'broad' anti-auterity pact with government", May 30, 2013, http://elpais.com/elpais/2013/

05/30/inenglish/1369927597_ 616819. html.
42. Ellinas, Antonis A. & Yiannos Katsourides, "Organisational Continuity and Electoral Endurance: The Communist Part of Cyprus", *West European Politics*, 2013, Vol. 36, No. 4.
43. "Europeans overwhelmingly against immigration: Poll", Aug. 23, 2011, http://www. euractiv. com/socialeurope/europeans-overwhelmingly-immigra-news-507074.
44. Fernandes, Jorge Miguel, "The 2011 Portuguese Election: Looking for a Way Out", *West European Politics*, Nov. 2011.
45. Fernɑ́ndez, Luis Ramiro Lecturer, "Electoral competition, organizational constraints and party change: the Communist Party of Spain (PCE) and United Left (IU), 1986 - 2000", *Journal of Communist Studies and Transition Politics*, 2004.
46. 15 IMCWP, "Guidelines for common or convergent action", Nov. 14, 2013, http://www. solidnet. org/15-imcwp/15-imcwp-guidelines-for-common-or-convergent-action-en-pt.
47. Foroohar, Rana, "The Truth about the Poverty Crisis", *Time*, Sept. 26, 2011.
48. "French Communist Party's 31st Congress: Closing discourse", Oct. 26—28, 2001, http://www. solidnet. org.
49. "French Communist party saysadieu to the hammer and sickle", http://www. theguardian. com/world/2013/feb/10/french-communist-party-hammer-and-sickle.
50. Giddens, Anthony and Garvin Machenzie (ed.), *Social Class and the Division of Labour*, Cambridge University Press, 1982.
51. "Global Justice and OWS: Movement Connections", August 26, 2013, http://sdonline. org/59/global-justice-and-ows-movement-connections/.
52. Gorz, A., *Farewell to the Working Class: An Essay on Post-Industrial Socialism*, London: Pluto, 1982.
53. "Greece-for an anti-austerity government of the left", Jun. 1,

2012, http: //zcomm. org/znetarticle/greece-for-an-anti-austerity-government-of-the-left-by-socialist-resistance/.

54. "Greek Communists Promise radical action on unemployment as they present lists for May 6 elections", April 20, 2012, http: //revolting-europe. com/2012/04/20/greek-communists-promise-radical-action-on-unemployment-as-they-present-lists-for-may-6-elections/.

55. Harvey, David, "Urban Revolution is coming", April 29, 2012, http: //www. salon. com/2012/04/28/urban _ revolution _ is _ coming/.

56. Hildebrandt, Cornelia and Birgit Daiber (ed.), *The Left in Europe*, Rosa Luxemburg Foundation Brussels Office, 2009.

57. Holmes, Beth, "Unions recruiting more minority workers", Sep. 13, 2011, http: //www. personneltoday. com/articles/2011/09/13/57949/unions-recruiting-more-minority – workers. html.

58. Holmes, M. and H. Roder (eds.), *The Left and the European Constitution: From Laeken to Lisbon*, Manchester University Press, 2012.

59. Hopkins S., "The French Communist Party in Legislative Elections", *Jounal of Communist Studies*, 1993, 9 (3).

60. "Far-right Front National: from protest vote to 'first party in France'", Mar. 19, 2015, http: //www. theguardian. com/world/2015/mar/19/front-national-secret-welcome-provincial-france-elections.

61. Hudson, Kate, *European Communism since 1989. Towards a New European Left?*, Basingstoke: Palgrave, 2000.

62. Hudson, Kate, *The New European Left: A Socialism for the Twenty-First Century?*, algrave Macmillan, 2012.

63. Informe del Comité Ejecutivo del PCE, "POR LA UNIDAD DE LA IZQUIERDA EN TORNO A UNA ALTERNATIVA SOCIAL ANTICAPITALISTA A LA CRISIS", 6 de febrero de 2010, http: //www. pce. es/docpce/pl. php? id = 3638.

64. Inglehart Ronald, *Culture Shift in Advanced Industrial Society*,

Princeton University Press, 1990.

65. Inglehart, Ronald, *Modernization and Postmodernization: Culture, Economic and Political Change in* 43 *Societies*, Princeton University Press, 1997.

66. International Labour Organisation, "Global Employment Trends 2012", http://www.ilo.org/global/research/global-reports/global-employment-trends/2012/lang-en/index.htm.

67. International Section of the CC of KKE, "Massive class response to plutocracyand the anti-people policy of the social-democrat government, the EU and the IMF", May 5, 2010, http://inter.kke.gr/News/2010news/2010-05-05-strike.

68. "Interview by Jerónimo de Sousa to 'Pravda'", May 27, 2010, http://www.pcp.pt/en/interview-jer%C3%B3nimo-de-sousa-%E2%80%9Cpravda%E2%80%9D.

69. "Introducing the Dutch Socialist Party", http://international.sp.nl/introducing-the-dutch-socialist-party.

70. Jones, Jerry, "Where did it all go wrong?", October 9, 2008, http://www.solidnet.org/cgi-bin/agent?About_the_crisis/985britaincp31oct08.doc.

71. Kalyvas, Stathus N. and Niko Marantzidis, "Greek Communism, 1968-2001", *East European Politics and Societies*, 2002.

72. Katz, Richard and Peter Mair, "The Membership of Political Parties in European Democracies, 1960 - 90", *European Journal of Political Research*, 1992.

73. Keith, Daniel, "The Portuguese Communist Party-Lessons in Resisting Change", SEI Working Paper No 116.

74. Kilschelt, Herbert, *The Transformation of European Social Democracy*, Cambridge: Cambridge University Press, 1994.

75. KKE, "Political Resolution of the 19th Congress of the KKE", April 11-13, 2013, http://inter.kke.gr/News/news2013/19congress-politiki-apofasi/.

76. KKE, "SYRIZA, the new pole of social-democracy in Greece", http://inter.kke.gr/en/articles/SYRIZA-the-new-pole-of-social-democracy-in-Greece/.

77. Kriegel, Annie, "Le déclin des partis communistes de l' Europe occidentale", May 12, 1986, Le Figaro.

78. Lazar, Marc, "Communism in Western Europe in the 1980s", *Journal of Communist Studies*, 4 (3), 1988.

79. Lansman, Jon, "Is the Front de Gauche of Jean-Luc Mélenchon about to break up?", Feb. 17, 2014, http://www.leftfutures.org/2014/02/is-the-front-de-gauche-of-jean-luc-melenchon-about-to-break-up/.

80. Laurent, Pierre, "Rapport de Pierre Laurent au 34ème Congrès du PCF", Décembre 11, 2008, http://www.pcf.fr/spip.php?article3293.

81. Laurent, Pierre, "For Alternative Front-The Responsibility of the Left in a Crisis Ridden Europe", *Transform*, 2013/12.

82. Laurent, Pierre, "In France, as across Europe, we need a new political left", Jun. 14, 2015, http://www.humaniteinenglish.com/spip.php?article2785.

83. Lisi, Marco, "Rediscovering Civil Society? Renewal and Continuity in the Portuguese Radical Left", *South European Society and Politics*, Jan. 30, 2013.

84. Llinas, Antonis A. and Yiannos Katsourides, "Organisational Continuity and Electoral Endurance: The Communist Party of Cyprus", *West European Politics*, 36: 4, 2013.

85. "Long-term unemployment % of total unemployment", Jul. 11, 2012, http://www.oecd-ilibrary.org/employment/long-term-unemployment-12-months-and-over_ 20752342-table3.

86. López, Alejandro, and Paul Mitchell, "Spanish Communist Party seeks to re-found United Left", Feb. 8. 2010, http://www.wsws.org/en/articles/2010/02/pce-f08.html.

87. Magalhães, Pedro C., "After the Bailout: Responsibility, Policy, and Valence in the Portuguese Legislative Election of June 2011", *South European Society and Politics*, Aug., 2012.

88. "Major Trade Union recruitment drive takes place in Ireland this week", May 26, 2010, http://www.mandate.ie/News/NewsItem.aspx? nid=175&ntype=2.

89. Manza, Jeff, Michael Hout and Clem Brooks, "Class Voting in Capitalist democracies since World War Two: dealignment, realignment or trendless fluctuation", *Annual Review of Sociology*, 1995.

90. Marbiere, Philippe, "The Radical Left in Europe: An Outline", *Transform!*, Journal 13/2013.

91. March, Luke and Cas Mudde, "What's left of the Radical Left? The European Radical Left After 1989: Decline and Mutation", *Comparative European Politics*, 2005, 3.

92. March, Luke, "Contemporary Far Left Parties in Europe. From Marixsm to the Mainstream?", Friedrich Eburt Stiftung, Nov. 2008.

93. March, Luke, *Radical Left Parties in Europe*, Routledge, 2011.

94. Marlière, Philippe, "The Radical Left in Europe: An Outline", *Transform!*, Issue 13, 2013.

95. Margara, Isabella, "KKE: Interview with the Greek Communist Party", May 13, 2010, http://en.wikinews.org/wiki/KKE:_Interview_with_the_Greek_Communist_Party? dpl_id=183053.

96. Melenchon, J. L., "Sociali Democracy is over: We need to build the 'Left that comes after'", *Transform!*, 2008, 3.

97. Moschonas, G, *In the Name of Social Democracy: The Great Transformation*, 1945 *to the Present*, London, Verso, 2002.

98. Mpellou, Eleni, "Thoughts on a new International", http://inter.kke.gr/en/articles/Thoughts-on-a-new-International/.

99. Navascués, Javier, "The Development and Challenges of the Spanish United Left (IU)", *Transform!*, Issue 2, 2008.

100. "Net migration to the UK falls year-on-year: how has it changed

since 2002?", http: //www. guardian. co. uk/news/datablog/2012/nov/30/net-migration-uk-falls-data.

101. Newell, J. L. and M. Bull, "Party Organization and Alliances in Italy in the 1990s: A Revolution of Sorts", *Journal of West European Politics*, 1997.

102. Nieubeerta, Paul, *The Democratic Class Struggle in Twenty Countries* 1945 - 1990, Armsterdan: Thesis Publishers.

103. Nichols, Dick, "United Left national convention: 'This is the Spanish SYRIZA, Jan. 4, 2013'", http: //links. org. au/node/3173.

104. Nichols, Dick, "As National Front support grows, strategy struggle erupts in Left Front", Nov. 11, 2013, http: //www. internationalviewpoint. org/spip. php? article3177.

105. Nieuwbeerta, Paul and Wout Ultee, "Class Voting in Western Industrialized Countries, 1945 - 1990: Systematizing and Testing Explanations", *European Journal of Political Research*, 1999.

106. O'Brien, Matthew, "The Terrifying Reality of Long-Term Unemployment", Apr. 13, 2013, http: //www. theatlantic. com/business/archive/2013/04/the-terrifying-reality-of-long-term-unemployment/274957/.

107. "Occupy WallSt. org is the unofficial de facto online resource for the growing occupation movement happening on Wall Street and around the world", http: //tipsparty. com/ows/.

108. O'Grady, Sean, "Greece leads Europe's winter of discontent", Feb. 24, 2010, http: //www. independent. co. uk/news/world/europe/greece-le-ads-europes-winter-of-discontent-1908527. html.

109. OECD, "Divided we stand: Why inequality keeps rising", 2011.

110. Olsen, J. et al. (eds.), *Left Parties in National Governments*, London; Palgrave, 2010.

111. "On the 90th anniversary of the Great October Socialist Revolution in Russia (1917)", Jul. 30, 2007, http: //inter. kke. gr/TheSo-

cial/.

112. "Opening and Innovation: Changing Ourselves to Transform Society, 5th PRC Congress Preparatory Paper", April 7, 2002, http://www.rifondazione.it.

113. "16th Congress of the PCP, Speech by Carlos Carvalhas", Dec. 8, 2000, http://www.pcp.pt/english.

114. "160 Years of the Communist Manifesto: Its Importance for the contemporary revolutionary strategy", Apr. 6, 2008, http://inter.kke.gr/TheSocial/.

115. Pantland, Walton, "Trade union crisis and the potential for renewal", Apr. 24, 2010, http://cyberunions.org/trade-union-crisis-and-the-potential-for-renewal/#/vanilla/discussion/embed/?vanilla_discussion_id=0.

116. PCE, "Documento Político XVIII Congreso PCE", 06-08/11/09.

117. PCE, "La reforma laboral es una declaración de guerra contra los trabajadores", July 30, 2010, http://www.pce.es.

118. "Political Resolution", Feb. 2005, http://inter.kke.gr/Documents/17cong/polit-resolut-17thcong/.

119. Porta, Donatella et al., *Globalization from Below: Transnational Activists and Protest Networks*, Minneapolis: University Press of Minnesota Press, 2006.

120. "Portuguese Communist Party-Constitution", 25 June, 2008, http://www.international.pcp.pt.

121. Portuguese CP, "Statement by the Meeting of the CC", October 27, 2008, http://www.international.pcp.pt/index.php?option=com_content&task=view&id=263&Itemid=36.

122. PRC, "Let's start again: A Shift to the Left", Jul. 27, 2008, http://home.rifondazione.it/xisttest/content/view/3431/310/.

123. PRC, "IL DOCUMENTO APPROVATO DAL COMITATO POLITICO NAZIONALE", 19 luglio 2010, http://home.rifondazione.it/xisttest/content/view/7958/314/.

124. Press Statement of KKE, "On the discussion and the results of the 15th International Meeting of Communist and Workers' Parties", Nov. 18, 2013, http: //www. solidnet. org/greece-communist-party-of-greece/cp-of-greece-press-statement-of-the-kke-on-the-discussion-and-the-results-of-the-15-imcwp-en-ru-sp-ar.

125. "Programme of the DIE LINKE Party", Dec. 2011, http: //en. die-linke. de/index. php? id =9846.

126. PRC, "An Alternative of Society", http: //www. rifondazione. it.

127. Przeworski, Adam, "Social Democracy as a Historical Phenomenon", *New Left Review*, 1980.

128. Poulantzas, N., *Classes in Contemporary Capitalism*, Verso, 1974.

129. Ramiro, Luis and Tània Verge, "Impulse and Decadence of Linkage Processes: Evidence from the Spanish Radical left", *South European Society and Politics*, Jan 30, 2013.

130. "Real Wages fall back to 2003 levels", Feb. 13, 2013, http: //thesupportcenter. wordpress. com/2012/06/12/income-inequality-grew-after-the-great-recession/, http: //www. ons. gov. uk/ons/rel/mro/news-release/real-wages-fall-back-to-2003-levels/realearn0213. html.

131. Rippert, Ulrich, "The European strikes and the trade unions", Mar. 5, 2010, http: //www. wsws. org/articles/2010/mar2010/pers-m05. shtml.

132. Roy A., *Public Power in the Age of Empire*, New York: Seven Stories Press, 2004.

133. "Sharp decline in the number of illegal immigrants to the EU: Frontex", Apr. 21, 2013, http: //www. focus-fen. net/? id = n304686.

134. Short, Vicky, "Spain: United Left splits asit lurches further right", Mar. 6, 2008, http: //www. wsws. org/articles/2008/mar2008/span-m06. shtml.

135. Smith, Murray, "France: The Rise of Left Front-A new force on the left", *International Journal of Socialist Renewal*, August

2, 2012.

136. "Spain's population shrinks as immigrants flee economic crisis", Apr. 22, 2013, http: //www. bbc. co. uk/news/world-europe-22251840.

137. Stanley, Jason, "France: The NPA in Crisis", 2012, http: //www. solidarity-us. org/node/3490.

138. Statement of the Political Committee of the Central Committee of PCP, "Defeat a new and dangerous offensive against workers and national sovereignty", May 4, 2010, www. pcp. pt/.

139. Stehr, Heinz, "DKP in Bewegung, DKP - Partei des Sozialismus", Feb. 23-24, 2008, http: //www. dkp-online. de/Parteitage/18pt1/referate/hstehr. pdf.

140. Stewart, Heather, "Shocking figures reveal the growth UK's wealth gap", Feb. 10, 2013, http: //www. theguardian. com/society/2013/feb/10/uk-super-rich-richer-as-majority-squeezed.

141. Striethorst, Anna, "Members and Electorates of Left Parties in Europe", Rosa Luxemburg Stiftung, 2010.

142. Tannahill, R. N., *The Communist Parties of Western Europe: a Comparative Study*, Westport: Greenwood, 1978.

143. "The broadest privatization programme in Finland's history stirs up opposition", August 2001, http: //www. skp. fi.

144. "The Development of political group of the European Parliament", http: //www. cvce. eu/obj/the_ development_ of_ political_ groups_ of_ the_ european_ parliament-en-35c2d1b5-1661-4c33-a65a-db49ade0c5ac. html.

145. Theses of Central Committee of AKEL, "Strength Comes From Struggle, Hope Comes From the Left", 22nd Congress of AKEL, June 4-7th, 2015.

146. "Thesis of central committee of akel on the 80th anniversary of cpc akel", http: //mltoday. com/thesis-of-the-central-committee-of-akel-on-the-80th-anniversary-of-cpc-akel.

147. "Theses-Draft Political Resolution", Oct. 13, 2008, http: //

www. pcp. pt/english.

148. "The economic crisis and discrimination against migrant workers", Aug 1, 2011, http://www. ilo. org/global/publications/magazines-and-journals/world-of-work-magazine/articles/WCMS_ 165299/lang-en/index. htm.

149. "The INITIATIVE of Communist and Workers' Parties of Europe was founded", http://inter. kke. gr/en/articles/The-INITIATIVE-of-Communist-and-Workers-Parties-of-Europe-was-founded/.

150. "The radical left and the crisis", *International Socialism*, Issue 126, Apr. 10, 2010, http://www. isj. org. uk/index. php4? id = 634 & issue = 126.

151. "Theses of the CC on Socialism", Feb. 18-22, 2009, http://inter. kke. gr.

152. "Theses of the CC for the 18th Congress", Feb. 18-22, 2009, http://inter. kke. gr/.

153. "THESES (Draft Political resolution)", November 26, 2004, http://www. pcp. pt/english.

154. "Theses-Draft Political Resolution", October 13, 2008, http://www. pcp. pt/english.

155. "The USSR and the class struggle in Sweden", Nov. 30, 2007, Int. Meeting 2007, Minsk, Contribution of CP of Sweden, http://www. solidnet. org/cgi-bin/agent? parties/0750 = sweden, _ communist_ party_ of_ sweden /992sweden-icm30nov07. doc.

156. Tsakatika, Myto and Costas Eleftheriou, "The Radical Left's Turn towards Civil Society in Greece: One Strategy, Two Paths", *South European Society and Politcs*, Jan 30, 2013.

157. Tsakatika, Myrto & Marco Lisi, " 'Zippin' up My Boots, Going 'Back to My Roots': Radical Left Parties in Southern Europe", *South European Society and Politics*, Feb. 21, 2013.

158. Turrero, Raúl Martínez, "FROM 'EUROCOMMUNISM' TO PRESENTOPPORTUNISM", *International Communist Review*, Issue

2, 2010 – 2011.

159. "UK unions report recruitment bonanza from pensions strike", Jan. 25, 2012, http://www.lrd.org.uk/issue.php?pagid=1&issueid=1499.

160. VIEIRA, Mathieu and Anissa AMJAHAD, "The Anti-capitalist left in Western Europe: A comparative Analysis (1989 – 2009)", Paper presented at the 3rd ECPR Graduate Conference, Dublin, 30August – 1 September 2010.

161. Waller, Michael and Meinert Fennema (eds.), *Communist Party in Western Europe: Decline or Adaption?*, Oxford, 1988.

162. Waller, Michael, "The Radical Sources of the Crisis in West European Communist Parties", *Political Studies*, 1989.

163. "We are for Communism & Unity-Our Flag Stays Red", May 24, 2008, http://www.communist-party.org.uk/index.php?file=news Template & story=308.

164. Webb, Sam, "A party of socialism in the 21st Century: What it looks like, what it says and what it does", Feb. 3, 2011, http://politicalaffairs.net/a-party-of-socialism-in-the-21st-century-what-it-looks-like-what-it-says-and-what-it-does/.

165. Weber, Louis, "Ten Years Later", *Transform!*, 2010, 6.

166. "Why fringe communist parties are surging in Europe", http://www.csmonitor.com/World/Europe/2015/0315/Why-fringe-parties-are-surging-in-Europe.

167. Wilson, Frank L., *The Failure of West European Communism: Implications for the Future*, Paragon House, 1993.

168. "World communist parties debate strategy for the road ahead", http://www.politicalaffairs.net/world-communist-parties-debate-strategy-for-the-road-ahead.

169. Wood, Lesley J., "Bridging the Chasms: The Case of Peoples' Global Action", in Suzanne Staggenborg, *Social Movements*, Oxford University Press, 2008.

170. “Youth: the Hardest hit by the global financial crisis”, http://www.unric.org/en/youth-unemployment/27414-youth-the-hardest-hit-by-the-global-financial-crisis.

主要共产党名称及缩写

1. 西班牙共产党（Partido Comunista de España，缩写 PCE）
2. 希腊共产党（Κομμουνιστικ Κ μμαΕλλ δα ，缩写 KKE）
3. 法国共产党（Parti Communiste Francais，缩写 PCF）
4. 意大利共产党（Partito Comunista Italiano，缩写 PCI）
5. 葡萄牙共产党（Partido Comunista Português，缩写 PCP）
6. 荷兰共产党（Communistische Partij van Nederland，缩写 CPN）
7. 英国共产党（Communist Party of Great Britain，缩写 CPGB）
8. 奥地利共产党（Kommunistische Partei österreichs，缩写 KPÖ）
9. 挪威共产党（Norges Kommunistiske Parti，缩写 NKP）
10. 卢森堡共产党（Kommunistesch Partei L&euml，缩写 KPL）
11. 意大利重建共产党（Partito della Rifondazione Comunista，缩写 PRC）
12. 塞浦路斯劳动人民进步党（Ανορθωτικό Κόμμα Εργαζόμενου Λαοό，缩写 AKEL）
13. 圣马力诺共产党（Partito Comunista Sammarinese，缩写 PCS）
14. 圣马力诺重建共产党（Rifondazione Comunista Sammarinese，缩写 RCS）
15. 荷兰新共产党（Nieuwe Communistische Partij Nederland，缩写 NCPN）
16. 瑞典共产党（Arbetarpartiet Kommunisterna，缩写 APK）
17. 芬兰共产党（Suomen Kommunistinen Puolue，缩写 SKP）
18. 意大利共产党人党（Partito dei Comunisti Italiani，缩写 PdCI）
19. 苏格兰共产党（Communist Party of Scotland，缩写 CPS）

主要网站资源

1. 法国共产党网站：http://www.international.pcf.fr;

2．意大利重建共产党网站：http：//www. rifondazione. it；

3．西班牙共产党网站：www. pce. es；

4．葡萄牙共产党网站：http：//www. pcp. pt/english；

5．希腊共产党网站：http：//www. kke. gr；

6．英国共产党网站：http：//www. myspace. co. uk/cp-of-britain；

7．塞浦路斯劳动人民进步党网站：http：//www. akel. org. cy/；

8．世界社会主义网站：http：//www. wsws. org；

9．欧洲左翼党网站：http：//www. european-left. org；

10．北欧绿色左翼联盟网站：http：//www. nordic-green-left-alliance. org/；

11．美国共产党《政治事务》杂志网站：http：//www. politicalaffairs. net/；

12．团结网：http：//www. solidnet. org；

13．变革网：http：//www. transform-network. net/home. html。

后　记

我对西欧共产主义运动的关注始于21世纪初。当时刚刚分配到中国社科院马列所（后改称马克思主义研究院）国外左翼思想研究室工作，因参与某一课题的机缘，开始接触这个研究领域。课题完成后的几年间，我将主要精力投入到博士毕业论文的写作，研究重心也随之转向国外政治思潮。2009年，中国社会科学院马克思主义研究院成立国外共产党理论研究室，我进入该室主持工作，同年申请国家社科基金青年项目《苏东剧变后西欧共产党的理论与实践》获批，此后多年一直主要从事这方面的研究工作。

在《苏东剧变后西欧共产党的理论与实践》这一课题写作之初，我深受研究资料匮乏的困扰。近年来国外学界的西欧共产党研究基本是一片空白，除零散的国别性论文外，研究专著几近于无。而国内的相关研究，大多是一些学术综述，以介绍源自各党网站的理论观点为主，阅后使人很难形成各党发展变化的总体概观。

2012年10月，受国家留学基金委资助，我到英国爱丁堡大学政治与国际关系学院访学，合作导师是欧洲激进左翼政党研究者卢克·马丁博士。还记得甫一见面，卢克就给我介绍了大量激进左翼的研究资料。我花了不少时间来理解、消化这些材料，研究视野一下子变得开阔起来。实际上，欧洲学界在西欧共产党研究方面并未停滞，而是将其纳入了一个新的研究视域——欧洲激进左翼政党之中。在国外，相关研究林林总总已有不少。而在当时，国内尚无欧洲激进左翼这一概念，更遑论整体性研究了。近几年，随着希腊、西班牙等国一些新兴激进左翼政党的强势崛起，欧洲激进左翼已成为国内外学界关注的一个焦点话题。作为欧洲激进左翼政党的一个重要组成部分，西欧共产党是探讨激进左翼必然论及的重要主题（无论国别性还是整体性研究）。通过研读大量相关著作，我逐渐厘清了各党近20多年发展演变的线索。同时，在英国的一年时间里，我还参加了几个重要的学术会议，在与激进左翼研究者的讨论交流中，我对一些问题的认识也更加全面和深刻，课题写作的思路越来越清晰。通过两年时间的思考与润色打磨，最终完成了呈现在读者面前的这本专著。

本书的顺利完成，与原马列所国外左翼研究室老师们多年来在学术研究中对我的言传身教，与现在国外共产党理论研究室同事们对我工作的支持是分不开的。卢克·马奇等欧洲激进左翼研究者对相关问题的引导和点拨，也令我在本研究中受益颇多。此外，中国社会科学出版社的刘艳编辑为本书的出版做了大量工作，在此一并表示感谢。

最后我想说的是，本书是对西欧共产党进行整体性研究的一种尝试，力图运用综合、比较等研究方法，来展现西欧共产主义运动的总体状况、发展趋势及其面临的困难和挑战。书中探讨了西欧共产党当前面临的一些重点和热点问题，但也有一些重要问题，比如西欧共产党与工会运动的关系、对欧洲一体化的认识演变等，虽有论及但尚未能够充分展开，希望在未来的研究工作中在这些问题上能够有所深入。此外，本书涉及国家、人物较多，难免存在疏漏，敬请读者批评指正。

于海青

2016年3月于北京